ISBN 978-0-260-42473-0
PIBN 10947419

REVUE
DE L'ANJOU

Nouvelle Série

TOME DIX-SEPTIÈME

ANGERS

GERMAIN ET G. GRASSIN, IMPRIMEURS-LIBRAIRES

RUE SAINT-LAUD

1888

LA GUERRE

ENTRE

LOUIS XIII ET MARIE DE MÉDICIS

(1619-1620)

CHAPITRE PREMIER

CONCESSION DE L'ANJOU PAR LOUIS XIII A MARIE DE MÉDICIS ET ORIGINES DE LA GUERRE ENTRE LA MÈRE ET LE FILS.

Marie de Médicis exige de Louis XIII, en avril 1619, une place de sûreté. — Démarche du Père de Bérulle auprès de Louis XIII. — Dispositions respectives de Marie de Médicis, de Louis XIII et de Luynes. — Alarmes et représentations du nonce Bentivoglio. — Concession, en principe, d'une place de sûreté. — Convenance de l'Anjou pour l'apanage de Marie de Médicis et calculs de Richelieu. — Marie de Médicis demande l'Anjou avec l'annexe d'Amboise ou de Nantes. — Offre de l'Anjou avec Chinon et marche de Louis XIII sur Orléans. — Déclaration captieuse de Marie de Médicis ; imprudente initiative du cardinal de la Rochefoucauld et du comte de Béthune ; marche du roi d'Orléans sur Amboise. — Option définitive de Marie de Médicis pour l'Anjou et Chinon avec désistement de la Normandie. — Constatation littérale de cet arrangement. — Délivrance à Marie de Médicis des titres afférents à son nouvel apanage. — Soustraction des armes du château d'Angers par le gouverneur Fouquet de la Varenne et leur réintégration. — Le gouverneur de Saumur Duplessis-Mornay stipule efficacement son autonomie au regard de Marie de Médicis. — Richelieu disperse la cabale de Ruccellaï et établit en Anjou son

1

crédit avec sa famille et ses créatures. — Conclusion du mariage de Christine de France avec le prince de Piémont Victor-Amédée. — Désignation du colonel d'Ornano comme précepteur de Gaston, frère de Louis XIII. — Inexécution des clauses du traité d'Angoulême. — Griefs des maisons de Lorraine et de Savoie contre Luynes, et de là leur évolution vers Marie de Médicis. — Conférence à Angoulême entre le prince de Piémont et Marie de Médicis. — Projet d'entrevue, à Tours, de Louis XIII et de Marie de Médicis, réalisé sous les auspices de Richelieu et moyennant le cautionnement du traité d'Angoulême consenti par les ducs de Savoie et de Mayenne, et le Père Arnoux, confesseur de Louis XIII et de Luynes. — Anciens griefs du prince de Condé contre Marie de Médicis. — Marie de Médicis dispute à Luynes, en même temps qu'aux deux groupes adverses d'opposition religieuse, le bénéfice de l'élargissement du prince de Condé. — Manœuvres de Luynes pour s'en attribuer aux yeux de Condé le mérite exclusif. — Entrevue à Champigny de Marie de Médicis et des députés de l'Assemblée de Loudun. — Démonstration militaire des Angevins, le 16 octobre, à l'occasion de l'entrée de Marie de Médicis en son apanage. — Les soupçons de Luynes se ravivent contre Richelieu. — Délivrance du prince de Condé et déclaration justificative rendue en sa faveur, le 9 novembre. Explications échangées làdessus entre Louis XIII et Marie de Médicis. — Promotions, au 7 décembre, dans l'Ordre des chevaliers du Saint-Esprit.

C'est en vertu du traité d'Angoulême, conclu le 30 avril entre Louis XIII et sa mère, qu'échut à Marie de Médicis le gouvernement d'Anjou, principal théâtre de la guerre civile dont nous entreprenons le récit et où s'y est popularisée sa mémoire.

A la veille du premier rapprochement tenté avec son fils depuis l'assassinat de Concini, Marie de Médicis, à jamais déchue de son autorité plénière de régente par cette révolution de palais, chercha du moins à se ménager contre les entreprises réactionnaires de Luynes un inexpugnable refuge. Après s'être vue par l'immolation de son favori précipitée du faîte des grandeurs, elle avait essuyé trop d'ava-

nies pour que les vagues énonciations d'un traité de paix
générale lui parussent désormais garantir suffisamment
son prestige de souveraine et sa dignité de mère, en même
temps que la sécurité de sa vieillesse. Qui sait même jusqu'où allèrent dès les préambules de la paix d'Angoulême
les arrière-pensées d'une princesse aussi remuante que
glorieuse, et fort dissimulée dans l'opiniâtreté de ses rancunes? Dès qu'eut éclaté sur le pont-levis de la cour du
Louvre le tragique signal de sa disgrâce, figurons-nous la
veuve de Henri IV cernée dans sa demeure par des satellites fumants du sang du maréchal d'Ancre; là, sevrée de
toute consolation maternelle jusqu'à l'heure de son départ
pour l'exil, et dans la solennité même d'une dernière
entrevue brusquant avec son fils des adieux surveillés.
Jusque dans l'exil du château de Blois, représentons-nous
Marie de Médicis traquée par l'espionnage de Luynes, qui
viole sa correspondance, puis envahit son foyer transformé
en prison, d'où le vent de la persécution a chassé les derniers débris de son ancienne cour. Poussée à bout par de
si persévérants outrages, au point de se frayer enfin par
une évasion nocturne un chemin vers l'hospitalité que lui
ouvrit à Angoulême le duc d'Épernon, imaginons-nous
l'auguste fugitive relancée dans cet asile, qu'à la vérité sa
présence a convertie sous les auspices d'un grand seigneur
mécontent en un rendez-vous d'insurgés, par deux armées
qui l'y tiennent bloquée en pleins pourparlers de réconciliation. Devant ce tableau des premières épreuves de Marie
de Médicis, où partout à ses yeux l'injure s'ajoute au péril,
qui pourrait affirmer que la crainte l'ait plus déterminée
que le ressentiment à exiger de son fils, en avril 1619,
comme gage d'un parfait accord et outre son apanage de
reine douairière, une place de sûreté?

Pour atténuer la portée d'une telle réclamation, ce
n'était pas trop de la prudence du plus accrédité des
négociateurs fixés alors près de la reine-mère. Déjà fort

employé dans la pacification des troubles de la régence, à travers les labeurs de l'établissement des Carmélites en France et de la fondation de l'Oratoire, le discret Père de Bérulle avait su dans ces premières entremises, grâce à non moins d'impartialité que de zèle, gagner la confiance universelle. Aussi, malgré ses antécédents diplomatiques au service du maréchal d'Ancre, après l'évasion de Blois Louis XIII l'adjoignit-il, avec de secrets pouvoirs, à l'ambassade opérant à Angoulême sur Marie de Médicis concurremment aux démonstrations militaires pour la ramener à la Cour. Grâce au dévouement d'un tel auxiliaire, ses deux collègues, le cardinal de la Rochefoucauld[1] et le comte de Béthune[2] touchaient presque au but de leurs efforts, et les voies s'aplanissaient pour la réunion de la famille royale, quand surgit la nouvelle prétention militaire de la reine-mère, confidentiellement déclarée au Père de Bérulle. Trop judicieux pour n'entrevoir pas le danger d'armer des rancunes dont cette prétention-là même trahissait la persistance, et, d'ailleurs, certain d'un échec irritant s'il laisse Marie de Médicis adresser d'abord à la Cour directement sa requête, le Père de Bérulle prévint cette démarche intempestive, en allant, comme à l'insu de la reine-mère et en son propre nom, plaider une cause aussi ingrate. Par là

---

[1] Grand-aumônier de France. Issu d'une branche cadette de la maison originaire des La Rochefoucauld, il naquit à Paris en 1558 et mourut en 1645, fut évêque de Clermont en 1584, refusa de reconnaître Henri IV avant son adjuration, devint cardinal en 1607. Evêque de Senlis sous Louis XIII, il assista aux Etats-Généraux de 1614, où il proposa l acceptation des décrets du Concile de Trente avec réserve des libertés de l'église gallicane et des immunités du royaume. succéda en 1618 à Duperron dans la charge de grand-aumônier de France, fut nommé, en 1619. abbé de Sainte-Geneviève et, en 1622, président du Conseil d'Etat, et se démit de toutes ses fonctions en 1624 pour ne s'occuper plus que de la réforme des ordres religieux dont Grégoire XV et Louis XIII l'avaient chargé. On lui doit l'etablissement de la congrégation de Sainte-Geneviève dite *Congregation de France.*

[2] Béthune (Philippe de), comte de Selles, né en 1561, mort en 1649, frère puîné du fameux Sully, eut une grande réputation comme diplomate. Il fut envoyé par Henri IV en Ecosse et à Rome, par Louis XIII à Vienne et en divers états italiens.

résorbant dans la sérénité de son intervention l'aigreur des personnalités en jeu, le Père de Bérulle, le 5 avril, représenta à Louis XIII, au cas d'un retour de Marie de Médicis à Paris, les alarmes dont une reine en disgrâce ne se pouvait défendre en retombant comme captive aux mains de ses ennemis de la veille. Pour la rassurer, il ne voyait rien de mieux à suggérer que l'offre d'une place d'armes. Apprivoisée par cette marque de confiance, Marie de Médicis, comme le Père de Bérulle s'en flattait dans sa candeur un peu chimérique, n'accepterait un aussi sérieux gage de sécurité qu'à titre de retraite provisoire à échanger contre le Louvre peu après la signature de la paix.

Justement, et de là s'élevaient d'autant plus haut les réclamations de Marie de Médicis, Louis XIII, vu le danger de laisser aux mains de cette reine offensée une province trop voisine de Paris, venait de se décider à lui enlever la Normandie[1] dont elle s'était réservé, durant sa régence, le gouvernement vacant par le décès du comte de Soissons[2]. Trop équitable, il est vrai, pour n'offrir pas en dédommagement de cette reprise un équivalent territorial sur un autre point du royaume, Louis XIII, néanmoins, en voyant sa mère à Angoulême sous la protection d'un rebelle et en dépit des assurances du Père de Bérulle, hésitait à l'encourager dans ses dispositions équivoques par l'abandon d'une place forte. D'autre part Louis XIII, et ici relevons en lui une transformation trop heureuse si Marie de Médicis l'avait pu apprécier à travers tout ce qui alors la séparait de son fils, Louis XIII n'était plus l'adolescent qui, le 24 avril 1617, applaudissait au meurtre de Concini et aux disgrâces maternelles avec la joie barbare d'un pupille secouant le joug d'une tutelle importune. Deux années

[1] Comme Louis XI avait fait jadis à l'égard de son frère Charles, après la Ligue du Bien Public.
[2] Décédé en 1612. C'est le père du futur vainqueur du combat de la Marfée qu'au cours de notre récit nous verrons en Anjou figurer à la tête du parti des mécontents.

écoulées depuis ce jour néfaste et les avis de son confesseur le jésuite Arnoux [1], avaient peu à peu rappelé à sa droiture naturelle celui qui n'a point usurpé devant la postérité le nom de *Louis-le-Juste* [2]. Sans cesser d'appuyer, avec plus de maturité, le nouveau favori qui palliait aux yeux de la France par un habile gouvernement [3] l'éclat de son attentat du Louvre et les vexations infligées à Marie de Médicis, le jeune roi, même depuis sa fuite à Angoulême, s'était senti repris de tendresse envers celle qui lui avait transmis le sang d'Henri IV. De là le désaccord du jeune monarque avec Luynes sur le dénouement le plus souhaitable des négociations d'Angoulême. Car Louis XIII aspirait à revoir auprès de lui sa mère. Au contraire l'ombrageux Luynes, encore plus jaloux d'écarter que de désarmer une influence rivale de la sienne, opinait pour acheter l'éloignement de Marie de Médicis même au prix d'un asile suspect.

Tout le reste de la Cour, imbu des légitimes soupçons en règne, effrayait Louis XIII sur les suites de la démarche sollicitée par le Père de Bérulle. Mais le plus autorisé à insister là-dessus par la prééminence de son caractère diplomatique était le nonce Gui Bentivoglio. Dès l'an 1615, accrédité en France par le pape Paul V, ce fin observateur de tout ce qui y intéressait sa mission s'inquiétait de voir, depuis les récents décrets pour le rétablissement du catholicisme en Béarn, cabaler les huguenots enhardis par les querelles de la maison royale. Aussi, en regard de cette

[1] Arnoux, Jean, jésuite, habile controversiste et prédicateur éminent, né à Rome vers 1550, mort en 1636, prêcha à la Cour et succéda, comme confesseur de Louis XIII, au père Cotton, enveloppé dans les disgrâces qui signalèrent l'avènement de Luynes au pouvoir. Le père Arnoux fut, sous Louis XIII, l'un des promoteurs de l'édit concernant le rétablissement du catholicisme en Béarn et de la guerre contre les huguenots. Il fut à son tour disgrâcié au cours de cette guerre, après la levée du siège de Montauban.

[2] Voir, sur les saines dispositions morales de Louis XIII, les développements aussi neufs que judicieux fournis par M. Marius Topin dans son ouvrage sur *Louis XIII et Richelieu.*

[3] Voir, à cet égard, *Le duc et connétable de Luynes,* de V. Cousin, et *Le connétable de Luynes, Montauban et la Valteline,* de Zeller.

menace, multipliait-il ses bons offices, de concert avec l'ambassade d'Angoulême, entre Louis XIII et sa mère. Par dessus tout, avec le cardinal de Retz[1], premier ministre d'État, avec le cardinal de la Rochefoucauld et avec le jésuite Arnoux, à la fois confesseur de Louis XIII et de Luynes, Bentivoglio tâcha de conjurer ce qu'il envisageait au fond comme un développement du vaste réseau des forteresses octroyées par l'édit de Nantes au protestantisme. Étranger aux pieuses illusions du Père de Bérulle, l'offre d'une place de sûreté à Marie de Médicis ne lui semblait inoffensive pour l'État que si, très invraisemblement, elle renchérissait sur la générosité des avances filiales par un noble refus. « Sinon et une fois nantie de son gage, dont la paix ne la dessaisira point », représentait-il à Luynes, « jusqu'où n'ira pas cette reine froissée dont on n'a pu éprouver encore les sentiments actuels? Car si elle a osé conspirer dans une citadelle empruntée, que ne risquera-t-elle une fois maîtresse absolue de remparts où affluera, pour s'allier aux huguenots, la haute aristocratie associée au duc d'Épernon dans sa jalousie contre la soudaine élévation de Luynes? Qui ne voit même déjà », poursuivait-il,

---

[1] Henri de Gondi, fils du florentin Albert, maréchal de Retz, et créature de Catherine de Médicis, et neveu et d'abord coadjuteur de son oncle Pierre de Gondi, évêque de Paris, auquel il succéda en cette qualité en 1616. Il se distingua, dès lors, dans ce siège épiscopal, devenu comme héréditaire dans sa famille, par son zèle pour le maintien de la discipline ecclésiastique, ses immenses aumônes et la fondation de nombreux établissements religieux, parmi lesquels surtout ceux des Carmélites et de l'Oratoire. En récompense de tant de services rendus à la religion, Henri de Gondi fut promu au cardinalat, sous Louis XIII, par le pape Paul V, et prit dès lors le nom de Cardinal de Retz. L'année suivante, il fut nommé par le roi chef du Conseil et premier ministre d'Etat. C'était un esprit doux et conciliant. Il s'unit cependant aux cardinaux Duperron et de la Rochefoucauld pour conseiller à Louis XIII de retirer aux protestants les places de sûreté qu'ils tenaient de l'Edit de Nantes, et fut le principal promoteur des nouvelles guerres de religion entreprises sous son règne et au cours desquelles il mourut en 1621, au siège de Montpellier. Henri de Gondi eut pour successeur, au siège épiscopal de Paris, tour à tour son frère Jean-François et leur neveu, le trop fameux auteur des *Mémoires*.

« Marie de Médicis fomenter de là les précoces mutineries de son fils favori le jeune Gaston? Qui ne la voit, préparant de là son enlèvement ou sa fuite, l'attirer dans sa forteresse et lui en assurer le commandement avec l'autorité d'un chef de parti? Pour prévenir de tels malheurs, il fallait amener Marie de Médicis à revenir au plus tôt d'Angoulême à Paris, en renonçant à tout autre gage de sûreté que l'amour filial. »

En voyant toute la Cour et jusqu'à la députation d'Angoulême se partager sur un point aussi capital, car il s'agissait de satisfaire Marie de Médicis sans réveiller les ombrages du parti en règne ni préjudicier au salut du royaume, Louis XIII demeura longtemps perplexe entre ses devoirs de fils et de roi. Sur ces entrefaites la reine-mère, dont le Père de Bérulle n'avait pu qu'ajourner sur l'objet en litige une démarche directe, produisit enfin en son propre nom sa requête, par l'organe du comte de Béthune. Autant cette démarche comminatoire, au début des négociations d'Angoulême, eût irrémédiablement choqué Louis XIII, autant l'entremise de l'oratorien l'avait préparé à y accéder de guerre lasse au dernier moment, comme à la solution s'imposant à ses scrupules. Il expédia donc vite au comte de Béthune les pleins pouvoirs pour l'offre, en principe, d'une place forte au choix de sa mère, sauf à réserver cette concession jusqu'à épuisement d'un dernier débat sur tous autres équivalents imaginables. Suivait la remise d'une lettre où abondaient les remontrances filiales. « La sollicitude pour votre repos et le désir de vous complaire », représentait Louis XIII à sa mère, « m'ont seuls incliné à souscrire à votre exorbitante exigence. Mais envisagez en conscience le péril d'un tel précédent. A cet égard les souvenirs abhorrés des récentes guerres civiles ne justifient que trop l'inquiétude actuelle du royaume. Désabusez-vous des perfides conseils de rebelles redoutant mes châtiments, et par là intéressés, pour se déclarer contre mon autorité

sous votre nom, à me signaler à vous comme votre agres-
seur. Vous me voyez, au contraire, armé pour vous affran-
chir de l'accaparement des cabales. Nul refuge pour vous
ne vaudra le cœur d'un fils ; et mes bras seront toujours
ouverts pour vous recevoir [1]. »

Disposée comme nous venons de la voir, Marie de Médicis, en dépit d'un si pressant appel à la confiance maternelle, n'hésita point à passer outre à l'acceptation d'une
place d'armes, sauf ensuite là-dessus à déclarer son choix.
Ici s'impose à nous, dans cette cour vite réorganisée à
Angoulême autour de Marie de Médicis, et grâce à l'autorité des calculs rehaussée du naissant éclat d'un grand
nom, le plus hautement dévoué des serviteurs de la reine-
mère, le seul attaché à concilier ses satisfactions avec
l'intérêt de l'État.

Armand-Jean du Plessis de Richelieu était la créature
privilégiée de Marie de Médicis. Après l'avoir vu se signaler, durant sa régence, comme orateur du clergé aux États-
Généraux de 1614 et non sans d'habiles flatteries à son
adresse, Marie de Médicis l'avait tiré de son évêché de
Luçon pour le produire à la Cour. Là, dans le premier
essor de sa haute ambition, et sous les auspices de Concini
qui alors atteignait l'apogée de sa fortune, Richelieu avait
presque d'emblée passé de l'emploi d'aumônier d'Anne
d'Autriche à la direction du ministère qui en 1616 prit
la place des vieux serviteurs d'Henri IV. Mais, trop pré-
voyant pour s'inféoder sans retour à aucun des partis
se relayant au pouvoir, et malgré ses officielles déférences

---

[1] Cette lettre, dont malheureusement nous n'avons pu trouver
l'original, porte, dans l'*allegata* de l'ambassadeur vénitien, la date
du 13 mai. Mais c'est là, suivant nous, une date erronée. Elle ne
peut en effet, d'après la substance que nous venons de donner, se
rapporter qu'à une époque où les négociations entre Louis XIII et sa
mère, au sujet de la concession d'une place de sûreté, n'en étaient
qu'aux préliminaires ; or, au 13 mai, ces négociations touchaient à
leur dénouement. — *Mercure françois*, t. IV, p. 202. — *La nunziatura
di Francia*, del Cardinale Guido Bentivoglio (Firenze, 1863-1870),
lettres des 13 et 27 mars, 10 et 24 avril, 8 et 22 mai 1619,

envers le favori du jour qu'il soutint même résolument
au nom du roi contre les coalitions seigneuriales, Richelieu
avait répudié à son égard toute complicité d'intrigues.
Fort d'une aussi nette attitude, au moment de l'assassinat
de Concini Richelieu ne pouvait hésiter sur la ligne de
conduite à suivre. Assez exceptionnellement ménagé dans
le coup d'État qui le renversait du ministère pour avoir,
dans l'explosion même de l'attentat du Louvre, obtenu de
Louis XIII assisté de Luynes un favorable accueil, et,
d'autre part, trop attaché à sa protectrice de la veille pour
ne partager pas sa disgrâce, Richelieu dut renoncer à rentrer jamais au pouvoir que par Marie de Médicis, sans
désespérer de la rétablir lui-même dans le crédit encore
dû à son titre de reine-mère. Embrassant ce rôle d'arbitre
modérateur que lui assignaient dans la famille royale et
ses libres antécédents et sa forte ambition, et envoyé à
Blois par la Cour auprès de Marie de Médicis avec le mandat
sincèrement débattu de la surveiller sans la trahir, il ne le
crut mieux remplir qu'en menant de front vis-à-vis d'elle
l'apaisement de ses rancunes, et à l'adresse du roi la justi-
fication de ses démarches. De ce premier théâtre d'une
aussi loyale entremise refoulé par la réaction craintive de
Luynes jusque dans l'exil d'Avignon, Richelieu, du moins,
par son long ensevelissement dans la profondeur de sa
chute, avait peu à peu à son égard désarmé les préventions en règne, quand après l'évasion de Blois s'ouvrirent
avec Marie de Médicis les pourparlers en vue du traité
d'Angoulême. Dès les préliminaires des conférences diplomatiques, à défaut d'un raisonnable intermédiaire entre
eux et la reine-mère, les députés du roi s'étaient d'abord
heurtés tour à tour à l'arrogance du duc d'Épernon
et au fanatisme du groupe intransigeant des Ruccellaï [1]

---

[1] Ruccellaï, fils d'un riche banquier italien qui, par ses relations
financières en France, lui obtint d'abord l'abbaye de Signy, en Champagne, avec maints bénéfices. Ainsi richement doté, Ruccellaï

et des Chanteloube [1], des Mosny et des Themines [2]. Double écueil où allait éclater une rupture, si deux des négociateurs en détresse ne s'étaient avisés du rappel à Angoulême du seul mandataire de Marie de Médicis pénétré de

acheta d'abord à Rome une charge de *clerc de chambre*, par où débutent souvent les aspirants au cardinalat. Le pape Paul V goûtait son esprit insinuant, jusqu'au jour de la disgrâce encourue par ses nombreuses incartades. Forcé de quitter Rome, il vint s'établir en France, auprès de son compatriote Concini qui, à son tour, le distingua et sous les auspices duquel il s'ingénia à figurer brillamment à la Cour par le luxe de sa table, sa libéralité, sa politesse et ses intrigues de galanterie entremêlées de nouvelles rodomontades. Une seconde fois déchu de ses espérances, au jour de l'assassinat du maréchal d'Ancre, il accompagna Marie de Médicis à Blois, d'où les impatiences de l'inaction le relancèrent enfin jusqu'auprès du duc d'Epernon pour y organiser prestement avec lui la fuite de la reine-mère en son gouvernement d'Angoulême.

[1] Jacques Chanteloube, seigneur de Chanteloube, issu d'une bonne famille du Forez, était né à Clermont, en Auvergne. Après quelques études théologiques, et déjà pourvu de plusieurs bénéfices, il embrassa l'état militaire, puis, durant l'exil à Blois de Marie de Médicis, s'attacha à sa cause et gagna son amitié en concourant avec Ruccellaï aux préparatifs de son évasion de Blois, et en négociant avec les princes mécontents, pour les engager dans son parti. Nous le verrons à Angers reprendre ce rôle d'agent de conspirations. Durant les relations fréquentes qu'eut à Angoulême avec Chanteloube le père de Bérulle, envoyé par Louis XIII pour ménager sa réconciliation avec sa mère, le fondateur de l'Oratoire décida le courtisan à entrer dans sa congrégation et, en 1621, Chanteloube se retira dans la maison des Pères de Lyon. Mais, après la journée des Dupes, Chanteloube sortit de sa retraite pour accompagner dans les Pays-Bas son ancienne maîtresse et, suivant Richelieu, il y aurait fomenté ses suprêmes mécontentements ; suivant d'autres, il s'y serait entremis pour la réconciliation de la mère et du fils. Le Cardinal, qui le croyait auteur de quelques-unes des plus odieux libelles répandus à profusion contre lui, sembla confirmé dans ses soupçons d'inimitié quand l'un des domestiques de Chanteloube fut convaincu d'être venu en France l'assassiner. L'assassin fut pris et exécuté. Quant à Chanteloube, il fut condamné par coutumace à être roué vif. Il est difficile de voir dans Chanteloube un complice de ce lâche assassinat, et il répondit à cet arrêt par sa propre apologie intitulée : *Lettre d'un vieux conseiller d'État à la reine-mère.* Dans toutes les négociations entreprises après la retraite de Marie de Médicis en Flandre pour la réunion de la famille royale, Richelieu s'obstina à mettre pour condition que Chanteloube lui serait livré, et la reine-mère s'y refusa non moins énergiquement. Enfin, lorsqu'elle quitta Bruxelles en 1638, Chanteloube ne la suivit point dans ses dernières pérégrinations, sans doute pour ne point donner un nouveau prétexte aux soupçons, et resta dans les Pays-Bas où il mourut trois ans après, en février 1641.

[2] Fils du capitaine des gardes du corps qui, sous la régence de Marie de Médicis, arrêta Condé pour le mener à la Bastille. Son fils l'assista dans cette exécution.

ses vrais intérêts gisant dans la réconciliation de la maison royale.

Le Père de Bérulle s'était lié de bonne heure avec Richelieu par l'établissement des Oratoriens dans son évêché de Luçon. Mais, sans goûter à fond dans son ingénuité mystique cet audacieux génie, il l'avait pu du moins fort apprécier lors d'une entremise sous son premier ministère, en vue de dissoudre la dernière des coalitions contre le maréchal d'Ancre. Mais, dans cette première phase de sa vie publique, Richelieu avait surtout conquis la mémorable amitié d'un digne émule du Père de Bérulle à la fois en fait d'apostolat et de diplomatie. Le capucin Jean Leclerc du Tremblay, en conférant avec Richelieu de son projet de fondation de l'ordre des Calvairiennes [1], s'était à jamais épris du grand homme d'État se décelant à ses yeux dans l'obscurité du plus humble évêché de France. Richelieu, en retour, avait dès lors distingué dans le sage réformateur de Fontevrault le futur arbitre négociateur de la diète de Ratisbonne. Aussi, à son premier passage au pouvoir, exploitant à la fois l'éloquence et l'astuce du moine inséparable de lui dans le culte de la postérité, Richelieu envoyait à Madrid le P. Joseph pour y observer, sous le couvert de la prédication d'une croisade générale contre les Turcs, les côtés faibles de la maison d'Autriche.

Grâce à ce commun contact avec l'homme supérieur dont ils avaient respectivement mesuré la force et gagné la confiance, on conçoit que, dès le début des pourparlers d'Angoulême, le Père de Bérulle et le Père Joseph, adjoint à la députation de la Cour, se soient vite entendus pour solliciter le retour de Richelieu auprès de Marie de Médicis, afin d'engager avec elle par son organe d'efficaces discussions. Bien en prit à l'ambassade royale d'une telle initiative; car à peine les deux hommes si judicieusement

---

[1] Ou Fontevristes réformées.

dévoués au sort de l'exilé d'Avignon eurent-ils obtenu sa réinstallation auprès de la reine-mère, que tout y eut bientôt changé de face. Depuis son arrivée à Angoulême, Marie de Médicis subissait le joug d'un abbé Ruccellaï. Ce présomptueux aventurier florentin, en se targuant de son ancienne adhérence aux Concini et de son nouveau titre d'organisateur émérite de l'évasion de Blois, accaparait la conduite de la reine-mère pour la compromettre sans retour avec l'autorité légitime, et par là éterniser auprès d'elle son importance. Aussi, à l'approche du modérateur impérieux suscité pour déjouer leurs intrigues, Ruccellaï et sa cabale s'épuisèrent-ils en manèges pour l'écarter de leurs factieuses délibérations. Mais Richelieu, d'abord averti en chemin par le Père de Bérulle, et à son arrivée à Angoulême assisté des conseils du Père Joseph, avant d'entrer en scène, y laissa patiemment le bruyant abbé se discréditer par son outrecuidance aux yeux du duc d'Épernon, tout en cultivant le grand seigneur qui couvrait de son exigeante protection Marie de Médicis. Grâce à la division ainsi fomentée entre les deux tuteurs qui usurpaient si diversement la confiance de la reine-mère, Richelieu eut vite ressaisi sur la cour tapageuse d'Angoulême l'ascendant du génie, au point d'y monter par degrés au rang de chef du conseil. Dès lors s'accélérèrent les pourparlers entre l'ambassade royale et Marie de Médicis, jusqu'au jour où s'éleva de sa part l'exigence d'une place de sûreté.

Depuis son arrivée à Angoulême, Richelieu avait trop pénétré les sentiments de Marie de Médicis pour ne partager pas sur ce dernier point les appréhensions du nonce. Aspirant d'ailleurs, comme nous avons dit, au retour de la reine-mère à la Cour, afin d'y rentrer par elle-même au pouvoir, et tout en ambitionnant à cet effet pour elle une situation actuellement convenable, il ne souhaitait pas qu'entre elle et son fils surgissent comme une éternelle barrière les remparts d'une citadelle. Aussi, en appuyant dans les conseils de Marie de Médicis sur la nécessité de l'octroi d'un sortable apanage, on peut affirmer qu'au mépris de la suggestion de la cabale de Ruccellaï il plaida d'abord énergiquement contre l'opportunité de la réclamation d'une place d'armes. Mais, en voyant là-dessus la reine invinciblement obstinée, Richelieu jugea plus sage d'entrer dans ses vues pour se maintenir dans sa confiance, et par là prévenir au moins les suites de sa condamnable résolution. Dans ce dernier but, avant tout, il fallait, au cas où le roi pour la désignation d'une forteresse une fois concédée en principe s'en rapporterait à sa mère, l'amener comme d'elle-même au choix le moins préjudiciable à l'État. Justement, parmi les provinces fortifiées à échanger contre la Normandie dans le douaire de Marie de Médicis, Richelieu en avisa une aussi convenable à la reine-mère que rassurante pour la Cour, vu sa raisonnable distance, et spécialement appropriée au rôle salutaire que lui-même jouait auprès de sa souveraine. A bien des titres l'Anjou se recommandait aux prédilections de Marie de Médicis. C'est en Anjou que Henri de Navarre, en obtenant d'Henri III en 1589 à titre d'un gage d'alliance contre la ligue le gouvernement de Saumur, puis en recevant en 1598 à Angers la soumission du duc de Mercœur; c'est en Anjou que Henri IV avait tour à tour franchi les premiers degrés et consommé la restauration du trône dont s'enorgueillissait la mère de Louis XIII. Plus tard, lorsqu'en 1604, au lendemain du traité de Sainte-Ménéhould et à l'heure la plus sereine de sa régence, Marie de Médicis alla avec le jeune Louis XIII pacifier la Bretagne agitée par le duc de Vendôme, à son passage en Anjou tout dans ce beau pays lui avait souri, depuis l'affable accueil de ses populations dépositaires des plus vivants souvenirs d'Henri IV[1] jusqu'à la fécondité si variée de son sol, et

---

[1] Henri IV avait été conçu à La Flèche, et l'on sait que quelques jours après son décès le cœur d'Henri IV fut transporté pour y reposer dans la chapelle du collège des jésuites de La Flèche.

depuis la magnificence de ses châteaux et l'aménité de ses aspects jusqu'à la majestueuse profusion de ses fleuves. Mais, outre ces convenances d'agrément, l'Anjou offrait de plus à la reine-mère aigrement disposée les avantages militaires d'un château-fort commandant le chef-lieu de la province, et d'un passage sur la Loire assurant d'immédiates communications avec le duc d'Épernon et les protestants du Midi. Par là l'Anjou, même dans sa rassurante distance de la Cour, n'offrait que trop de ressources à une reine insurgée, si, pour la réfréner en la protégeant, Richelieu n'y eût envisagé tout ce que lui ménageaient de forces locales et la contiguïté de ses domaines poitevins [1] et l'inféodation territoriale d'à peu près tout le Saumurois à son beau-frère Urbain, marquis de Maillé-Brézé [2]. Mais, tout en envisageant en Anjou contre les rébellions éventuelles de Marie de Médicis des préservatifs dont il y exercerait autour d'elle le souverain maniement, Richelieu tenait avant tout à conserver, auprès d'une reine dont la disgrâce avait avivé les défiances, un crédit qu'ébranlerait le moindre soupçon d'une recherche de domination personnelle. Il ne lui importait guère moins de ménager dans la cour d'Angoulême les ombrages de l'intraitable cabale de Rucellaï. Aussi, quand s'y ouvrirent les délibérations sur le choix d'une place d'armes, se garda-t-il d'afficher de prime abord une préférence pour le lieu le plus adapté à ses combinaisons politiques. Il lui semblait bien plus sûr de couvrir son jeu dans un débat qu'il laissa patiemment se réduire ou que sans bruit il ramena lui-même à la comparaison des avantages purement militaires

---

[1] La terre du Plessis, en Poitou, dont la famille de l'évêque de Luçon portait le nom, était un fief contigu à l'Anjou et relevait de l'évêché de Poitiers; elle appartenait aux Plessis depuis le xiii° siècle. Le septième seigneur du Plessis, Geoffroy, épousa l'héritière du seigneur de Richelieu et laissa cette terre à son fils François I°* qui commença à porter ce nom. Le neuvième seigneur du Plessis, François II, épousa l'héritière du seigneur de Chillon et ajouta ce domaine à ceux que possédait sa maison.

[2] Urbain de Maillé, marquis de Brézé, seigneur de Milly-le-Meugon, qui avait épousé Nicole du Plessis, sœur de Richelieu.

des deux villes d'Angers ou de Nantes. A ce moment, résolvant la question dans ces termes-là même, et cédant de bonne grâce en plein conseil le terrain qu'il était sûr de ressaisir dans d'intimes pourparlers avec la reine-mère, il conclut résolument en faveur de la Bretagne, sans croire trop risquer, d'ailleurs, en optant pour les sûretés les moins éloignées de son point d'appui angevin. Du moins tels nous apparaissent les mobiles secrets d'une consultation autrement inconciliable avec les naturels désirs de Richelieu, et sans contredit émanée de lui [1] à la date probable d'avril 1619 [2].

« La ville d'Angers », représentait l'évêque de Luçon dans cette œuvre aussi judicieusement conçue qu'habilement rédigée, mais que nous ne pouvons ici qu'analyser, « est pourvue du meilleur des anciens châteaux de France. Avec son groupe monumental de tours massives dont la Maine baigne les pieds ; avec ses vastes logis et ses murs épais ceints d'un large et profond fossé taillé dans le roc-

---

[1] Nous n'avons point de preuve absolue que cette pièce émane de Richelieu, mais il existe plusieurs motifs de la lui attribuer. D'abord, elle provient d'un recueil de pièces manuscrites recueillies par Le Masle dans les papiers du Cardinal et avec son autorisation. Ensuite, l'auteur du mémoire semble confondre ses propres intérêts avec ceux de la reine-mère. Puis la famille de l'auteur du mémoire est angevine. Or, par son origine comme par ses alliances, la famille de Richelieu tenait à l'Anjou. Dans l'instruction faite en 1585, au sujet d'une promotion dans l'Ordre du Saint-Esprit, il est dit que François du Plessis (père du Cardinal) a fait sa résidence ordinaire audit lieu de Richelieu en Anjou pour le temporel et en Poitou pour le spirituel. Voir aussi Duchesne, *Histoire généalogique de la maison du Plessis de Richelieu*. Ajoutons que le marquis de Maillé-Brézé, qui venait d'épouser la sœur de Richelieu et allait être capitaine des gardes de Marie de Médicis, était Angevin. En vain objecterait-on les considérations militaires invoquées dans la discussion et qui, à première vue, sembleraient émaner d'un soldat plus que d'un ecclésiastique. On sait que l'évêque de Luçon se piquait à cet égard d'une habileté professionnelle. On peut du reste induire de ce membre de phrase « estant Angevins, etc », que le frère aîné de Richelieu, gratifié par la reine-mère du gouvernement d'Angers, et leur beau-frère, le marquis de Brézé, collaborèrent à ce mémoire.

[2] Le mémoire n'est point daté, mais il est nécessairement du mois d'avril; alors seulement, en effet, a pu s'agiter dans le conseil de la reine-mère la discussion sur le choix d'une place d'armes à réclamer de la Cour.

vif, ce château adhère à la cité proprement dite, assise sur un coteau abrupt et close elle-même de remparts munis de portes fermant chaque soir ; et par une sortie extérieure il communique avec les faubourgs. L'ample et populeuse ville que commande cette forteresse possède un évêché et un présidial, une université et une élection, une prévôté, un grenier à sel et une maréchaussée. La province d'Anjou fournit un revenu de deux mille écus. D'innombrables cours d'eau la sillonnent en tous sens ; et le château des Ponts-de-Cé y garde le passage de la Loire.

Mais le château d'Angers, si on l'envisage dans ses rapports avec la ville qu'il domine topographiquement, ne la peut en réalité maîtriser ; car cette citadelle péche par la mauvaise distribution de ses logis, l'éloignement de ses portes et la disproportion de son pourtour avec la force numérique de la population urbaine. Aussi, pour suffire à la double tâche d'en garder les portes et de jeter au besoin dans la ville un corps de troupes à répartir entre la cité et les faubourgs, il faut aviser à la fois à l'onéreux entretien d'une garnison de mille à douze cents hommes et à la scabreuse entreprise du désarmement de la bourgeoisie. Angers est d'ailleurs le seul poste sérieux de l'Anjou à la disposition de Marie de Médicis. Car si l'on distrait d'une province déjà en elle-même fort réduite les gouvernements autonomes de Saumur et de La Flèche, quelle autre garantie pour la reine-mère que le passage de la Loire très insuffisamment gardé par le fragile château des Ponts-de-Cé, séparé du chef-lieu par une heure de marche ? En ce qui est de cette foule de rivières non guéables ou navigables au-delà de quatre lieues en amont d'Angers, et par là inutiles à l'approvisionnement du pays qu'elles coupent en tous sens, on ne peut les envisager que comme un réseau d'entraves à ses communications intérieures. Si de la configuration matérielle de l'Anjou nous passons à ses dispositions morales, quel ferme soutien y verra-t-on pour

la reine-mère, entre une aristocratie inconsistante et des
multitudes indisciplinées? Si encore la reine-mère pouvait
se dédommager de tant de mécomptes par les ressources
pécuniaires de la province! mais le seul entretien du
gouverneur d'Angers en absorbera le revenu. »

Ainsi, se désintéressant de tout ce que lui vaudrait comme
surcroît de prépondérance à l'égard de Marie deMédicis sa
clientèle angevine, Richelieu opinait nettement pour l'option
du comté de Nantes. « Nantes », poursuivait-il, « est une ville
frontière maritime qui, par la proximité de l'embouchure
de la Loire, peut directement trafiquer avec le littoral et
correspondre avec l'étranger, tout en jouissant de libres
communications avec l'Anjou, la Bretagne et le Poitou.
Son château, il est vrai mal bâti et désavantageusement
situé, n'en maîtrise pas moins une ville d'une dimension
bien proportionnée à son périmètre, à l'aide d'une simple
garnison de deux cents hommes à distribuer entre quatre
poternes, dont l'une donnant à travers une large rue sur la
place centrale, et les trois autres sur les faubourgs, le pont
de la Loire et la route d'Ancenis. Nantes possède une lieu-
tenance-de-roi, une chambre des comptes et un bureau de
recettes, un présidial, une élection et une maréchaussée.
Sa population, moins militaire que bourgeoise, est docile
et traditionnellement dévouée à ses gouverneurs. Ses ressources financières surabondent sans pression fiscale, grâce
à la vitalité de son commerce et aux revenus du péage de
la Loire[1]. »

Ces considérations si fortes, émises par l'évêque de
Luçon en faveur du plus stratégiquement considérable des
deux postes soumis à son étude comparative, et que d'ailleurs en plein conseil il ne soutint devant Marie de Médicis que juste assez pour marquer l'impartialité de ses vues,

[1] Lettres du Cardinal de Richelieu (publ. Avenel), t. I, pp. 587–
593, et n. — Rangeard, *Mémoires pour servir à l'histoire du calvi-
nisme en Anjou*, mss. 893 de la bibliothèque d'Angers, p. 356.

ne détachèrent point la reine-mère de l'objet de ses vraies inclinations. Mais, tenant surtout à concilier dans un asile privilégié ses agréments avec sa sûreté par de solides communications avec le Midi de la France et, sur ces entrefaites, enhardie en ses exigences par le désarmement de Metz que venait d'opérer au profit du duc d'Épernon son fils La Valette, Marie de Médicis opta pour le gouvernement d'Anjou renforcé de l'annexe d'une des deux villes de Nantes ou d'Amboise[1], afin d'acquérir par là sur la Loire un pont en pierre, au lieu des deux ponts de bois reliant aux deux rives adjacentes l'île où se dresse le château des Ponts-de-Cé.

Ici encore Richelieu, qui dans sa consultation n'avait posé qu'une alternative entre les deux places dont la reine-mère osait réclamer le cumul, la dut conjurer de ne pas pousser à bout la condescendance filiale. Mais l'opiniâtreté de Marie de Médicis croissant en raison de la témérité de ses instances, l'évêque de Luçon dut combiner avec l'ambassade royale un moyen terme de satisfaction. Vu l'urgence d'épargner à la reine-mère, pressée de déclarer son choix indiscret, un refus cette fois inévitable, et en dépit de ce que la seule option de l'Anjou de sa part offrait déjà d'inquiétant pour la paix du royaume, on ne crut trop vite à la Cour prévenir ses désirs au sujet de cet équivalent de la Normandie, pour lui faire mieux agréer par cette avance une permutation quant à l'offre d'un poste additionnel. Du moins, dès les derniers jours d'avril, à son tour le cardinal de la Rochefoucauld[2] reprenait la route d'Angoulême, muni de pleins pouvoirs pour l'octroi de l'Anjou à Marie de

---

[1] Et non le bourg du Bec-d'Ambez, situé à l'embouchure de la Guyenne. A cet égard, la similitude des noms a induit en erreur l'ambassadeur vénitien.

[2] L'auteur du *Véritable père Joseph, capucin*, nous indique son héros comme chargé de cette mission. Mais il faut se défier de sa tendance exagérée à le mettre invariablement en scène dans les événements diplomatiques dont nous avons entrepris le récit.

Médicis avec annexe du château de Chinon, situé sur la Vienne et lui assurant ainsi, aux portes de son nouveau gouvernement, la clef d'un des principaux affluents méridionaux de la Loire.

Il semblait que Marie de Médicis prît à tâche d'opposer à chacune des concessions filiales un enchérissement d'exigences. Car, bien loin d'adhérer à un aussi avantageux compromis, elle renvoya le 2 mai à la Cour le Père de Bérulle pour insister en son nom sur Nantes ou Amboise, en stipulant de plus l'entretien d'une garnison de douze cents hommes et, en tous cas, pour délibérer sur les propositions de la Cour un délai de six semaines. Après de longues hésitations, le roi voulut bien encore s'engager envers la reine-mère à l'entretien d'une garnison suffisante, quoique indéterminée dans son effectif, en outre de sa garde ordinaire et de deux compagnies de gens d'armes et de chevau-légers. Mais, rendu là au dernier degré des sacrifices compatibles avec l'intérêt de l'État, il maintint l'offre de Chinon à l'exclusion d'Amboise et de Nantes et réduisit le délai sollicité de six semaines à trois jours. Passé ce terme, en cas d'inacceptation de la part de Marie de Médicis entraînant le rappel immédiat de l'ambassade de la Cour, le duc de Mayenne, posté aux confins de l'Angoumois[1] avec l'armée royale en expectative depuis l'ouverture des négociations pacifiques, devait poursuivre aussitôt sa marche sur Angoulême. A tout événement d'ailleurs Louis XIII, à la suite du Père de Bérulle renvoyé vers la reine-mère[2] avec son ultimatum accompagné de nouvelles exhortations épistolaires, à son tour lui-même, le 7 mai, s'avançait de Paris jusqu'à Orléans[3].

[1] A Châteauneuf, à trois lieues d'Angoulême.
[2] Avec de si amples dépêches que le secrétaire d'Etat Phelipeaux se borna à y ajouter un simple billet de politesse à l'adresse du cardinal de La Rochefoucauld.
[3] Le seul Arnauld d'Andilly a critiqué cette marche du roi sur Orléans, si opportune à l'effet de hâter la soumission de Marie de Médicis aux volontés du roi.

Malgré cette démarche comminatoire et la stricte mesure du sursis imparti par Louis XIII à sa mère, l'offre additionnelle de Chinon et la promesse relative aux garnisons des places concédées trahissaient de la part du roi un trop vif désir de paix au gré des secrets ennemis de Luynes qui, à la Cour, visaient sourdement à sa chute en lui rendant Marie de Médicis irréconciliable. D'autre part, et en cela favorisant lui-même les menées de ses adversaires, Luynes, qui trouvait encore la reine-mère trop rapprochée de lui dans le gouvernement d'Anjou, se prêtait aussi mal que ces perfides brouillons le pouvaient souhaiter à un accord diplomatique sur ce dernier terrain. Témoin de cette complicité d'entraves, tenant en échec entre ses mains jusqu'à la dernière heure les avances royales, le Père de Bérulle, pressé de lier la Cour irrévocablement à cet égard par l'acceptation de Marie de Médicis, et craignant d'être, dans l'intervalle, atteint sur sa route ou devancé à Angoulême par un contre-ordre, accéléra par des chemins détournés son retour vers la reine-mère. Mais tant s'en faut que Marie de Médicis ait d'emblée adhéré à l'ultimatum transmis à son quartier général dès le 8 mai avec une si industrieuse diligence, qu'à l'énoncé de ses clauses par le Père de Bérulle, elle se récria sur le refus d'Amboise et de Nantes, à ses yeux nullement racheté par l'augmentation de garnisons dans le champ restreint des offres définitives. Puis, revenant à ses anciennes garanties dont elle ne pouvait, soutenait-elle, être dépossédée sans un réel équivalent, elle menaça de se maintenir dans son gouvernement de Normandie. Puis enfin, le 14 mai, jour de l'Ascension, après avoir communié le matin et par là, ce semble, soudainement calmée, la reine-mère, sans toutefois contremander les hostilités, proclama la paix, aussitôt célébrée dans la cathédrale d'Angoulême par un *Te Deum*, avec sa déclaration formelle de *n'aspirer à d'autre sûreté que le cœur de son fils.*

Par cette affirmation non moins solennelle qu'inattendue, Marie de Médicis réussit à en imposer à toute l'ambassade royale en éveil autour d'elle. Dès ce jour-là même, le cardinal de la Rochefoucauld et le comte de Béthune envoyèrent, de par leurs pleins pouvoirs, décommander les hostilités reprises au nom du roi par le duc de Mayenne à l'expiration des trois jours du sursis de l'ultimatum. De son côté le Père de Bérulle, que la seule urgence de ses précédents voyages avait contraint de déroger à sa rigueur d'ascète en recourant sur la route de Paris à Angoulême à la confortable locomotion d'un carrosse, reprenait cette fois à pied, en toute sécurité, le chemin de la Cour [1]. A la Cour, le nonce lui-même, qui ne s'était jamais flatté que la reine-mère s'abstînt de prendre au mot les avances de Louis XIII et qui, cependant, ne voyait qu'à ce prix la maison royale sûrement réconciliée, n'en applaudissait que mieux à la nouvelle inespérée du dénouement pacifique brusqué par l'élan de la confiance maternelle. Le seul Luynes, avec sa soupçonneuse clairvoyance, entrevit sous les protestations de Marie de Médicis l'œuvre de la duplicité italienne. « Pour s'abuser », redisait-il au conseil du roi, « sur les faux-fuyants de la reine-mère, pouvait-on perdre de vue son mécontentement au refus de Nantes ou d'Amboise ? Là-dessus ses calculs de vengeance ne s'étaient-ils pas assez accusés déjà vis-à-vis de la Cour par la perfide réclamation d'une suspension d'armes sans réciprocité ? Par là ne visait-elle pas à poursuivre impunément à Angoulême ses conciliabules et ses pratiques ? On sait qu'elle y tente la fidélité du duc de Mayenne par l'appât d'un riche mariage dans sa famille. Jusque dans Paris, autour du donjon de Vincennes où Condé languit en expectative depuis la chute

---

[1] Ce n'est qu'au hasard de la rencontre, chemin faisant, du carrosse de l'archevêque de Bordeaux Sourdis, qu'il dut de pouvoir aller informer la Cour, avec la célérité nécessaire, de la mise en scène captieuse de Marie de Médicis.

du maréchal d'Ancre, ne voit-on pas cabaler journellement les
émissaires de la reine-mère, jaloux de devancer la Cour dans
sa délivrance pour s'en adjuger aux yeux du captif le mérite,
et par là le gagner à un parti qui ainsi s'autoriserait du nom
du premier prince du sang? Pernicieuses menées tendant
toutes au but avoué par la reine-mère elle-même à l'ambassade royale, dans l'accès de colère qu'a provoqué chez
elle la notification de l'ultimatum. Se maintenir dans son
gouvernement de Normandie comme dans le poste le plus
voisin du Louvre, tel était le seul mobile qui l'avait décidée
à rejeter les dernières offres de la Cour, et par là s'interprète la soudaine protestation formulée dans la cathédrale
d'Angoulême. A l'en croire, la reine-mère *n'ambitionne
d'autre place de sûreté que le cœur de son fils.* Mais, dans
l'argutie de son langage, on ne peut accorder le sens litté-
ral de cette protestation de confiance avec ses vues sur la
Normandie, à moins d'envisager ce pays dépourvu de
villes fermées comme valant surtout à ses yeux par la
contiguité de l'ancien théâtre de sa domination maternelle.
Car elle n'a jamais renoncé à y recouvrer l'omnipotence,
afin de bouleverser par là le gouvernement. »

Au fond c'était pour la stabilité de son pouvoir que
Luynes s'effrayait du retour de la reine-mère à Paris par
le chemin de la Normandie. Mais la perspective du maintien de Marie de Médicis en son ancien apanage de Normandie déconcertait en outre les arrangements du nouveau
favori concernant cette province. Car, dès le jour où
Louis XIII en avait retiré le gouvernement des mains de sa
mère, Luynes l'avait cédée au duc de Longueville en
échange de la Picardie, plus adaptée par des établissements
territoriaux à ses convenances personnelles. Aussi, pour se
prémunir contre les subterfuges de Marie de Médicis et
pour parer d'avance au plus vite les coups dirigés à bout
portant, ce lui semblait-il déjà, contre son autorité et sa
fortune, Luynes ne devait plus songer qu'à maintenir

adroitement la reine-mère à une raisonnable distance de la Cour. C'est dire qu'il revint bien vite au moyen terme concerté par Richelieu avec l'ambassade royale entre les ménagements dûs à ses ombrages et les justes aspirations de Marie de Médicis. En un mot, plus Luynes avait répugné d'abord et plus il s'ingénia désormais à ramener doucement la reine-mère à l'adoption des sûretés angevines même restreintes aux limites tracées dans l'ultimatum. De là autour de Marie de Médicis à la dernière heure un redoublement d'insistances diplomatiques. C'est d'abord un cinquième ambassadeur, Marossano, qui passe et repasse sur la route d'Angoulême. En même temps Luynes, obstiné dans son effacement personnel au regard de la reine-mère, lui transmet par le Père de Bérulle de nouvelles supplications en date du 13 mai. Puis enfin, le 30 mai, se découvrant vis-à-vis d'elle, il l'interpelle directement sous les formes les plus obséquieuses. Et cependant Louis XIII, non content de réprimander le cardinal de la Rochefoucauld et le comte de Béthune pour leur démarche précipitée envers le duc de Mayenne, le rappelait sur les frontières de l'Angoumois en s'acheminant lui-même, le 16 mai, d'Orléans sur Amboise.

Dans le camp opposé, on rivalisait avec Luynes en fait de sollicitudes autour de Marie de Médicis pour lui faire agréer les concessions finales de la Cour. Le Père de Bérulle, en appuyant auprès d'elle les exhortations du cardinal de Retz, l'assurait de tout ce que lui vaudrait, croyait-il, en fait de crédit inespéré sa déférence aux volontés filiales. De son côté, c'est là que Richelieu put mesurer ce qu'il avait gagné de terrain dans la Cour d'Angoulême par l'abnégation étudiée de ses précédents avis sur les garanties les plus convenables à la sûreté de la reine-mère. Car il réussit à y rallier à son opinion, conforme aux désirs du roi, les suffrages très corruptibles de deux soutenants de Ruccellaï, à savoir Mosny et de Chanteloube. Enfin Marie de Médicis elle-même comprit la nécessité de se soumettre. Quel point d'appui lui pouvait offrir, en effet, dans ses prétentions si vite démasquées, un parti encore à l'état d'ébauche, entre les deux corps d'armée des ducs de Mayenne et de Schomberg, et sous l'imminence de l'approche du roi? Jusque dans son conseil, ne voyait-elle pas la majorité se déclarer pour une franche adhésion à l'ultimatum? Par là, d'ailleurs, comme le lui dut insinuer Richelieu, Marie de Médicis en définitive mettait de son côté les apparences de la victoire. Car elle obtenait en principe les sûretés réclamées, tout en couvrant l'échec essuyé quant à leur assignation territoriale. Bref, Marie de Médicis, après un désistement formel au sujet de la Normandie, accepta sans ambiguïté pour son apanage de douairière les places d'Angers, des Ponts-de-Cé et de Chinon.

Cette démarche décisive et ces explications catégoriques de la reine-mère semblaient défier cette fois tous les soupçons de la Cour; et cependant on y avait trop expérimenté ses pièges pour n'accumuler pas les précautions dans la remise entre ses mains de son nouveau gouvernement. Il va sans dire d'abord qu'on exigea d'elle un désarmement préalable; et elle-même justifia la nécessité de ce préliminaire par une longue résistance, dont Richelieu et le Père de Bérulle ne triomphèrent que grâce au rappel du duc de Mayenne. Même une fois ses propres troupes à leur tour licenciées, et malgré la connexité de l'octroi des garanties angevines avec le pacte de réconciliation générale demeuré célèbre sous le nom de traité d'Angoulême, Marie de Médicis n'obtint pas même la mention de l'Anjou dans la teneur des clauses de ce monument diplomatique. Ce n'est que dans un sous-seing séparé qu'on dressa l'accord spécial intervenu entre Louis XIII et sa mère pour l'échange de la Normandie contre les places d'Angers, des Ponts-de-Cé et de Chinon. Mais là encore les méfiances de la politique primèrent les règles du droit. Car cet accord synallagmatique ne fut rédigé qu'en brevet; si bien que la reine-mère n'en put retirer un double [1], et se vit ainsi à la fois irrévocablement dépossédée de son ancien apanage, et sans titre à l'appui des sûretés compensatrices. Sur les récriminations de Marie de Médicis, l'ambassadeur Marossano lui rappela son récent abus d'une lettre du roi souscrivant, durant son séjour à Blois, à sa libre circulation par tout le royaume. Mal en avait pris à la Cour d'une telle marque de confiance insidieusement exploitée par Marie de Médicis à l'effet de s'autoriser dans Angoulême. Après cela, comment pouvoir sans péril se dessaisir à son égard des moindres attestations littérales? Et, d'ailleurs, pour l'établissement de ses droits les plus sacrés ne se devait-elle pas estimer trop heureuse en se reposant sur la parole d'un fils et d'un roi [2]?

[1] Le brevet même n'est signé que du comte de Marossano qui y emprunte la qualité de secrétaire de Marie de Médicis.

[2] Mémoires de Richelieu (coll. Pet.), 2ᵉ série, t. XI, p. 162. — Mém. de Pontchartrain (coll. Mich. et Pouj.), 2ᵉ série, t. V, p. 49.— Mém. du duc de Rohan (coll. Mich. et Pouj.), 2ᵉ série, t. V, p. 409. — Bassompierre (coll. Mich. et Pouj.), 2ᵉ série, t. V, p. 129. — Mercure français, t. IV, p. 202. — La nunz di Fr., eod., 24 mai. — Lettres du cardinal Bentivoglio (Bruxelles), 5 mai 1619, p. 252 ; 28 mai, pp. 234-235. — Vitt. Siri, t. 20. p. 143 ; 19ᵉ partie, pp. 124-125. —. Lettres et mém. de Messire Philippe de Mornay (Amst., Elz., 1659), t. II, pp. 200 et 220. — Journal du règne de Louis XIII, p. Arnauld d'Andilly (mss. de l'Arsenal, nouveau classement, 517 b), t. II, fᵒˢ 77, 79-80. — Bibl. nat., mss. F. fr., nᵒ 3805, fᵒ 22, et nᵒ 3820, fᵒ 26 ; F. Colbert, nᵒ 98, p. 56. et F. Béthune, passim. — Disp. degl. amb. venet., filz. 52, 30 avril, 7 mai, 16 juin et 1ᵉʳ juillet. — Arch. des aff. étr., F. fr. 1619, fᵒ 184. — Négociation du Cardinal de La Rochefoucauld et du comte de Béthune envoyés par le roi Louis XIII vers la reine sa mère, en 1619 (in-fᵒ mss.) passim. — Rangeard, eod., p. 356. — Hist. Galliæ, auctore Gabr.-Bartholomæo Gramundo (Amst., ap. Lud. Elz., 1653), p. 229. — Ludovici XIII Itinerarium ab Oceano neustriaco usque ad Pyræneos montes (1620), passim., — Roncoveri. Ist. del regno de Luigi XIII (in Lyon 1621), pp. 281, 286-287. — Rec. de pièces, p. Matth. de Mourgues (1643) ; Lumières pour l'histoire de France, p. 28. — Hist. de Louis-le-Juste, p. M. Scipion Dupleix (Mém. des Gaules, t. V et VI, 1654), pp. 121-122, 124. — Hist. de Louis XIII, p. Michel Levassor (Amst., 1715. t. III, 1ʳᵉ partie, pp. 385-386. — Hist. du règne de Louis XIII, p. le P. Griffet (1758), t. I. p. 246. — Hist. de F. sous Louis XIII, p. A. Bazin (2ᵉ éd.), t. I, p. 352. — Hist. de Henri Martin (4ᵉ éd.), t. XI, passim. — Hist. de Fr., p. G. Dareste, t. V, p. 59. — Vie de Marie de Médicis, par Mᵐᵉ d'Arconville (1774), t. II, pp. 562, 564, 571, 573. — Le duc et

Si indéfectibles qu'apparaissent à première vue les assurances dont la reine-mère se devait tenir pour satisfaite, et à quelque degré qu'elle ait encouru par ses fallacieux procédés la défaveur du gouvernement, il faut convenir qu'une fois admise à figurer comme partie contractante vis-à-vis de la Cour dans l'échange des deux provinces d'Anjou et de Normandie, elle y devait marcher de pair avec ceux qui s'y étaient munis d'un titre contre elle, en obtenant d'eux, en retour, plus qu'un engagement verbal. A ce point de vue, la frustration, qui livrait le sort de son nouvel apanage à la merci d'un caprice de favori, n'accuse que trop à nos yeux l'influence hostile de Luynes. Lui, que la seule peur de son voisinage immédiat avait gagné à l'idée de fixer en Anjou Marie de Médicis, pouvait-il chercher à lui ménager là autre chose que l'établissement le plus précaire ? Mais l'adversaire en réalité spolié par d'aussi déloyales combinaisons n'était pas d'humeur à se résigner sans réplique. Aussi l'on peut juger si la reine-mère eut beau jeu pour produire à cet égard ses revendications, lorsqu'aussitôt après le traité d'Angoulême Louis XIII l'invita à venir sceller la paix dans une entrevue amiable. Car aux yeux de ce roi, dont on a méconnu la tendresse, et qui dans les ennuis du trône souffrira surtout du refoulement nécessaire des affections domestiques, il eût fallu que sa mère déméritât bien plus qu'elle n'avait encore fait jusqu'ici pour qu'il n'aspirât pas toujours à la revoir. Ajou-

connétable de Luynes. p. V. Cousin (Journal des Savants, 1861), 1er art., pp. 281-282 ; 2e art., p. 343. — L'évêque de Luçon et le connétable de Luynes (Revue des questions historiques, 6e année, t. IX), pp. 95 et suiv. — Hist. de Pierre de Bérulle, p. Tabaraud (Paris 1817), pp. 302-303-304; Batterel (Mémoires mss., Archives de de l'Oratoire, 1752), t. I. l. III, n** 29 et pp. 303-304. — Vie de M. le Cardinal de Bérulle, p. l'abbé Gouget (en copie manuscrite aux Archives de l'Oratoire), fos 131-133 et 135. — L'abbé Houssaye, eod., pp. 273, 277-279. — Le véritable P. Joseph, capucin (Saint-Jean-de-Maurienne, 1714), p. 132. — Hist de la vie du duc d'Epernon, p. Girard (1655), p. 341. — Hist. de la vie de Messire Philippe de Mornay (Leyde, Elz., 1647), p. 478.

tons que Louis XIII au fond se flattait même, et bien
entendu sans oser s'en ouvrir à Luynes, que Marie de
Médicis, une fois radoucie par l'accueil qu'il lui préparait
dans l'entrevue projetée, s'éprendrait de l'idée d'un rapa-
triement à la Cour, et que, sans se dessaisir de ses garanties
territoriales, elle laisserait l'Anjou aux mains d'un lieutenant-général pour venir retrouver sa place au Louvre.
Telles étaient les illusions que nourrissait Louis XIII en
indiquant à sa mère, le 31 mai, par l'organe du Père de
Bérulle, un rendez-vous solennel à Tours ; et c'est ce qu'attendait Marie de Médicis avec moins de sincérité que d'a-
propos pour mettre son voyage au prix de la régularisation
de l'investiture de son apanage par la délivrance d'un titre
légal [1]. A ce coup digne de son astucieuse antagoniste, on
devine l'embarras du favori non moins récalcitrant à
l'affermissement des sûretés de la reine-mère qu'alarmé de
la perspective de la revoir assise à la droite du trône et
suivie de Richelieu, qui depuis le retour d'Avignon ne lui
était que trop vite redevenu redoutable. C'est dire à quel
point l'idée de l'entrevue de Tours nous semble étrangère
à l'initiative de Luynes qui, sans nier l'urgence d'une telle
démonstration pacifique en regard des récentes bravades
des huguenots enhardis par les querelles de la famille royale,
connaissait trop le jeune roi pour s'aveugler sur son
arrière-pensée filiale. Mais, trop soigneux du ménagement
de son crédit pour contrarier le respectable désir de
Louis XIII, en indisposant par là du même coup une
reine ou en voie de rentrer en faveur ou ébranlée par les
avances du protestantisme, Luynes se résigna d'aussi
mauvaise grâce qu'on peut se l'imaginer à la mortification
d'armer son ennemie de pied en cap avant de l'introduire
dans la place.

Bref, tout en se promettant en revanche de biaiser sur

[1] *Dispacc. degl. amb, venez., eod.*, 1er juillet. — Arch. nat., carton 232. *Congrégation de l'Oratoire*, fo 18. — Batterel, eod., n° 43.

l'exécution des clauses intégrantes du traité d'Angoulême,
et non sans étendre autour de la reine-mère ses propres sûretés territoriales dans la Picardie, l'Ile-de-France et la Normandie, et jusque dans la Bretagne et la Touraine, Luynes
enfin se résolut de lui expédier les titres afférents au gouvernement d'Anjou. Mais, à cet égard, il s'exécutait trop à
contre-cœur pour que d'aussi précieuses constatations ne
nous semblent pas comme arrachées de ses mains pièce
par pièce. D'abord Marie de Médicis reçut, le 11 juin, un
brevet royal lui déférant la nomination aux gouvernements
d'Angers, de Chinon et des Ponts-de-Cé [1]; puis, après règlement des indemnités ouvertes par la démission des anciens
gouverneurs [2], suivit, le 7 juillet, au profit de la reine-
mère une ordonnance d'envoi en possession concernant
ces trois places [3]. Puis, et comme si sur chaque article on
eût voulu racheter la lenteur des communications par le
luxe des formes juridiques, on lui délivra, les 17 et 27 juin
et 16 août, jusqu'à trois sous-seings émanés du roi et des
sires de Béthune et de Montbazon, pour lui garantir, avec
l'entretien de 400 hommes de garnison, le maintien ou le
rétablissement des vivres et des munitions dans ses forteresses [4]. Par cette prodigalité de garanties littérales affluant

---

[1] Arch. des aff. étr., f. Fr., 772, p. 104, et *Lettres et mém. de
Messire Philippes de Mornay*, p. 212.

[2] Pour sa part, le maréchal de Boisdauphin, prédécesseur immédiat de Marie de Médicis dans le gouvernement d'Anjou, reçut cent
mille écus.

[3] Arch. des aff. étr., f. Fr., n° 772, f° 97. — *Journal de Jehan Louvet*,
f° 97. — Mém. de Pontchartrain, *eod.*, p. 409. — Mém. de Fontenay-Mareuil (coll. Mich. et Pouj., *eod.*), p. 139. — Arnauld d'Andilly, *eod.*, f° 80. — Mém. de Matthieu Molé (publ. de la Société
d'histoire de France), p. 224. — *Vie de Duplessis-Mornay*, p. 498.
— Arch. nat., carton 232, mss. sans nom d'auteur, f° 18. Rangeard,
p. 356.— Le P. Griffet (1758), t. I, *passim*. — Mme d'Arconville, t. III,
p. 11. — *Richelieu et la monarchie absolue*, p. le vicomte G. d'Avenel,
t. 1, p. 415.

[4] F. Colbert, 98, f° 56. — Arch. des aff. étr., *eod.*, f° 103 et 117.
— Arch. nat., carton 232, f° 18. — Batterel, *eod.*, n° 46. — L'abbé
Gouget, n° 13. — Arnaud d'Andelly, f° 80. — Au surplus, en ce qui
est de l'ensemble des titres constitutifs de l'apanage de Marie de
Médicis, voir aux pièces justificatives, n° 1.

sur ce dernier chapitre aux archives de Marie de Médicis,
on ne songeait au surplus qu'à l'amuser dans ses expectatives, à en juger par l'attitude de la Cour en face du procédé cavalier de l'officier qu'au moment de s'installer dans
son apanage elle trouva nanti du château d'Angers. C'était
le fils de celui qui, dans le théâtre où se meut notre récit,
nous apparaît comme la plus soudainement comblée d'entre
les créatures d'Henri IV, sous le nom populaire de Guillaume Fouquet de la Varenne. Il semblait que ce fût d'hier
qu'Henri IV avait tiré de l'intendance des cuisines de sa
sœur Catherine de Bar cet avisé courtisan, pour l'élever
presque d'emblée au titre héréditaire de gouverneur de La
Flèche. Guillaume Fouquet de la Varenne avait d'ailleurs
noblement répondu à cette dernière marque des faveurs
royales en relevant le lustre de son nouveau fief; aussi
l'obscure ville de La Flèche s'était comme transfigurée
sous son administration princière [1], avant de tomber aux
mains de son fils René de la Varenne, appelé par son
décès peu antérieur au traité d'Angoulême à cumuler le
gouvernement paternel avec l'office de capitaine du château
d'Angers. Malheureusement, dans ce dernier emploi et
sous le relief improvisé du nom patronymique, René de la
Varenne étala par trop vite au service de la dynastie qui
venait de créer sa fortune le zèle maladroit d'un fils de
parvenu trop peu initié encore au maniement des hommes
pour y discerner la juste mesure de ses prérogatives.

---

[1] Guillaume Fouquet, né à La Flèche, en 1560, avait commencé
sa carrière dans la domesticité de Catherine de Navarre, sœur de
Henri IV, dont il était maître d'hôtel. Catherine le donna au roi
son frère comme un homme fertile en ressources. Il plut à Henri IV
qui le fit d'abord porte-manteau et le mit dans la confidence de ses
amours. Fouquet se dévoua entièrement à Henri IV à qui même il
sauva la vie au combat de Fontaine-Française et qui, de retour, le
nomma coup sur coup conseiller d'Etat, contrôleur général des
postes, chevalier de Saint-Michel, marquis de la Varenne et lieutenant-général de la province d'Anjou et gouverneur de La Flèche.
Guillaume Fouquet de la Varenne y fonda un présidial et un collège
de jésuites, et mourut en 1616.

Informé de l'arrivée en Anjou de Marie de Médicis avec
de pleins pouvoirs à exploiter pour le renouvellement de
l'état-major de son apanage au gré de ses calculs vindica-
tifs, René de la Varenne, par là mis en demeure de résigner
sa citadelle en des mains probablement suspectes, à
l'avance prit sur lui de soutirer le péril attaché à la trans-
mission de ce gage au moyen d'un étrange abus d'autorité
exercé sous forme de prélèvement seigneurial. Lorsque, en
effet, l'exempt des gardes de la reine-mère La Mazure vint
officiellement au nom de celle-ci, le 15 juillet, prendre
possession du château d'Angers, il y constata le vide absolu
dans les magasins qui, selon l'inventaire dressé la veille [1],
regorgeaient de tout le matériel concentré aux mains du
gouverneur d'Aumont lors de la soumission de la ligue
par l'effet du désarmement de la bourgeoisie angevine.
C'est qu'au cours de la nuit précédente, le marquis de la
Varenne avait enlevé du château tous les approvisionnements militaires [2] pour les diriger vers son domaine de La
Flèche en des ballots qui, le lendemain, au grand jour,
stationnèrent le long des quais de la ville impunément aux
yeux de la municipalité et du présidial. Ici la connivence
des autorités locales est trop flagrante pour qu'on puisse
douter qu'à cet égard elles aient reçu d'en haut au préalable une sournoise consigne. Aussi, à son arrivée en
Anjou, l'arsenal où Marie de Médicis espérait, d'après le
traité d'Angoulême, puiser pour l'organisation de sa
défense, n'eût offert à ses yeux qu'un gouffre béant, si
l'attentat du marquis de la Varenne, absous par un servile
déni de justice, n'eût provoqué les clameurs de la population urbaine ameutée autour des chargements délictueux.
Car il n'y allait pas là seulement pour les Angevins d'un
préjudice matériel évalué, en un procès-verbal de carence

---

[1] Et clos le matin même aux armes de la ville.
[2] Tant en armements qu'en vivres et en bois de chauffage, et jusqu'au mobilier.

notarié du 19 août, à la forte somme de vingt mille écus. En voyant s'entasser dans les fourgons du gouverneur de La Flèche les arquebuses rouillées des vieilles milices du duc de Mercœur, il leur semblait que s'y engloutît le principe même de leurs sûretés communales. A ces sûretés-là, d'ailleurs, se liait à leurs yeux le sort de la reine qui venait associer ses destinées aux leurs et leur était devenue chère pour s'être complue déjà deux fois dans l'hospitalité proverbiale du pays devenu sa patrie adoptive. Bref, au bout d'un mois, et grâce à l'entremise de Guillaume Fouquet de la Varenne [1], évêque d'Angers et frère du gouverneur démissionnaire, Louis XIII accueillit la revendication tumultuaire émanée du chef-lieu de l'apanage maternel et ordonna la réintégration des armes soustraites [2], en laislant en proie au décri public l'officier de race trop fraîchement exhaussée pour qu'on y regardât à désavouer l'intempérance de ses initiatives. Après tout, sous le bénéfice de l'incident clos par cette opportune démarche, la Cour avait, dans sa tactique temporisatrice au regard de Marie de Médicis, gagné six semaines. Durant ce répit, on avait scruté les dispositions des Angevins envers la reine-mère, sous la seule responsabilité officielle du marquis de la Varenne. Et, certes, l'épreuve eût tourné tout entière au profit de celle dont il avait on ne peut plus malencontreusement confisqué les garanties vitales, si l'esclandre où se trahit l'adhésion publique à la cause de Marie de Médicis n'eût, par là même, compromis sans retour avec l'aventureuse dominatrice de l'Anjou le plus puissant gardien de l'entrée du Maine.

Ce n'est que le 22 août que Marie de Médicis obtint enfin

---

[1] L'évêque d'Angers, Fouquet de la Varenne, était le fils aîné de Guillaume Fouquet de la Varenne, premier gouverneur de La Flèche. Il se distingua sur le siège épiscopal d'Angers par son zèle pour la discipline ecclésiastique dans son diocèse.

[2] Sous la surveillance d'experts. — Jehan Louvet, *eod.*, pp. 294, 298, 300, 305. — Rangeard, *eod.*, p. 356.

la présentation à l'enregistrement judiciaire de ses provisions de gouvernante de l'Anjou [1]. Tant d'atermoiements
dans la délivrance de ce titre primordial, au regard duquel
les pièces antérieurement fournies n'étaient que d'éblouissants protocoles [2], l'eussent dû rendre de prime abord
suspecte; et en effet sa teneur même recélait une surprise.
Aux portes du chef-lieu du nouvel apanage de Marie de
Médicis régnait dans le Saumurois sous l'appellation
caractéristique de *pape des huguenots* le vieux Duplessis-
Mornay, qui avait obtenu dès 1589 de l'amitié rémunéra-
trice d'Henri de Navarre le gouvernement de cette première étape de sa marche vers le trône de France, et
aux débuts du règne d'Henri IV, s'y était consolidé
grâce à l'érection de la citadelle de Saumur par l'Édit de
Nantes en place de sûreté. Dans ce poste privilégié, vite
converti sous son énergique domination en école et en
boulevard du protestantisme, Duplessis-Mornay se voyait
de longue date en possession d'une indiscutable autonomie
vis-à-vis des gouverneurs de l'Anjou, quand s'ouvrirent à
Angoulême les pourparlers en vue de la remise de cette
province à Marie de Médicis. Du plus loin que ce hargneux
sectaire avisa l'installation limitrophe d'une reine trop
agissante pour n'empiéter pas sur son libre domaine avec
les anciennes allures de l'omnipotence, et qui depuis sa
sortie de Blois l'importunait de ses sollicitations insurrectionnelles, il maugréa contre la menace d'un si fâcheux

---

[1] F. Colbert, t. V, p. 51. — Mém. de Matt. Molé (pub. de la Soc.
d'hist. de France, Renouard, 1855), t. I, pp. 223-224. — *Journal de
Jehan Louvet* (Rev. de l'Anj., 1855, pp. 306-307). — Les pièces,
reproduites aux sources sus-indiquées, au surplus, ne relatent que
les formalités extrinsèques de l'enregistrement soit au Parlement de
Paris, soit au Présidial d'Angers, car nous n'avons pu trouver le
texte intégral des provisions. — Voir aussi, pour leur envoi à la
municipalité angevine, *Prise de possession de la ville et château d'Angers par la reine-mère du roy, avec la réception faite à Sa Majesté à
son arrivée et la harangue.* Paris, chez Silvestre Moreau, 1619. —
Voir enfin le P. Griffet, *eod.*, p. 247.
[2] *Lettres et mém. de M. de Messire Philippes de Mornay.*

voisinage. En même temps, et comme harcelant d'étape en
étape la Cour en marche sur Angoulême, il dépêcha coup
sur coup son secrétaire Marbaut à Orléans et son gendre Fon-
tenay à Amboise afin d'y stipuler vis-à-vis de Louis XIII, au
regard de Marie de Médicis et en se targuant de son inféodation directe à l'autorité royale, le maintien de ses intactes
franchises. Une telle démarche, au plus fort des préoccupa-
tions de Luynes à l'effet de réduire le champ des sûretés
territoriales débattues avec la reine-mère, arrivait trop
juste à propos pour qu'il songeât à se formaliser de la mauvaise humeur de Duplessis-Mornay. Quelle bonne fortune, en
effet, au point de vue des calculs coercitifs de Luynes à l'égard
de Marie de Médicis, que d'agréer une requête visant dans
son nouvel apanage à couper les communication de l'Anjou
avec la Touraine ! Luynes, d'ailleurs, vu les menaces de la
séditieuse assemblée des huguenots de Loudun, comptait
avec Duplessis-Mornay comme avec l'arbitre modérateur
du protestantisme. Il s'estima donc fort heureux de déférer
à ses réquisitions en insérant traîtreusement pour la
réserve de son autonomie, dans les lettres patentes de
Marie de Médicis, une formule captieuse destinée à la mettre
aux prises cette fois avec le gouverneur de Saumur. On y
mentionnait, en effet, la remise à la reine-mère du gouvernement d'Anjou « pour en jouir », et ici nous donnons une
citation textuelle, « comme le précédent possesseur aurait
fait ». Or, dès l'arrivée en Anjou de Marie de Médicis, son
lieutenant-général Du Bellay indiscrètement empressé
de se faire valoir auprès d'elle, et mal informé des antécédents qui aux termes de ses provisions lui devaient servir
de règle, la poussa à présenter son titre à l'enregistrement de
la sénéchaussée de Saumur, soi-disant à l'instar du maréchal de Boisdauphin, prédécesseur immédiat de Marie de
Médicis dans le gouvernement de la province qu'elle recevait
en apanage. Le 16 novembre arriva donc à Saumur un
courrier porteur desdites lettres patentes avec injonctions

conformes au gouverneur et au sénéchal. Mais, dès le lendemain, Duplessis-Mornay accourut avec son gendre Tabarière au château de Brissac vers Marie de Médicis, pour arrêter la procédure attentatoire à ses immunités. Là, et en présence de Richelieu, il produisit sa requête en détrompant la reine-mère sur les précédents invoqués, avec démenti jeté à la face du lieutenant-général; si bien que Marie de Médicis, rivalisant avec Luynes en fait de ménagements intéressés à l'égard du gouverneur de Saumur, se désista bénévolement de sa poursuite en gourmandant l'officier qui ne s'excusa que mal à ses yeux de la lui avoir si témérairement suggérée, et qui lui dut au plus vite retourner le dossier de ce malheureux conflit. N'importe, la démarche inconsidérée de la reine-mère avait produit l'effet qu'en attendait Luynes sur le morose vieillard attaqué dans son inviolabilité presque à demi séculaire. L'amértume de Duplessis-Mornay ne s'exhala pas toute en gémissements, et bientôt Marie de Médicis éprouvera de sa part le danger de se commettre avec un mauvais voisin.

En revanche de tant de déconvenues infligées de tous les côtés à la reine-mère dans les délimitations de son apanage, et au fur et à mesure de la remise de ses titres, autour d'elle s'y propageait en sa faveur la plus salubre influence. Celui des conseillers de Marie de Médicis qui à Angoulême nous a seul paru jusqu'ici attaché à réconcilier à fond la famille royale, et qui à cet effet y avait préconisé les sûretés angevines comme les plus propices à sa domination pondératrice, Richelieu ne pouvait négliger de s'impatroniser dans la province dévolue à la reine-mère, au gré de ses propres vues, par de solides établissements à distribuer à sa famille et à ses créatures. Certes, à cet égard il avait beau jeu, grâce à sa situation de chef du conseil de Marie de Médicis et au surcroît d'ascendant acquis sur elle depuis le traité d'Angoulême, pour lui imposer presque ses recommandations. Aussi, appréhendant en

Anjou comme d'autorité le monopole des investitures à l'exclusion de la factieuse cabale de Ruccellaï, et d'abord avisant les postes militaires, il promut au commandement du château d'Angers son frère aîné le marquis Henri de Richelieu, brillant officier déjà parvenu au grade de maréchal de camp, et y préposa au commandement de la garnison son cousin le baron de Pontchateau [1], et le marquis de la Flocellière, oncle du marquis de Brézé. Quant au gouvernement des Ponts-de-Cé, Richelieu en pourvut son homme-lige Bettancourt. En ce qui est du gouvernement de Chinon, il en gratifia Chanteloube, enraciné déjà dans la Touraine par des inféodations patrimoniales ; Chanteloube, le plus malléable sinon le plus sûr des séides de Marie de Médicis, et dont on avait dû à ce prix, aux derniers pourparlers d'Angoulême, acheter les suffrages en faveur de l'option de l'Anjou, tout en le brouillant par là sûrement avec ses envieux consorts. Passant ensuite aux emplois de cour, avant tout Richelieu, soucieux de s'ingérer avec toute sa dextérité dans le chapitre de la direction de conscience, et après avoir doucement écarté d'auprès de Marie de Médicis son premier aumônier titulaire l'évêque de Chartres Hurault de Chiverny qu'il soupçonnait de pactiser avec les manœuvres hostiles de Luynes, Richelieu, dis-je, en réalité lui substitua sous la qualification d'aumônier ordinaire son plus indéfectible ami Sébastien Bouthillier, prieur de la Cochère et doyen du chapitre de Luçon. Venait ensuite la charge de secrétaire

---

[1] Charles de Cambout, marquis de Coislin, baron de Pontchateau. Il était cousin-germain de Richelieu, son père ayant épousé la tante paternelle du Cardinal, Louise du Plessis, dame de Recay. En 1624, le baron de Pontchateau présida l'assemblée de la noblesse de Bretagne ; et il obtint, en mai 1630, des lettres qui le maintenaient, en toutes les assemblées publiques de la province, aux assises et tenues d'Etats, au rang des anciens barons du pays. Il fut chevalier des ordres, gouverneur de Brest, gouverneur de la Basse-Bretagne, sans compter divers autres emplois. Il mourut presque octogénaire en 1648. Nous le retrouvons au combat des Ponts-de-Cé.

des commandements de la reine-mère, aux yeux de l'évêque de Luçon l'une des plus considérables, dont il ne crut pouvoir mieux disposer qu'au profit du frère même du prieur de la Cochère, le laborieux Claude Bouthillier, son futur surintendant des finances [1].

Par contre, à mesure que Richelieu implantait de main de maître en Anjou sa parenté et son vasselage, les séides de Marie de Médicis, mystifiés dans la vénalité de leur fanatisme par les envahissements de leur formidable rival, à l'envi désertaient la cause d'une reine taxée par eux d'ingratitude, et non sans invectiver Chanteloube, suppôt de l'évêque usurpateur, criaient-ils, et saturé de leurs dépouilles. Le signal du départ vint de l'extravagant Ruccellaï, supplanté dans la présidence du conseil de la reine-mère[2] et taré dans son estime; et vite avec lui déguerpirent Mosny et Thémines. Car, dans le camp de Marie de Médicis un Thémines pouvait-il, en sa qualité d'ancien recors du maréchal d'Ancre[3], aspirer à moins qu'au brevet de gou-

---

[1] L'abbé Bouthillier (Sébastien), prieur de la Cochère. Il était, en 1614, doyen de l'évêché de Luçon, dignité qu'il résigna en 1618. L'abbé de la Cochère contribua activement à faire rappeler Richelieu de l'exil d'Avignon, en 1619 Lorsqu'après la retraite des Ponts-de-Cé Richelieu eut besoin d'un homme de confiance pour presser à Rome sa promotion au cardinalat, il y fit envoyer l'abbé Bouthillier qui y gagna, comme prix de ses services l'évêché d'Aire.
Pour mesurer l'étendue du pouvoir de Richelieu sur la conscience de Marie de Médicis; v. encore aux Archives des aff. étr., F. Rome, 23, les démarches du cardinal Bonsi envers Richelieu une fois installé à Angers, auprès de Marie de Médicis, à l'effet de lui recommander comme candidat de ce même poste de premier aumônier de la reine-mère, l'évêque de Néocésarée (fº 481 et suiv., lettres du 26 décembre).
En ce qui est de la chancellerie de la reine-mère, Richelieu était entré en négociations pour l'achat de cet office avec l'octogénaire président Potier de Blancmesnil. Mais Marie de Médicis, désapprouvant les conditions du traité définitif, défendit à l'évêque de Luçon de passer outre (Lettres du Cardinal de Richelieu, eod., pp. 643–644 et en n.).
[2] Outre sa double déception au sujet de la garde des sceaux de la reine-mère et du titre de son chevalier d'honneur, et sans compter l'échec essuyé quant à la recommandation de Mosny pour le gouvernement d'Angers.
[3] Le marquis de Themines avait, en 1616, durant l'apogée du règne de Concini, assisté son père le maréchal de Themines dans l'arrestation du prince de Condé.

verneur du château d'Angers? Legouvernement du château
d'Angers! n'était-ce pas là, d'autre part, le salaire non
moins convoité du suffrage émis par Mosny d'accord avec
l'heureux Chanteloube en faveur de l'option de l'Anjou aux
dernières délibérations d'Angoulême? Voilà donc toute la
cabale frustrée en rumeur sur les chemins de la Cour. Car,
bien entendu, à l'heure du départ d'Angoulême, ces irré-
conciliables de la veille s'étaient donné rendez-vous dans
l'antichambre de Luynes, sans qu'au surplus le dédaigneux
triomphateur, qui ne s'était fait qu'un jeu de les éliminer,
s'émût de leurs lointaines menaces perdues dans le rayonnement de sa victoire. Et certes, il y avait lieu pour l'arbitre
désormais incontesté des destinées de Marie de Médicis à
se rasséréner avec elle dans l'atmosphère purgé de l'impor-
tunité de ses détracteurs, si cet essaim d'énergumènes en
lâchant prise n'avait attaché à ses flancs un dard empoi-
sonné. Car, peu après la promotion du marquis de Richelieu au gouvernement du château d'Angers, son compéti-
teur évincé Thémines, en l'apostrophant avec une virulence
émanée de l'exaspération de son échec, le provoqua de
suite à dégaîner en pleine rue d'Angoulême. Dans ce
champ clos improvisé le brillant maréchal de camp tomba
moissonné dans sa fleur, sans que le père de Bérulle,
accouru au cliquetis funèbre, ait eu le temps que d'appeler
sur son dernier soupir une bénédiction céleste[1]; et avec
son noble sang s'échappa l'unique espoir de la survivance
héréditaire du nom dont on voyait dès lors s'ébaucher

---

[1] Sans entrer dans les particularités de ce duel étrangères à notre
sujet, bornons-nous, à cet égard, à relever une contradiction essentielle entre les mémoires et la correspondance de Richelieu et le
journal d'Arnauld d'Andilly. D'après Richelieu, son frère était
encore en vie au moment de l'arrivée du père de Bérulle. D'après
Arnauld d'Andilly, au contraire, il venait d'exhaler son dernier soupir. — Mentionnons encore une précédente rencontre entre Themines
et Chanteloube mais qui n'aboutit pas, grâce à d'immédiates inter-
ventions.

les grandeurs [1]. Du même coup transpercé dans son grand
cœur, où l'ambition du génie et l'orgueil seigneurial ali-
mentaient le culte fraternel, Richelieu chancela sur le
seuil de son incomparable carrière; et ce n'est que grâce à
son énergie surhumaine qu'il poursuivit sa route, en
domptant sa souffrance aussi intrépidement qu'il avait
naguère étouffé les murmures de la disgrâce.

Bientôt d'ailleurs, et par là déjà se cicatrisait sa blessure, bientôt Richelieu pourvut à la vacance du gouvernement de la citadelle où il avait failli arborer son blason par
la nomination de son oncle maternel, le loyal commandeur
de Malte Amador de la Porte [2]; et il désigna au poste de

---

[1] Henri de Richelieu mourut en effet sans enfants ; avec ses deux
sœurs, Mᵐᵉ de Pontcourlaÿ et la maréchale de Maillé-Brezé, il ne
restait au futur cardinal-ministre d'autre frère qu'Alphonse-Louis
du Plessis, qui fut tour à tour son prédécesseur dans le siège épiscopal de Luçon, puis chartreux, puis archevêque d'Aix et de Lyon,
et enfin cardinal, et qui décéda en 1653.

[2] Amador de la Porte, fils du célèbre avocat de la Porte, frère de
Suzanne, mère de Richelieu. L'avocat de la Porte avait parmi ses
clients l'Ordre de Malte et parvint à y faire recevoir chevalier son fils
Amador, déjà parvenu au grade de commandeur lors du duel où périt
son neveu Henri. Lorsque le futur cardinal-ministre acquit le gouvernement du Havre, il en donnna le commandement à son oncle, l'éleva
enfin, en 1640, à la dignité de grand prieur de France. Le commandeur de la Porte mourut le 31 octobre 1844. — Richelieu, eod.,
pp. 156, 170, 173, 174 et passim. — Lettres du Cardinal de Richelieu,
pp. 628, 629. — Mém. du duc de Rohan (coll. Mechaud et Pouj.),
t. V, p. 514. — Mém. de Brienne (coll. Pet., t. XXXV). — La nunz
di Fr., eod., juin 1619, et 2 juillet. — Vitt. Siri, 20ᵉ partie, pp. 198,
199, 121, 202, 203, 206. — Lettres et mém. de Philippes de Mornay,
eod., p. 22. — Arnauld d'Andilly, eod., fᵒ 80-84. — Dispacc. degl.
amb. venet., eod., 16 juillet 1619. — Arch. des aff. étr., eod., fᵒ 22,
188, 196. — Roncoverı, pp. 289-290. — Matth. du Mourgues, pp. 12,
19, 20, 28, 29, 33. — Dupleix, eod., p, 124, et pièces curieuses ensuite
de celles de Saint-Germain, etc. Resp. au Libelle intitulé très
humble, etc. — Levassor, eod., pp. 279, 389, 390, 391. — Le P. Griffet, pp. 247-249. — Hist. de la vie de Louis XIII, p. A. Bury (1768),
pp. 286-287. — Bazin, eod., p. 352. — Dareste, eod., pp. 60-61. —
Mᵐᵉ d'Arconville. eod., t. III, pp. 3-4, 6, 10-12. — Hist. du Cardinal
de Richelieu, p. Aubery (Paris, 1860), p. 18. — Vie du Cardinal de
Richelieu, pp. 44-45. — Notice sur Richelieu, (coll. Pet.), p. 32. —
Le duc et le connétable de Luynes, de V. Cousin, eod. (1861), p. 344.
— L'évêque de Luçon et le connétable de Luynes, p. Avenel, eod.,
p. 95. — Batterel, eod., nᵒˢ 42 et 43. — Gouget, p. 124, 130, 137. —
L'abbé Houssaye, eod., pp. 289-291. — Vie du duc d'Epernont
pp. 340-341. — La duchesse d'Aiguillon, p. A. Bonneau-Avenan,
Didier, 1879), p. 72.

capitaine des gardes de Marie de Médicis vacant par le départ de Thémines son beau-frère Urbain de Maillé-Brezé [1]. En même temps, invariablement soigneux de s'entretenir dans le crédit de Marie de Médicis par le souci persévérant de sa défense, il multiplia par l'organe de son oncle les démarches à la Cour pour l'entretien de la garnison maintenue sous le commandement de sa famille, et pressa les recrutements et les marchés pour reconstituer son effectif, et la remonter en armes, en munitions, en équipements et en vivres. Concurremment à cette organisation militaire, et toujours avec le concours dévoué du commandeur de la Porte, vers la fin de septembre il captait en Anjou par de graduelles avances de politesse le clergé et l'armée, la municipalité et la bourgeoisie [2]. Bref, à la veille de l'installation de sa souveraine en son apanage définitif, et sous l'imminence d'un nouveau conflit entre une Cour prévenue et une reine mal satisfaite, autour d'elle Richelieu inaugurait par son plus beau côté la mission préventive qui, dans les péripéties du séjour en Anjou de Marie de Médicis, à nos yeux se résume en ces deux mots où ressort la diversité des manœuvres parallèles de son plus méfiant ennemi et de son plus sérieux serviteur : paralyser son action et amortir ses rancunes.

---

[1] Non sans versement aux mains de Themines d'une indemnité de trente mille écus.
[2] Lettres du Cardinal de Richelieu, *eod.*, pp. 606 ; 627 ; 628 ; 631 ; 646. — Mém. du duc de Rohan, p. 516. — *Pièces curieuses ensuite de celles du s^r de Saint-Germain, etc. Resp. au Libelle intitulé Très humble, etc. passim.*

Eusèbe PAVIE.

(*A suivre.*) P 223

JOURNAL DE M. DE GRAMONT

(suite)

10 juillet. — Nous venons de nous rendre à Lubeck parce que la santé de ma fille, à l'approche de ses couches, nécessitait les secours et la proximité d'un médecin. Nous avons fait le voyage à l'aide de deux voitures que Mlle Augusta de Hahn a eu la bonté de nous procurer. M. l'abbé de Laune a fait remettre à mes enfants une caisse contenant des effets, envoyée de la part d'une personne à la charité de qui nous avons été recommandés et dont nous ignorons le nom. Il y avait, pour M. de Quatrebarbes six chemises, pour Mme de Quatrebarbes six chemises et une robe, pour chacun des quatre enfants six chemises, pour les petites filles une robe d'indienne, pour l'enfant à naître six chemises, une robe d'indienne, douze couches de toile, six béguins, trois camisoles. Il y avait aussi trois paires de draps neufs, une nappe de table pour vingt couverts en linge ouvré et cinq serviettes en linge ouvré. La même personne ayant appris que la robe de ma fille était trop courte (car tous ces effets avaient été préparés sans prendre mesure) a eu la bonté d'ajouter à son premier envoi deux aunes d'indienne, quatre mouchoirs de mousseline et douze mouchoirs de poche en toile.

M. l'abbé Verdollin m'a remis, de la part d'une personne que je crois être M. le prince de Montmorency-Robecque ou Mgr de Marbœuf, archevêque de Lyon, 12 louis d'or pour les différents secours dont ma fille peut avoir besoin dans sa maladie et dans ses couches.

Mᵐᵉ Augusta de Hahn a donné à mes petits enfants, Félix et Charlotte, qui sont restés avec leur nourrice Nanette à Fryedenhein, une livre de riz, une livre de gruau et des prunes sèches.

5 août. — M. l'abbé de Laune a remis à mes enfants, de la part de la marquise de Montaigu, née de Noailles, six louis d'or de France en trois billets de la banque danoise. De plus, il a dit à ma fille qu'on paierait les gages de la nourrice, gages qui sont fixés à six écus par trois mois, ce qui fait 28 l. 16 s.

6 août. — M. l'abbé Verdollin m'a remis 50 marcs en me disant que c'était pour moi. Je présume que cette somme vient des personnes déjà nommées.

10 août. — J'ai reçu 510 l. en argent de France avec un paquet contenant dix aunes de siamoise. Ce paquet avait été remis par M. de Rasilly, mon neveu, entre les mains de Mᵐᵉ de Goesson qui l'envoya chez MM. Poppe. Ceux-ci m'écrivirent pour m'annoncer l'arrivée de mon paquet et pour m'envoyer une lettre de ma femme. En prenant connaissance des nouvelles si chères à mon cœur, je vis que la siamoise était un envoi de Mᵐᵉ de Quatrebarbes, belle-mère de ma fille.

22 août. — M. l'abbé de Laune m'a remis trois louis de la part de Mᵐᵉ la marquise de Montaigu qui demeure avec sa tante, Mᵐᵉ la comtesse de Tessé.

2 septembre, — Le 25 août au soir, Mᵐᵉ de Quatrebarbes a donné le jour à un fils qui a été baptisé le 1ᵉʳ septembre sur la paroisse de Sainte-Marie de Lubeck. Il a été nommé Léopold-Charles-François-Louis-Marie par Frédéric-Léopold comte de Stolberg, président des collèges de Mᵍʳ le Prince évêque de Lubeck, duc administrateur d'Oldenbourg, chanoine de Lubeck, chevalier de l'ordre de saint Alexandre Newsky, et par Sophie-Charlotte-Éléonore comtesse de

Stolberg, née Redern, représentée par Angélique-Emmanuel de Chevallier, comtesse de Gourjault Ramsay, émigrée française de la ville de Poitiers [1].

3 septembre. — M. de Struve, attaché à la mission de S. M. Impériale de toutes les Russies, a remis à mes enfants dix louis de la part de M. le baron de Grimm, conseiller d'État de S. M. Impériale, son envoyé extraordinaire au cercle de Basse-Saxe, chevalier Grand-Croix de l'ordre de saint Wladimir, résident à Hambourg.

Mme de Stolberg à envoyé 27 marcs pour payer les frais du baptême du petit Léopold.

12 septembre. — M. de Laune a remis à mes enfants 18 écus dont 10 sont encore un bienfait de Mme de Stolberg ; les 8 autres sont envoyés par sa sœur Mme la comtesse de Berustorf. Cela fait 86 l. en argent de France.

Ce même jour j'ai reçu une lettre de ma femme datée du 27 août.

M. Treindelberg a soigné ma fille pendant toute la durée de ses couches. Il ne voulait rien prendre à mes enfants qui l'ont comme forcé de recevoir deux louis de Prusse. Il lui en revenait bien encore autant, attendu le nombre considérable de visites qu'il a faites.

3 novembre. — Nous sommes revenus à Fryedenhein le 26 septembre. A peine avons-nous été arrivés que ma fille, dont la santé était demeurée très débile, fut prise d'un catarrhe qui la rendit très malade. M. Munch, médecin de Ratzebourg, étant venu chez M. de Hahn pour inoculer ses enfants, a eu la bonté de faire plusieurs visites à ma fille. Non seulement il n'a demandé aucun paiement, mais encore il a envoyé gratuitement des sirops et d'autres remèdes qu'il avait ordonnés.

15 novembre. — M. l'abbé Le Boucher m'a remis, de la

---

[1] Léopold, qui épousa Mlle Zoé d'Armaillé, a laissé deux fils : Léopold, baron de Quatrebarbes, époux de Mlle Marie de Fougères, et Raimond, aujourd'hui décédé.

part d'une personne qui n'a pas voulu se nommer, un paquet contenant six aunes de drap, cinq aunes de toile, quatre aunes de futaine et quatre aunes de voile ; le tout pour me faire habit, veste et culotte, dont on a encore eu la bonté de payer la façon.

26 novembre. — Je viens d'apprendre la mort de ma belle-mère. J'ai donné la tabatière que je lui avais destinée par mon testament au père Flont, cordelier émigré de la ville d'Arras, en le priant de dire trente messes pour le repos de l'âme de la défunte.

Je me rends seul à Lubeck, où je vais faire séjour, laissant mes enfants à Fryedenhein. On me donne l'espoir de trouver un emploi qui me permettrait de vivre.

2 décembre. — M. l'abbé Verdollin m'a apporté, de la part d'une personne qui ne veut pas se faire connaître, soixante-quinze marcs faisant 120 l. de France. Il m'a annoncé que tous les trois mois je recevrais pareille somme pour ma nourriture et que, de plus, mon logement et mon chauffage seraient payés.

28 décembre. — J'ai reçu d'une personne que j'ai appris être Mme la comtesse de Radzwitz, par les mains de M. de Trédern, émigré de Bretagne, inspecteur des classes de la marine, dix-neuf marcs ou 30 l. de France.

24 janvier. — M. de Quatrebarbes est parti, avec sa famille, de Fryedenhein, pour aller demeurer à Hambourg; il va se lancer dans une entreprise qui lui rapportera si elle réussit. Il m'est parvenu de ma femme, par M. de Rasilly, mon neveu, actuellement à Rotterdam, une pièce de toile mesurant cent aunes. J'ai prié ma fille de la garder pour ses besoins.

3 février. — Mme de Stolberg m'a fait remettre douze écus pour payer les six derniers mois de la nourrice de Léopold.

6 février. — Je vais bientôt aller rejoindre mes enfants à Hambourg.

Lettres que ma fille m'a écrites pendant mon séjour à
Lubeck [1].

« Hambourg, 21 novembre 1797. — J'aurais voulu plus
« tôt, mon cher papa, vous prévenir de mon voyage, il a
« été si preste que je me suis vue forcée de renoncer au
« plaisir de vous écrire jusqu'à ce moment-ci. Je n'ai
« encore vu que Mme Benoit qui se porte bien, malgré son
« embonpoint. Elle a quitté le café Butlos ; son mari a cédé
« son établissement à M. Ballatien et à un autre Français
« dont j'ignore le nom, moyennant la somme de quarante
« mille francs qu'il a partagée avec M. de Rainville ; il n'a
« point encore fait de nouvelle entreprise. Mme Benoit
« parait fort heureuse, son mari est jeune et bien de sa
« personne. Ils nous ont donné hier à dîner. Aujourd'hui
« je me repose, il fait froid et il tombe beaucoup de neige,
« ce qui me rend un peu paresseuse. Demain je compte
« aller chez M. Poppe, après-demain chez M. de Tarragon
« et tâcher de découvrir M. de Cornet, que je serai fort aise
« de voir. Donnez-moi un petit mot de vos nouvelles, vous
« devez savoir tout le plaisir que vous me ferez, surtout si
« vous me dites que vous vous portez bien. Si vous avez
« aussi quelques commissions nous tâcherons de les faire
« de notre mieux. Nous avons trouvé une jolie petite
« chambre dans la rue du café Butlos, nous l'avons louée
« pour huit jours. Je suis fâchée, mon cher papa, de ne
« pouvoir pas faire encore la réponse que vous m'avez de-
« mandée, mais je suis venue ici afin de me déterminer.
« Entre nous soit dit, je ne trouve point le moindre avan-
« tage dans les propositions de Mme de Stolberg. Nous allons
« donc attendre. Recevez, s'il vous plait, mon cher papa,
« les respectueuses tendresses de mon mari et croyez que

[1] Presque toutes ces lettres parlent d'une entreprise faite par
MM. de Quatrebarbes et de Rainville pour organiser un café à Altona.

« personne ne vous est plus attaché et ne désire plus forte-
« ment votre amitié que votre fille. »

« Fryedenhein, novembre 1797. — Mon cher papa, depuis
« mon retour d'Hambourg, j'ai tous les jours espéré avoir
« le plaisir d'aller vous embrasser, mais le mauvais temps
« et le manque de chariot ont toujours été un obstacle à
« ce joli projet, je suis donc forcée d'avoirs recours à une
« mauvaise plume qui, vis-à-vis du sentiment, n'est qu'un
« bien faible interprète, et qui ne saurait jamais assez
« vous peindre combien je vous suis attachée.

« Je vous dirai que je n'ai pu aller chez MM. Poppe que
« le second jour de mon arrivée à Hambourg. Je n'ai trouvé
« que le cadet qui m'a fait beaucoup d'honnêteté et m'a
« offert de l'argent. Comme il n'y avait pas longtemps qu'il
« vous en a envoyé, je l'ai remercié.

« J'ai vu M. de Cornet et son frère, ils vous disent mille
« choses.

« Adieu mon cher papa, je vous embrasse comme je
vous aime. »

« Hambourg, 21 janvier 1798. — Lorsque je suis partie
« de Rondeshagen, mon cher papa, je n'avais le projet de
« rester dans mon voyage que huit ou quinze jours au plus.
« Par un enchaînement de circonstances heureuses, j'ai été
« dans le cas d'y rester plus longtemps, et aujourd'hui de
« faire venir ceux de mes enfants, que j'avais laissés à
« Fryedenhein. Si leur départ a été différé autant, ça n'a
« pas été de ma faute, et je me sais bien bon gré d'être
« venue ici, puisque j'y ai trouvé des ressources qui les
« préserveront, j'espère, de la misère qui les menaçait tous
« les jours. Je vous avouerai que j'attends votre arrivée
« ici avec beaucoup d'impatience. Je n'ai pas pu avoir de
« chambre pour vous dans la maison où je suis, mais tout
« à côté il y en a une très jolie qui vous attend. Tout près
« de là, il y a la chapelle de l'ambassadeur d'Espagne où
« on dit la messe tous les jours. En outre, si notre établis-

« sement va bien, je compte, pour l'utilité de mes enfants
« et votre commodité, avoir un prêtre chez nous. Je m'étais
« flattée du plaisir d'aller vous embrasser à Lubeck, mais
« ma santé est si mauvaise que j'ai été obligée de renoncer
« à ce doux projet; à la moindre fatigue la fièvre me reprend,
« je suis sèche comme un balai. Venez bien vite, mon
« cher papa, votre arrivée nous comblera de joie. En nous
« procurant cette ressource que nous espérons, la Provi-
« dence l'a, je crois, beaucoup plutôt fait pour vous que
« pour nous.

   « Je vous embrasse de tout mon cœur. »

   « Hambourg, 30 janvier 1798. — Si vous faites quelques
« souhaits, mon cher papa, pour votre Gramonette, je vous
« dirai que vous pouvez les combler en venant la rejoindre,
« et que c'est une satisfaction que vous n'aurez pas la
« cruauté de me refuser, ou sans quoi je croirai que vous
« ne m'aimez plus. Nous recevons sans cesse des invita-
« tions de M. Poppe, et toujours beaucoup de témoignages
« d'amitiés. Nous avons passé hier chez lui toute la journée
« et il vient de nous envoyer prier pour demain. Il m'en-
« voie à chaque fois sa voiture, c'est un homme d'une
« bonté incomparable. Je vois souvent M. de Cornet. M. de
« Chavagnac est ici , il passe quelquefois la journée
« entière avec nous, sa femme et ses enfants sont restés en
« France. Il a grand désir de vous voir, ainsi que tous ceux ♦
« qui vous connaissent.

   « Adieu, mon cher papa, recevez l'assurance du tendre
« respect de votre fille. »

   « Hambourg, 6 février 1798. — Je sens à un point
« extrême, mon cher papa, toute l'étendue du sacrifice que
« vous voulez bien faire pour nous, en abandonnant tous
« les avantages et agréments dont vous jouissez auprès de
« la maison du prince et de la princesse, je partage bien
« sincèrement votre reconnaissance. Je voudrais que nous

« entrassions demain dans l'établissement afin que vous
« fussiez tout de suite aussi bien que je le désire, mais
« nous ne pourrons y aller qu'à la fin d'avril ou au commen-
« cement de mai. Quand M. de Rainville vient à Hambourg,
« il n'y couche jamais, la chambre qu'il a tout près de la
« nouvelle maison où nous allons demeurer ne lui sert
« à rien et est même démeublée, vous pourrez l'occuper.
« J'ai vu avec le plus grand plaisir que vous avez eu des
« nouvelles de maman et de mes sœurs, mais on ne dit
« rien de notre pauvre maman Poterie, ce qui m'inquiète
« beaucoup. L'envie de l'émigration a pris bien tard à
« M. de Villette. Il est arrivé ces jours derniers un triste
« événement, deux émigrés sont morts suffoqués par la
« vapeur de leur poêle.
 « Nous nous faisons petits et grands, la plus grande fête
« de votre arrivée... »

 « Hambourg 1798. — Mon cher papa, nous venons de
« passer cinq jours chez M. de Rinville, et à notre retour ici
« nous avons déménagé, nous avons l'avantage d'être logés
« chez un Français fort honnête, M. le marquis de Vigna-
« cour, où nous n'aurons pas les mêmes désagréments que
« chez les Allemands. Tous mes enfants ont eu un peu de
« fièvre, mais à présent il n'en est, Dieu merci, plus ques-
« tion. Pour moi, dans ce moment-ci, je suis très souffrante.
 « Nous vous prions, mon cher papa, de nous rendre un
« grand service, ce serait de vouloir bien vous transporter
« chez M. le docteur Tanoman, de le prier de vous faire
« voir les chaises qu'il a dans son salon (et que M. de Qua-
« trebarbes a vues), de lui demander le nom et l'adresse du
« fabricant, et le juste prix qu'elles lui ont coûté. Mon
« mari croit que c'est 9 marcs et 8 schellings. Ces chaises
« sont très belles et pour ce prix on n'en a ici que de laides.
« Vous auriez donc, mon cher papa, la complaisance de
« parler au faiseur et de lui en commander six douzaines.

« Il faudrait quelles fussent faites dans un mois. En faisant
« votre marché, il faut mettre un dédit si elles ne sont pas
« faites au temps prescrit, c'est le seul moyen de ne pas
« être trompé. M. de Rainville travaille tant qu'il peut à
« Tivoli — c'est le nom de l'habitation — et mon mari
« court du matin au soir pour acheter tout ce qu'il faut.
« Il a acheté hier de très beaux harnais anglais qui lui ont
« coûté dix-sept louis à la bourse, et qui auraient coûté le
« double chez les selliers. Aujourd'hui il a acheté de la
« faïence, des matelas. Nous avons déjà sept chevaux et nous
« n'avons pas le grand écuyer, nous l'attendons avec bien
« de l'impatience. J'espère que ça ira bien et pourtant
« demain, je tremblerai peut-être de tout mon corps. Si les
« fonds étaient à nous je n'aurais pas la moindre inquié-
« tude. Mais c'est une chose terrible, aujourd'hui je suis
« contente, demain chagrine, je ne sais ce qu'il me faut;
« plus M. Poppe est bon, généreux, désintéressé et plus je
« crains de compromettre ses intérêts. Cependant tout nous
« promet de réussir et je veux aussi me livrer à cette es-
« pérance... »

« Hambourg, le second jour de Carême, je n'en sais pas
« plus long. — Mon cher papa. Je vous rends mille grâces
« des bons conseils que vous voulez bien me donner par
« rapport à ma santé. Je suis toujours disposée à les suivre,
« mais je vous dirai, cependant, que le médecin a décidé
« que j'avais absolument besoin de me purger et qu'il ne
« m'a accordé qu'avec peine deux jours de délai dont j'ai
« passé un chez le bon M. Poppe et l'autre chez Mme de Hahn
« qui a entraîné mon mari au bal masqué. Pour moi, je
« n'ai pas voulu en être et sagement je suis venue me
« coucher. Je suis désespérée que ces vilaines chaises
« retardent votre arrivée. Je vous assure que si j'avais
« prévu cela je me serais bien gardée de vous en parler.
« Vous vous êtes donné bien de la peine. Ces chaises seront

« à merveille et nous coûteront beaucoup moins cher que
« dans cette ville.

« D'après votre permission, j'ai ouvert la lettre de mon
« cousin, j'y ai vu avec la plus grande joie que maman et
« mes sœurs se portaient bien. C'est avec beaucoup de
« peine que je vois que l'on ne peut écrire dans notre pays.
« Adieu, mon cher papa, donnez-moi de vos nouvelles et
« croyez s'il vous plaît que personne au monde ne peut
« avoir pour vous plus d'attachement et de respect que
« votre fille. »

« Hambourg, lundi matin. — J'ai eu la satisfaction,
« avant-hier, de recevoir votre lettre à laquelle je me serais
« empressée de répondre tout de suite, si mon mari avait
« été ici. Il a passé la semaine dernière à Tivoli à peindre
« et à tapisser avec M. de Cornet qui veut bien avoir la
« complaisance de lui aider. Ils ont encore de l'ouvrage
« pour plus de trois semaines. A son retour, mon cher
« papa, je lui ai remis votre lettre, il vous remercie mille
« fois de toute la peine que vous avez eue à prendre pour
« les chaises et il croit, comme vous, que le meilleur parti,
« sans comparaison, est de les faire venir par bateau,
« hormis les coussins que vous voudrez bien faire venir
« par un roulier. Les chevaux de Tivoli sont journellement
« occupés aux bâtiments et au sablement du jardin. Il y
« aura le lundi de Pâques un repas, quoique tout ne soit
« pas achevé, car on ne fait que commencer le pavillon où
« nous devons loger. On a une peine infinie à jouir des
« ouvriers.

« Nous avons donné un échantillon du chocolat de
« M. de Sirvent. Si on le trouve bon on pourra en débiter.
« Mᵐᵉ de Hahn en demande dix livres. Elle prétend que
« dans le dernier envoi il y avait deux livres qui n'étaient
« pas de la même qualité. Elle prie M. de Sirvent d'y faire
« attention. Je fais dans ce moment une loterie de mon

« satin brodé. Je crains de ne pouvoir distribuer tous les
« billets; si Mme la Générale, à qui j'offre mon respect, ou
« quelques autres personnes de bonne volonté, pouvaient
« m'en placer quelques-uns, je leur en enverrais, cela me
« ferait plaisir.

« Nous sommes tous dans l'impatience de votre arrivée,
« mon cher papa, nous nous en faisons la plus grande
« fête. Au moins nous pourrons vous dire combien nous
« vous chérissons. »

Le 18 avril, je suis parti de Lubeck et arrivé le même
jour à Hambourg, où j'ai retrouvé mes enfants. M. Poppe,
l'aîné, sénateur d'Hambourg, a de son propre mouvement
prêté à M. et à Mme de Quatrebarbes 20,000 livres, afin de
leur permettre de se livrer à une entreprise qui pourra
leur procurer quelques profits. Le procédé de M. Poppe est
d'autant plus admirable que, depuis plusieurs années, il a
déjà contribué puissamment à me faire vivre ainsi que tous
mes enfants, bien que lui-même soit chargé d'une nombreuse famille.

C'est au mois de février dernier que mon gendre s'est
associé avec M. de Rainville pour fonder un restaurant
auprès de Flottebeck à Altona. Ils ont en commun acheté
le terrain nécessaire et fait bâtir sur cet emplacement qui
se nomme le Temple. Ils ont donné à leur établissement le
nom de Tivoli.

Le 19 juillet, ma petite-fille Charlotte et mon petit-fils
Léopold ont reçu le supplément des cérémonies du baptême.
M. l'abbé Poitevin, curé de Saint-Paul de Paris, a fait ces
cérémonies en présence de MM. de Cornet, oncle de l'enfant,
et de Gourjault, qui ont été parrains, et de Mme Benoit qui a
été marraine. Il en a été dressé acte sur le registre de la
chapelle catholique de la légation impériale et royale de
Neue-Walle à Hambourg.

Le 19 octobre est arrivée ici Mlle Victoire Goussé la

Prairie, sœur de Mme Benoit. Elle m'a remis une lettre de
Mme de Gramont datée du 12 août, avec 100 pistoles que
Mme de Quatrebarbes, mère de mon gendre, lui envoie, cinq
chemises pour moi et un plan du grand Saint-Jean du Bout
du Monde et de Saint-Just de Châteaugontier dessiné par
ma fille Vincenne. J'ai reçu avec un extrême plaisir ce
plan ainsi que la lettre qui contient les tendres sentiments
de ma femme et de mes filles. Je suis bien peiné de ne pas
pouvoir leur écrire pour les assurer de ma tendresse. Mais
cela est impossible à cause des risques que je leur ferais
courir, la tyrannie se faisant plus cruellement sentir que
jamais. D'ailleurs les troubles du Brabant interdisent toute
communication.

Le 17 octobre, Mme de Montmorency-Robecque m'a invité,
par M. l'abbé Le Boucher, à venir à Lubeck où je serais
nourri et pourvu comme l'hiver dernier.

Le 20 octobre, elle m'a fait réitérer cette invitation. J'ai
fait part à mes enfants de cette offre de bienfaisance, mais
ils m'ont prié de ne pas les quitter, malgré mes observations. Je me suis rendu à leur désir.

Le 27 octobre, M. et Mme de Quatrebarbes ont rompu l'entreprise qu'ils avaient faite de moitié avec M. de Rainville.
Celui-ci a reconnu leur devoir dix-huit mille marcs, montant
de leur mise de douze mille marcs et de leur part de bénéfices. Il leur en a payé comptant six mille. Les douze mille
autres, restant dus, produiront 4 1/2 d'intérêt et sont hypo-
théqués sur l'établissement de M. Varrot à Altona. Cet
argent sera rendu au bout de quatre ans et remboursé à
M. Poppe qui consent à ce que mes enfants touchent l'intérêt.

Décembre. — Mes enfants m'ont donné une culotte et un
gilet de casimir. — J'ai fait par honnêteté une partie de
whist chez M. de Hahn, j'ai perdu 12 francs. — J'ai acheté
trois cravates de mousseline : 6 livres ; une paire de
chaussons de laine : 1 livre ; un chapeau rond : 10 l. 14 s. ;

deux aunes de doublure bleue pour raccommoder mon manteau ; 4 l. 4 s.

Après avoir rompù leur association avec M. de Rainville, mes enfants ont bientôt entrepris une nouvelle affaire. Ils ont obtenu du Sénat de Hambourg la permission de bâtir, sur la promenade de Jouffretick, en face du Gros-Bleichen, un pavillon qu'ils ont nommé le pavillon de Lalster et qui a été ouvert au public au mois d'août 1799, pour y prendre du café et d'autres rafraîchissements. Ce pavillon, construit aux frais de mes enfants, est en tout semblable, quant à l'extérieur, au pavillon qui est en face du Neu-Walle et qui sert de corps de garde. Le tout, conformément à l'acte consenti par le Sénat qui les reconnaît fermiers du pavillon pendant 25 ans, à la charge de payer chaque année six cents marcs. A la fin du bail, la location sera faite à nouveau. M. Poppe, sénateur, a non seulement donné ses soins pour que le Sénat accordât la permission, mais il a encore eu la générosité de prêter à M. et à Mme de Quatrebarbes la somme de 12.000 marcs pour leur permettre de faire bâtir le pavillon et de le garnir de meubles. Voici la lettre qu'il écrivit à cette occasion :

« Madame, je m'empresse d'avoir l'honneur de vous
« informer que tout ce que l'on m'a dit par ci par là de mes
« débiteurs me tranquillise au point que je me suis déter-
« miné à faire à M. de Quatrebarbes une avance successive
« de 12.000 marcs, en lui laissant, et à madame, le soin
« de m'en rembourser quand vous serez à même de pou-
« voir le faire et sans vous rien fixer à cet égard.

« Ainsi M. de Quatrebarbes peut même disposer, s'il le
« juge à propos, dans les premiers jours de la semaine
« prochaine, d'un acompte de 3.000 marcs et successi-
« vement du surplus à mesure qu'il en aura besoin. C'est
« avec le plus grand plaisir, madame, que je vous donne,
« à votre époux, à M. votre père et à toute votre jeune
« famille, cette nouvelle preuve de l'intérêt que je prends

« à vous tous, et il me reste à désirer que cette entreprise
« réussisse mieux que la première, et que dans la réussite
« vous trouviez la satisfaction la plus complète.

« Recevez, madame, je vous prie, l'assurance de mes
« hommages respectueux.

« Au reste, je vous prie, madame et votre mari, de ne
« promulguer ma déclaration à personne.

« Ce 15 mars 1799. »

Mes enfants avaient fait la connaissance de M. Le Boucher de Courson, officier au régiment de Vexin, émigré de
Chablis en Champagne. Il fit presque tous les mémoires
nécessaires pour parvenir à obtenir la permission du
Sénat.

Ils s'associèrent avec lui.

Il fut convenu que M. de Courson entrerait pour un cinquième tant dans la dépense que dans les bénéfices de
l'entreprise du café. M. de Courson s'est chargé en grande
partie de diriger les ouvriers, d'acheter les denrées, de se
procurer les comestibles. Il s'est acquitté de cette tâche
avec un zèle et un désintéressement qui lui font beaucoup
d'honneur. Je lui suis très reconnaissant des marques
d'attachement qu'il a données à ma famille.

Louise Savary, de Châteaugontier, gouvernante de mes
petits-enfants, qui s'était mariée le 6 avril dernier, a quitté
le service de ma fille le 11 septembre. Au mois de janvier
1792, mes enfants avaient prévenu cette personne qu'ils ne
pouvaient plus la payer, et que, par conséquent, elle était
libre de quitter leur service, mais elle ne voulut pas se
séparer d'eux et répondit qu'elle attendrait ses gages le
temps qu'il faudrait. On a pu cependant lui payer en différentes fois 480 livres, on lui doit encore 250 livres.

Le 22 janvier 1800, ma fille a fait une fausse couche à
la suite de laquelle elle est restée très malade.

M. de Rasilly m'a chargé de prendre chez M. Dangel, un
de ses camarades, un fonds de liqueur d'anisette de

Hollande qu'il avait primitivement envoyé à M. le vicomte Dacher pour le vendre. M. Dangel m'a remis deux caisses contenant cinquante-deux bouteilles de cette liqueur.

Le 21 mars, j'ai reçu de Mme de Gramont la somme de 1.164 livres. J'ai remis immédiatement à ma fille 1.000 livres.

Au mois de mai, ma fille n'est pas encore remise des suites de sa fausse couche. M. Asthiée, de Bruxelles, a reçu d'elle 600 livres pour les soins qu'il lui a donnés. M. Kuenov, médecin de Hambourg, l'a aussi soignée avec le plus grand zèle et n'a jamais rien voulu recevoir.

Le 3 mai, mon petit-fils aîné est entré à l'école de M. Moult pour se perfectionner dans l'écriture et apprendre les principes de la langue française et de la langue allemande : on paie par mois 9 l. 12 s.

Deux jours après, Félix, Félicité et Charlotte sont entrés à l'école pour apprendre à lire et à écrire. Pour les trois, on paie chaque mois 11 marcs.

Au mois d'août, le R. P. Dom Augustin de l'Estrange, abbé de la Trappe, a logé, à Hambourg, chez mes enfants. L'ordre de la Trappe, composé de soixante-dix-neuf religieux, de quarante-six religieuses, de cinquante écoliers et de six demoiselles pensionnaires, formant en tout cent soixante-quinze personnes, était chassé de Russie où il était venu se réfugier après avoir été expulsé de France. Voilà dix ans que cet ordre, un des plus austères, est errant et ne subsiste que par les secours envoyés par la Providence. Les écoliers des deux sexes qu'ils ont avec eux sont, pour la plupart, des enfants d'émigrés ou de personnes restées en France ; cependant il y en a plusieurs qui sont de la Suisse. Il semble que Dieu veuille donner en spectacle aux nations à travers lesquelles il passe cet ordre admirable, afin de porter les hommes à la vertu, par son exemple. Ces religieux n'ont point cessé de porter leur habit monastique. Depuis l'abandon de l'abbaye en Nor-

mandie, Dom Augustin a, malgré la persécution, fondé
plusieurs maisons : une, auprès de Munster ; une en
Angleterre ; une en Espagne ; deux dans le Piémont ;
une auprès de Paterborn. Ce n'est pas ce que voudraient
les philosophes du jour, mais la puissance des hommes ne
peut rien contre celle de Dieu. Le projet du père abbé est
de passer au printemps prochain, avec la plus grande
partie des religieux qu'il ramène de Russie, au Canada, où
il est demandé par l'évêque de Québec.

Le 14 septembre, nous avons reçu de France une lettre
de change de 1.250 marcs, envoyée par ma femme et par
Mme de Quatrebarbes pour procurer à ma fille les moyens
de retourner en France. Ce changement pouvait rétablir sa
santé, mais diverses considérations empêchèrent l'exécution de ce projet. Une partie de l'argent fut employé à
l'acquisition d'une voiture ; le reste servit à payer plusieurs
dettes.

Le 11 novembre, j'ai tenu sur les fonts de baptême de
l'église catholique d'Altona, comme représentant de
M. Charles de Gourjault, un enfant issu du mariage de
M. Charles-Henri de Gourjault avec Angélique Emma-
nuel Chevalier de la Coindardière, tous deux originaires
de la province du Poitou. Sophie-Zoé de Lamberty, baronne
de Constant, a servi de marraine au nom de Mlle de la
Courrière.

Le 5 janvier 1801, j'ai reçu de Mme de Gramont, par l'entremise de plusieurs banquiers, une somme de six cents
livres. J'en ai donné 480 à ma fille ; j'ai payé 12 l. pour
faire dire douze messes à l'intention de mon fils Claude-
Augustin et 9 l. pour neuf messes pour le rétablissement
de ma fille.

Toutes mes correspondances de famille, ainsi que mes
communications d'affaires avec la France, se font sous le
nom de Claude Verson. J'ai toujours agi de cette façon
depuis le commencement de la révolution, afin de compro-

mettre-le moins possible les personnes qui communiquent avec moi.

Ma fille m'a fait présent d'une bague d'or renfermant un peu de ses cheveux et portant l'inscription suivante : « *Elle n'oubliera jamais vos bontés.* »

J'ai remis à M. de Sirvent, officier de cavalerie, émigré, mon ami, une tabatière d'agathe montée en or. M. de Sirvent, qui a été pendant près de cinq ans confiseur à Lubeck et qui retourne en France, près de Rochefort, a bien voulu se charger de remettre cette tabatière à ma fille Vincenne ou à mon neveu de Rasilly. L'un et l'autre sont actuellement à Paris.

———————

O vous qui êtes mes parents et mes amis, venez mêler vos larmes à celles d'un père accablé de douleur pour le reste de ses jours! Venez déplorer avec lui la perte cruelle d'une fille chérie, d'une épouse vertueuse, d'une mère admirable! O ma tendre Félicité! Il me fallait donc encore après tant de malheurs éprouver le plus cruel de tous, celui de ton agonie et de ta mort! Tu faisais la consolation de mon exil, tu faisais vivre tes enfants, qui donc pourra jamais te remplacer auprès de nous.

Ma pauvre fille a été malade environ quinze mois. Ses souffrances ont commencé au moment de la fausse couche qu'elle fit l'année dernière. Après beaucoup de soins qui n'avaient pas amené grand résultat, elle fut s'établir à la campagne dans un village appelé Ham. Nous espérions que le bon air et l'usage de la mousse d'Islande lui feraient du bien. Effectivement elle se trouva mieux. Elle revint à Hambourg au mois de novembre, avec une meilleure santé apparente, mais quelques jours après elle fut prise d'un léger crachement de sang. Elle résolut alors de prendre les dispositions nécessaires pour rentrer en France avec ses enfants, elle arrêta même d'abord ce voyage au 8 janvier, puis il fut remis au 10, puis au 17.

Dans la nuit qui précéda ce jour fixé pour le départ elle eut un crachement de sang beaucoup plus considérable que tous les autres, on la saigna copieusement. Je vis alors par la diminution de son bras qu'elle avait déjà bien maigri. Le lendemain de cette saignée elle fut prise d'une fièvre violente et d'une toux épouvantable. Au bout d'une huitaine de jours la fièvre céda, mais la toux demeura persistante. On lui mit alors un vésicatoire sur le bras, mais la faiblesse ne fit qu'augmenter et devint bientôt telle qu'il fallait, dans tous les mouvements qu'elle désirait faire, l'aider, ne pouvant en accomplir aucun par ses propres forces. Dans le même temps ses enfants étaient tous malades de la coqueluche, ce qui causait autour d'elle beaucoup de bruit et d'embarras.

Vers la fin de février, elle ressentit une petite amélioration qui fut, hélas! de courte durée. Le 1er mars elle retomba plus malade que jamais, le délire commença et nous vîmes bien que l'agonie allait commencer. Nous envoyâmes aussitôt chercher un prêtre pour l'administrer et lui faire les dernières exhortations. Elle voulut nous parler mais aucune de ses paroles ne fut intelligible. Il nous a paru toutefois qu'elle avaït gardé sa connaissance jusqu'au dernier moment. Elle m'appela près d'elle plusieurs fois et s'efforça de me témoigner encore sa tendresse. Après nous avoir édifiés par sa patience et sa piété, ma chère fille expira le 2 mars à trois heures de l'après-midi.

O Dieu, vous m'aviez donné une fille selon mon cœur et vous me l'avez reprise à la fleur de la jeunesse! Que puis-je faire, sinon de me soumettre avec résignation à votre sainte volonté. Je vous fais le sacrifice que vous me demandez, en vous conjurant d'avoir pitié de l'âme de ma fille. Souvenez-vous de sa patience au milieu des maux et des tribulations d'un exil de dix années. Souvenez-vous de la résignation avec laquelle elle avait envisagé la perte de ses biens, les souffrances de corps et d'esprit, les peines et les malheurs de sa vie errante. Souvenez-vous de sa tendre charité, charité dont elle ne s'est jamais départie et qui lui a fait trouver le moyen de partager avec les pauvres les ressources que votre Providence lui envoyait pour la subsistance de sa famille.

Quelques jours après, le dernier petit enfant de Mme de Quatrebarbes, qui n'avait jamais eu d'autre nourriture que le lait probablement appauvri de sa mère, et qui était d'une nature extrêmement chétive, mourut aussi. Nous l'avons fait porter à Altona, dans le cimetière de l'église catholique de cette ville, attendu que les chapelles Impériale et d'Espagne à Hambourg n'ont pas de cimetière. Les catholiques qni meurent à Hambourg sont enterrés dans les cimetières luthériens, à moins qu'on ne les fasse porter à Altona.

Mon gendre et moi nous étions absolument sans ressources lorsque mourut ma pauvre fille. J'écrivis alors la lettre suivante à M. le sénateur Poppe, l'ami et le soutien constant de notre famille.

« M. le sénateur, vous voyez en moi un père désolé qui
« vient soulager près de vous la douleur dont il est accablé.
« Les bontés que vous avez eues pour moi et pour ma
« pauvre fille me persuadent que vous partagerez mes
« regrets. Votre sensibilité et tout ce que vous avez fait ne
« me laissent aucun doute à cet égard. Notre situation est
« d'autant plus triste que nous n'avons pas la moindre
« partie de l'argent nécessaire pour les frais de la sépul-
« ture et du service. M. de Courson, notre ami, qui vous
« remettra cette lettre, vous dira combien est grande notre
« détresse. »

M. Poppe me répondit aussitôt :

« M. le chevalier, Il n'est pas possible de partager plus
« sincèrement que je ne le fais vos chagrins et vos dou-
« leurs. Oui, monsieur, j'en ressens toute l'amertume.
« C'est vous dire assez combien je respectais le caractère
« si doux et si charmant de la chère défunte. Vous me par-

« donnerez de ne pas vous entretenir plus longtemps en
« ce moment où je suis fort occupé. M. de Courson a bien
« voulu se charger de vous remettre deux cent marcs. Je
« vous prie, monsieur, d'être l'interprète de mes sentiments
« compatlonnés auprès de M. de Quatrebarbes, et de rece-
« voir l'assurance de la parfaite considération avec laquelle
« je suis... »

Je ne voulus pas tarder à remercier notre bienfaiteur et
je le fis sur le champ à peu près dans ces termes :

« J'étais bien sûr, monsieur, de votre sensibilité, et cette
« nouvelle preuve de votre bonté ne fait qu'accroître la
« dette éternelle de reconnaissance que nous vous devons.
« Que de fois ma fille n'a-t-elle pas chargé son mari de vous
« témoigner les sentiments que votre bienfaisance lui ins-
« pirait. Toutes les fois que nous prions Dieu, nous lui
« demandons de récompenser vos vertus et de combler
« votre famille de ses bénédictions. C'est un tribut dont je
« m'acquitte chaque jour, nonobstant l'espoir où je suis de
« vous rendre bientôt tous les fonds que vous m'avez
« avancés. Je vous envoie le reçu des deux cent marcs et
« ne sais comment vous remercier de tant de faveur. »

Voici l'état des dépenses nécessitées par l'enterrement et
le service de Mme de Quatrebarbes :

Achat du cercueil — 20 marcs.

Pour la permission accordée par le Bourgmestre de
faire l'inhumation à Altona, et pour passer les portes de la
ville — 11 marcs.

Pour l'officier de garde à la porte de la ville — 12 marcs.

Salaire du cocher et de sept porteurs — 7 marcs
6 schellings.

Salaire du sacristain — 4 marcs.

Salaire du fossoyeur — 3 marcs 4 schellings.

Frais du cimetière pour la place de la sepulture —
6 marcs.

Pour les cierges et la tenture en noir de l'autel —
8 marcs.

Pour les droits du curé — 3 marcs.

Salaire des deux gardes qui ont veillé le corps —
7 marcs. (L'un était un père Récollet, l'autre un prêtre de
la ville.)

Salaire de la femme qui a lavé le linge — 7 marcs
8 schellings.

Aumônes faites aux pauvres — 6 marcs 12 schellings.

Trente messes dites à la maison de la Trappe, dont neuf
avant le décès et vingt et une après — 18 marcs
12 schellings.

Neuf messes dites après le décès par le P. Flont —
6 marcs 12 schellings.

Neuf messes dites après le décès par le curé d'Altona —
9 marcs.

Seize messes dites par l'abbé Le Lièvre, dont six avant
le décès et dix après — 11 marcs 8 schellings.

Le reste des deux cent marcs envoyés par M. Poppe,
sera employé à faire dire des messes pour le repos de l'âme de
ma fille, afin que la totalité de cet argent serve aux fins pour
lesquelles il a été demandé et obtenu.

Voici deux lettres que j'ai reçues des religieux et religieuses de la Trappe aux prières desquels ma fille s'était
souvent recommandée.

« M. le chevalier, vous dire que je partage bien sincè-
« rement votre douleur ne serait pas assez pour satisfaire
« à votre piété. Aussitôt que j'ai appris le danger j'ai fait
« prier d'une manière particulière, et mon premier soin
« est dans ce moment de le faire faire. C'est là seulement
« que nous trouvons les moyens de nous soutenir dans les
« afflictions. Ce sont, en effet, les grands motifs de la reli-
« gion qui nous aident à porter avec résignation les amer-
« tumes inséparables de la vie. .

« Sœur de la Résurrection, prieure. »

« M. le chevalier, j'ai appris hier, à Hambourg, l'affli-
« geante nouvelle qui fait le sujet de votre deuil. J'aurais
« osé offrir dans le moment, à votre piété, les consolations
« de la foi, si elles n'étaient et n'avaient été de tout temps
« profondément gravées dans votre cœur. Tout sert à nous
« rappeler que le partage des justes sur la terre est la tri-
« bulation. Dieu en avait envoyé à notre chère et respec-
« table défunte de quoi expier les fautes qu'elle pouvait
« avoir à se reprocher devant Dieu. Je vous prie d'agréer
« l'assurance du profond respect et de la vive reconnais-
« sance avec laquelle j'ai l'honneur d'être...

« F. Jean de la Croix, prieur. »

Mme de Quatrebarbes avait eu la consolation de loger plusieurs fois les pères de la Trappe, lorsqu'ils venaient en
ville et, en particulier, le père abbé Dom Augustin de l'Estrange et le père prieur Dom Jean de la Croix. Si la grande
vénération que nous avions pour la personne et le caractère
du révérendissime abbé n'avait pas été suffisante pour nous
porter à jouir du précieux avantage de le posséder à la
maison, le désir que ma fille manifestait de l'accueillir
chez elle nous aurait fait un devoir de le recevoir avec
empressement.

O ma fille chérie, le souvenir de tes vertus ne périra pas.
Ceux qui t'aimaient en conserveront la mémoire.

———————

Le 25 mars 1801, j'ai reçu, de M. de Laune, chanoine
d'Arras, une lettre qui m'annonçait la mort, à Lubeck,
de M. l'abbé Le Boucher, qui avait demeuré avec nous à
Fryedenhein pendant neuf mois. Le manque de ressources
nous força à nous séparer de lui. Il s'en fut alors à Lubeck
où il donna des leçons de français; mais comme il ne
savait pas vingt mots d'allemand, il n'eut jamais beaucoup
d'écoliers. Je crois cependant qu'il parvint à se tirer d'af-

faire, grâce à la plus stricte économie. Lors de mes voyages à Lubeck je ne manquais jamais d'aller le voir. Il était mon ami et mon confesseur. Sa perte est une nouvelle épreuve pour moi.

Le 5 avril, j'ai remis à M. de la Barre, officier du génie en Suède, partant pour se rendre en France, une lettre pour ma femme et un petit paquet de chapelets et de médailles indulgenciés que m'a donné le père abbé de la Trappe.

Le 19 avril, j'ai été coucher à la maison que les religieux de la Trappe ont à Billewerder, à une lieue et demie de Hambourg. Mon but était de leur demander à être agrégé à leur ordre afin de participer à leurs prières et bonnes œuvres. Après avoir délibéré sur ma requête, le chapitre a bien voulu y acquiescer et me délivrer la lettre d'association.

Le 22 avril, j'ai été à Ham pour voir la très révérende mère de la Résurrection, prieure des religieuses de la Trappe, et lui faire mes adieux, attendu que ces dames partent pour Paterbron. J'ai offert à Mme la prieure un livre qui avait appartenu à Mme de Quatrebarbes et qui a pour titre : *Pharmacopée de M. Baumé.* Cet ouvrage est précieux, surtout pour une maison religieuse qui a souvent l'occasion de préparer toutes sortes de remèdes. Ayant le désir de faire prier le plus longtemps possible pour le repos de mon fils aîné et de ma fille aînée, et n'ayant pas les ressources pécuniaires pour me procurer cette consolation, je me suis avisé d'écrire au commencement et à la fin de ce livre une recommandation à toutes les personnes qui l'ouvriraient pour consulter un remède, de bien vouloir réciter quelque prière à leur intention.

Dans le courant de ce mois d'avril, M. de Quatrebarbes a vendu son café du pavillon de Lalster à M. Ruben, moyennant la somme de 40.000 marcs. M. de Courson, associé de mon gendre, a eu pour le cinquième qui lui revenait,

toutes dettes payées, 2.580 marcs; il est donc resté à mon
gendre 10.320 marcs.

Le 14 mai, le compte de Nanette, de la ville de Munster,
a été réglé. Elle avait toujours servi mes enfants, bien que
ses gages ne lui fussent pas payés. On a également payé à
Louise Savary, femme Martin, ce qu'on lui devait encore.

Le 27 mai, j'ai remis à mon gendre, qui va rentrer en
France, la tabatière d'or de ma femme, une bague de diamants qu'il m'avait confiée et une chaîne d'or que son épouse
portait au cou. J'ai aussi donné à mon petit-fils Lancelot
une bague d'or que portait sa mère, son chapelet indulgen-
cié et une croix appartenant également à sa mère. J'ai donné
à chacun de mes cinq petits-enfants une bourse renfermant
douze livres. J'ai fait le même petit cadeau à Nennecy,
Lisette et Nanette. Je regrette beaucoup que ma position
ne m'ait pas permis de leur témoigner bien autrement mon
amitié et ma reconnaissance.

Le 28 mai, à une heure et demie, j'ai accompagné mon
gendre, mes petits-enfants et Nennecy sur le rivage de
l'Elbe. Ils entrèrent dans les barques et je fus obligé de
les quitter. Ah! chers enfants, je n'oublierai jamais vos
larmes, votre tendresse et vos caresses. Il n'y a que Dieu
et la persuasion où je suis que votre sort va s'améliorer,
qui puissent m'aider à supporter une si cruelle séparation.
Mes chers enfants, mes chers petits amis, mon désir
ardent est de pouvoir me réunir à vous. Si Dieu ne permettait pas que j'eusse cette consolation, je vous prie de
ne pas m'oublier et de prier pour moi.

Le 1ᵉʳ juin, j'ai mis à la poste deux lettres. La première,
pour M. le curé de Laigné. Je lui fais part de la mort de
ma fille et je le prie d'en instruire ma femme avec toutes
les précautions possibles. L'arrivée prochaine de mes
petits-enfants à Châteaugontier m'a forcé à lui faire partager ma douleur, ce que j'aurais voulu retarder. La seconde
lettre était pour M. de Gournay chez qui demeure, depuis

un an, ma fille Vincenne, à Paris. Je lui fais part de notre triste événement de famille pour l'apprendre à ma fille.

Le 2 juin, j'ai écrit à M. le sénateur Poppe la lettre suivante :

« Monsieur le sénateur, j'ai été chez vous avec ma
« famille, il y a huit jours, pour vous présenter nos
« hommages. Il était instant pour notre reconnaissance
« qu'avant son départ, nous eussions tous ensemble le
« bonheur de voir notre bienfaiteur. Ayant été privés de
« cette consolation, souffrez que je sois l'organe de ses
« sentiments et des miens et que je vous exprime ici, de
« nouveau, notre gratitude pour tous les secours et toutes
« les bontés dont vous nous avez comblés. Mes pauvres
« petits-enfants, malgré leur bas âge, savent tout ce que
« vous avez bien voulu faire pour eux. Ils n'ont jamais
« prononcé votre nom qu'avec amour et reconnaissance.

« Je suis peiné d'avoir déjà tant tardé à vous remettre
« le montant des différents secours que vous nous avez si
« généreusement accordés. Hélas ! je ne prévois pas même
« encore quand je pourrai le faire. Si j'osais, je vous prie-
« rais de permettre que je fasse la conversion, en un acte
« sous-seing privé, de la totalité des sommes que vous
« m'avez prêtées. Cet acte porterait, à compter du jour où
« il serait passé, l'intérêt que vous voudriez fixer, payable
« annuellement jusqu'à l'acquittement du capital. La
« position de Mme de Gramont lui permettra, j'espère, de
« me faire passer les fonds nécessaires. Veuillez, Monsieur
« le sénateur, avoir la bonté de me faire savoir si ma pro-
« position vous est agréable. Dans le cas contraire, les
« différents billets que j'ai eu l'honneur de vous remettre,
« étant à ordre, je serai, selon toute apparence et malgré
« ma bonne volonté, bien embarrassé pour y satisfaire,
« aussitôt le moment de ma rentrée en France, ainsi que
« je m'y suis obligé. Quant à cette rentrée en France, je
« ne vois rien qui me puisse faire présumer le moment où
« je pourrai l'effectuer.

« Je vous supplie d'être persuadé que, toute ma vie, je
« n'aurai pas de plus chère ambition que de vous témoi-
« gner ma vive reconnaissance et le profond respect avec
« lequel je suis... »

M. le sénateur Poppe m'a répondu :

« Monsieur le chevalier, je suis aussi mortifié que vous
« d'avoir manqué l'occasion de dire mes adieux à M. de
« Quatrebarbes et à ses chers enfants, et de leur souhaiter
« un bien heureux voyage que je leur augure de tout mon
« cœur. Je suis autant fâché encore que vous soyez venus
« presqu'au seul moment où nous avons été absents depuis
« trois semaines.

« Les divers billets que je puis avoir en main, munis de
« votre signature, ne doivent pas vous inquiéter. Ils sont
« en toute sécurité chez moi et il en serait de même si je
« venais à mourir avant vous. Mon fils connaît mes inten-
« tions à cet égard. Si la position de Mme de Gramont lui
« permet de vous faire passer du superflu vous serez tou-
« jours le maître de vous acquitter. S'il ne vous reste pas
« de superflu, dans tout le sens du terme, je serais désolé
« de vous voir m'offrir l'argent dont vous aurez besoin
« pour vous-même. J'ai l'honneur d'être... »

J'avais reçu, de mon gendre, une première lettre datée
d'Osnabruck le 31 mai, me donnant de bonnes nouvelles
de son voyage. J'en ai reçu une seconde datée de Péronne
le 15 juin où il me dit être arrivé dans cette ville avec ses
enfants sans accident malgré les mauvais chemins qui sont
particulièrement détestables de Bruxelles à Cambrai. Il
s'est arrêté à Péronne, parce que Nennecy, malade depuis
plusieurs jours, avait besoin de repos. Il voyage depuis
Bruxelles avec des chevaux de voituriers, ce qui lui revient
beaucoup moins cher que par la poste. Mon gendre me
demande aussi de lui envoyer un certificat de résidence à
Hambourg, émanant du Sénat et contresigné par le
ministre de la République française. Enfin, chose bien
douce à mon cœur, il m'assure que tous mes enfants me

comblent de tendresses et d'amitiés. Léopold, évaluant l'amitié qu'il portait à tous ses parents ou amis, a estimé celle qu'il a pour moi — c'est la plus haute — à 300.000 louis. Celle qu'il a pour M. de Courtonne vaut, paraît-il, 100.000 louis ; les macarons et les biscuits dont il avait fait au départ une ample pacotille aux enfants, n'y sont pour rien, toujours au dire de Léopold.

M. le sénateur Poppe étant tombé malade et sa santé donnant de plus en plus d'alarmes, j'ai fait dire pour lui, le 25 août et le 9 septembre, six messes pour que Dieu daigne secourir ce bienfaiteur. Dans ces mêmes jours, j'ai fait dire également six messes pour Augusta de Hahn, baronne de Grote, dangereusement malade depuis long-temps. Car c'est une obligation de prier et de faire prier pour ceux qui sont nos amis et qui nous en ont donné la preuve en nous faisant part de leurs biens aussi abondam-ment que l'ont fait les maisons Poppe et de Hahn.

Le 10 octobre, le très respectable M. Cornelius-William Poppe, sénateur de la ville de Hambourg, est décédé à neuf heures et demie du soir. Je supplie le Seigneur de se souvenir de toutes les consolations et de tous les secours qu'il a accordés à ma famille pendant près de huit ans. Mon devoir étant de faire prier pour lui, j'ai demandé à un ecclésiastique de dire des messes à son intention; mais il m'a répondu que cela ne lui était pas permis, M. Poppe étant mort hors de l'église. Tout ce que je puis faire, me dit-il, c'est de célébrer les messes pour les âmes du purga-toire, avec l'intention qu'elles seront appliquées particuliè-rement à votre bienfaiteur. Dieu peut lui avoir fait la grâce à ces derniers moments de lui donner un repentir sincère de ses péchés avec le désir de connaître la vérité.

M. le sénateur Poppe a un frère qui était son associé, Daniel Poppe. Il laisse aussi un fils et un gendre, M. Schmitz.

Le 27 novembre, j'ai fait, avec M. Poppe fils, les arran-gements suivants :

« Désirant me liquider vis-à-vis de M. Poppe de plu-

« sieurs prêts d'argent que son père m'a faits avec toute la
« générosité et la délicatesse possibles pour ma subsis-
« tance et celle de ma famille, j'ose espérer qu'il voudra
« bien ajouter à tant de bontés en me facilitant le moyen de
« m'acquitter. Les reçus que j'ai signés sont des billets à
« ordre exigibles aussitôt ma rentrée en France. J'ai l'hon-
« neur de prier M. Poppe, vu la position extraordinaire et
« inattendue où les lois de la France m'ont réduit, de
« vouloir bien convertir ces billets en deux paiements, le
« premier de quatre mille livres que j'effectuerai dans
« quatre ans à compter du jour du présent contrat; le
« deuxième, de trois mille sept cent vingt-six livres, exigible
« quatre ans plus tard. Je m'oblige à payer les intérêts à
« cinq pour cent. »

M. Poppe, de son côté, a répondu :

« Partageant entièrement les sentiments et procédés
« dont mon père a usé vis-à-vis de M. de Gramont et étant
« bien aise de lui en donner une preuve, je consens à ce
« que les billets à ordre montant à la somme totale de sept
« mille sept cent vingt-six livres, argent de France, soient
« convertis en deux paiements, comme M. de Gramont le
« propose. Les intérêts seront de cinq pour cent. Si, par la
« suite, M. de Gramont se trouvait dans une position telle
« qu'il fût amené à me rembourser à des époques plus rap-
« prochées que celles qui sont fixées, je consens à recevoir
« le paiement, pourvu que je sois prévenu trois mois à
« l'avance. »

Le 30 novembre, j'ai expédié à ma femme l'acte ainsi
passé pour qu'elle le ratifiât.

Le 9 janvier 1802, j'ai reçu cet acte signé par ma femme.
Lorsque je voulus le remettre à M. Poppe, il le refusa,
disant qu'il ne voulait finalement pas recevoir d'intérêts ni
fixer d'époque pour les remboursements et que je les ferais
lorsqu'il me plairait.

J'écrivis alors à ma femme qui m'envoya le papier suivant :

« Je m'engage, sous l'hypothèque de tous.mes biens, à
« faire honneur aux sommes que M. Poppe a bien voulu
« prêter à M. de Gramont, mon mari, et à prendre les
« arrangements les plus prompts pour les rembourser. »
Je remis ce billet à M. Poppe qui le prit.

Le 1ᵉʳ mars, j'ai fait célébrer à la chapelle d'Espagne
l'anniversaire de la mort de ma fille, Mᵐᵉ de Quatrebarbes.

Le 28 mars, M. de Vignacourt qui avait bien voulu se
charger de la vente des meubles de M. de Quatrebarbes
m'a remis 367 marcs, produit de cette opération.

Dans le courant du mois de mai, M. Poppe m'a prié de
passer chez lui et m'a dit que, si c'était à cause de lui que
je ne retournais pas en France rejoindre ma famille, je
pouvais partir. Il m'a assuré n'avoir aucune inquiétude
sur les sommes que je lui devais et m'a prié de me consi-
dérer comme totalement libre.

J'avais en effet l'intention de demeurer à Hambourg jusqu'à l'entière liquidation de ma dette et de donner ainsi à
mon créancier le gage le plus certain; mais, m'étant
trouvé dégagé par lui-même, je vais quitter ce pays.

Le 30 juin, je suis parti de Hambourg. Le 4 juillet, je
suis arrivé à Munster, le 10 à Paderbron, le 12 à Driburg
où je suis resté vingt-cinq jours à prendre les bains et les
eaux.

Le 6 août, je suis retourné à Paderbron; puis le 8 à
Munster. Le 20, j'étais à Dusseldorf, le 21, à Aix-la-Cha-
pelle, le 22, à Liège, enfin le 25, à Bruxelles. Je suis rentré
en France par Valenciennes, Cambrai, Amiens, Rouen,
Alençon et Laval. Je suis arrivé à Châteaugontier le
25 septembre 1802, après une absence de douze ans moins
sept jours. Dieu soit béni !

Baron S. DE LA BOUILLERIE.

LA RELÉGATION

Une loi du 27 mai 1885 a introduit dans notre système pénal la relégation qui consiste dans l'internement, sur le territoire des colonies ou possessions françaises, de certaines catégories de récidivistes. Cette peine a paru un des moyens les plus efficaces pour la diminution de la criminalité; elle éloigne, en effet, et met hors d'état de nuire des malfaiteurs constamment en révolte contre les lois et qui sont un danger permanent pour l'ordre social; d'un autre côté, elle arrête et effraie des récidivistes qui se résigneraient à une détention de quelques mois, s'ils ne savaient qu'à l'expiration de leur peine ils peuvent être soumis à un exil perpétuel au-delà des mers. La loi du 27 mai 1885 a donné à l'opinion publique, par la mesure salutaire de la relégation, une satisfaction à bon droit réclamée.

La peine des travaux forcés n'entraîne la transportation que pour les hommes; les femmes sont détenues en France. La relégation, au contraire, est applicable aux condamnés des deux sexes, mais elle n'est pas prononcée contre les individus qui, à l'expiration de leur peine, sont âgés de plus de soixante ans ou de moins de vingt-un ans. En ce cas, des peines accessoires sont édictées par l'article 8 de la loi. Les sexagénaires doivent être, après l'expiration de leur peine, soumis à perpétuité à l'interdiction de séjour, c'est-à-dire qu'il leur est fait défense de paraître en telle circonscription fixée par le Gouvernement; les mineurs de vingt-un ans sont retenus dans une maison de correction jusqu'à leur majorité.

La relégation s'applique aux étrangers. La Cour de Paris avait tout d'abord décidé le contraire, mais l'arrêt a été cassé par la Cour suprême (5 mars 1886, aff. Lobodzinski). La loi du 27 mai 1885 est une loi de police et de sûreté qui oblige tous ceux qui résident sur le territoire français. Sans doute, la loi du 3 décembre 1849 donne au gouvernement le droit de reconduire l'étranger à la frontière ; mais ce dernier ne peut-il pas quelquefois rendre sans effet la mesure et rentrer quelques kilomètres plus loin pour recommencer ses méfaits ?

En quels cas et pour quelles causes la relégation est-elle encourue ?

Aux termes de l'article 4 de la loi du 27 mai 1885, doivent être relégués les récidivistes qui, dans quelque ordre que ce soit et dans un intervalle de dix ans, non compris la durée de la peine subie, ont encouru les condamnations énumérées à l'un des paragraphes de cet article.

Paragraphe 1. Deux condamnations aux travaux forcés ou à la réclusion.

Paragraphe 2. Une des condamnations énoncées au paragraphe 1, et deux condamnations, soit à l'emprisonnement pour faits qualifiés crimes, soit à plus de trois mois d'emprisonnement pour vol, escroquerie, abus de confiance, outrage public à la pudeur, excitation habituelle de mineurs à la débauche, vagabondage ou mendicité.

Paragraphe 3. Quatre condamnations, soit à l'emprisonnement pour faits qualifiés crimes, soit à plus de trois mois d'emprisonnement pour les délits spécifiés au paragraphe précédent.

Paragraphe 4. Sept condamnations dont deux au moins prévues par les deux paragraphes précédents et les autres, soit pour vagabondage, soit pour infraction à l'interdiction de résidence, à la condition que deux de ces autres condamnations soient à plus de trois mois d'emprisonnement.

La relégation est prononcée par les cours d'appel, les cours d'assises et les tribunaux de police correctionnelle. Toutes les fois que cette peine est encourue, le prévenu doit être assisté d'un défenseur d'office. L'inobservation de cette prescription entraînerait la nullité de la procédure.

La relégation est individuelle ou collective.

Lorsqu'elle est individuelle, elle consiste dans l'internement, en telle colonie ou possession française déterminée, des relégués admis à y résider en état de liberté, à la charge de se conformer aux mesures d'ordre et de surveillance prescrites. Ces relégués sont soumis au régime du droit commun et aux juridictions ordinaires. Sont admis à la relégation individuelle, après examen de leur conduite, les relégables qui justifient de moyens honorables d'existence, ceux qui sont reconnus aptes à recevoir des concessions de terre et ceux qui sont autorisés à contracter des engagements de travail ou de service pour le compte de l'État, des colonies ou des particuliers.

La relégation collective consiste dans l'internement, sur un territoire déterminé, des relégués qui n'ont pas été, soit avant, soit après leur renvoi hors de France, reconnus aptes à bénéficier de la relégation individuelle. Ces relégués sont réunis dans des établissements où l'administration pourvoit à leur subsistance et où ils sont astreints au travail.

Un règlement d'administration publique porte que la relégation collective s'exécutera dans les territoires de la colonie de la Guyane, et, si les besoins l'exigent, de la Nouvelle-Calédonie et de ses dépendances. Depuis, un décret du 20 août 1886 a désigné l'île des Pins (dépendance de la Nouvelle-Calédonie) pour recevoir les relégués collectifs, lesquels sont seuls astreints au travail. Ils sont rémunérés sous réserve d'une retenue à opérer pour la dépense occasionnée pour chacun d'eux, notamment pour les frais d'entretien. Cette retenue ne peut excéder le tiers du produit de la rémunération.

L'expérience n'est pas encore assez longue pour qu'on puisse sérieusement se prononcer sur les conséquences de la loi, dite des récidivistes. Mais il est aisé, d'après les statistiques publiées, d'en constater dès aujourd'hui le résultat pratique.

Au cours de l'année dernière (1887), 1934 individus ont été condamnés à la relégation ; en 1886, leur nombre n'avait été que de 1610 ; il y a donc une augmentation de 324 condamnations, soit 20 pour cent.

L'augmentation porte sur l'ensemble du territoire, mais il est certains ressorts de cours d'appel où elle atteint des proportions alarmantes. A Montpellier, elle est de 58 pour cent ; à Grenoble, de 73 pour cent ; à Aix, de 170 pour cent. Il est vrai qu'on a constaté dans le ressort de Chambéry une réduction de 12 pour cent, de 30 pour cent dans celui de Bourges, et de 33 pour cent dans celui de Paris.

Il est à ce propos assez étrange que la proportion des relégués soit moins élevée dans la capitale qu'à Rouen, Aix, Angers, etc., alors que le ressort de Paris est pour la criminalité générale bien en avance sur tous les autres.

La Corse n'a pas compté en 1887 un seul relégable.

En se basant sur les données de l'année dernière, il faudrait annuellement compter sur 2,000 relégables. Mais ce chiffre baissera dans quelques années, quand toute une population d'habitués des prisons aura été atteinte par la loi. Huit à dix mille récidivistes une fois relégués, il ne restera plus qu'un recrutement annuel d'environ 500 individus.

D'après le dernier état dressé, 158 relégués ont subi déjà de vingt-une à trente condamnations ; 11 ont été condamnés de quarante-et-une à cinquante fois ; 2, cinquante-six fois ; deux autres, soixante-et-une fois. L'âge moyen des relégués est de trente-neuf ans et demi pour les hommes et de quarante-deux pour les femmes. Celles-ci sont en beaucoup moins grand nombre. A Cayenne, il n'y a que 115 femmes sur 1,435 condamnés. Le sexe faible est-il moins perverti ? La justice le traite-t-elle avec plus d'égards ?

La plupart des relégués savent à peine lire et écrire ; cependant 27 ont reçu une instruction supérieure. Parmi eux, se trouvent un second prix de Rome et un licencié ès-lettres.

Voilà comment ont été mises en pratique jusqu'à ce jour les dispositions de la loi des récidivistes. Il est permis d'en attendre les meilleurs résultats. On a objecté que la relégation était une peine bien sévère, si on l'applique à des gens qui, le plus souvent, n'ont été condamnés antérieurement qu'à l'emprisonnement, c'est-à-dire pour des faits relativement peu graves. Le législateur, dit-on, considère la transportation, les travaux forcés comme le châtiment le plus terrible, après la peine de mort ; il n'y soumet que les individus convaincus de crime. Mais il faut observer qu'entre la transportation ou les travaux forcés et la relégation, la différence est assez sensible. La situation du relégué ressemble beaucoup à celle du forçat qui a subi sa peine et est assujetti à la résidence sur le territoire de la colonie.

Du reste, si le mode de répression est rigoureux, ceux qu'il atteint ont-ils droit à beaucoup de pitié ? Chacune de leurs fautes pourra ne pas être d'une grande gravité, mais ils auront prouvé, par la fréquence des chutes, malgré les avis réitérés de la justice, que l'espoir d'un amendement est interdit et qu'il ne faut attendre d'eux ni un acte honnête, ni un retour au bien.

A. DE VILLIERS.

LE GRAIN

Brumes et frissons : c'était en hiver,
Sous le ciel fermé, sous le ciel sans flamme.
Je venais de voir un petit grain vert,
Je sentais un rêve éclore en mon âme.

Je voulais chasser mon vague chagrin
Comme ces brouillards qu'un rayon soulève.
« Que deviendrez-vous ? » ai-je dit au grain.
« Que voulez-vous être ? » ai-je dit au rêve.

Ont-ils su ma peine et vu ma pâleur ?
Mais leur voix m'ouvrit tout l'espace immense !
Le rêve m'a dit : « Je serai douleur »,
Et le grain m'a dit : « Je serai semence. »

Je les écoutai, presque souriant.
Vint l'heure éclatante après l'heure noire :
La moisson naquit du grain patient,
De la douleur fière a jailli la gloire.

Charles Fuster.

TROP PETITS !

Las d'avoir si longtemps et durement pâti
Pour construire, à grands blocs, les hautes pyramides,
Les esclaves fellahs, les prisonniers numides
Voulaient briser parfois ce qu'ils avaient bâti.

Mais la pierre est trop rude, et l'homme est trop petit !
Contre les sombres murs, près des grèves humides,
Ils avaient beau jeter leurs insultes timides :
Le colosse dormait et n'avait rien senti.

Tels, pris à tout jamais d'une angoisse profonde,
Nous, les hommes, épars sur les croupes du monde,
Nous avons blasphémé, crié, haï, tué ;

Excitant, contre Dieu, nos forces épuisées,
En labeurs éternels nous les avons usées, —
Et l'immense infini n'en a pas remué !

Charles FUSTER.

NOTICE HISTORIQUE

L'HOPITAL DE POUANCÉ

(suite)

CHAPITRE XXVII

TESTAMENT DE M. GAUDREUIL, CURÉ DE BOUILLÉ-MÉNARD

Suivant testaments olographes des 15 et 22 septembre 1762, M. Antoine Gaudreüil, curé de Bouillé-Ménard, décédé le 27 novembre 1763, a légué, à l'hôpital de Pouancé, tout ce dont la coutume d'Anjou lui permettait de disposer.

Par ces mêmes testaments, il a, en outre, légué une maison avec jardin à M. Proust, curé de Pouancé, en le désignant pour son exécuteur testamentaire, et le priant de disposer de tout, pour le bien de l'hôpital.

Ces testaments furent déposés pour minute en l'étude de M° Aubert, notaire à Châtelais, ainsi que le constate un acte au rapport de ce notaire du 29 novembre 1762.

M. Proust, exécuteur testamentaire de M. le curé de Bouillé-Ménard, et les administrateurs de l'hôpital de Pouancé demandèrent l'entérinement des testaments précités ; à cet effet, ils firent citer, devant le siège de Châteaugontier (Bouillé dépendant, à cette époque, de Château-Gontier), les héritiers de M. Gaudreüil, aux fins d'exploits, des 28 février et 15 mars 1763. Le tribunal rendit, le 14 juillet 1763, le jugement suivant :

« Parties et les gens du roi entendus, avons reçu les sieurs directeurs et administrateurs de l'hôpital de Pouancé, parties intervenantes en la présente instance, et faisant droit sur leur intervention, sans avoir égard à l'opposition formée, par les parties de M⁰ Letessier, à notre jugement du dit jour 1ᵉʳ septembre dernier, et à leur demande de provision, dans lesquelles ils avaient été déclarés non recevables ; faisant droit sur la demande des dites parties de M⁰ Lemotheux, nous avons entériné et entérinons les testaments et codicilles dudit feu sieur Godreüil, des 15 octobre et 22 novembre 1762, contrôlés et insinués au bureau de Segré, pour être exécutés selon leur forme et teneur. Ce faisant, ordonnons que la délivrance sera faite des legs et dons contenus aux parties de M⁰ Lemotheux, aux charges de la coutume. A ce moyen avons déchargé ledit Bobard partie de M⁰ Lecercler, de ladite curatelle, et lui avons adjugé la somme de seize livres pour peines et frais, laquelle somme sera payée par le sieur Martin, notaire et dépositaire des deniers de la vente de meubles de feu Godreüil, et avons condamné les héritiers Godreüil parties de M⁰ Letessier, aux dépens, vers celles de Lemotheux, avocat des administrateurs de l'hôpital de Pouancé.

Ce qui sera exécuté nonobstant oppositions ou appellations quelconques, sans préjudice.

Donné à Château-Gontier, l'audience de la sénéchaussée tenant et prononcé par nous Louis-Daniel Lemasson, seigneur du haras, conseiller du Roi, lieutenant particulier dudit siège, où aussi étaient les sieurs Trochon, écuyer, président au siège présidial, Gallois de la Mulonnières, Pierre de Letanchet et Maumousseau de Champdenu, conseillers du Roi, juges magistrats au même siège, le 14 juillet 1764. Signé : Martin, greffier. »

Les héritiers de M. Gaudreüil interjetèrent appel de

cette sentence, qui fut confirmée par arrêt du Parlement du 30 septembre 1766, avec amende et dépens. L'arrêt autorisa l'exécuteur testamentaire à employer les dépens en frais d'exécution testamentaire, dont les directeurs de l'hôpital de Pouancé seraient payés sur les biens de M. Gaudreüil. Ces dépens furent, par exécutoire, taxés à la somme de 982 livres 18 sols.

La métairie de la Gohardière et les terres volantes que l'hôpital de Pouancé possède en la commune de Bouillé-Ménard, proviennent de la succession de M. le curé Gaudreüil.

CHAPITRE XXVIII

FONDATION D'UN LIT PAR M. LE CURÉ DE RENAZÉ

M. René Jallot, curé de Renazé, a, par acte au rapport de Mᵉ Desgré, notaire à Pouancé, du 28 juillet 1770, fait donation à l'hôpital de Pouancé d'une somme de trois mille livres, à la charge de placer un lit dans l'hôpital, pour y recevoir un malade pauvre de la paroisse de Renazé. Cette donation a été acceptée par les administrateurs de l'hôpital, et homologuée par le Roi, suivant arrêt du 9 janvier 1778.

CHAPITRE XXIX

INDEMNITÉ POUR PRISE DE TERRAIN

Lors de l'ouverture de la grande route de Laval à Nantes, en l'année 1775, les administrateurs de l'hôpital de Pouancé adressèrent à M. Detrullaine, intendant des finances, une pétition tendant à ce que l'hôpital fût indemnisé du préjudice qu'il éprouvait par suite de la perte des terrains qui avaient été pris pour l'ouverture de cette route. Il fut fait droit à cette pétition, par un arrêt du Conseil qui fixa l'indemnité à treize cent trente-trois livres.

CHAPITRE XXX

TRANSACTION ENTRE LES HÉRITIERS DE Mme FRANÇOIS DE LA FOREST D'ARMAILLÉ ET L'HOPITAL

Mme Marie Joubert de Briollay, épouse de M. François de la Forest d'Armaillé, seigneur baron de Craon, conseiller au Parlement de Paris, a, par son testament olographe du 22 août 1714, contrôlé et insinué à Angers, le 4 juin 1723, légué à l'hôpital de Pouancé, une somme de quatre mille livres, pour y être mis deux lits, l'un dans la salle des hommes et l'autre dans la salle des femmes, pour les pauvres de la paroisse d'Armaillé. Des difficultés ayant été élevées au sujet de ce legs, son exécution resta en suspens pendant un grand nombre d'années.

Enfin, le 9 janvier 1781, pour terminer toute contestation et éviter un procès qui eût été préjudiciable aux intérêts de l'hôpital, une transaction eut lieu devant Me Desgré, notaire à Pouancé, entre les héritiers de Mme François de la Forest d'Armaillé et les administrateurs de l'hôpital de Pouancé.

De cette transaction, il appert : « que les héritiers de la testatrice proposèrent aux administrateurs de leur faire la délivrance d'une somme de trois mille livres seulement, à condition de n'établir, à l'hôpital, qu'un lit pour les malades de la paroisse d'Armaillé, puisque, d'après les administrateurs, il était de toute impossibilité d'établir deux lits avec une somme de quatre mille livres.

« Quant à la somme de mille livres, pour compléter le legs de la testatrice, elle serait remise, par eux, entre les mains du curé et du procureur de la fabrique de la paroisse d'Armaillé, pour être placée utilement, et le revenu employé aux besoins des pauvres de la paroisse ; qu'à ce moyen, l'objet de la fondatrice se trouverait également rempli. »

Cette transaction ayant été acceptée par les administrateurs et directeurs de l'hôpital de Pouancé et les représentants de la fabrique de la paroisse d'Armaillé, les héritiers de la testatrice versèrent, de suite, à l'hôpital de Pouancé, la somme de trois mille livres, et aux représentants de la paroisse d'Armaillé, celle de mille livres.

CHAPITRE XXXI

FONDATION D'UN LIT POUR LES PAUVRES DE SENONNES

Le sieur Jean Malnoë, fermier, et la demoiselle Élisabeth Malnoë, sa sœur, demeurant au bourg de Senonnes, ont, par acte au rapport de Me Desgré, notaire à Pouancé, fait donation, à l'hôpital de cette ville, d'une somme de trois mille livres, à condition de recevoir, à perpétuité, un malade pauvre de la paroisse de Senonnes, qui serait présenté par les donateurs, pendant leur vie, et, après eux, par le curé de la paroisse de Senonnes.

Cette donation, qui avait été acceptée par les directeurs et administrateurs de l'hôpital, fut approuvée par un arrêt homologatif rendu sur les conclusions du Procureur général du Roi, le 23 avril 1784.

CHAPITRE XXXII

CHAMP DE FOIRE DE POUANCÉ

Le 20 juin 1785, les administrateurs de l'hôpital adressèrent au bailli de Pouancé, qui avait établi le champ de foire dans les fossés de Bretheau, appartenant à l'hôpital, une requête à l'effet de prélever un impôt sur les boissons et le pain qui entreraient sur le champ de foire. Cet impôt était destiné à faire niveler le champ de foire devenu dangereux pour les bestiaux, à cause des cavités qui y existaient.

Le même jour, le juge de la baronnie de Pouancé rendit l'ordonnance suivante :

« Vu la requête présentée par les administrateurs de l'hôpital de Pouancé, et les conclusions du procureur fiscal, · pour les causes d'utilités publiques, ordonnons :

« 1° Que chaque personne qui exposera en vente, sur le champ de foire, des boissons et du pain, paiera, entre les mains du receveur de l'Hôtel-Dieu, dix sols par chaque barrique de boisson et trois sols par chaque panier de pain ;

« 2° Que lesdits vendeurs de pains et boissons seront tenus de se placer dans les endroits les moins nuisibles au commerce des bestiaux ;

« 3° Que les sommes seront employées, après la Saint-Martin, au déblai et remblai et aplanissement du champ de foire ;

« 4° Que l'exécution de la présente ordonnance cessera d'avoir effet, aussitôt le perfectionnement des travaux ;

« 5° En cas de refus ou opposition des marchands de boissons ou de pains, de payer l'impôt ci-dessus fixé, permis de les assigner, ainsi qu'il est requis.

« Sera la présente ordonnance lue et publiée au son du tambour et exécutée, nonobstant oppositions et appellations quelconques, comme en matière de police, et sans préjudice d'ycelles. Déposée à notre greffe, pour y avoir recours, quand besoin sera.

« Pouáncé, le 20 juin 1785. »

CHAPITRE XXXIII

FONDATION D'UN LIT POUR LES PAUVRES DE VERGONNES
ET CHAZÉ-HENRY

Mme Bernardine-Charlotte Jallot, veuve de M. Jacques Deblanche, demeurant au bourg d'Armaillé, a donné à l'hôpital de Pouancé une somme de deux mille quatre cents livres, suivant acte passé devant Me Bernard, notaire à Pouancé, le 6 décembre 1787, pour fondation d'un lit, à l'effet d'y recevoir, à perpétuité, un malade pauvre de la paroisse de Vergonnes, lequel malade serait désigné par la donatrice, ses héritiers et ayants cause. .

Cette donation fut homologuée par arrêt de la cour du 26 novembre 1788, après avoir été acceptée par les administrateurs. Ce même arrêt homologua également une autre fondation d'un lit, pour les malades pauvres de Chazé-Henry, faite par M. Michel-René Briand, chevalier de l'ordre Royal et militaire de Saint-Louis, seigneur de la paroisse de Chazé-Henry, qui avait donné à l'hôpital de Pouancé une somme de trois mille livres, ainsi qu'il résulte d'un acte au rapport de Me Bernard, notaire à Pouancé, du 7 février 1788.

CHAPITRE XXXIV

FONDATION D'UN LIT PAR M. MÉNARD

M. Antoine Ménard, demeurant à Pouancé, a versé à l'hôpital de Pouancé, en 1789, une somme de trois mille deux cents livres pour la fondation d'un lit à l'hôpital, pour les malades pauvres de cette paroisse.

CHAPITRE XXXV

Le 10 janvier 1791, Mme Buron, supérieure de l'hôpital, exposa aux administrateurs assemblés pour délibérer sur les intérêts qui leur étaient confiés, que le sieur Jacques Foucher, sacristain de la paroisse, avait apporté à l'hôpital un enfant du sexe féminin qu'il avait trouvé, le matin, dans l'église de la Madelaine de Pouancé, en allant sonner l'Angelus. Pour quoi, elle priait les administrateurs de délibérer sur ce qu'il y avait à faire. Ceux-ci décidèrent que l'hôpital se chargerait d'élever l'enfant et qu'il serait mis en nourrice.

Une nommée Marguerite Guineau, épouse de René Laurent, fermier au Bois-Deré, commune de la Prévière, le prit chez elle, moyennant une rétribution de huit livres par mois. Un procès-verbal de description des linges dont l'enfant était couvert, et de l'état de son corps, fut dressé par M. Rousseau, chirurgien de l'hospice, afin qu'il pût être reconnu, dans le cas où il serait réclamé.

On lui donna les noms de Marie Madelaine, par allusion au lieu où il avait été trouvé.

La délibération qui constate ce fait est signée : Gault René, Gault Joseph, Poilièvre, curé de Pouancé, Besnard, Rousseau, médecin, et Buron, supérieure.

CHAPITRE XXXVI

La commission administrative de l'hôpital décida, dans sa séance du 22 floréal an XIII (22 avril 1805) que le pensionnat qui existait autrefois à l'hôpital de Pouancé et qui avait été fermé pendant la révolution serait rétabli ; que le prix de la pension serait de trois cents francs par année et que les jeunes filles qui y seraient admises fourniraient un trousseau.

Ils décidèrent aussi la réouverture des petites écoles, pour les filles pauvres.

L'année suivante, les administrateurs adressèrent à Monseigneur l'Évêque d'Angers une pétition tendant à obtenir la nomination d'un aumônier pour l'hôpital, afin de remplir les intentions des fondateurs. Le traitement de l'aumônier fut fixé à sept cents francs.

Le vingt décembre 1806, la commission administrative de l'hôpital approuva un projet de règlement présenté par son président et ayant pour but de parer à certains inconvénients signalés par la pratique.

Afin d'établir une plus grande surveillance dans l'administration, la commission se divisa en trois sections composées chacune de deux membres.

La première section avait dans ses attributions l'admission des malades dans les salles, la surveillance du traitement des malades et celle des petites écoles.

La deuxième section devait s'occuper : 1° du gouvernement intérieur de l'hôpital, de l'achat et emploi des approvisionnements en tous genres ; 2° de la délivrance des mandats, des sommes nécessaires à l'économe pour les dépenses journalières ; 3° de l'entretien des meubles et des bâtiments de l'hôpital.

Les attributions de la troisième section étaient relatives aux grosses et menues réparations des biens ruraux de l'hospice, et à l'exploitation des bois.

Tous les mois, à une époque déterminée par le président, chaque section faisait son rapport à l'assemblée générale, et proposait les moyens d'améliorations et de réformes qui pouvaient paraître utiles.

Si, dans l'intervalle des assemblées périodiques, il survenait dans une section des incidents extraordinaires ou
d'une importance majeure, les administrateurs de cette
section provoquaient la réunion de la commission qui sta-
tuait immédiatement sur l'objet de la convocation.

A chaque réunion, le receveur était obligé de fournir un
état sommaire des recettes et dépenses et de faire connaître
les débiteurs en retard.

La deuxième section devait réunir, en une seule liasse,
les mandats qui avaient été délivrés, lesquels mandats
étaient joints aux titres de l'hospice, pour, au besoin, y
avoir recours.

Les hospitalières, chargées des différentes parties de
l'administration intérieure de la maison, devaient s'adresser, pour obtenir des renseignements et pour l'exercice de
leurs fonctions, aux membres de la section à qui la surveillance était déférée.

Au mois d'octobre 1811, la commission administrative
de l'hôpital, pour se conformer à l'article 16 du décret de
1809 et à une lettre du préfet de Maine-et-Loire du 17 juin
1811, fit un autre règlement, concernant l'admission des
malades, leur régime, l'administration économique de la
maison et la comptabilité.

Ce règlement, qui contient trente-deux articles, fut soumis au conseil municipal de Pouancé pour donner son avis,
mais rien n'indique qu'il ait été approuvé par l'autorité
supérieure.

CHAPITRE XXXVII

DEMANDE DE SŒURS DE SAINT-VINCENT-DE-PAUL
EN REMPLACEMENT DES SŒURS DE LA SAINTE-TRINITÉ

En 1792, la maison fit une perte irréparable ; la dernière
supérieure de la société mourut. Ce malheur fut suivi d'un

autre : l'absence des ministres de la religion. Alors un certain esprit d'intrigue et d'indépendance commença à se répandre dans la communauté. L'harmonie entre les sœurs s'affaiblit sensiblement ; il y eut relâchement dans l'observance du règlement.

L'administration et l'autorité spirituelle firent tous leurs efforts pour rétablir l'ordre ; on appela des supérieures étrangères ; enfin, on ne put parvenir à éteindre entièrement le ferment de désunion. Le principe régénérateur s'anéantissait de jour en jour.

Depuis vingt-huit ans, quatre jeunes aspirantes seulement s'étaient présentées à la maison, dans l'intention de devenir hospitalières, Après quelque temps d'épreuve, trois s'étaient retirées pour se rendre dans d'autres établissements de bienfaisance. Une seule, ayant persévéré, avait été agréée par la société, mais sa mauvaise santé était devenue un obstacle insurmontable à sa bonne résolution. Cinq sœurs de la Sainte-Trinité restaient donc à la tête de l'hôpital en 1820. Elles étaient toutes si âgées ou d'une si faible santé que le service des malades dut être confié, en partie, à des mains mercenaires, *pratique contraire à l'institution de l'établissement et à la sage économie qui en était le soutien.*

La commission, voyant qu'il n'y avait plus d'élève à la maison et reconnaissant l'impossibilité d'en former, prit la résolution de provoquer le remplacement des sœurs hospitalières par des sœurs d'une congrégation répandue qui pût régulariser le service de l'hôpital, et en assurer la durée. Mais si un devoir rigoureux exigeait le remplacement des sœurs hospitalières, la justice et la reconnaissance demandaient qu'il fût pourvu à ce qu'elles finissent leur honorable carrière à l'abri du besoin. Aussi les administrateurs prirent-ils une délibération, le 20 octobre 1820, pour déterminer la pension des sœurs qui ne voudraient plus vivre à l'hospice comme pensionnaires. Cette pension fut fixée à trois cent cinquante francs pour chacune des deux plus anciennes dans la maison et à trois cents francs pour chacune des trois autres. Les sœurs Coignard, Potier, Buisson, Le Breton et Roguet acceptèrent de suite l'offre des administrateurs.

Une expédition de la délibération précitée fut adressée au préfet de Maine-et-Loire et à Monseigneur l'Évêque d'Angers, avec prière de vouloir bien la prendre en considération et en accélérer la mise à exécution.

La commission administrative, désireuse d'obtenir, le plus promptement possible, le remplacement des sœurs de la Sainte-Trinité, adressa une lettre à M. Taillandier, avoué de son Altesse Royale Madame la duchesse d'Angoulême, pour le prier d'être leur fondé de pouvoir auprès des supérieures générales des congrégations de Saint-Vincent-de-Paul ou de Saint-Thomas, et de souscrire les conventions nécessaires pour l'obtention de cinq hospitalières.

La supérieure de l'hôpital d'Angers se transporta à Pouancé, le 2 octobre 1821, par ordre de la supérieure générale de Paris, pour visiter l'hôpital et faire connaître aux administrateurs les conditions de la communauté.

Une décision du Ministre de l'intérieur, en date du 16 novembre 1821, ayant autorisé la commission administrative de l'hôpital de Pouancé à confier le service intérieur de leur établissement à cinq sœurs de l'ordre de Saint-Vincent-de-Paul, dès le 19 février 1822, Mme Marie Sellier, supérieure de l'hôpital d'Angers, déléguée par la supérieure générale, présenta aux administrateurs quatre sœurs nommées : Marie Chodefond, Thérèze Pornotte, Marie-Thérèze Delorme et Catherine Latraille.

La commission administrative procéda immédiatement à l'installation de ces sœurs et, dans sa lettre de remerciments à la supérieure générale, fit la demande d'une cinquième sœur, dont la nomination ne fut pas longtemps attendue. La pension des anciennes sœurs fut définitivement réglée par ordonnance du Roi du 1er mai 1822.

CHAPITRE XXXVIII

En 1822, M. le curé de Pouancé, qui était chargé, depuis la révolution, du service de l'aumônerie de l'hôpital, donna sa démission.

M. l'abbé Hiret fut alors nommé aumônier de l'hôpital et occupa ce poste pendant un an.

Ont ensuite rempli les fonctions d'aumônier :

M. l'abbé Lardeux, jusqu'au 15 septembre 1828 ;

M. l'abbé Decron, jusqu'en 1831 ;

M. l'abbé Garreau, jusqu'au 10 juin 1832 ;

M. l'abbé Mabille, jusqu'au 20 septembre 1834 ;

M. l'abbé Tricoire, jusqu'en 1861 ;

M. l'abbé Poulet,

M. l'abbé Mérand, jusqu'en 1875;

M. l'abbé Leveunier,

M. l'abbé Dureau,

M. l'abbé Dramard, jusqu'en 1886 ;

M. l'abbé Ouvrard, titulaire actuel.

L'aumônier a la jouissance d'une maison, d'un jardin et d'un traitement de douze cents francs.

CHAPITRE XXXIX

Comme on le sait, les sœurs de Saint-Vincent-de-Paul furent installées à l'hôpital de Pouancé le 19 février 1822. Sœur Chaudefond fut nommée supérieure et occupa ce poste jusqu'en 1829.

Vinrent ensuite :
Sœur Pornotte, jusqu'en 1834 ;
Sœur Bernier, jusqu'en 1837 ;
Sœur Cellier, jusqu'en 1849 ;
Sœur Carpentier, jusqu'en 1858 ;
Sœur Cambedouzou, jusqu'en 1888, et Sœur Michel,
actuellement supérieure.

CHAPITRE XL

OUVROIR

En 1860, l'hôpital a fait construire un ouvroir où quatre-
vingts jeunes filles sont occupées à des travaux de couture
sous la direction d'une sœur de Saint-Vincent-de-Paul.

CHAPITRE XLI

SALLE D'ASILE

Depuis plusieurs années, il était question d'établir à
Pouancé une salle d'asile, pour recevoir et instruire les
enfants en bas âge, mais la commune n'avait pas les ressources nécessaires pour faire face à une pareille dépense.

L'administration préfectorale, après s'être assurée que
la commune de Pouancé n'avait aucun terrain propre à
l'établissement d'une salle d'asile, voulut bien ne pas laisser
Pouancé plus longtemps privé des avantages d'un établissement si utile et si vivement désiré par toute la population, et tenir compte des nécessités de cette situation, en
autorisant, conformément au vœu qui lui fut exprimé, de
concert, par les conseils de la commune et de l'hospice, la
construction d'une salle d'asile sur un jardin appartenant
à l'hôpital.

Cette question résolue, restait celle de trouver les fonds

nécessaires pour faire construire. A défaut de ressources communales, le préfet voulait que la commune eût recours à une souscription, ou sollicitât des dons particuliers, promettant, en cas de succès, une somme de deux mille francs.

L'appel à la générosité fut entendu. Un administrateur de l'hôpital [1], homme pieux et charitable, se chargea, seul, des frais de construction et d'ameublement.

Aujourd'hui, grâce à cet homme de bien, la commune de Pouancé possède une salle d'asile que pourraient lui envier nombre de localités plus importantes, et dont la direction est confiée à deux sœurs de Saint-Vincent-de-Paul.

Il y avait encore à assurer la dépense annuelle de l'établissement, qui pouvait s'élever à mille francs environ.

La commune, dont les revenus suffisaient à peine à régler ses dépenses ordinaires, se voyait dans la nécessité de recourir, soit à un nouvel impôt, soit à une rétribution scolaire, moyens qui n'étaient guère praticables.

Le premier eût grevé principalement ceux qui auraient le moins profité de l'asile, et le second eût pu être un obstacle pour beaucoup de familles et, par conséquent, compromettre l'établissement dès le début.

De généreux bienfaiteurs [2] vinrent encore au secours de la commune de Pouancé. Ils proposèrent au conseil municipal et à la commission administrative de faire donation à l'hôpital d'immeubles d'un revenu d'environ mille francs, si la commune, de son côté, s'engageait à faire, à l'hôpital, une rente annuelle de cinq cents francs, moyennant quoi l'hôpital serait chargé de tous les frais de la salle d'asile et de l'école qui seraient ouvertes à tous et entièrement gratuites.

Cette proposition ayant été acceptée par le conseil muni-

---

[1] M. Jallot–Barotais.
[2] M. et Mme Jallot-Barotais.

cipal et par la commission administrative de l'hôpital, les donateurs ont, par acte au rapport de M° Narbonne, notaire à Pouancé, en date du 5 octobre 1864, disposé entre vifs, en faveur de l'hôpital de Pouancé :

1° D'une maison située en cette ville, rue de l'Horloge;

2° De deux jardins en la même ville;

3° Et d'un champ, dit le champ des Entes, situé près la ville de Pouancé.

Cette donation a été acceptée par la commission administrative de l'hôpital, en vertu d'une autorisation préfectorale du 5 octobre 1866.

CHAPITRE XLII

HOSPICE DES VIEILLARDS ET ORPHELINAT

Il manquait à l'hôpital un asile pour les vieillards pauvres, pour les infirmes et pour les orphelins en bas âge dénués de ressources. Un grand nombre de personnes bienfaisantes étaient disposées à faire des sacrifices pécuniaires pour venir en aide à ces infortunes intéressantes, mais il fallait un asile public où l'on pût faire admettre les malheureux moyennant le paiement d'une pension.

La commission administrative, toute disposée qu'elle était à se prêter aux propositions qui lui avaient été faites à ce sujet, ne pouvait réaliser ces intentions charitables, faute de bâtiments.

L'un des membres de la commission, déjà bienfaiteur de l'hôpital [1], proposa de faire construire à ses frais un bâtiment pour les vieillards et les orphelines.

Pour assurer la réalisation d'une offre aussi généreuse et aussi avantageuse, la commission administrative de l'hô-

[1] M. Jallot-Barotais.

pital mit à la disposition du donateur un emplacement pour élever la construction projetée.

Ce bâtiment, qui a été construit en 1867, au bas du vieux jardin, est occupé par vingt-huit vieillards et quarante orphelines.

CHAPITRE XLIII

MÉTAIRIES DES LOGES ET DE LA RIVIÈRE-BOURDIN

La métairie des Loges, située commune de Pouancé, et celle de la Rivière-Bourdin, en les communes du Grand et du Petit-Auverné, ont été cédées à l'hôpital par M. le marquis de Préaulx, en échange des métairies de Saint-André et de la Provotaie, en les communes de Pouancé et de la Prévière, suivant acte passé devant M⁰⁰ Bernard et Narbonne, notaires à Pouancé, les 5 octobre 1837 et 26 novembre 1857.

CHAPITRE XLIV

PERSONNEL DE L'HOPITAL

Le personnel de l'hôpital comprend : un aumônier, deux médecins, onze sœurs de Saint-Vincent-de-Paul, deux infirmiers et cinq domestiques.

LITS

Il existe à l'hôpital :

1. Vingt lits dans la salle des hommes	20
2. Vingt lits dans celle des femmes.	20
3. Douze lits pour les épidémiques	12
4. Vingt-huit lits pour les vieillards	28
5. Et quarante lits pour les orphelines.	40
Total.	120

CHAPITRE XLV

REVENUS

L'hôpital possède :

1. En immeubles	36.245 fr.	»»
2. En rentes sur particuliers	866	50
3. En rentes sur l'État..............	7.440	»»
4. Intérêts des fonds placés au Trésor..	800	»»

REVENUS ÉVENTUELS

Les revenus éventuels de l'hôpital consistent en :

1. Produit des chaises de la chapelle ..	300	»»
2. Souscriptions pour les orphelines...	2.800	»»
3. Indemnité de carrière	400	»»
4. Indemnité d'ouvriers..............	500	»»
5. Produits en nature...............	2.000	»»
6. Pensions payées à l'hospice par les sœurs du bureau de bienfaisance........	1.100	»»
Total général	52.441 fr.	50

ELAIN-LACROIX.

LE CALICE

Sa ciselure est d'un autre âge ;
Il porte sur la coupe : *Ave*,
Pieux souvenir, témoignage
Des mains saintes qui l'ont gravé.

On y suit la vieille légende
D'une martyre en longs cheveux
Qu'un bourreau sauvage appréhende
Un sourire cruel aux yeux.

Un tyran assis sur son trône
Semble, attendri par sa beauté,
Pencher, sous sa large couronne,
Vers elle un regard attristé.

Il voudrait essayer encore,
Mais en vain ! de la retenir,
Et de ce trépas qu'elle implore
La sauver, mais il va punir.

Car, sans répondre une parole,
La sainte vient de déchirer
L'image impure de l'idole
Qu'on voulait lui faire adorer,

Et, comme une fleur sous le glaive,
Son corps tombe en deux séparé,
Tandis que son âme s'élève
Vers le Ciel qu'elle a désiré.

Bien des jours et bien des années
Ont passé depuis le moment
Où sur ces œuvres terminées
Fut mis le dernier diamant.

L'autel qui le portait naguère
Depuis très longtemps est tombé,
Et l'on sait à peine la guerre
Dans laquelle il fut dérobé

Pour qu'un corsaire d'Aquitaine,
Parmi ses convives joyeux,
Y versât sur la mer lointaine
Le vin des jours victorieux.

On le remplit d'un air farouche,
Et les membres mal affermis,
Pour y désaltérer sa bouche
Dans le sang de ses ennemis.

Qui dira la plage brûlante
Où, par le naufrage porté,
Il servit de coupe sanglante
Au sacrifice redouté,

Jusqu'à ce que la main de prêtre
Qui vint sanctifier ce lieu,
De nouveau le fit apparaître
Au tabernacle du vrai Dieu ?

Là, sous le reflet des lumières,
Il montre, comme au temps passé,
Toutes ses parures premières,
Dont pas un trait n'est effacé.

Car le fer, ainsi que la flamme,
A passé sur lui, mais en vain ;
Comme autrefois il nourrit l'âme
Avec le breuvage divin.

Et sous les nefs illuminées,
Les mêmes hymnes que jadis
Partent de foules prosternées
Devant le même paradis ;

Et que de nombreux siècles passent,
Le Calice encor brillera ;
Et, quand tant de choses s'effacent,
Le même chant retentira :

Ainsi se forme le cortège
Des élus du Dieu révéré
Qui, comme son culte protège
L'objet qui lui fut consacré.

Joseph Chasle-Pavie.

NOTICE

sur

LE THÉATRE D'ANGERS

(suite)

QUATRIÈME PARTIE

LE THÉATRE DE LA RESTAURATION

Les spectacles de 1815 à 1825. — Potier. — *Le Blondel français ou la Fête du roi*. — Jousserand. — Garnier, du Théâtre Français. — Mlle Volnais. — *Impromptu* en son honneur. — *La Diligence à Angers*, comédie. — Mlle Georges. — Léontine Fay. — *Le Provincial à Paris ou le Mariage impossible*. — Mlle Duchesnois. — Construction d'un nouveau théâtre sur la place du Ralliement. — Fermeture de la salle de la place des Halles.

CHAPITRE UNIQUE

Nous avions résolu d'arrêter à l'année 1815 notre étude sur le théâtre d'Angers. Cette époque n'est pas si éloignée de nous qu'on ne puisse encore rencontrer quelques vieillards ayant conservé le souvenir des spectacles de leur jeunesse, et il existe plusieurs collections des journaux du temps qui font connaître l'histoire du théâtre angevin au jour le jour. L'attrait de l'inconnu qui nous avait porté à recueillir les incidents de la vie théâtrale avant ou pendant la Révolution, n'existe plus dès lors. Il était temps de mettre fin à une étude dont la longueur a dépassé nos pré-

7

visions et qui a dû parfois paraître interminable aux lecteurs de la *Revue de l'Anjou.*

Nous nous sommes toutefois décidé, au risque d'ennuyer le lecteur, à ajouter quelques pages à notre travail. Nous avions raconté, dans notre premier chapitre, la construction, en 1763, par les sieurs Thoribet et Charrier, de la première salle de spectacle qu'ait possédée la ville d'Angers. Il nous a paru rationnel de compléter notre récit et de poursuivre, pour quelques années de plus, l'histoire du théâtre de la place des Halles, jusqu'à sa fermeture, par suite de la construction, sur la place du Ralliement, d'une nouvelle salle de spectacle, inaugurée le 21 mars 1825, et détruite par un incendie dans la nuit du 5 décembre 1865.

Bien que ce nouveau chapitre comprenne une période de dix années, durant lesquelles furent représentées plusieurs œuvres locales, et que nous ayons à parler des brillants spectacles donnés par Mlles Volnais, Georges et Duchesnois, nous nous efforcerons d'être bref et de ne pas abuser de la patience des lecteurs qui ont bien voulu nous suivre jusqu'ici.

Au mois d'avril 1815, M. et Mme Fay donnent à Angers plusieurs représentations dont le *Journal politique et littéraire de Maine-et-Loire* a négligé de faire connaître la composition.

Le 25 mai, M. Féréol ouvre le théâtre avec une troupe d'opéra dans le répertoire de laquelle nous ne trouvons guère à signaler que *Joconde ou les Coureurs d'aventures,* de Nicolo, et *les deux Boxeurs ou les Anglais de Falaise et de Nanterre,* vaudeville de Desaugiers.

Le 5 novembre, arrive une troupe de comédie placée sous la régie de M. Garnier. Parmi les pièces représentées par celle-ci, nous citerons seulement: *L'Acte de naissance ou la Mère rivale de sa fille; les Maris ont tort* et *les Femmes ont toujours raison; une Journée à Versailles ou le discret malgré lui; le Coureur ou les deux postes,* de Picard; *Jean qui pleure et Jean qui rit; la Laitière suisse ou l'Aveugle de Clarence; le Fils banni ou la malédiction paternelle*, drame; *la Pie voleuse ou la Servante de Palaiseau*, mélodrame historique en trois actes.

Le 23 novembre, pour la clôture, on donne, au bénéfice de M. Évrard, un spectacle monstre, composé de *Orphée et Euridice*, sujet tiré de la Mythologie, paroles de Georges Beinda, musique del signor Gennavo Astavilla; *la Mort et le Bûcheron*, folie-vaudeville en deux actes; *les Femmes*, comédie en trois actes; *les Héritiers ou le Naufrage de la Pierre-Noire*, comédie. Entre la première et la seconde pièce, *l'Allemande*, pas de trois dansé par M. Léon et Mmes Caroline Dorsan et Garnier; entre la deuxième et la troisième, on exécutera une ouverture à grand orchestre; entre la troisième et la quatrième, Mlle Évrard jouera *Fanchon toute seule ou un moment d'humeur*, vaudeville. La représentation qui doit commencer à six heures un quart sera terminée à dix heures.

Au mois de février 1816, le théâtre de la place des Halles est occupé successivement par le sieur Gobert avec son spectacle de la femme Hercule, accompagné d'intermèdes de danses, de pantomimes et des ombres vénitiennes; par M. Fondard, ventriloque et professeur de physique et de mécanique, qui escamote chaque soir une dame ou une demoiselle de la société; enfin, au commencement de mars, par les mimes et danseurs de cordes de M. Cabanel.

Le 28 du même mois, une troupe, sur laquelle nous manquons de renseignements, donne *Caton d'Utique*, tragédie de M. Édouard Mennechet, de Nantes, ancien élève du lycée d'Angers.

Le 26 juin, retour de la troupe de comédie de M. Féréol qui débute par *le Glorieux*, comédie, et *le Bouquet du Roi ou le Marché aux fleurs*, vaudeville. Nous rencontrons peu de nouveautés dans le répertoire de cette compagnie placée sous la régie de M. Chailloux, gendre de

M. Féréol. Deux noms nous paraissent devoir être signalés parmi les artistes qui la composent, ce sont ceux de MM. Lagardère[1], jeune premier, et Monrose[2], deuxième comique[3].

Le 26 juin, Potier, passant par Angers, consent à donner trois représentations. Il joue, ledit jour, *Pommadin ou l'intrigue de carrefour*, vaudeville, et *le ci-devant jeune homme*, comédie, dans laquelle il joue le rôle de M. Boissec, vieux jeune homme; le 28, *Ricco*, comédie en deux actes, et *le Dîner de Madelon*, vaudeville dans lequel il remplit le rôle de Vincent ; enfin, le 30, *le Suicide de Falaise ou la Famille des Jobards*, comédie dans laquelle il joue le rôle de Nicodème Jobard, *la ci-devant jeune femme*, comédie dans laquelle il joue le rôle de Cligotte, jeune fat à la mode, et *Je fais mes farces*, vaudeville dans lequel il joue le rôle de Pinson, garçon de boutique. La troupe cesse ses représentations le 10 juillet[4].

Le 17 septembre suivant, une société d'artistes, ayant avec eux Mme Dufresnoy et M. Fleuriet[5], tous les deux acteurs du théâtre de Rouen et placés sous la direction de M. Pracontal, viennent occuper le théâtre. Parmi les pièces nombreuses jouées par cette troupe, nous trouvons, *Médée ou l'embrâsement de Corinthe*, pièce féerie en cinq actes et en vers ; *le souper d'Henri IV*, comédie ; *le Mari retrouvé*, comédie ; *la jeune hôtesse*, comédie en trois actes ; *l'Auberge dans les bois ou le Perruquier gascon*,

---

[1] Lagardère fut attaché peu de temps après au Théâtre Français en qualité de pensionnaire.

[2] Nous n'avons pu découvrir si cet artiste est le même qui devint, quelques années plus tard, sociétaire du Théâtre Français. Mais cela paraît probable.

[3] Il existe aux Archives municipales un tableau complet de la troupe. Les artistes tenant les principaux emplois sont MM. Masson, Saint-Félix, Baudouin, Francisque, Duprat et Mmes Cosson, Joly, Patrat et Breneteau.

[4] Le prix des places a été tiercé pour les représentations de Potier

[5] Un acteur de ce nom, le même sans doute, avait déjà joué à Angers en 1807.

comédie en trois actes ; *c'est ma femme*, folie-vaudeville ; *le petit Poucet*, mélodramme en cinq actes, orné de décorations nouvelles et scènes de fantasmagorie, spectres et fantômes, etc... ; *Jocrisse, chef de brigands*, comédie-vaudeville dans laquelle un amateur d'Angers remplit le rôle de Jocrisse, etc...

La dernière représentation a lieu le 3 novembre et est terminée par une pièce locale dont l'auteur nous est resté inconnu, *le Blondel français ou la fête du Roi*, comédie en un acte, mêlée de vaudevilles, composée par un amateur d'Angers[1].

Le 10 novembre, arrive la troupe de M. Féréol qui joue surtout les comédies du Théâtre-Français, *le Philosophe marié, la Pupille, le Médisant*, etc. Le 28 de ce mois, on donne, au bénéfice de M. Cosson, *le Chevalier de Canole ou un épisode de la Fronde*, fait historique en cinq actes de M. Souque, d'Orléans, et *la Pièce sans intrigue ou la double comédie*, vaudeville nouveau, par un habitant de Tours.

Ces artistes sont remplacés, le 5 décembre, par les danseurs de cordes et mimes de MM. Linski, Pauli et Godeau, qui occupent le théâtre jusqu'à la fin du mois.

Le 2 mars 1817, débute une troupe d'opéra, sous la régie de M. Belliard. Elle joue les opéras-comiques du répertoire courant et s'est assurée pour quelques représentations le concours de M Brice, artiste de Sa Majesté et du Conservatoire, et de Mᵐᵉ Bossant, artiste de Sa Majesté le roi des Pays-Bas. La dernière représentation annoncée est celle du 25 mars, composée de *Richard Cœur-de-Lion*, opéra dans lequel l'assaut du fort et les évolutions militaires doivent être exécutés par les grenadiers de la garnison, et *les deux Ennuques ou le Calife généreux*, vaudeville nouveau.

---

[1] Autorisée par lettre du secrétaire général de la Préfecture, en date du 31 octobre 1816 (*Arch. mun.*).

Le 25 juin, le théâtre est ouvert de nouveau par les artistes dramatiques et lyriques réunis en société sous la direction de M. Féréol et la régie de son gendre Chailloux. Cette troupe donne surtout des opéras-comiques, parmi lesquels nous rencontrons quelques œuvres nouvelles, *Jeannot et Colin ou l'Auvergnat parvenu*, de Nicolo ; *Félicie ou la fille romanesque*, opéra en trois actes, *la Lettre de change* ; *le nouveau Diable à quatre ou le Savetier et le Financier*, opéra en trois actes ; *Charles de France ou Amour et Gloire*, etc..., et de nombreux vaudevilles. M. Jousserand, premier haute-contre du théâtre Feydeau, artiste démissionnaire de l'Opéra-Comique, vient se joindre à cette compagnie et chante un grand nombre d'opéras de son répertoire. La dernière représentation, en date du 3 août, comprend un drame, *Léon de Norveld ou le prisonnier de Stokolm*, de M. Aude, et un opéra, *la Fête du village voisin*, de Boïeldieu.

Le 9 novembre, début de la troupe de comédie. Les artistes, MM. Valmore, Lami, Grassan, Tarau-Mainvielle, et Mme Grassan, Nina et Mlle Joli, qui a renoncé au chant, forment un ensemble excellent. Mais le spectacle est peu suivi. Les loges restent vides et le parterre à demi rempli. Le spectacle est cependant varié ; on donne à la fois des tragédies, des comédies telles que *l'Homme gris, les deux Philibert*, et des vaudevilles.

Le théâtre, fermé au mois de décembre, rouvre ses portes peu de jours après et est occupé par les danseurs de corde de M. Jolibois. Ceux-ci sont accompagnés d'artistes dramatiques qui donnent chaque soir, au commencement et à la fin des représentations, des vaudevilles, des comédies, des drames, et même quelques opéras. Cette troupe reste à Angers jusqu'au 8 février 1818.

La troupe de comédie, régie par Chailloux, débute le 21 mai suivant. On y retrouve MM. Clément, Tarau, Saint-Franc et Mlle Dufresnoy qui avait déjà joué à Angers

l'année précédente. On donne les comédies du Théâtre-
Français et de nombreux vaudevilles; nous citerons seulement quelques pièces nouvelles pour Angers : *le Capitaine Belronde ou chacun la sienne*, comédie de Picard;
le Prisonnier de Newgate, drame en vers ; *les avant-
postes du maréchal de Saxe*, vaudeville à grand spectacle ; *la Manie des grandeurs; Pâté d'anguille*, vaudeville ; *le Château de Paluzzi ou les Grands Coupables*,
ouvrage analogue au procès de Rodez qui vient d'occuper
toute la France (*L'affaire Fualdès*), etc.

Le 28 mai, le préfet de Maine-et-Loire, en approuvant le
répertoire de la troupe, interdisait cependant de donner
Cyrus et Fénelon. Il permettait de jouer *Mélanie*, en sup-
primant les costumes ecclésiastiques ; *le Mariage du
Capucin*, en en modifiant le titre et en lui donnant celui
de *Mariage du Pèlerin* ; *le Mariage de Figaro* et
Charles et Caroline, d'après le texte approuvé pour le
Théâtre-Français et l'Odéon, en se conformant aux cor-
rections qui ont été faites dans ces deux comédies.

Au mois de juillet, on annonce le départ de M. Tarau-
Mainvielle et l'arrivée de M. Garnier du Théâtre-Français
qui, malgré son grand âge, joue toujours avec le même
talent et la même ardeur. Il donne quelques pièces de son
répertoire : *les deux Francs-Maçons ou les coups du
hasard ; le festin de Pierre ; les Châteaux en Espagne ;
Paméla ou la Vertu récompensée; l'École des Bourgeois*, etc., et quitte Angers avec la troupe.

Le 18 octobre, le théâtre est ouvert par M. Dennemarie,
professeur de physique, accompagné d'une troupe d'acro-
bates et d'acteurs qui jouent chaque soir plusieurs vaudevilles jusqu'à la fin du mois.

Le 11 novembre, début de la troupe d'opéra de M. Féréol.
Elle reste à Angers jusqu'au 1er décembre et donne les
pièces du répertoire de l'Opéra-Comique, parmi lesquelles
nous ne trouvons guère comme nouveautés que *le Diable*

à quatre ou la Femme acariâtre, opéra-bouffe en trois actes, et *le grand Mohamed ou l'Anglais à Bagdad.*

Du 27 décembre au 14 mars 1819, le théâtre est occupé par une troupe de comédie, sous la direction de M. Luquet, donnant presque uniquement des vaudevilles du théâtre des Variétés de Paris. Cette compagnie, dont le *Journal de Maine-et-Loire* fait l'éloge à diverses reprises, sans nommer aucun des artistes, quitte Angers le 14 mars.

Le 9 juin, début de la troupe d'opéra de M. Chailloux. Cette compagnie donne de nombreux opéras : *Le Rossignol*, de Lebrun ; *le Frère Philippe ; le Petit Chaperon-Rouge*, de Boïeldieu ; *les deux Maris ; une Nuit au château ; les Rosières*, d'Hérold ; *les Troqueurs ; Roméo et Juliette ; la Serinette ou les deux Harpagons ; la Clochette ou le Diable page*, opéra-féerie, etc...

Parmi les artistes qui ont des représentations à leur bénéfice, nous trouvons MM. Astruc, Vignes, Floricourt, Lalande et Thierry, et Mmes Sèvres, Alexis et Thierry. Le journal fait à diverses reprises l'éloge de cette troupe, qui est restée à Angers jusqu'au 22 juillet.

Le théâtre est ensuite occupé successivement par plusieurs professeurs de physique.

Du 6 au 28 novembre, la troupe de comédie vient donner une série de représentations dont les programmes sont rarement annoncés dans le journal.

Le 13 janvier 1820, débute une nouvelle troupe de comédie sous la régie de M. Lucas-Dorval. Nous citerons seulement, parmi les pièces de son répertoire, *le baron de Trenk ou le prisonnier prussien*, pièce historique en vers ; *les Vêpres Siciliennes*, tragédie nouvelle en cinq actes de Casimir Delavigne ; *Geneviève de Brabant ou les illustres Palatins*, tragédie en cinq actes ; *l'Oncle mort et vivant ou les Frères à l'épreuve*, comédie ; *la Nuit champêtre ou le Mariage par dépit*, comédie, etc...

Elle cesse ses représentations à la fin du mois de mars.

Au nombre des artistes cités par le journal, nous trouvons seulement MM. Pothier, Baptiste, financier, et Mme Aymond.

Le 1er juin arrive la troupe d'opéra qui donne quelques pièces nouvelles : *Félix ou l'Enfant trouvé ; Edmond et Caroline*, de Kreube ; *l'Héritage de Jeannette ; la Vestale*, de Spontini ; *la Journée aux Aventures*, de Méhul ; *les trois Officiers ou une Nuit de garnison ; la Bergère châtelaine*, d'Auber ; *une Nuit à Paris ou la Leçon singulière*, etc..., et de nombreux vaudevilles.

Les artistes cités sont MM. Solié, Gatbled, basse-taille, Astruc, Mmes Kubly, Chailloux, Sèvres et Mlle Kubly. Ils quittent Angers le 2 août.

Le 4 novembre, revient la troupe de comédie de M. Lucas-Dorval qui donne des comédies telles que *le Folliculaire ou l'intrigant démasqué ;* des tragédies comme *Marie Stuart, reine d'Écosse*, de Lebrun, et des vaudevilles. Mme Laroche est la seule artiste dont le journal fasse l'éloge. Le théâtre ferme ses portes le 30 novembre [1].

Le 29 janvier 1821, retour de M. Lucas-Dorval, avec une nouvelle troupe donnant des comédies et des vaudevilles, mais celle-ci n'obtient aucun succès, le théâtre est abandonné. *Le journal politique et littéraire de Maine-et-Loire* cite seulement deux des artistes, M Grandfond et Mme Jurandon qui ont des bénéfices. Les acteurs persistent à jouer pendant tout le mois de mars, mais sans pouvoir faire leurs frais. Ils se disposaient à quitter Angers, quand on annonce, le 30 mars, l'arrivée de Mlle Volnais, la célèbre actrice du Théâtre-Français [2]. Celle-ci, profitant du premier

[1] M. Malinas, dont nous avons eu déjà l'occasion de parler à propos de sa comédie-ballet *les deux Sœurs*, fit imprimer, en 1820, une tragédie en cinq actes, *Don Carlos, infant d'Espagne* (Paris, Ladvocat, et Nantes, Mellinet, 65 pages, in-8°) annoncée depuis vingt ans dans la *Décade philosophique*. Cette pièce, dont on trouve un éloge dans le *Journal politique et littéraire de Maine-et-Loire* (n° 142), du 9 octobre 1820, d'après un autre journal de Nantes, ne semble pas avoir été représentée.

[2] Mlle Volnais, née en 1787 en Amérique, morte en 1837. Elle avait débuté en 1802 au Théâtre-Français par la protection de

congé qu'elle ait obtenu depuis son entrée à ce théâtre,
en 1802, a consenti à prêter son concours à ses camarades
dans la gêne.

Mlle Volnais donne, le 1er avril, *Esther* et *la Mère coupable*; le 3, *Tancrède* et *les deux Frères ou la réconciliation*; le 5, *Zaïre* et *les Fausses infidélités*; le 7,
Nanine et *Madame de Sévigné*; le 9, *Adélaïde Duguesclin* et pour la seconde fois *Madame de Sévigné*. Cette
fois le public est accouru en foule pour applaudir l'éminente artiste. La dernière représentation fut un triomphe
pour Mlle Volnais. Deux poètes angevins avaient composé
en son honneur un *Impromptu* qui fut joué à la fin du
spectacle avec succès. *Le journal politique et littéraire
de Maine-et-Loire* rend compte de cette petite pièce, mais
sans en donner l'analyse et sans en nommer les auteurs. On
a trouvé le rôle de M. Toupet bien tracé, mais les acteurs
n'ayant pas eu le temps d'apprendre leurs rôles, ont trop
souvent estropié les vers des jeunes auteurs. C'est avec
peine que le journaliste a pu saisir quelques vers, les seuls
sans doute qui subsistent aujourd'hui de cette œuvre de
circonstance qui ne paraît pas avoir été imprimée. Nous
les reproduisons, à notre tour, d'après le journal où nous
les avons trouvés recueillis.

C'est d'abord le portrait des habitués du balcon :

> Là, noblement couché, sur les bancs on s'étale ;
> Admiré du parterre, on est vu de la salle.
> On montre ce qu'on est, sans ôter son chapeau,
> On saute fièrement par dessus le rideau.
> Presque toujours. d'ailleurs, on est dans les coulisses,
> Et tout le monde sait qu'on aime les actrices.

Jérôme Bonaparte. La jeune artiste, alors âgée de quinze ans, y avait
obtenu un éclatant succès. Estimée de tous, protégée de l'impératrice Joséphine. Mlle Volnais ne cessa d'appartenir au Théâtre-Français qu'en 1822. Elle prit alors sa retraite qui lui fut accordée à la
condition qu'elle ne reparaîtrait sur aucune autre scène. Mlle Volnais
avait épousé Philippe, le chanteur du Vaudeville.

Puis ce portrait, débité par un des personnages de la pièce, Frontin tyran, parlant de Mlle Volnais :

> Et dans son moindre geste, et sur ses traits charmants,
> De son âme inspirée on suit les mouvements.
> Ou sa douleur fait mal, et l'on respire à peine,
> Ou sa gaité soulage, ou sa chaleur entraîne.
> Effrayé, réjoui, l'on retrouve à la fois,
> Sous les traits de Volnais, et Mars et Duchesnois.

D'autres vers, adressés à Mlle Volnais, furent lus et applaudis et de nombreuses couronnes furent jetées sur la scène. Cette artiste, qui avait charmé les Angevins dans la comédie comme dans la tragédie, partit d'Angers en même temps que la troupe de M. Lucas-Dorval, abandonnant à ses camarades, dont elle connaissait la triste situation, « le prix des efforts qu'elle avait faits pour réparer les pertes éprouvées par eux avant son arrivée. »

Du 12 juin au 16 juillet, le théâtre est occupé par la troupe lyrique de M. Chailloux. Le journal cite, toujours avec éloges, MM. Alexis, Thierry et Mme Alexis. Nous ne trouvons guère en fait de nouveautés dans le répertoire de cette compagnie, qui donne à la fois le grand opéra, l'opéra-comique et de nombreux vaudevilles, que deux ou trois pièces, *l'Amant et le Mari ou comme ils sont tous*, deux actes; *l'une par l'autre ou l'Enlèvement nocturne*, en trois actes; *l'habit du chevalier de Grammont*, etc... opéras.

Le 12 novembre, retour de M. Lucas-Dorval avec une nouvelle troupe donnant le drame et la comédie; nous citerons parmi son répertoire : *le présent du Prince ou l'autre fille d'honneur; l'Heureuse rencontre ou le double Mariage; la famille Servin ou Voltaire à Castres; le marquis de Pommerard; le Solitaire du Mont-Sauvage*, de Gilbert de Pixéricourt; *la Mère rivale de sa fille : la Rosière de Verneuil ou les Roses de M. de Malesherbes; le Soldat laboureur ou les Moissonneurs de la Beauce*, etc...

La dernière de ces pièces ne put être donnée qu'une seule fois. Le préfet, par lettre du 23 novembre 1821, défendit qu'elle fût jouée de nouveau, malgré les réclamations du directeur de la troupe établissant que cette comédie avait été autorisée au Mans et à Tours où elle avait été représentée plusieurs fois, sans avoir jamais causé le moindre trouble.

Cette troupe cesse ses représentations le 1er décembre.

Au commencement de l'année 1822, le théâtre est occupé successivement, au mois de février, par les danseurs de cordes de MM. Saqui et Chiarini et, au mois de mars, par M. Duhamel, professeur de physique.

Le 28 avril, débute la troupe de comédie de M. Lucas-Dorval qui donne quelques nouveautés, *les Plaideurs sans procès*, comédie d'Étienne ; *Michel et Christine ou le Soldat Polonais*, vaudeville ; *Sylla*, tragédie en cinq actes, de Jouy ; *Falkand ou la Conscience*, drame en cinq actes, *Pierre, Paul et Jean, ou les Frères Bretons*, drame, etc..., et fait sa clôture le 26 mai.

Le 7 juin arrive la troupe d'opéra. Nous citerons parmi les œuvres représentées avec succès, *le Maître de Chapelle ou les Français en Italie*, de Paër ; *Jeanne d'Arc ou la délivrance d'Orléans*, de Carafa ; *Rien de trop ou les deux Paravents*, de Boïeldieu ; *les Noces de Figaro*, de Mozart ; *Emma ou la Promesse imprudente*, d'Auber ; *le Prince Troubadour ou le grand Trompeur des Dames*, de Méhul, etc..., et les pièces du répertoire.

La troupe reste à Angers jusqu'au 4 août. *Le Journal politique et littéraire de Maine-et-Loire* fait à diverses reprises l'éloge des artistes, MM. Lefèvre, Carré, Philippe, Thierry, Honoré, Dulin, Jouanno, et Mmes A. Fay, première chanteuse (accompagnée de sa fille âgée de 12 ans qui a joué plusieurs petits rôles, notamment celui de la petite marchande dans *la Fête du Village voisin*, de Boïeldieu), Rose, dugazon, Saint-Léger, duègue, et Lefèvre. Un artiste originaire d'Angers, M. Béhier, dit Saint-Aubin, a prêté son concours pour plusieurs représentations et a eu beaucoup de succès [1].

Le 6 novembre suivant, une troupe de passage vient donner un spectacle composé de comédies et vaudevilles : *les deux Montagnards ou l'Heureuse rencontre; les deux Billets; Lantara ou le peintre par amour* et *le Dîner interrompu ou les Bourgeois du Marais.*

Le 10 du même mois, la troupe de M. Lucas-Dorval revient à Angers. Parmi les pièces nouvelles données par celle-ci, nous trouvons : *L'Étourdi ou les contre-temps; le voyage à Dieppe ou le voyage autour de Paris; les deux Mariages ou la Méprise; le Secrétaire ou la chute,* comédie en vers; *les Comédiens,* comédie en vers de Casimir Delavigne; *les Machabées ou le Martyre,* tragédie; *Regulus ou le Dévouement sublime,* tragédie, et de nombreux vaudevilles.

Le 28 novembre, au bénéfice de M. Beauchamp, on joue une œuvre locale, *la Diligence à Angers,* vaudeville en un acte, par un amateur de la ville. *Le Journal politique et littéraire de Maine-et-Loire* du 30, fait l'éloge de la pièce en ces termes : « *La Diligence à Angers* a fait un agréable voyage. Elle n'a pas rencontré le moindre obstacle. Tout semblait au contraire favoriser sa marche. Des mots heureux, de jolis couplets, un dialogue facile, mais quelquefois prétentieux, ont fait réussir ce vaudeville. Quelques expressions graveleuses et de mauvais goût ont été reçues avec un calme qui prouve à la fois l'indulgence du public et l'intérêt qu'il porte à l'auteur. Les couplets suivants ont obtenu les honneurs du *bis* :

> C'est le vin, le vin, le vin,
> Qui charme l'âme
> Et l'enflamme

---

[1] Cette troupe a donné également quelques mélodrames et plusieurs ballets.

Pour mettre le monde en train
Rien n'est pareil au vin.

Qui sait rajeunir la vieillesse ?
Qui donne de nombreux amis ?
Qui met quelquefois dans l'ivresse
Un homme accablé de soucis ?
Et qui fait que l'on chante
Chez maint infortuné ?
Qui rend l'âme contente
Quand on a déjeûné ?
C'est le vin, etc.

Qui donne à certaine comète
De nombreux et doux souvenirs ?
Qui fait monter à la tempête
Le thermomètre du plaisir ?
Qui chasse la migraine ?
Qui fixe les plaisirs ?
Sur les bords de la Maine
Qui charme nos loisirs ?
C'est le vin, etc.

« Depuis longtemps, ajoute le journaliste, la salle de spectacle n'avait pas offert une réunion plus nombreuse et plus choisie. » Nous n'avons pas retrouvé le nom de l'auteur de cette pièce qui ne paraît pas avoir été imprimée [1].

Les seuls acteurs de cette compagnie qui soient nommés par le journal, en dehors de M. Beauchamp, sont MM. Rémy et Marius. La dernière représentation donnée par ces artistes est celle du 8 décembre. Elle comprend *le Meurtrier ou le Dévouement filial*, drame en 4 actes, et *les Moissonneurs de la Beauce*, pièce pour laquelle l'interdiction avait été levée.

En 1823, il ne paraît pas y avoir eu de spectacle à Angers avant le 29 mai, jour où débute la troupe de comédie de M. Chailloux. Cette compagnie donne des drames :

[1] Si les renseignements qui nous ont été donnés sont exacts, cette pièce aurait été l'œuvre d'un jeune étudiant en médecine qui, après avoir été reçu docteur, alla se fixer à Mazé, où il est mort. Sa veuve, M⁰ᵉ Bigot, possède encore, nous dit-on. le manuscrit de cette œuvre de jeunesse de son mari.

*les deux Forçats; Célestine et Faldoni ou les Amants
de Lyon; les deux Sergents ou le Cordon sanitaire; la
Fausse clef ou Montesquieu à Marseille*, etc... ; des
comédies, *la Fille d'honneur*, de Duval; *le Célibataire et
l'Homme marié ou le Bal et la prison; l'Éducation ou
les deux Cousines*, de Casimir Bonjour; *Valérie*, de
Scribe; *les Cuisinières*, de Brazier et Dumersan, etc... ;
et des vaudevilles. '

Le journal fait l'éloge des artistes, MM. Martin, premier
rôle, Duhey, Marius, premier comique, Mériel, père
noble, Serre, comique, Francisque, Eugène, Édouard et
Mmes Valery, Dodée, Mercier, Héloïse, soubrette, Kubly,
duègne.

Le 22 juillet arrive à Angers, Mlle Georges[1], *le Journal
politique et littéraire de Maine-et-Loire* avait négligé
d'annoncer ses débuts. C'est seulement dans son numéro du
18 juillet qu'il constate les succès obtenus par cette artiste
dans *Clytemmestre* et dans *Mérope*. Mlle Georges donne
en outre, le 20 juillet, *Marie Stuart;* le 22, *les Machabées*, de Guérand; le 24, *Macbeth* et *Frédégonde*, de
Ducis; enfin le 3 août, *Gabrielle de Vergy* et une comédie,
la Belle Fermière.

Le 2 novembre suivant, Mlle Ginetti, première danseuse
du grand Opéra de Londres et du théâtre impérial de Saint-
Pétersbourg, accompagnée de M. Ghys, élève de M. Lafont,
premier violon du même théâtre, vient donner une repré-

---

[1] Marguerite-Joséphine Wemmer, dite Mlle Georges, née à Bayeux
le 23 février 1787, morte à Passy le 12 janvier 1867. Son père était
directeur de spectacles à Amiens, lorsque Mlle Raucourt eut l'occasion de l'entendre et se chargea de son éducation théâtrale,
Mlle Georges débuta au Théâtre-Français le 29 novembre 1802. Elle
se trouva bientôt en rivalité avec Mlle Duchesnois qui la surpassait
dans les rôles de passion. En 1808, elle disparut et partit pour la
Russie. A son retour, en 1813, elle obtint de rentrer au Théâtre-
Français; mais à la suite d'une nouvelle fugue, en 1816, elle fut rayée
définitivement du nombre des sociétaires Elle entra alors à l'Odéon,
après avoir parcouru la province, et joua ensuite dans les théâtres
de drames.

sentation de *Pygmalion et Galathée*, ballet-pantomime, suivi d'un concert avec intermèdes de danses.

Le 9 novembre, une troupe régie par MM. Grassot et Pétigny arrive à Angers. M. et Mme Fay, accompagnant leur fille, Léontine Fay, artiste du Gymnase, alors âgée de 13 ans[1], sont attachés à cette troupe. On donne, le 9, *Frosine ou la dernière venue* et *le vieux Garçon et la petite Fille*, de Scribe, vaudevilles joués par la jeune étoile. Les autres pièces données par celle-ci sont : *le Mariage enfantin; les deux petits Savoyards; la Petite Sœur; Louis et Georgette ou la nouvelle Clary* et *Silvain*, opéra.

M. et Mme Fay jouent à côté de leurs fille dans les pièces représentées par celle-ci et donnent en outre les opéras de leur répertoire, *Paul et Virginie; Camille ou le Souterrain; le Traité nul* et *Alexis.*

La dernière représentation, du 23 novembre, est composée de *Didon*, opéra en trois actes; *le Petit Matelot*, opéra en un acte, et *la Petite Sœur.*

Ces représentations ont attiré la foule au théâtre. Le *Journal de Maine-et-Loire* fait à diverses reprises l'éloge de Léontine Fay, et reproduit des vers adressés à la jeune artiste et signés *un vieil Amateur.*

Nous ne trouvons pas de troupe occupant le théâtre au commencement de l'année 1824. Le 9 juin, débute la troupe lyrique de M. Clément, qui avait remplacé M. Féréol comme

---

[1] Léontine Fay, dame Joly, dite Volnys. née en 1811. Elle suivait ses parents dans leurs tournées et débuta en 1816. à Francfort, dans *Adolphe et Clara.* Elle parcourut ainsi une partie de la Belgique et de la France, partout acclamée. Entrée en 1823 au théâtre du Gymnase, elle attira la foule à ce théâtre dans des pièces écrites pour elle. Elle épousa, en 1829, Charles Joly, dit Volnys, et joua successivement, au Théâtre-Français 1835, au Gymnase 1840. Elle revint au Théâtre-Français en 1844, mais partit l'année suivante pour la Russie où elle devint première lectrice de l'impératrice. Sauf une courte réapparition au Théâtre-Français, en 1846, elle resta en Russie jusqu'en 1852, époque à laquelle elle revint en France pour le mariage de sa fille et alla se fixer à Nice avec son mari.

directeur privilégié. Cette compagnie donne les opéras du répertoire. Le 6 juillet, M. Victor, comédien ordinaire du roi et premier acteur tragique du second Théâtre-Français, vient donner trois représentations. Il joue, le 6, *Zaïre*; le 8, *Othello*, de Ducis; le 11, *Adélaïde Duguesclin*. Après son départ, Clément donne quelques opéras nouveaux, *Leicester ou le château de Kenilworth* ; *la Neige ou le nouvel Éginard*, d'Auber ; *le Barbier de Séville*, de Rossini, etc...

Cette troupe est très bonne. MM. Clément, Saint-Aubin, Eugène, Olivier, et Mmes Havard, Clément, Kubly et Lucile, forment un excellent ensemble. Ils réussissent également dans le vaudeville, et le *Journal de Maine-et-Loire* a constaté qu'ils avaient parfaitement secondé M. Victor dans les tragédies données par cet artiste. A la fin du mois de juillet, on annonce la prochaine arrivée de Mlle Duchesnois, la célèbre actrice du Théâtre-Français qui, à son retour de Nantes, a consenti à s'arrêter quelques jours à Angers [1]. Elle donne, avec les artistes de la troupe, le 29 juillet, *Phèdre*; le 30, *Marie Stuart*, de Lebrun; le 1er août, *Mérope*; et le 3, pour la clôture des représentations, *Jeanne d'Arc à Rouen*, de Davrigny. Le *Journal de Maine-et-Loire* fait un grand éloge de Mlle Duchesnois qui a suivi M. Clément à Tours.

Du 9 novembre au 19 décembre de la même année, la troupe Clément revient à Angers, mais donne peu de nouveautés. Nous citerons cependant *le Muletier*, opéra en un acte, de Hérold ; *le Solitaire ou le Mont-Sauvage*, opéra en trois actes, de Caraffa ; *le Poète et le Musicien ou l'Oncle du Mans*, etc...

Le 19 décembre, pour la clôture, on joue une pièce

[1] Catherine–Joséphine Rafin, dite Mlle Duchesnois, née vers 1780 à Saint–Saulve, près Valenciennes, morte à Paris le 8 janvier 1835. Elle avait débuté au Théâtre-Français le 12 juillet 1802, et fut nommée sociétaire le 22 mars 1803. Elle prit sa retraite en 1830 pour cause de santé.

locale, *le Mariage impossible ou le Provincial à Paris*, opéra-vaudeville nouveau en un acte, par un habitant d'Angers. L'annonce de cette représentation est suivie dans le *Journal de Maine-et-Loire* d'un couplet adressé par l'auteur de la pièce au public angevin :

COUPLET D'ANNONCE.

Sur le mariage impossible
Maint censeur murmure déjà,
Et plus d'une femme sensible
S'étonne de ce titre là
Puisse la pièce être risible !
Vous plaire est mon unique espoir.
N'allez pas nous prouver ce soir
Que c'est là la chose impossible.

Ce vaudeville semble ne pas avoir réussi, car le journal a négligé d'en rendre compte dans les numéros suivants.

Le 20 février 1825, débute une troupe de comédie sous la direction de M. Folleville. Celle-ci donne quelques nouveautés, *l'École des Vieillards*, de Casimir Delavigne ; *le Mari à bonnes fortunes ou la Leçon*, comédie en cinq actes de C. Bonjour ; *Luxe et indigence*, comédie en cinq actes et en vers ; *Douvres et Calais*, comédie en deux actes ; *l'Auberge des Adrets*, mélodramme en trois actes, etc..., et fait sa clôture le 27 mars. MM. Quesnot, premier rôle, Bertrand et Mme Saint-Vallier sont les seuls artistes dont les noms aient été cités par le *Journal de Maine-et-Loire*.

La représentation du 27 mars 1825 paraît avoir été la dernière donnée sur le théâtre de la place des Halles.

En choisissant cette salle, en 1807, pour théâtre municipal, le maire d'Angers avait été déterminé, non par les avantages qu'elle pouvait offrir au public, mais par le sentiment du danger qu'eût pu présenter la salle de la place du Ralliement, construite par Deschamps dans des conditions inquiétantes pour la sécurité des spectateurs. Aussi, dès 1808, l'administration municipale avait-elle

songé à construire un nouveau théâtre, digne de la ville
d'Angers et établi dans des conditions plus convenables,
tant au point de vue de la solidité que des dispositions intérieures. Un premier projet plaçait ce théâtre sur l'emplacement de l'ancienne église Saint-Aubin, en empruntant une
petite portion des jardins de la préfecture. Il ne tarda pas
à être abandonné. Il fut question ensuite de placer ce
monument sur la place du Ralliement, entre les rues Cordelle et Saint-Maurille, mais le préfet, M. Hély d'Oissel, fit
observer qu'il serait beaucoup plus simple de l'établir sur
l'emplacement du théâtre de Deschamps qui serait racheté
des Hospices. Ce dernier projet fut adopté par le Conseil
municipal. M. Binet, architecte de la ville, fut chargé de
préparer un plan qui fut approuvé. Le devis s'élevait à la
somme de 80,000 francs et il fut décidé que, pour couvrir
cette dépense, il serait fait un emprunt divisé par actions
de 1,000 francs, pouvant se subdiviser elles-mêmes en
demi-actions et quarts d'actions.

Ce projet traîna neuf ans dans les bureaux, soit de la
ville, soit du ministère. M. Cellerier, inspecteur des bâtiments civils, le renvoya enfin avec quelques modifications
qui élevaient la dépense à 84,985 fr. 72. Ce nouveau plan
fut accepté par le Conseil municipal le 10 juin 1820.

La salle de spectacle de Deschamps fut rachetée des
Hospices, moyennant 27,400 francs, pour être démolie, et
la première pierre du nouveau théâtre fut posée, avec une
grande solennité, le 9 juillet 1821. La construction marcha
assez vite ; mais de nouvelles modifications furent appor-
tées au plan primitif et le Conseil municipal dut voter un
crédit supplémentaire de 128,705 fr. 29 centimes, pour
lequel on dut faire un nouvel emprunt. Il fallut ensuite
orner l'intérieur du nouveau théâtre, acheter des décorations, etc., de telle sorte que cette nouvelle salle de spectacle coûta à la ville près de 300,000 francs.

Elle fut inaugurée, le 21 mai 1825, par la troupe de

comédie de Nantes, dirigée par M. Boussigues, qui avait obtenu le privilège du théâtre d'Angers. Le spectacle d'ouverture était composé de *l'Ecole des Vieillards*, comédie de Casimir Delavigne, et du *Roman d'une heure*, comédie d'Hoffman.

La salle de spectacle de la place des Halles fut dès lors complètement abandonnée. Elle servit bien un instant, au commencement de l'année 1826, aux représentations de danses de cordes données par Mme Saqui et sa troupe, puis au spectacle des points de vue maritimes des frères Barrié, de la Rochelle. Mais, délaissée du public, elle ne tarda pas à voir les directeurs de spectacles forains eux-mêmes renoncer à l'occuper et élever de préférence, sur la place voisine, lors des foires du Sacre et de la Saint-Martin, des tentes où affluaient les spectateurs.

Ne sachant que faire de leur immeuble, les propriétaires de l'ancien théâtre se décidèrent à en détruire les dispositions intérieures. Il servit alors pendant quelque temps de manège d'équitation, puis, abandonné de nouveau, il fut converti en une sorte de hangar servant, en même temps, d'atelier à un charron et de lieu de dépôt pour les marchands revendeurs qui, chaque jour de foire ou de marché, étalent leurs marchandises, ferrailles ou guenilles, sur le sol de la place des Halles.

Telle est encore sa destination. A l'exception d'une sorte d'estrade qui occupe le fond de cette longue salle, à l'endroit où existait autrefois la scène, et d'une large baie établie au-dessus de la porte d'entrée, et au moyen de laquelle on accédait jadis aux loges et aux balcons, rien n'indique à quel usage a pu servir, au siècle dernier, cette vaste galerie, dont la situation exacte, sinon l'existence, est ignorée de bien des gens.

C'est dans cette salle, cependant, que se donnaient, avant la Révolution, ces bals et ces redoutes si populaires parmi la jeunesse angevine. C'est sur cette scène, aujour-

d'hui disparue, qu'ont joué, pendant trente ans, les troupes
organisées par Mlle Montansier, attirant toute la société
de la ville à leurs spectacles, dans lesquels parurent, à
différentes époques, Neuville, Collot-d'Herbois, Lacave,
Naudet, Volange, etc... C'est enfin dans ce théâtre, caché
au fond d'un cul-de-sac, incommode, d'une sécurité dou-
teuse, que Larive, Beaulieu, Granger, Pottier, Perroud,
Joanny, et tant d'autres, sont venus successivement se
faire applaudir, en attendant les brillantes représentations
données sous la Restauration par Mlles Volnais, Léontine
Fay, alors au début de sa carrière, Georges et Duchesnois.
Ces célèbres artistes illuminèrent d'un suprême éclat les
derniers jours d'une scène depuis longtemps condamnée et
destinée à disparaître dans l'oubli, devant les splendeurs
d'un nouveau théâtre, plus digne d'une ville de l'importance d'Angers, construit sur un point plus central, sur
une place aux abords faciles, pourvu de sorties nombreuses,
mieux aménagé intérieurement, mieux éclairé et offrant
aux spectateurs un luxe et un confortable qui faisaient
absolument défaut dans le théâtre des sieurs Thoribet et
Charrier.

E. Queruau-Lamerie.

CHRONIQUE

Dans sa séance du 6 juillet dernier, l'Académie des Inscriptions et Belles-Lettres, voulant récompenser par une distinction particulière les remarquables travaux de M. le duc de la Trémoille, que de nombreux liens rattachent à l'Anjou et au Maine, ainsi que le libéral et judicieux emploi qu'il fait des magnifiques archives de sa maison, a décidé qu'une mention hors rang serait décernée, dans le rapport de fin d'année, aux différentes publications tirées de ces précieuses collections.

．．

Nous croyons devoir reproduire le texte exact de l'inscription placée par les soins de la Société d'Agriculture, Sciences et Arts, sur la maison natale de M. le comte de Falloux, impasse des Jacobins, à Angers, et que nous avons précédemment annoncée :

ICI

EST NÉ LE 7 MAI 1811

ET MORT LE 6 JANVIER 1886

ALFRED-PIERRE-FRÉDÉRIC

COMTE DE FALLOUX

DE L'ACADÉMIE FRANÇAISE.

．．

On a découvert, en faisant des travaux de terrassements dans l'impasse Cordelle, plusieurs vases en argile et en grès qui remontent à la période gallo-romaine. On a recueilli aussi des fragments de métal de la même époque historique. Tous ces objets intéressants ont été offerts par M. Lévèque au Musée d'archéologie de notre ville, où ils contribueront à augmenter la collection déjà si importante des poteries antiques.

．．

Notre collaborateur et ami, M. André Joûbert, vient d'être nommé membre d'honneur de l'*Accademia delle Giovani Italiane*, qui a son siège à Naples et qui est placée sous la présidence d'honneur du célèbre historien de l'Italie, César Cantu, sénateur du royaume.

∴

M. l'abbé Hy, professeur de botanique à l'Université catholique d'Angers, vient d'être l'objet d'une distinction peu commune, la dédicace d'une plante récemment découverte et formant un genre nouveau, qui appartient au vaste groupe des algues marines. Cette plante a la curieuse propriété de se creuser une habitation dans certaines coquilles. Elle a été nommée *Yella* par les savants qui ont voulu rendre ainsi hommage au très habile et très perspicace observateur des plantes cryptogames de l'Anjou.

∴

Nous apprenons avec un vif plaisir que l'Opéra-Comique de Paris, placé actuellement sous l'habile direction de M. Paravey, doit représenter prochainement *la Ciguë*. Cette pièce, tirée de la comédie de M. Émile Augier, membre de l'Académie française, par M. Barbier, a été mise en musique par notre compatriote M. Paul Gennevraye. Nous souhaitons à cet opéra tout le succès qu'il mérite d'obtenir et nous applaudissons d'avance à la réussite de notre sympathique compatriote.

∴

Le *Courrier de l'Art* annonce que M. le baron Alphonse de Rothschild vient d'offrir au Musée de Cholet une des meilleures natures mortes du Salon de 1888, due au pinceau de Mlle Julie Crouan. On nous apprend aussi que l'exposition de tableaux de Laval, installée dans les Galeries de l'Industrie par la Société des Arts réunis, sera très complète et très intéressante.

∴

Une admirable collection d'objets d'art réunie par les soins vigilants d'un amateur angevin aussi savant qu'affable, M. le marquis d'Houdan, vient de se disperser au feu des enchères. On y remarquait : des émaux anciens de Limoges, par les

Pénicaud, Pierre Courtois, les Laudin, Pierre Raymond et autres maîtres renommés de l'époque privilégiée où cet art charmant était en faveur; des châsses des xii° et xiii° siècles, merveilleuses productions de l'art byzantin ; des tapisseries anciennes d'Aubusson, de Lille, du xvi° siècle, d'une rare finesse d'exécution ; des ivoires anciens, une splendide poudrière sculptée, du xvi° siècle également ; des statuettes, des groupes, des bas-reliefs ; une collection très intéressante de faïences anciennes, fabriques de Nevers, de Rouen, Moustiers, Beauvais, B. Palissy, Urbino, Castelli, Faenza, Delft, Allemagne, etc.; des porcelaines anciennes ; des tableaux, des gouaches, des miniatures, parmi lesquelles des œuvres originales de Boucher, J.-B. Huet, Fragonard, Lagrenée, Poussin, Franck, Desportes, Hals, Prud'hon, Sasso-Ferrato, Tintoret, De Troy, Vien, Horace Vernet, Hoogstraaten, Horrémans, J.-B. Oudry ; une magnifique argenterie ciselée et gravée des xvii° et xviii° siècles ; des meubles de la même époque, des coffrets, des bronzes, des meubles couverts de belles tapisseries, des livres rares, des manuscrits richement enluminés, des gravures.

Au nombre des richesses de ce cabinet, nous devons signaler les objets suivants qui intéressent plus particulièrement l'art angevin : une très remarquable *paire de flambeaux de l'époque de la Régence*, travail exécuté par Lesage Antoine, maître orfèvre de 1696 à 1722, où l'on voit la marque de Abraham Lasnier, aussi maître orfèvre, en 1669, mort à Saumur, le 11 novembre de la même année. Trois terres cuites de David d'Angers : *La révolte de Naples*, où le général Championnet, debout devant ses soldats, harangue les rebelles ; superbe esquisse originale, signée. *La mort de Desaix*, importante composition représentant des hussards et des grenadiers autrichiens aux prises avec les Français. Au premier plan le général Desaix entouré d'officiers dont un lui présente un étendard. *Saint Louis sur son trône décrétant la fondation de la Sainte-Chapelle*. Ces deux dernières œuvres sont également signées.

⁎ ⁎

En creusant les fondations de la maison en construction sur l'emplacement de « l'Arche de Noé », place Sainte-Croix, on a relevé une pierre tombale dont l'inscription très fruste semblait remonter au commencent du XVIII° siècle. Il a été impossible de distinguer aucun nom qui pût servir à des recherches plus précises.

. .

On annonce que M. L. Palustre vient de découvrir dans l'église du Martroy une ancienne peinture sur bois, *la Vierge;* c'est un des plus admirables chefs-d'œuvre de la peinture française du XV° siècle. Elle proviendrait des collections du roi René et serait l'œuvre du peintre Nicolas Froment.

. .

Notre concitoyen, M. le baron de Chemellier, dont le beau talent est si justement apprécié des amis de l'art, vient d'offrir à notre ville un groupe en bronze intitulé : *Avant le Bain*. La scène se passe sur l'une des plages à la mode des côtes de Bretagne ou de Normandie. Un baigneur, de haute stature, fièrement campé, son seau à la main, verse l'eau salée sur une jeune baigneuse, au costume élégant, qui se courbe, en frissonnant, sous la douche glacée. Le contraste entre la force de l'homme à la carrure puissante et la grâce de la femme aux formes délicates est très heureusement rendu. Ce joli groupe doit orner une des allées du Mail.

.*.

La *Revue de l'Anjou*, dans son dernier numéro, a publié une liste de travaux lus au dernier Congrès des Sociétés savantes, à Paris. Il convient d'y ajouter une communication, faite à la section d'archéologie par M. Piette, juge au tribunal d'Angers, sur les objets en os sculpté de l'âge du renne, découverts en France dans la grotte du Mas d'Azil (Ariège). Ces ossements gravés représentent un sphinx et des figures humaines, accompagnées d'ornements variés. L'exploration des grottes de la région pyrénéenne a fourni à M. Piette un grand nombre d'objets du même genre, notamment une statuette de femme très grossière.

A la section des sciences économiques et sociales, présidée par M. Levasseur, M. de Villiers, avocat à la Cour d'appel d'Angers, notre excellent collaborateur et ami, a présenté un important mémoire sur *le Duel en France et en Espagne*, étude de droit comparé.

S. DE N.

CHRONIQUE BIBLIOGRAPHIQUE

L'abbé Léon Bellanger, sa vie, ses poésies, par l'abbé A. Crosnier,
1 vol. in-12. — Paris, Lethielleux, 1888

Tous ceux de nos compatriotes qui ont le culte des lettres et l'amour de la poésie n'ont pas oublié M. l'abbé Léon Bellanger, ce jeune prêtre aux traits distingués, à la figure mélancolique, au regard sympathique, dont la fin prématurée émut si douloureusement ses nombreux amis. Enfant du faubourg Saint-Michel, élevé dans la pauvreté et dans la souffrance, il parvint, à force d'énergie et de persévérance, au sacerdoce, objet de ses plus chères ambitions. Puis, devenu prêtre, il s'adonna à l'étude avec une infatigable application. Il s'éteignit dans notre ville, à peine âgé de 32 ans, docteur ès-lettres et professeur d'histoire à l'Université catholique d'Angers. M. l'abbé A. Crosnier, professeur à cette même Université, se souvenant des pages émues que M. l'abbé Pasquier avait voulu consacrer à la chère mémoire de son disciple favori, a retracé, dans un intéressant volume, cette vie si courte et si bien remplie. Il a eu l'heureuse idée de joindre à son ouvrage les vers du jeune poète où se reflètent la beauté de cette âme d'élite et l'élévation de cette haute intelligence.

Nos lecteurs goûteront à leur tour le charme ingénu et la grâce touchante de ces pages inspirées par les plus pures et les plus nobles pensées. Ils voudront lire les poésies de Léon Bellanger groupées sous ce titre charmant : *Nids et Berceaux*, qui sont comme la chanson idéale de l'enfance avec ses rayons et ses ombres, ses grands rires et ses « pleurs si vite apaisés ! »

Histoire populaire de saint Julien, premier évêque du Mans, par le R. P. Dom Paul Piolin, bénédictin de la Congrégation de France, président de la Société historique et archéologique du Maine. Paris, 1888.

« L'histoire critique, dit l'éminent auteur dans sa *Préface*, est celle qui s'adresse à une classe spéciale de lecteurs. L'histoire populaire s'adresse à tous les lecteurs. Elle exige les mêmes recherches et le même examen ; mais l'écrivain garde pour lui les textes originaux et le travail d'appréciation auquel il a dû se livrer. » Le titre de cet ouvrage indique donc le but que l'historien a désiré atteindre. Le savant président de la Société historique et archéologique du Maine s'est proposé de retracer un tableau fidèle et complet de la vie de saint Julien depuis ses premières années jusqu'à sa mort. On sait qu'il était romain et d'origine patricienne. Après avoir reçu, à Rome, des mains de saint Clément, l'onction qui lui conférait la plénitude du sacerdoce, il traversa la Gaule et arriva à la porte de *Suindinum*, berceau de la ville actuelle du Mans. Les progrès du christianisme dans le pays des Cénomans furent rapides, grâce aux miracles accomplis par saint Julien, qui convertit bientôt les habitants des contrées voisines. Il revint ensuite au Mans, puis se rendit à Rome, d'où il rapporta les reliques de plusieurs martyrs. Rentré dans sa cité chérie, il confia le soin de son église à saint Thuribe et se retira sur les bords de la Sarthe, à l'endroit où est aujourd'hui le bourg de Saint-Marceau. C'est là qu'il s'éteignit, entouré de ses disciples; le sixième jour avant les calendes de février, 27 janvier de l'an 137, après quarante-sept ans trois mois et dix jours d'épiscopat. Il fut inhumé au Mans dans l'oratoire qu'il avait élevé et dédié aux saints apôtres.

La seconde partie de l'ouvrage du R. P. Dom Paul Piolin renferme l'histoire de l'origine et du développement du culte rendu à saint Julien dans le Maine, en France et dans divers pays d'Europe. L'église cathédrale du Mans fut dédiée au x° siècle sous le vocable du grand évêque, dont la fête fut célébrée avec une solennité admirable jusqu'à l'époque de la Révolution française où le culte fut interrompu par les troubles démagogiques et les discordes civiles. Le corps de saint Julien avait péri en partie au temps des guerres religieuses par l'impiété des huguenots. Beaucoup de parcelles avaient été dispersées dans l'univers catholique. Le trésor de l'abbaye du Pré en contenait cependant la portion la plus importante. On réussit à la soustraire à la fureur sacrilège des patriotes. Le xix° siècle a vu refleurir la dévotion à saint Julien dont la fête a revêtu, depuis 1848, un éclat particulier. Le très intéressant ouvrage du R. P. Dom Paul Piolin est digne des précédentes publications du même auteur. Il contribuera, comme ses précédents travaux, à l'édification des lecteurs et à l'entretien de la piété des fidèles envers le saint évêque dont le Maine vénère la glorieuse mémoire.

Les Vendredis de Pierre Bernard, par Pierre Noël. — Librairie Palmé.

Paris, 1888.

Les lecteurs de la *Revue du Monde catholique* avaient déjà goûté le charme tout intime de cet honnête récit, d'un caractère religieux, d'une inspiration saine, d'où les incidents compliqués sont exclus et qui retrace sommairement l'histoire d'un jeune homme demeuré fidèle à l'accomplissement de ses devoirs. La vertu de Pierre Bernard est récompensée et il obtient la main de celle qu'il aime. Les Angevins devineront aisément le nom de l'écrivain dissimulé sous le voile transparent d'un gracieux et poétique pseudonyme. Il leur sera facile de reconnaître qu'une main féminine a tenu la plume qui raconte les épisodes attachants de ce touchant ouvrage. La conception en est heureuse, et le style agréable. C'est le début et comme le noviciat de l'auteur dans un genre littéraire qui semble particulièrement approprié à la nature de son talent. Nous aimons à louer sans restriction la délicatesse des sentiments, la noblesse des idées et la fraicheur des impressions qui s'exhalent de ces pages comme un pieux parfum. Nous souhaitons donc un prompt succès à ce livre si attrayant dont nous saluons ici avec plaisir la publication, et nous recommandons à nos lectrices le volume de Pierre Noël, qui peut être mis dans toutes les mains. Cette seule remarque est, à notre avis, le plus bel éloge qu'un critique puisse faire d'un roman.

Les premiers troubles de la Révolution dans la Mayenne. Étude sur l'état des esprits dans les différentes régions de ce département depuis le commencement de 1789 jusqu'à la fin d'août 1792, par V. Duchemin, terminée et publiée par Robert Triger. Mamers, G. Fleury et A. Dangin, 1888.

L'excellent archiviste de la Sarthe, M. Victor Duchemin, cet érudit si modeste, si consciencieux, si affable et si obligeant, dont la mémoire est restée chère à tous ceux qui l'ont connu, avait rassemblé les matériaux d'une étude sur les origines complètes des premiers troubles de la Révolution dans la Mayenne. Il voulait écrire ainsi une sorte d'introduction à l'histoire de la Chouannerie. Une mort prématurée l'enlevait, hélas ! le 9 mars 1887, à l'affection de sa famille et de ses amis. Madame Duchemin a eu l'heureuse pensée de communiquer le travail commencé à M. Robert Triger, docteur en droit, conseiller d'arrondissement, vice-président de la Société historique et archéologique du Maine, membre de la Commission historique et archéologique de la Mayenne, déjà si avantageusement connu par ses nombreuses et savantes publications si justement appréciées des érudits.

Nul n'était plus digne que notre éminent confrère d'achever l'œuvre si intéressante de M. Victor Duchemin en reliant les unes aux autres les parties déjà rédigées et en les rattachant aux événements généraux de cette dramatique période, si féconde en épisodes palpitants. Il s'était proposé de suivre le plan primitif et il a réussi à donner à ces éléments divers une cohésion parfaite, ce qui augmente singulièrement la valeur de ce récit plein de détails nouveaux et de documents inédits. M. Robert Triger s'est montré très « sobre d'appréciations » et s'est efforcé d'éviter « les termes irritants ». A l'exemple de celui dont il s'honore d'avoir été l'ami fidèle et le continuateur dévoué, il a laissé parler les faits, « cherchant à connaître avant de juger », restant toujours, comme il l'ajoute lui-même, « sur le terrain de la grande et véritable histoire ».

Ce remarquable volume compte six chapitres : la guerre aux chartriers et aux institutions féodales ; — l'anarchie sociale ; — les premiers symptômes de réaction ; — les mesures de violence ; — l'insurrection ; — le chef de l'insurrection : Jean Chouan. Chacun des chapitres de ce beau travail est traité avec une science et une compétence qui dénotent chez les auteurs une connaissance approfondie de l'histoire locale ainsi qu'une étude minutieuse des sentiments successifs qui animèrent les esprits dans le département de la Mayenne. L'examen des origines, des causes, des motifs et du caractère de la Chouannerie dans le Bas-Maine forme la matière du septième chapitre qui résume les précédents. A l'aide de pièces inédites, la famille et la jeunesse de Cottereau s'éclairent d'un jour nouveau et la vérité remplace la légende.

Jean Cottereau naquit le 30 octobre 1757, dans la paroisse de Saint-Berthevin près Laval, comme le prouve le texte des anciens *Registres paroissiaux*. Son père, Pierre Cottereau, était sabotier. Sa mère s'appelait Jeanne Moyné. La jeunesse de Jean Cottereau s'écoula à la closerie des Poiriers, de Saint-Ouen-des-Toits, où les siens vinrent s'établir quelques années plus tard. Une active contrebande régnait alors dans le ressort de la sénéchaussée, par suite de l'énorme différence qui existait entre le prix de vente du sel en Bretagne, d'une part, et en Anjou et au Maine, d'autre part. Les combats étaient fréquents entre les faux-sauniers et « les employés des fermes du roi » ou « les gabeloux ». Les Cottereau avaient été surnommés *les Chouans*, comme le montrent divers documents des archives de la Mayenne. *Chouan*, en patois manceau, signifie *chat-huant*. François Cottereau déclare en 1781 « que son père ayant un nom de guerre et s'étant appelé *le Chouan*, tous ses enfants ont porté le même nom ». Ce serait donc, disent nos auteurs, un nom de guerre de faux-saunier adopté pour dérouter les agents de la gabelle, par Pierre Cottereau, qui était obligé de marcher la nuit et de contrefaire le cri du chat-huant pour reconnaître ses compagnons dans les bois. Ce surnom était héréditaire dans la famille Cottereau et ne fut pas personnel à Jean, comme on l'a prétendu. Il s'étendit bientôt tout naturellement à leurs premiers compagnons d'armes, puis ensuite à tous les paysans qui avaient pris les armes contre les Bleus.

Poursuivi en 1781 pour avoir maltraité, dans une auberge de Saint-Martin-du-Fouilloux, Olivier Jagu, agent des gabelles au poste de la Piochère, mort depuis de ses blessures, Jean Cottereau, déjà connu par plusieurs démêlés violents avec ses voisins, parvint à se soustraire aux recherches pendant quatre années. Arrêté enfin le 18 mai 1785, au lieu des Mesliers, paroisse du Bourgneuf-la-Forêt, il fut aussitôt écroué à Laval. Il fut élargi le 9 septembre 1786, faute de preuves établissant sa culpabilité. Ces faits, constatés par une procédure officielle, mettent à néant les récits fantaisistes de MM. Duchemin des Cepeaux et Théodore Muret, bien connus de nos lecteurs. Jean Cottereau a-t-il été soldat? On ne peut l'affirmer aujourd'hui. Au moment de la Révolution, il était domestique à la Besnerie, chez la dame Olivier. Il prend bientôt part aux incidents que provoque dans la région la mise en vigueur des lois nouvelles et, le 15 août, jour de la fameuse levée, il est à la tête des paysans soulevés. « A ce moment solennel pour lui, où il apparaît sur la scène de l'histoire, Jean Chouan a trente-cinq ans. C'est un homme de cinq pieds six pouces, gros, membru, blondin, et portant les cheveux liés en catogan, à la mode du temps. » Les exploits du chef de la Chouannerie sont célèbres. M. de la Sicotière a publié sur *La mort de Jean Chouan* un curieux article complété par un autre intitulé *René Chouan et sa prétendue postérité*.

Les conclusions de l'étude sur *Les premiers troubles de la Révolution dans la Mayenne* méritent d'être signalées, car nous pensons qu'elles sont l'expression de la vérité. La première Chouannerie du Bas-Maine, de 1792 à 1795, semble « une guerre religieuse et sociale, bien plus qu'une insurrection royaliste ». Elle offre « un caractère essentiellement populaire ». Elle naît des violences révolutionnaires ainsi que de la persécution religieuse. Cette révolte est déterminée par « la répulsion instinctive des populations contre les réquisitions d'hommes » et par « le trouble profond apporté dans leurs croyances et dans leurs habitudes ». Quant à ce qui concerne son organisation et sa tactique, elle « n'est qu'une transformation ou, pour mieux dire, une généralisation de la lutte soutenue, pendant plusieurs siècles, par les habitants des marches de Bretagne, contre les agents de la gabelle. »

Précisant sa pensée personnelle, M. Robert Triger insiste, dans la note qui termine cette belle et savante publication, sur les causes véritables de l'insurrection, surtout dans la Mayenne Loin d'attribuer ce mouvement aux intrigues politiques des émigrés, à la conjuration incessante des gentilshommes, à l'initiative violente d'affidés aux aguets, à une propagande étrangère née des malheurs publics, à une poussée d'écrits mêlant le mensonge à l'injure, comme le fait, pour l'Anjou, M. Célestin Port dans son ouvrage sur *La Vendée angevine*, *les Origines et l'Insurrection*, il explique encore une fois la naissance et le développement du soulèvement par les raisons que nous venons de citer et que nous n'hésitons pas à adopter, à notre tour, car leur justesse nous paraît incontestable. Le style de ce récit est simple, élégant, animé, mais exempt de la déclamation et de l'emphase qui déparent trop souvent les études historiques consacrées à l'époque révolutionnaire. Nous sommes donc heureux de recommander ce très intéressant et très instructif travail à l'attention de nos lecteurs. Ils voudront lui réserver, dans leur bibliothèque, la place d'honneur qu'il mérite d'occuper à côté des meilleurs ouvrages relatifs à la même période de nos annales nationales.

.•.

Paris en 1793, par Edmond Biré. — Jules Gervais, Paris, 1888.

Le *Journal d'un Bourgeois de Paris*, par le même auteur, comprenait la période qui va du 21 septembre 1792 au 21 janvier 1793, de l'abolition de la royauté au supplice de Louis XVI. Le nouvel ouvrage de M. Edmond Biré, dont tous les lettrés et tous les amis de l'histoire impartiale connaissent les remarquables études, s'étend du 22 janvier au 2 juin 1793, de la mort du roi à la révolution du 31 mai et à la chute des Girondins. « Comme le précédent, il forme un tout complet, avec son exposition, ses péripéties et son dénouement. »

Dans le premier tableau, l'écrivain avait reproduit de préférence les événements qui, chaque jour, semblaient devoir intéresser le plus particulièrement les contemporains spectateurs de cette longue tragédie. Il en place le récit palpitant dans la bouche d'un bon bourgeois auquel il prête naturellement les idées et les opinions de sa classe, et il le met en relations avec les hommes les plus célèbres de cette période sinistre de notre histoire nationale. Toutes les parties de ce beau volume dénotent une rare érudition et une merveilleuse aptitude à exprimer les sentiments des personnages que l'auteur fait successivement comparaître sur la scène.

M. Edmond Biré, dans son second livre, semble avoir écrit une suite et, selon l'observation d'un critique sage, « la contre-partie du premier ». Il montre et expose très nettement les conséquences logiques qui découlèrent du déchaînement des passions révolutionnaires. Après avoir renversé la monarchie et avoir immolé le roi, les Girondins furent à leur tour chassés du pouvoir et livrés au bourreau par leurs anciens complices. Le narrateur de cette juste expiation explique, avec une singulière finesse, les nombreuses intrigues et les multiples combinaisons qui aboutirent au dénouement final. Déjà, dans son éloquent travail sur la *Légende des Girondins*, il avait dévoilé les crimes et les lâchetés de cette faction odieuse dont le rôle néfaste a été si étrangement travesti par des admirateurs complaisants. Il vient d'achever sa besogne de justicier. Les anecdotes caractéristiques, les détails curieux et inédits, les pages humoristiques abondent également dans ce *Paris en 1793* et forment un contraste piquant avec les descriptions émouvantes et les peintures dramatiques. Ajoutons, en terminant, que les qualités littéraires de l'auteur augmentent encore l'intérêt de ce volume qui sera consulté également avec fruit par les érudits et par tous ceux qui savent apprécier le mérite du style chez les historiens.

Susanne de Pierrepont, par Ernest Faligan. — Paris, Librairie Blériot, Henri Gautier, successeur, 1888.

Le nouveau roman de notre savant collaborateur passionnera certainement le lecteur, comme ses précédents ouvrages. La première partie ou le prologue de ce récit saisissant porte un titre significatif : *La Nuit sanglante*. C'est la nuit qui suivit la tentative faite par l'armée vendéenne, après sa défaite définitive, pour repasser la Loire à Ancenis. Le tableau grandiose de ces heures terribles où tant de cruelles appréhensions étreignirent les cœurs de ces vaillants, habitués à regarder la mort en face et surpris en voyant devant eux surgir le large fleuve, sans barque, sans radeau, comme une barrière mouvante et infranchissable, est tracé d'un pinceau magistral. « J'ai trouvé, dit un critique, tant de vie dans ce prologue, une émotion si intense, une si pressante angoisse que je n'ai pu résister au besoin de dire l'impression profonde qu'il m'a laissée. » Cette captivante et touchante histoire fait grand honneur à M. Ernest Faligan. Nous la recommandons à nos amis, car l'auteur l'a écrite avec son cœur et avec sa foi, en y déployant les ressources ingénieuses de ce talent si original et si élevé qui lui assigne une des premières places parmi les meilleurs champions de notre littérature catholique.

André JOUBERT.

∴

Sigillographie des Seigneurs de Laval (1095-1605), par Bertrand de Broussillon et Paul de Farcy.— Paris, Picard, et Mamers, Fleury et Dangin, 1 vol. in-8°, 1888.

Nous avons reçu, trop tard pour en rendre compte dans le précédent numéro, l'important travail que viennent de publier MM. Bertrand de Broussillon et de Farcy.

La *Sigillographie des seigneurs de Laval* était depuis long-temps attendue. M. Bertrand de Broussillon, après s'être assuré le concours de M. Paul de Farcy, qui avait bien voulu se charger de dessiner les sceaux et les empreintes que l'on se proposait de reproduire, eût désiré publier ce livre en même temps que le *Mémoire chronologique de Maucourt de Bour-jolly sur la ville de Laval*, paru l'an dernier, et dont nous avons rendu compte ici même. C'eût été l'annexe et le complé-ment de l'œuvre du chroniqueur lavallois. Mais le soin de réunir les documents, d'obtenir communication de ceux qui existaient dans les dépôts publics ou chez des particuliers, le temps indispensable pour en faire exécuter la reproduction, n'avaient pas permis de mettre ce projet à exécution et les deux collaborateurs avaient préféré retarder la publication de leur œuvre pour la compléter et lui donner plus de perfection.

La collection des sceaux conservés aux Archives, le fonds français de la Bibliothèque nationale, les dessins de Gaignières, les sceaux déposés aux archives départementales des Bouches-du-Rhône, de la Haute-Marne et des Basses-Pyrénées, l'his-toire de Bretagne de Dom Morice, les ouvrages sur la province du Maine de MM. Hucher et Fleury, etc., ont été mis à contri-bution, et les communications de MM. l'abbé Angot, Louis Garnier, et de M. de Farcy lui-même, ont permis d'ajouter à la liste déjà longue des sceaux recueillis par les auteurs de la *Sigillographie des seigneurs de Laval* plusieurs pièces rares et inédites.

M Bertrand de Broussillon, avec sa rare compétence et sa conscience d'historien, s'est chargé de la rédaction du texte. Il ne s'est pas borné à une sèche description des figures, mais a fourni sur les personnages auxquels ont appartenu les sceaux reproduits, leurs alliances, leurs enfants, leurs familles, des renseignements précieux qui témoignent d'une érudition aussi rare qu'étendue. Mettant à profit sa critique si judicieuse, il a restitué à leurs véritables propriétaires plusieurs sceaux attribués par erreur à d'autres personnages et sa rédaction, remplie de faits et de détails, encadre d'une façon très heureuse les dessins de M. de Farcy.

Celui-ci avait accepté la tâche délicate de reproduire par le dessin les sceaux eux-mêmes. Travail difficile, car beaucoup d'empreintes étaient en mauvais état, incomplètes ou presque effacées, et il fallait sa science profonde de l'art héraldique et sa sûreté de main si remarquable pour déchiffrer des empreintes à peine visibles et restituer à ces anciens vestiges leur véritable physionomie. Il s'est acquitté avec un rare bonheur de ce travail ingrat et ses dessins sont des modèles d'exécution en même temps que d'exactitude. Il fallait un artiste doublé d'un savant pour accomplir cette œuvre. M. de Farcy, auteur de nombreux travaux d'érudition, est à la fois l'un et l'autre, et sa collaboration a procuré à la *Sigillographie des seigneurs de Laval* un cachet artistique qui en rehausse la valeur.

L'ouvrage de MM. Bertrand de Broussillon et de Farcy a été publié concurremment par la *Revue historique et archéologique du Maine* et, sous forme de tirage à part, par la *Commission historique et archéologique de la Mayenne*. Mais ses auteurs en ont fait exécuter un tirage spécial, sur papier teinté, qui fait mieux ressortir les dessins et leur donne plus de relief.

Ces dessins, au nombre de plus de deux cents, sceaux, contre sceaux, signets, jetons, vitraux, pierres tombales, etc..., reproduits avec une scrupuleuse exactitude, réunis au texte si plein de faits et si substantiel de M. Bertrand de Broussillon, constituent un ouvrage précieux, indispensable à tous ceux qui voudront désormais étudier l'histoire de la ville de Laval ou des familles qui ont possédé cette seigneurie avant les La Trémoïlle.

Le livre de ces deux érudits fait le plus grand honneur à

ses auteurs. Il comprend tous les seigneurs de Laval, depuis Guy IV, ou plutôt Guy V (car le sceau attribué jusqu'ici au premier doit être restitué au second, comme l'a prouvé irréfutablement M. Bertrand de Broussillon), jusqu'à Guy XX. Les différents sceaux de ces seigneurs, de leurs enfants, des familles auxquelles eux-mêmes ou lesdits enfants se sont alliés, forment le corps de l'ouvrage. Il est complété par les sceaux des branches de Laval-Loué et de Laval-Bois-Dauphin, ceux des justices de Laval, Meslay et Longuefuye et la collection des sceaux des contrats employés à différentes époques par les notaires de Laval. On y remarque, parmi bien d'autres pièces rares et curieuses, le magnifique sceau inédit de Guy VIII, reproduit d'après une empreinte provenant du cabinet de M. Paul de Farcy.

On y rencontre aussi un certain nombre de sceaux ayant appartenu à des Angevins, ceux de Geoffroy Plantagenet (fig. 5 et 6), d'Amaury de Craon (fig. 23 et 24), de Geoffroy de Châteaugontier (fig. 53 et 54), et avant tout la riche collection des sceaux du roi René, composée de 23 figures (137 à 158), non compris les sceau, contre-sceau et la pierre tombale de la reine de Sicile, Jeanne de Laval (fig. 159 à 161). La réunion de ces précieux documents, que l'on trouve rassemblés ici pour la première fois (pages 93 à 111), permet de classer le livre de MM. Bertrand de Broussillon et de Farcy au nombre des ouvrages relatifs à l'Anjou, et nous sommes heureux de le signaler aux lecteurs de la *Revue.*.

Nous croyons savoir que ces deux érudits préparent en ce moment une *Sigillographie des Seigneurs de Craon*. Elle sera publiée dans le même format et sera digne, nous en sommes certain, du premier ouvrage dû à cette heureuse collaboration.

E. QUERUAU-LAMERIE.

Récits et Légendes, par le R. P. Delaporte. — Paris, Lecenne et Oudin, 1888.

J'ignore, lecteur, si vous lisez encore des vers. Depuis qu'on en fait tant, et de si mauvais, beaucoup se sont lassés d'y chercher la poésie absente. Leurs efforts ont été méritoires autant qu'infructueux. Ils ont longtemps vécu de l'illusion

qu'un poète allait naître, continuateur de Lamartine et de
Musset, ils ont sacrifié plusieurs fois 3 fr. 50 et une demi-
journée pour parcourir un volume nouveau d'un parnassien,
d'un décadent, d'un novateur pompeusement annoncé, et,
chaque fois, ils ont regretté leur double sacrifice. Il y avait
bien, çà et là, un vers passable, une strophe bien allante,
parfois même quelque chose qui ressemblait à une idée, mais
ce qu'il faut souffrir pour arriver là dépasse de beaucoup le
plaisir qu'on y trouve. Oui, c'est un métier ingrat que celui
de chercheur de beaux vers, et beaucoup, je le répète, y ont
renoncé.

Je le disais, l'autre jour, à un libraire de mes amis, très
expert en son art, qui confine de plus près qu'on ne le croit
à la psychologie, à la philosophie et à bien d'autres choses.
Nous causions de Richepin, qui, comme on le sait, jure en
vers.

— Il se vend médiocrement, me disait-il.

— Mon Dieu, c'est un peu général : il faut un homme bien
hardi pour acheter un volume de poésie aujourd'hui.

— Je vous parle de sa prose.

— Oui, mais ses vers ?

Il partit d'un éclat de rire rendu plus discret par le voisinage d'un acheteur qui entrait.

— Des vers ! D'où venez-vous ? Je veux bien croire que
d'autres en ont vendu, mais chez moi..... Quand un client
vient feuilleter les livres nouveaux, il s'arrête devant les noms
connus, il prend un in-douze, joli titre, couverture en peau
de crocodile : « Tiens, du Richepin, voyons. » Il ouvre.....
Aussitôt sa physionomie prend un air de commisération, il
referme, presque honteux, sans avoir lu une ligne : « Ah,
c'est en vers ! dit-il, je ne savais pas. » Et c'est jugé, fini,
condamné. Ni lui ni d'autres ne couperont le pauvre in-douze.
Sur dix livres dont les tranches sont jaunes de poussière dans
mon magasin, j'en ai cinq en vers, les cinq autres sont des
romans historiques ou des romans d'aventures. Mon cher
monsieur, c'est la pure et triste vérité : les vers ont juste le
succès d'Œil de Faucon, de Jambe de cerf et de leurs compagnons toujours piétinant dans le sentier de la guerre et dont
les enfants de cinq ans eux-mêmes ne veulent plus pour
étrennes.

Lecteur, ce préambule est un peu long. Mais je l'ai cru nécessaire. Étant précisément chargé de vous présenter le livre d'un poète, j'ai voulu tout d'abord vous prouver que je n'ignorais pas la défaveur qui s'attache aujourd'hui à ce genre d'ouvrages.

En second lieu, si je vous annonce, après de tels préliminaires, que deux mille exemplaires de ce livre sont déjà vendus, que le troisième mille vient de sortir des presses ébahies de la maison Oudin, vous serez pris d'étonnement. Quoi, trois mille ? — Oui, avec les passes et doubles passes en sus, petits profits de l'éditeur qui viennent grossir les gros. — Et c'est en vers ? — Oui, monsieur, en vers français, sans néologismes, bien rimés, et où l'antithèse ne fleurit qu'en bordure, modestement.

Enfin, comme il est écrit que tout sera invraisemblable en cette affaire, sachez que l'auteur est un jésuite, et qu'il signe P. V. Delaporte, S. J. Oui, un jeune jésuite, ancien et brillant élève de la Faculté des Lettres d'Angers, collaborateur aux *Études Religieuses*, a fait un joli volume de vers, où il y a de la poésie, et du naturel, et du français, un volume qui se lit et qu'on peut relire.

Si vous ne m'en croyez pas, vous croirez peut-être M. Sully Prudhomme qui déclare à l'auteur : « J'ai été très touché de votre témoignage de sympathie littéraire et très sensible aux belles qualités de vos poésies. L'inspiration en est toujours distinguée, non seulement par une élévation qu'on s'attend pour plus d'une raison à y rencontrer, mais encore par une délicatesse de sentiments toute personnelle. »

Si un poète qui en loue un autre vous paraît suspect, voici un prosateur, et non l'un des moindres de ce temps, qui écrit dans la *Gazette de France* :

« L'auteur des *Récits et Légendes* sait toucher à toutes les cordes et passer, avec un égal succès, de l'émotion religieuse à l'extase mystique, de l'histoire sainte à l'histoire profane, de la tristesse chrétienne à l'enjouement des âmes pures.... Le P. Delaporte a dédié son livre aux jeunes gens. Je voudrais qu'une active propagande mit toute la jeunesse chrétienne en mesure de lire ces petits chefs-d'œuvre. »

Après ces lignes, qui sont de M. de Pontmartin, je n'ai plus qu'une chose à faire, lecteur, pour vous prouver que vous êtes en présence d'un cas tout à fait rare, d'un volume de vraie poésie, c'est de citer. Nous prendrons, si vous le voulez bien, une petite pièce intitulée : *Quand Jésus glana*. Elle vous permettra de juger non pas le genre de l'auteur,— il a tous les genres permis, — mais sa versification.

Dans les campagnes moissonnées
De Nazareth ou de Cana,
Petit enfant de douze années,
Jésus, le fils de Dieu, glana.
D'épis mûrs, dorés et superbes,
En une heure il cueillit deux gerbes,
Que sa main divine lia.

     Alleluia.

Quand sur la colline fleurie
L'ombre étendit son noir rideau,
Vers la chaumière de Marie
Jésus rapporta son fardeau,
Dont à la Vierge il fit offrande.
Or, sa fatigue était bien grande ;
Mais son cœur bientôt l'oublia.

     Alleluia.

Quittant son rabot et sa planche
Joseph à table vint s'asseoir ;
La Vierge sur la nappe blanche
Servit l'humble repas du soir.
Vers la fin de leur douce agape,
L'Enfant-Dieu posa sur la nappe
Les plus beaux épis qu'il tria.

     Alleluia.

Encadrant la fenêtre ouverte,
Une vigne appuyée au mur
Couvrait d'une feuille encore verte
Quelques grappes d'un raisin mûr,
(Peut-être était-ce par merveille) :
Jésus choisit la plus vermeille,
La cueillit et s'agenouilla.

     Alleluia.

Quand sa prière fut finie,
Levant les yeux au firmament,
Il joignit la grappe jaunie
Aux épis dorés du froment,
Et dit : « L'homme dans ce mélange
Trouvera, plus heureux que l'ange,
Le mets le plus doux qu'il y a ».

Alleluia.

Et là, sous leur toit solitaire,
A ses parents l'enfant divin
Développa le grand mystère
De l'autel, du pain et du vin.
Quant tous les deux ils l'entendirent,
Leurs âmes d'amour se fondirent ;
Et l'un et l'autre s'écria :

« Alleluia ! »

Et maintenant, lecteur, ouvrez le livre : il y en a d'autres comme celle-là.

René BAZIN.

─────────────

Le Propriétaire-Gérant.

G. GRASSIN.

Angers, imp. Germain et G. Grassin. — 1088-88.

HISTOIRE DE MENIL ET DE SES SEIGNEURS

Par **André JOUBERT**

Lauréat de l'Académie des Inscriptions et Belles Lettres

Un beau volume grand in-8°, orné de huit gravures. — **5** *francs.*

ÉTUDE

SUR

LES MISÈRES DE L'ANJOU

AUX XV° ET XVI° SIÈCLES

Par **André JOUBERT**

Lauréat de l'Académie des Inscriptions et Belles Lettres

Un beau volume grand in-8°. — Broché, **5** fr.

LES CHIVRÉ

MARQUIS DE LA BARRE DE BIERNÉ

XVI°-XVII° SIÈCLES

Par **André JOUBERT**

Lauréat de l'Académie des Inscriptions et Belles Lettres

Un beau volume grand in-8°, orné de sept gravures. — Broché, **5** fr.

Les Élections et les Représentants de Maine-et-Loire

DEPUIS 1789

Par **Guillaume BODINIER**

Un volume grand in-8°............... **4** *francs*

LIBRAIRIE GERMAIN ET G. GRASSIN

UNE TACHE D'ENCRE

Par **René BAZIN**

4ᵉ édition. — Un volume in-12, **3** fr. **50** c.

OUVRAGES NOUVEAUX

L'abbé Léon Bellanger, **sa vie, ses poésies**, 1 vol. in-18 . . **3 50**
Trois empereurs d'Allemagne, Guillaume Iᵉʳ, Frédéric III,
    Guillaume II, par Ernest Lavisse, 1 vol. in-18 . . . . . . **3 50**
Victoire d'Ame, par Georges Duruy, 1 vol. in-18 . . . . **3 50**
L'Immortel, par A. Daudet, 1 vol. in-18. . . . . **3 50**
Ma Cousine. — Pot-au-Feu, par Léon de Tinseau, 1 vol. in-18. **3 50**
Ce qu'il faut faire, par le comte Léon Tolstoï, in-18. . . . . . **3 50**
Nos Marins, par Tréfeu, 1 vol. in-8°. . . . . **10 »**
France, par le R. P. Du Lac, in-12 . . . . **3 50**
L'Amiral Baudin, par J. de la Gravière, in-12. . . . . **4 »**
Le Clergé et l'Enseignement secondaire spécial, par l'abbé
    G. Segretain, in-18. **3 50**
1814, par Henry Houssaye, in-12. . . . . **3 50**
La Liberté dans l'École, par le comte Léon Tolstoï, in-12 . . **3 50**
Deux ans de Vacances, première partie, par J. Verne, in-18. **3 »**
Impressions de Théâtre, tome II, par J. Lemaître, in-18.. . . **3 50**
Paris bienfaisant, par Maxime Du Camp, in-12 . . . . **3 50**
Esthétique du Sculpteur, par Henry Jouin, lauréat de l'Ins-
    titut, in-8°. . . . . **6 »**
Histoire de l'Italie, par E. Sorin, in-18. . . . . **3 50** -
Histoire de la Civilisation Contemporaine, par Rambaud,
    in-18. . . . . **5 »**
Soixante ans de Souvenirs, par E. Legouvé, 4 vol. in-12. . . **»**
L'Éducation du Caractère, par Martin, in-18.. . . . . **3 50**
L'Année Scientifique 1887, par L. Figuier, in-18. . . . . . **3 50**
Ghislaine, par H. Malot, in-18. . . . . **3 50**
Études agronomiques (1887-1888), par Grandeau, in-18. . . . **3 50**
Le Comte de Paris, par le marquis de Flers, in-8°, avec grav. **7 50**
Œuvres Choisies de Victor Pavie, 2 in-18. . . . . **6 »**
Grandes Journées de la Chrétienté, par Hervé-Bazin, in-8°. . **3 50**
Les Prétendants de Viviane, par Jean d'Étiau, in-81. . . . . **3 50**

Les Artistes angevins, par C. Port, in-8°, broché, **12** fr.

(Il ne reste plus en vente que deux exemplaires de cet ouvrage.)

REVUE
DE L'ANJOU

Nouvelle Série

3e et 4e Livraisons — Septembre et Octobre 1888

TOME DIX-SEPTIÈME

ANGERS
IMPRIMERIE-LIBRAIRIE GERMAIN ET G. GRASSIN
RUE SAINT-LAUD

1888

SOMMAIRE

Prix de l'abonnement à la *REVUE DE L'ANJOU*
12 francs par an

FRANÇOIS BERNIER

SES VOYAGES DANS L'INDE

François Bernier naquit en 1620 en Anjou, à Joué, près de Chemillé[1]. Étant encore enfant, il perdit son père et sa mère et fut élevé par son oncle paternel qui était alors curé de la paroisse de Chanzeaux. Il vint de bonne heure à Paris où il suivit les cours de Gassendi ; de 1649 à 1650, nous le voyons préluder à ses explorations futures et parcourir la Pologne, une partie de l'Allemagne et l'Italie. De retour en France, il se rendait à Montpellier et, en 1652, il était reçu docteur en médecine à l'Université de cette ville.

La carrière médicale n'était pas celle que Bernier ambitionnait. L'Orient attirait son attention ; en 1656, il quittait de nouveau la France, visitait la Palestine et la Syrie et gagnait ensuite l'Égypte où il restait près d'un an. Il y fut même malade de la peste, mais les fatigues et les souffrances qu'il endurait, loin de le décourager, ne faisaient que le stimuler à poursuivre de nouvelles entreprises. Son intention était de parcourir l'Abyssinie, mais, en présence des obstacles qui lui paraissaient insurmontables, il porta son activité d'un autre côté. L'Inde était à l'ordre du jour et cette contrée quasi mystérieuse, dont le nom durant tout

[1] Nous reproduisons l'acte de baptême de Bernier :
Aujourd'hui vingt sixiesme jour de septembre mil six cent vingt a esté baptisé par moy, curé soubsigné. François fils de honorable homme Pierre Bernier et de Andrée Grimault; fut parrain vénérable et discret messire François Bernier, curé de Chanzeaux et marraine honneste fille Julienne Bonnin, laquelle m'a déclaré ne savoir signer. F. BERNIER. GUYTTON.

le moyen âge avait été synonyme de richesse, attirait plus que jamais l'attention des Européens qui commençaient à y fonder des établissements et s'efforçaient de s'emparer du trafic du *Haut-Orient.* Certain de trouver dans cette région, encore peu connue, un vaste champ pour ses observations, Bernier n'hésita pas. En 1658, il disait adieu à la terre des Pharaons, gagnait Suez. Djedda, où il restait trente-quatre jours. Dans une de ses promenades en dehors de cette ville, il arriva pour ainsi dire aux portes de la Mecque, à quelques heures de marche de la cité sainte. Il se rendait ensuite à Moka et, quelques semaines après, il débarquait à Surate et foulait le sol indien.

Surate était, au xviie siècle, la ville la plus importante de la côte occidentale de l'Inde. C'était le plus grand centre commercial, le débouché de l'empire mogol. Les Hollandais et les Anglais y possédaient des comptoirs bien avant l'arrivée des Français. Les gens de toute nation, Persans, Turcs, Arabes, Juifs, Arméniens, Maures et Gentils, y affluaient attirés par le riche négoce que l'on pouvait y faire. L'on y parlait toutes les langues et l'on y voyait les costumes de tous les pays. Les vaisseaux se pressaient dans son port. Les principales branches du commerce étaient les perles, les diamants, le musc, l'or, les soieries, les étoffes, les épices et l'indigo. Surate, avec son enceinte épaisse de douze pieds, percée de nombreuses portes et flanquée de grosses tours, ses maisons, dont un grand nombre avaient des terrasses transformées en jardins, excitait naturellement l'admiration des Européens. Cependant Bernier n'y séjourna que peu de temps. Le but qu'il se proposait avant tout était d'explorer l'Inde et de pénétrer dans l'intérieur du pays.

Le moment était malheureusement mal choisi. A partir de la chute de la dynastie des Gourides, qui avait eu lieu au xive siècle, l'Inde était devenue un véritable champ de bataille. Elle avait été successivement envahie par les Afghans, qui y avaient fondé plusieurs principautés, puis

par les Gengiskhanides et les Mongòls qui s'y étaient fait
une guerre acharnée. En 1398, le terrible Tamerlan s'était
emparé de Delhy et avait dominé l'Inde qu'il couvrit de
ses ruines. A sa mort, arrivée en 1405, l'empire qu'il avait
fondé disparaissait. Ses successeurs, Miracha et Abou-Saïd,
tombèrent dans la mollesse et l'Inde cessa d'appartenir à
un seul maître. Elle se fractionna en plusieurs États, sans
cesse en lutte les uns contre les autres. Sur ces entrefaites
parut un descendant de Tamerlan qui ne tarda pas à jeter
les bases de la puissance mogole.

Babour était à la fois le petit-fils de Tamerlan et le descendant de Gengis-Khan ; il naquit en 1483. Il abandonna
la Tartarie, où des chefs ambitieux lui disputaient l'héritage de ses pères et, avec 15,000 hommes, il pénétrait dans
l'Inde, alors en grande partie sous la domination des
Afghans. Il s'empare de Delhy, y fixe sa capitale et rallie à
sa cause un grand nombre de Musulmans. L'empire du
Grand Mogol était fondé.

Il fallut cependant près d'un demi-siècle pour que la
dynastie des Mogols pût s'asseoir avec solidité des rives de
l'Inde à celles du Gange. Babour mourut en 1530 et eut
pour successeur Houmaïoum. Les Afghans cherchèrent à
plusieurs reprises à ressaisir le pouvoir et, avec leur chef
Sheer-Khan, ils redevinrent un instant les maîtres. C'en était
fait des Mogols sans l'assistance du roi de Perse, Thomasp Iᵉʳ,
qui fournit des troupes à Houmaïoum et l'aida à recon-
quérir son trône. Houmaïoum mourut en 1556. Akbar Iᵉʳ
qui régna de 1556 à 1605, consolida son autorité, agrandit
l'empire et fixa sa résidence à Agrah où il bâtit une magnifique mosquée en l'honneur de Mahomet. Le successeur
d'Akbar, Géangis, continua la même politique, employa
son règne à faire la guerre et mourut en 1629. Au moment
où Bernier arrivait à Surate, le souverain de l'empire
mogol était Chah-Djilan qui s'était emparé de plus de cinquante villes et forteresses et avait soumis à son autorité
la plus grande partie de l'Inde.

Bernier se rendit à la Cour du Grand Mogol et mit quarante-six jours à faire le trajet de Surate à Agrah, non
sans avoir été rançonné sur la route ainsi qu'il arrivait à la
plupart des voyageurs. Aussi saisit-il avec empressement
l'occasion d'entrer au service de Chah-Djilan, en qualité de
médecin, « pressé », nous dit-il « par la pensée et en même
temps séduit par l'occasion de pouvoir connaître et étudier
la Cour de l'un des souverains les plus estimés de l'Asie ».
Il était parvenu à s'assurer de la protection de Daneckmend-
Khan, qui jouissait d'une grande réputation de savant près
de tous les ulémas et exerçait à la Cour une influence que
nul songeait à lui disputer, d'autant plus que ses partisans
étaient nombreux, principalement dans la cavalerie dont il
avait été le *bakchi* ou grand maître, durant plusieurs
années.

Au moment où Bernier arrivait dans l'Inde, le Grand
Mogol était Chah-Djilan. Ce prince, âgé de soixante-dix ans,
souffrait d'une maladie qui l'avait considérablement
affaissé. Aussi son gouvernement n'avait-il plus son
ancienne vigueur. La rivalité qui existait entre ses quatre
fils, Dara, Sujah, Aureng-Zeyb et Morad-Bakche, faisait
prévoir que sa succession ne se transmettrait pas sans
troubles et sans compétitions. Son troisième fils, Aureng-
Zeyb n'attendit pas sa mort, dans le désir où il était de se
rendre maître du pouvoir. Dès 1655, la guerre civile avait
commencé et, grâce aux partisans qu'il avait su se ménager
dans l'armée et parmi les gouverneurs des provinces,
Aureng-Zeyb parvint à s'emparer du trône en faisant enfermer son père et périr deux de ses frères dont il redoutait
l'ambition. En 1659, il était le souverain de l'empire
mogol.

Bernier avait connu les quatre fils de Chah-Djilan, et le
portrait qu'il nous fait de chacun nous montre qu'il avait
su les apprécier et les juger; ce qu'il nous dit d'Aureng-
Zeyb nous indique qu'il avait remarqué en lui les qualités

qui constituent l'homme d'État. « Aureng-Zeyb, écrit-il,
n'avait pas cette galanterie d'esprit, ni cet abord supérieur
qu'avait son frère Dara, mais il paraissait plus judicieux,
sachant surtout connaître son monde et choisir ceux dont
il voulait se servir, et appliquer fort à propos et de bonne
grâce ses libéralités. Il était secret, rusé et dissimulé au
possible, jusque-là qu'il fit longtemps comme profession
d'être fakir, c'est-à-dire pauvre, derviche ou dévot, qui a
renoncé au monde, feignant, de n'avoir aucune prétention
à la couronne, mais seulement de vouloir passer sa vie
dans la prière et dans la dévotion. Cependant, il ne laissait
pas de faire ses brigues à la Cour, principalement lorsqu'il
se vit vice-roi du Deccan, mais il les faisait avec tant
d'adresse et de secret, qu'à peine pouvait-on s'en aper-
cevoir. »

L'avènement d'un nouveau règne ne pouvait rien changer
à la situation de Bernier. Notre compatriote avait vécu à
l'abri des intrigues de sérail. Sa réputation comme médecin
lui avait donné un grand prestige et l'amitié de Daneck-
mend-Khan, qui était devenu vizir d'Aureng-Zeyb, l'assurait de la bienveillance de tous les seigneurs de la Cour.
Du reste, son protecteur se plaisait à l'entretenir, à le ques-
tionner sur l'Europe. Il consacrait toutes les après-midi à
philosopher avec lui sur Descartes et Gassendi, sur le globe
terrestre, sur la sphère, sur l'anatomie. C'est ainsi que
Bernier passa son temps dans l'Inde ; il vécut de la sorte
pendant près de huit ans, à la Cour du Grand Mogol, aimé,
sympathique à tous ceux qui le voyaient et recherché partout, grâce à son puissant protecteur.

Durant son séjour dans l'Inde, Bernier put se livrer
entièrement à ses études et à ses observations. L'Inde
l'intéressait vivement et aussi suivait-il avec attention tous
les événements. La Cour résidait alors à Delhy, qui était la
capitale de l'empire mogol ; à peine Aureng-Zeyb était-il
monté sur le trône, qu'il recevait des ambassades des

différents princes de l'Asie. La première qui vint le saluer
était envoyée par les Tartares d'Usbec. A ce moment, il
était fort question des Tartares ; une de leurs tribus, celle
des Mandchoux, venait de s'emparer de la Chine. Bernier
était heureux de l'occasion ; il allait enfin entrer en rapport
avec des représentants de cette race de terribles conqué-
rants et, durant les quatre mois qu'ils restèrent à Delhy, il
alla les voir trois fois. Sa qualité de médecin lui donnait
facilement accès ; il eut même la curiosité de dîner avec
eux. Grande fut sa déception. Pendant tout le repas, qui se
composait principalement de chair de cheval, ce fut un
silence complet. Les Tartares dévoraient plutôt qu'ils ne
mangeaient. Après s'être repus, ils parlèrent avec anima-
tion de leur force physique, de leur habileté à tirer de
l'arc, mais leur ignorance était telle qu'ils étaient incapables de renseigner Bernier sur l'étendue et les productions de leur pays, les écoles et les monuments de
Samarcande et les événements qui venaient de s'accomplir
en Chine. Notre compatriote se trouvait en présence de
véritables barbares.

. Plusieurs ambassades succédèrent à celle des Tartares et
en même temps se trouvèrent à la Cour de Delhy les
envoyés du chérif de la Mecque, du roi de l'Yémen, du
prince de Bassorah, qui maintenait tant bien que mal son
indépendance entre les Turcs et les Persans, et du roi
d'Éthiopie. Bernier nous dit que l'on ne fit pas grande attention aux ambassadeurs de la Mecque, de l'Yémen et de
Bassorah ; leur aspect était si misérable qu'ils donnaient
une médiocre opinion des princes qu'ils représentaient. Il
n'en était pas de même des ambassadeurs d'Éthiopie qui
étaient l'un un marchand musulman et l'autre un Armé-
nien originaire d'Alep, mais fixé depuis longtemps en
Abyssinie. Les présents qu'ils offrirent à Aureng-Zeyb
consistaient en esclaves, en chevaux, en dents d'éléphants
et en cornes de bœufs pleines de civettes. Bernier avait

tout d'abord songé à explorer l'Abyssinie ; aussi ne se lassait-il pas de presser de questions les ambassadeurs du Négouss, et obtenait-il d'eux de précieux renseignements sur les sources du Nil et la situation sociale, politique et religieuse de leur pays. Les missionnaires catholiques avaient été récemment expulsés, et il en résultait que les Musulmans étaient devenus très puissants et recrutaient des adhérents. Le Grand Mogol fît bon accueil aux ambassadeurs abyssins ; il les pria de remettre de sa part un Koran à leur roi et en même temps il leur donna deux mille roupies pour rebâtir à Gondar une mosquée qui avait été en partie détruite par les Portugais.

Mais de toutes les ambassades ce fut celle de Perse qui reçut le meilleur accueil. Aureng-Zeyb avait envoyé une garde d'honneur à sa rencontre et, le jour de son entrée dans Delhy, elle reçut tous les honneurs possibles. Les bazars par où on la faisait passer avaient été peints de nouveau et étaient bordés de cavalerie. Plusieurs omrahs l'accompagnaient avec des musiciens et l'on tirait le canon. Le Grand Mogol traita le principal ambassadeur avec tous les égards possibles. Du reste, les présents que ce dernier était chargé de lui offrir étaient faits pour gagner sa bienveillance. Bernier, qui assista à la réception, nous dit qu'ils consistaient en vingt-cinq chevaux, en vingt chameaux, en caisses remplies d'eau de rose, en tapis d'une grandeur prodigieuse, en pièces de brocart d'un travail très fin et très délicat, en coutelas damasquinés, en perles et en turquoises, etc., et il ajoute que de semblables cadeaux ne pouvaient que donner une haute idée du prince qui régnait à Ispahan.

Les Hollandais, qui avaient en quelque sorte le monopole du commerce de l'Inde, n'étaient pas restés en retard avec le Grand Mogol, et le commandant de leur factorerie de Surate, Adrican, était venu le saluer au nom des Provinces-Unies et lui offrir des présents. Bernier connaissait Adrican et faisait grand cas de sa sagacité; tout zélé Musulman qu'il était, Aureng-Zeyb ne laissa pas de le recevoir avec civilité, et la haine qu'il devait porter à tous les *Franguis*, en sa qualité de disciple du Koran, disparaissait quand les besoins de sa politique l'exigeaient.

Du reste, Bernier n'avait pas tardé à reconnaître les grandes et nombreuses qualités d'Aureng-Zeyb; le calme qu'il avait montré pendant une maladie qui avait mis ses jours en danger, le soin qu'il apportait à choisir un précepteur pour l'un de ses fils, ne voulant pas qu'il grandît au milieu des femmes, dans l'ignorance du sérail, la ligne de conduite dont il ne se départissait jamais.et qui consistait principalement à ne pas se laisser influencer par les intrigues de Cour, étaient les meilleures preuves de la sûreté de son jugement et de la fermeté de son caractère. Deux faits rapportés par Bernier indiquent mieux que tout autre sa supériorité et l'élévation de ses idées. Quelques mois après son avènement, son ancien précepteur, Mullah-Salé, quittait le domaine où il s'était retiré et venait le voir, espérant que son ancien élève lui conférerait sans doute quelque dignité. Aureng-Zeyb le reçut froidement et, lui rappelant combien l'instruction qu'il lui avait donnée était incomplète, souvent erronée, il lui dit : « Si tu m'avais donné de beaux préceptes et enseignements qui élèvent l'âme et la mettent au-dessus des atteintes de la fortune, si tu m'avais appris les devoirs d'un souverain envers ses sujets, je te serais infiniment plus obligé que ne fut Alexandre à Aristote, et je croirais qu'il est de mon devoir de te récompenser dignement, mais tu ne m'as rien appris de tout cela, eh bien! retourne dans ton village. » Un jour qu'il était extrèmement fatigué et ne pouvait dissimuler son malaise, un omrah l'engageait à se reposer et à se décharger sur ses vizirs du soin du gouvernement; Aureng-Zeyb répondit qu'un souverain ne pouvait songer à sa santé et se devait avant tout à ses sujets, puis, se rappelant

le précepte du poète Sadi, il s'écria : « Cessez rois d'être
rois ou sachez gouverner vos royaumes vous-mêmes. »

Delhy était alors la capitale de l'empire mogol. Cette
cité était presque mystérieuse pour les Européens et bien
faite pour exciter leur curiosité. Aussi Bernier mit-il largement son séjour à profit pour l'étudier et, dans une
lettre qu'il adressait en juillet 1663 à M. de la Mothe le
Vayer, il en donne une descriptions des plus exactes et des
plus fidèles que nous croyons devoir reproduire.

« Delhy est une ville située dans une rase campagne,
sur le bord d'un fleuve comparable à notre Loire qu'on
appelle le Gemma et bâtie d'une telle manière le long d'un
seul côté de la rivière, car il n'y a qu'un pont de bateaux
pour passer dans la campagne, qu'elle vient à peu près se
terminer en croissant. Elle est toute entourée de murailles
hormis du côté de l'eau ; ces murailles sont de briques et
sans défense considérable, parce qu'elles sont sans fossés
et qu'elles n'ont pour servir de flanc que des tours rondes
à l'antique de cent pas en cent pas ordinaires environ, et
un terre-plain derrière de quatre ou cinq pieds d'épaisseur.
Le tour de ces murailles, quoiqu'il comprenne la forteresse,
n'est point si grand comme on croit ordinairement ; je l'ai
fait aisément en trois heures, et je ne crois pas, quoique
je fusse à cheval, je fisse plus d'une lieue par heure ; il est
vrai que si, avec Delhy, l'on veut comprendre un très long
faubourg qui va à Lahore, ce qui reste d'habité du vieux
Delhy, qui est encore comme un grand faubourg très long
et trois ou quatre autres moindres faubourgs, cela en
droite ligne plus d'une lieue et demie et un tour que je
ne saurais véritablement déterminer, parce que entre ces
faubourgs il se trouve de grands jardins et de grands
espaces, qui ne sont pas emplis de bâtiments, mais je puis
dire assurément qu'il serait d'une prodigieuse grandeur.

« La forteresse dans laquelle est le sérail et les autres
appartements royaux est bâtie en rond ou plutôt en demi-

cercle et regarde sur la rivière ; il y a néanmoins, entre l'eau et les murailles, un assez large et long espace sablonneux ; les murailles de la forteresse sont à peu près comme celles de la ville, mais elles sont en partie de briques et en partie d'une certaine pierre rouge qui ressemble à du marbre, ce qui les fait paraître plus belles que celles de la ville, outre qu'elles sont plus élevées et qu'elles sont plus fortes et plus épaisses, étant capables de soutenir quelques petites pièces de campagne qui sont braquées vers la ville et qu'elles ont tout autour, hormis de ce côté qui regarde la rivière, un beau fossé revêtu de pierres de taille, plein d'eau et de poissons ; elles ne sont pas néanmoins aussi considérables pour leur force ; une médiocre batterie de canons les aurait bientôt, à mon avis, jetées par terre.

« Autour du fossé règne un jardin assez large qu'on voit en tout temps plein de fleurs et d'arbrisseaux verts, ce qui fait avec ces grandes murailles toutes rouges un très bel effet à la vue.

« Autour de ce jardin est la grande rue ou plutôt la grande place royale où répondent les deux principales portes de la forteresse et à ces portes les deux principales rues de la ville.

« C'est dans cette grande place que se voient les tentes de ces Rajahs qui sont à la solde du roi, pour y faire toutes les semaines, chacun à leur tour, la garde. C'est dans cette même place, qu'à la pointe du jour, l'on exerce les chevaux d'une longue écurie royale qui paraît là proche. C'est encore dans cette place que le Kabar-Khan, ou grand commissaire de la cavalerie, visite exactement les chevaux des cavaliers qui ont été reçus pour entrer dans le service. Cette place est aussi une espèce de bazar ou marché de cent choses qu'on y vend et le rendez-vous des bateleurs de toutes sortes, comme le Pont-Neuf à Paris.

« Les deux principales rues que j'ai dit répondre aux deux portes de la forteresse et à la place peuvent avoir

vingt-cinq ou trente pas ordinaires de largeur et sont
tirées à droite ligne, presque à perte de vue.,Néanmoins
celle qui conduit à la porte de Lahore est bien plus longue
que l'autre, mais elles sont toutes deux semblables au
regard des bâtiments ; ce n'est, des deux côtés, qu'arcades
comme à notre place royale, avec cette différence néanmoins qu'elles ne sont de briques, et qu'il n'y a aucun
bâtiment dessus, mais seulement la terrasse. Il y a encore
cette différence, que ce ne sont pas des galeries continuées ;
les arcades sont ordinairement séparées par des cloisons,
qui sont des boutiques qui ne ferment point, où les artisans
travaillent pendant le jour, où les banquiers se tiennent
assis pour leurs affaires et où les marchands font montre
de leurs marchandises, qu'ils resserrent le soir dans un
magasin, dont la petite porte qui ferme est dans le fond de
chaque arcade.

« Outre ces deux principales rues, il y en a encore cinq
autres qui ne sont véritablement pas si longues ni si
droites, mais qui du reste leur sont entièrement semblables.
Il y a bien encore une infinité d'autres rues qui traversent
de tous côtés, dont il y en a plusieurs qui sont aussi à
arcades, mais parce qu'elles ont été bâties à reprises par
des particuliers qui n'ont pas observé la symétrie qu'il
fallait, elles ne sont la plupart ni si larges, ni si droites, ni
si bien bâties que les autres.

« Entre toutes ces rues sont répandues, de tous côtés, les
maisons des mansebdars ou petits omrahs, celles des gens
de justice et celles de plusieurs gros marchands et autres
particuliers, dont il y en a bon nombre qui ne sont pas
laides. Il est vrai qu'il y en a peu qui soient toutes de
briques ou de pierres, et qu'il y en a même quantité qui
ne sont entièrement que de terre et couvertes de paille,
mais elles ne laissent pas d'être commodes, parce qu'elles
sont ordinairement bien aérées avec des cours et des jardins. Elles ne laissent pas même d'être bien agréables par

les dedans, parce qu'entre les beaux meubles, ces couvertures de paille sont soutenues par une couche de certaines cannes dures et fortes qui sont assez jolies, et parce que ces murailles de terre sont enduites d'une chaux très fine et très blanche.

« Entre ces maisons, que je viens de dire qui sont passables, il y en a encore un nombre prodigieux d'autres petites qui ne sont que de terre et de paille où se retirent les simples cavaliers, toute cette valetaille, et tous ces petits gens de bazar ou marché que traîne après soi la Cour et l'armée.

« C'est à raison de ces chaumières que Delhy est si sujet aux incendies; c'est encore à raison de ces misérables maisons de terre et de paille, que je ne considère presque Delhy que comme plusieurs villages joints ensemble.

« Vous saurez que, dans ces pays chauds, pour qu'une maison soit appelée belle, on veut qu'elle soit bien commode, qu'elle soit située en quelque endroit bien aéré, qui puisse recevoir le vent de tous côtés et principalement de celui du Nord; qu'elle ait des cours, des jardins, des arbres, des réservoirs avec de petits jets d'eau dans les salles, ou du moins à l'entrée; l'on veut encore qu'elle ait de belles caves avec de grands éventails qui agitent l'air depuis le midi jusque sur les quatre ou cinq heures, que si l'air de ces caves commence à se faire chaud et étouffant, au lieu de caves, elle ait des kas-kanays, c'est-à-dire de petites maisons de paille, ou plutôt de racines odoriférantes, qui sont très proprement faites, et qu'on place ordinairement au milieu d'un parterre proche de quelque réservoir, afin que des valets, avec des outils, les puissent facilement arroser par le dehors. On veut même encore, pour la beauté d'une maison, qu'elle soit située au milieu de quelque grand parterre, qu'elle ait quatre grands divans ou estrades, qui soient relevés de terre de la hauteur d'un homme ou environ et qui soient exposés aux quatres parties

du monde, pour recevoir le vent et le froid de quelque côté
qu'il puisse venir. On veut enfin qu'elle ait des terrasses
élevées, où l'on puisse dormir pendant la nuit, qui soient
de plain pied avec quelque grande chambre où l'on puisse
tirer son chalit en cas de nécessité, c'est-à-dire lorsqu'il
survient quelque orage de pluie ou de poussière, ou quand
cette fraîcheur piquante du point du jour vous éveille et
vous fait chercher une couverture, ou bien quand on
appréhende cette petite et légère rosée du matin qui est
pénétrante et qui cause quelquefois des engourdissements
des membres et des espèces de paralysies. Pour ce qui est
du dedans d'une belle maison, il faut que tout le pavé soit
couvert d'un matelas de coton épais de quatre doigts, avec
une fine toile blanche par dessus pendant l'été et un tapis
de soie pendant l'hiver ; que dans l'endroit le plus apparent
de la chambre, proche de la muraille, il y ait un ou deux
matelas piqués avec de fines couvertures piquées en fleurs
et relevées de petites broderies délicates de soie avec de
l'or et de l'argent pour asseoir le maître de la maison ou
les personnes de qualité qui surviennent ; que chaque
matelas ait son gros traversin de brocart sur lequel l'on
s'appuie ; que tout autour de la chambre, le long des
murailles, il y ait plusieurs de ces gros traversins, tels que
je viens de dire, ou de velours ou de satin à fleurs, pour
appuyer aussi les assistants. Les murailles à cinq ou six
pieds du pavé doivent être presque toutes en niches ou
petites fenêtres, taillées de cent façons ou figures différentes, fort galantes, bien compassées et bien proportion-
nées les unes aux autres, avec quelques vases de porcelaine
dedans et quelques pots à fleur ; et les plafonds doivent
être peints et dorés, sans qu'il y ait néanmoins aucunes
figures d'hommes ou d'animaux, parce que la religion ne
le permet pas. C'est à peu près l'idée d'une belle maison de
ces quartiers et, comme il y en a bon nombre dans Delhy
qui ont toutes les qualités que je viens de dire, ou du

moins en partie, selon qu'elles sont plus ou moins belles et
magnifiques, je crois qu'on peut dire, sans faire tort à nos
villes, que Delhy n'est pas sans bâtiments qui soient véritablement beaux, quoiqu'ils ne soient pas semblables aux
nôtres d'Europe.

« Pour ce qui est de l'apparence en richesses des
boutiques, encore que Delhy soit le siège d'une très
puissante et très magnifique cour, il ne faut néanmoins
pas s'imaginer qu'il s'y trouve de nos rues Saint-Denis. Je
ne sais si dans toute l'Asie, il y en a une semblable et même
ce qu'il y a de plus belles et de plus riches étoffes n'est
d'ordinaire que dans des magasins. Les boutiques n'en
sont point parées, en sorte que pour une dans laquelle il se
vend de ces belles et fines toiles, de ces étoffes rayées d'or
et d'argent, de ces toiles d'or, turbans en broderies d'or,
brocarts et autres marchandises de grand prix, vous en
trouverez toujours vingt-cinq et davantage qui ne sont
pleines que de pots d'huile et de beurre et que de paniers
les uns sur les autres, remplis de riz, d'orge, de pois
chiches, de froment et de je ne sais combien d'autres sortes
de grains et de légumes qui sont le manger ordinaire non
seulement de ces Gentils qui ne mangent jamais de viande,
mais même de tout ce menu peuple mahométan, et d'une
bonne partie de la milice.

« Véritablement il y a un marché de fruits qui a quelque
apparence ; on y voit l'été quantité de boutiques pleines de
fruits secs, qui viennent de Perse, de Balk, de Bokara et
de Samarcande, comme amandes, pistaches, noisettes,
raisins, pruneaux, abricots et autres ; dans l'hiver, on y
voit d'excellents raisins frais noirs et blancs, qu'on apporte
de ces mêmes pays bien enveloppés dans du coton, des
pommes et des poires de trois ou quatre espèces et de ces
admirables melons qui durent tout l'hiver. Le mal est que
tous ces fruits sont fort chers ; j'ai vu vendre des melons
jusqu'à un écu et demi ; aussi est-ce en cela le grand régal

et la grande dépense des Omrahs ; j'ai aussi vu plusieurs fois chez mon agah qu'il s'en mangeait à mon déjeuner pour plus de vingt écus.

« Il n'y a que les melons du pays qui, l'été, sont à bon marché, mais aussi ne sont-ils pas fort bons ; les seuls grands seigneurs qui ont soin de faire venir la graine de Perse et de faire préparer la terre à la campagne avec des soins extraordinaires, en peuvent manger de bons ; encore sont-ils rares. La terre est si peu propre que la graine dégénère dès la première année. Il est vrai qu'il y a encore un certain fruit qu'on appelle amba ou mangue, qui, dans son temps, pendant deux mois d'été, est en grande abondance et à bon marché, mais celui de Delhy n'est pas trop bon. Ce n'est quasi qu'étoupes ; celui de Bengale, de Golconde, de Goa est merveilleux. C'est une certaine douceur si particulière que je ne sais s'il y a confiture au monde plus agréable. Il y a aussi des pastèques ou melons d'eau en quantité, et presque toute l'année, mais ils ne réussissent aussi pas trop bien à Delhy ; ils n'ont quasi jamais cette chair vermeille, ferme et sucrée ; s'il s'en trouve de bons, ce n'est encore que chez les grands, qui prennent la peine d'en faire comme des melons avec des soins et des dépenses extraordinaires.

« On trouve encore par la ville des boutiques de confituriers, mais toutes leurs confitures sont très mal faites, pleines de poussière et de mouches.

« Il y a aussi plusieurs boutiques de pain, de tous côtés, mais parce qu'ils n'ont pas les fours comme nous, il n'est jamais bien cuit, ni bien fait ; néanmoins, on en vend d'assez bon à la forteresse, et les Omrahs en font faire chez eux qui est fort délicat, n'y épargnant pas le beurre frais, le lait et les œufs ; néanmoins, quoiqu'ils le fassent lever, il est toujours bien éloigné de notre pain de Gonesse et de ces autres pains délicats de Paris ; il ressent toujours le gâteau et l'échaudé.

« Il y a aussi dans ces bazars quelques boutiques où l'on se mêle de rôtisserie et de faire de je ne sais combien d'autres sortes de mangers, mais tout cela n'est rien que gueuserie, vilainie et de mauvaise viande ; je ne sais pas même si quelquefois ce ne serait point de la chair de chameau, de cheval ou peut-être de quelque bœuf mort de maladie ; il ne s'y faut pas trop fier, si bien que qui veut manger quelque chose qui vaille, il le faut faire apprêter chez soi.

« Il se trouve aussi beaucoup de boutiques de tous côtés, où l'on vend de la chair, mais il faut prendre garde qu'au lieu de chèvre on ne vous donne du mouton, parce que le mouton et le bœuf, et surtout le mouton, quoique d'assez bon goût, est ici fort chaud, fort venteux et de très mauvaise digestion ; le vrai manger est le chevreau, mais on n'en vend que rarement au marché par quartier ; en sorte que si on en veut manger, il le faut acheter tout entier et tout vivant. Ce qui est assez incommode, parce que la viande se gâte du matin au soir, et que pour l'ordinaire il est si maigre, qu'il n'a point de goût ; on ne trouve ordinairement à la boucherie que des quartiers de grandes chèvres, qui sont aussi souvent très maigres et dures. Il est vrai que, depuis que je me suis un peu instruit des manières du pays, je trouve d'assez bonne viande et d'assez bon pain, parce que j'envoie mon serviteur à la forteresse chez les dépensiers du Roi, qui sont bien aises de lui en donner en bien payant, sans qu'il leur en coûte guère ; et ce fut sur cela que je fis un jour sourire mon agah, quand je lui dis que, depuis je ne sais combien d'années je ne vivais que d'artifices et que de larcins, et qu'avec les cent cinquante écus de paye qu'il me donnait par mois, je mourais de faim, au lieu qu'en France pour une demi-roupie, je pouvais tous les jours manger un aussi bon petit morceau de viande que le Roi.

« De chapons, il ne s'en trouve point, mais les marchés

sont pleins de poules, qui sont assez bonnes et à bon prix; il y a entre autres une certaine espèce de petites poules que j'appelais éthiopiennes, parce qu'elles ont la peau noire comme les Éthiopiens, qui sont très tendres et très délicates.

« Des pigeons, on en trouve, mais non pas des pigeonneaux; ils ne les veulent pas tuer si jeunes. Ils seraient, disent-ils, trop petits, et il serait mal fait que de tuer ces pauvres petits animaux.

« Il y a aussi des perdrix, mais plus petites que les nôtres et, pour l'ordinaire, comme ils les apportent de loin toutes vivantes, les sachant prendre aux filets, elles sont pires que les poules; il en est de même des canards et des lièvres qu'ils apportent aussi tous vivants à pleines cages.

« Pour ce qui est du poisson, ils ne sont pas ici grands pêcheurs; néanmoins, il s'en trouve quelquefois de fort bon et principalement de deux sortes, l'un qui revient à notre brochet qu'on nomme *sing-ola*, et l'autre qui revient à la carpe qu'on nomme *rau*; mais ce n'est que quand il ne fait pas froid, car les Indiens le craignent beaucoup plus que nous.

« De tout ce que je viens dire, vous pouvez assez voir, en passant, si c'est de Paris qu'il faut sortir pour venir à Delhy faire bonne chair. Véritablement les grands ont toutes choses, mais c'est à force de serviteurs, à force d'argent. Aussi, disais-je quelquefois que, dans Delhy, il n'y a point de milieu, qu'il faut être grand seigneur ou vivre misérablement; car je me suis longtemps, pour ainsi dire, laissé mourir de faim, quoique j'eusse une paye assez considérable et que j'eusse bien dessein de ne rien épargner de ce côté-là, parce qu'il ne se trouve ordinairement que le rebut des grands seigneurs; joint que l'âme du festin, qui est le bon vin, ne s'y trouve point, non pas qu'il ne croisse des raisins dans ce pays, mais c'est qu'il y a défense d'en

11

faire, parce que non seulement dans la loi des Mahomé-
tans, mais encore dans celle des Gentils, il n'est pas permis
d'en boire. De sorte que s'il s'y en trouve, c'est fort rarement, et de celui de Perse qui vient de Chiraz par terre
au Bender-Abassy, de là par mer à Surate, et de Surate ici
par terre en quarante-six jours ; ou bien celui de Canarie,
que les Hollandais apportent aussi par mer à Surate, et l'un
et l'autre est si cher que le coût, comme on dit, en fait
perdre le goût, car la bouteille, qui tiendra environ trois de
nos pintes de Paris, revient souvent à six ou sept écus et
davantage. Ce qui se trouve ici, c'est de l'araque ou eau-
de-vie de sucre, qui n'est pas raisinée. Encore y est-il très
expressément défendu d'en vendre, et il n'y a personne que
les Chrétiens qui en osent boire, si ce n'est en cachette.
C'est une boisson qui est brûlante et âcre, comme cette
eau-de-vie qu'on fait de blé en Pologne ; elle attaque même
tellement les nerfs, qu'elle rend souvent les mains trem-
blottantes de ceux qui en boivent un peu trop et les jette
dans des maladies incurables. Il faut ici s'accoutumer à la
belle et bonne eau, et à la limonade qui est excellente, qui
se peut faire à peu de frais et qui ne gâte point l'estomac.
Mais aussi, il faut dire la vérité, que dans les pays chauds
on n'a pas grande inclination à boire du vin ; et je suis
même bien aise qu'on fasse cette remarque avec moi, que
l'abstinence qu'on fait du vin dans ces quartiers, jointe à
cette sobriété ordinaire du pays, aux sueurs et à la transpi-
ration perpétuelle qui se fait par les pores, sont cause,
à mon avis, qu'on ne sait presque ce que c'est que de
goutes, de pierres, de maux de reins, de catharres, ni de
fièvres quartes, et que ceux qui y apportent quelques-unes
de ces incommodités comme moi, s'en trouvent entièrement libres, et que même la vérole, quoique très commune, n'y est pas si cruelle, ni si malfaisante, en sorte
qu'on vit ici ordinairement bien plus sainement qu'on ne
fait chez nous ; mais aussi, d'un autre côté, on n'y a point

tant de vigueur que dans nos pays froids, et cette faiblesse
et abattement de corps et d'esprit que cause le chaud est
une espèce de maladie quasi perpétuelle, très considérable
et très incommode à tout le monde, principalement dans
les grandes chaleurs de l'été et entre autres aux Européens
qui n'ont encore pas le corps endurci à la chaleur.

« De ces boutiques d'excellents artisans, c'est ce qu'il ne
faut pas non plus chercher dans Delhy! tout ce qu'on y
trouve est fort peu de chose. Ce n'est pourtant pas que les
Indiens n'aient assez d'esprit pour pouvoir très bien réussir
dans les arts, et que dans quelques-uns mêmes, ils n'y
réussissent en plusieurs endroits des Indes. Nous en
voyons qui y ont assez d'inclination et qui, d'eux-mêmes
et quasi sans maîtres et sans outils, font de très jolis
ouvrages et contrefont si bien notre travail d'Europe qu'à
peine y peut-on rien reconnaître de différent. Il n'y a pas
jusqu'à nos fusils; j'en ai vu qui en faisaient de très
beaux et de très bons; et des pièces d'orfèvrerie, j'en ai vu
de si bien travaillées que je ne savais si, en Europe, on en
ferait de plus belles. Dans la peinture et dans la migna-
ture, j'ai vu aussi des pièces si belles, si fines et si délicates, que je les admirais. J'ai vu entre autres les combats
d'Eckar représentés sur un bouclier par un fameux peintre
qu'on disait avoir été sept ans après, qui me semblait un
ouvrage merveilleux. On voit qu'il ne leur manque que
les bons maîtres et les préceptes de l'art pour leur donner
ces justes proportions et surtout ce vif du visage, où ils
ne peuvent jamais arriver. Ce qui fait donc que, dans les
boutiques de Delhy, on ne trouve que rarement de ces bons
artisans, ce n'est pas parce qu'ils manquent d'esprit, mais
parce qu'on méprise trop les ouvriers, qu'on les maltraite,
et qu'on veut avoir tout à trop bon marché. Si quelque
omrah ou manseldar veut faire faire quelque chose à un
ouvrier du bazar, il l'enverra quérir, le fera travailler à
demi par force et puis le paiera comme bon lui semblera.

Quel courage avec cela peut avoir un pauvre artisan pour prendre peine à réussir dans ses ouvrages? Il ne songe qu'à dépêcher sa besogne et en tirer ce qu'il pourra pour attraper un morceau de pain, de sorte que, s'il y en a qui réussissent, ils sont de ceux que le roi ou les grands seigneurs entretiennent à leur service et qui ne travaillent que pour eux. »

Après cette description de la ville de Delhy, Bernier parle ensuite du palais habité par le Grand Mogol, qu'il désigne sous le nom de forteresse, et qui, à lui seul, formait une ville. Bernier nous donne de curieux détails à ce sujet et, grâce à lui, nous sommes initiés à la vie que menaient les souverains de l'Inde. Nous pénétrons dans ces appartements richement meublés, conformément au rite asiatique, nous traversons d'immenses cours, entourées d'arcades, rafraîchies par des jets d'eau, nous assistons aux audiences et aux réceptions royales. L'existence que menait le Grand Mogol n'a rien qui doive nous étonner, si nous sommes tant soit peu initiés aux mœurs et aux habitudes des Cours de l'Asie. Il ne sortait guère que le vendredi pour se rendre à la grande mosquée, recevait les ambassadeurs, les rajahs qui venaient lui présenter leurs hommages, après avoir eu le soin de se munir de riches présents, visitait ses écuries, et assistait avec ses femmes à des combats d'éléphants, de buffles, de lions, de tigres, de léopards, de panthères. Une de ses distractions consistait à faire battre les unes contre les autres des gazelles apprivoisées et dressées pour cet exercice. Parfois, des astrologues venaient prédire l'avenir, tirer l'horoscope, des jongleurs donner quelques représentations, et des charmeurs étonner avec leurs serpents tout le monde officiel toujours en quête de quelque amusement.

Bernier fut témoin de tous ces spectacles et les descriptions qu'il en donne sont des plus fidèles et des plus exactes. Le prince qui régnait alors, Aureng-Zeyb, l'avait pris en affection, et notre compatriote avait toute latitude pour se livrer à ses observations. Les Mongols qui constituaient la race dominante étaient Musulmans, mais montraient une assez grande tolérance, et chez eux l'on ne trouvait pas ce fanatisme qui malheureusement est la principale qualité des Turcs et des Persans. Le souverain donnait lui-même l'exemple, en témoignant sa bienveillance aux Chrétiens aussi bien qu'aux Gentils, et cette politique n'était pas personnelle à Aureng-Zeyb. Son prédécesseur avait constamment agi de même, et l'on pouvait supposer qu'il était tant soit peu sceptique : en tous cas, il était assez indifférent et ne montrait pas grand zèle à suivre les préceptes du Koran. Le fait suivant que rapporte Bernier le prouve.

A Delhy vivait un médecin français, nommé Bernard qui, depuis longues années, était venu dans l'Inde. Son habileté lui avait concilié l'amitié du Grand Mogol et les cures qu'il faisait lui avaient valu une grande réputation. Du reste, Bernier qui le connaissait et entretenait des rapports avec lui, ne met pas en doute ses talents et fait même son éloge. Bernard était devenu le médecin du sérail et les soins qu'il donnait aux dames du palais étaient largement payés. Cependant, il n'en était pas plus riche, menant toujours grand train. Il arriva qu'il devint amoureux d'une de ses clientes, qui était jeune, belle et dansait fort bien. Mais la mère de l'objet désiré faisait bonne garde. Bernard ne se tint pas pour battu. Un matin qu'il assistait à une audience royale, le Grand Mogol le reçut fort civilement et lui fit un présent considérable pour une cure qu'il avait faite dans le sérail. Bernard adressa une supplique, et demanda, comme gratification, l'objet de ses désirs qui était au pied du trône avec ses compagnes. Une Musulmane ne peut devenir la femme d'un Chrétien ; la loi de Mahomet s'y oppose. Loin de prendre en mauvaise part cette demande qui, en Europe, aurait paru plus que déplacée, et en Asie pouvait être considérée comme un sacrilège, le souverain de l'Inde n'en fit que rire et commanda en même temps qu'on donnât cette jeune fille au disciple d'Esculape. « Qu'on la lui charge sur les épaules », dit-il « et qu'il l'emporte », aussitôt dit, aussitôt fait et, en présence de toute l'assemblée, l'on chargea Bernard, qui sortit ainsi avec son joli fardeau et l'emmena dans sa maison.

Bernier était musicien et en cette qualité il nous communique ses impressions au sujet des concerts de la Cour du Grand Mogol, auxquels il assistait. Tout d'abord cette musique, faite par un orchestre qui se composait de trompettes, de hautbois et de tymbales, lui parut être un vacarme étourdissant, insupportable. Mais, peu à peu, il finit par s'y habituer et il nous déclare que, dans la suite, elle lui parut être très agréable, et lorsque la nuit, il était en proie à quelque insommie, il prenait plaisir à l'entendre, et qu'il lui trouvait quelque chose de grave, de majestueux et de fort mélodieux !

Delhy ne possédait guère en fait de monuments que le palais du Grand Mogol. Telle est l'opinion de notre compatriote. Ses mosquées n'avaient rien de remarquable ; la principale, malgré ses trois dômes en marbre blanc, n'avait rien qui puisse attirer longtemps la visite d'un artiste ou même celle d'un explorateur. L'on eût dit que les Musulmans de l'Inde avaient complètement oublié les leçons qu'ils avaient reçues des Arabes. Il ne fallait pas s'attendre à trouver de ces minarets et de ces coupoles qui sont justement admirées par leur grâce et leur légèreté.

La distance de Delhy à Agrah ne dépasse guère soixante et quelques lieues. Inutile de dire que Bernier visita cette dernière cité, l'une des capitales de l'empire mogol. Il nous en donne une description des plus complètes. A cette époque, Agrah était un centre commercial. Les Hollandais y avaient une factorerie où ils vendaient des miroirs, des dentelles, de la quincaillerie. L'indigo que l'on récoltait à quelques journées de la ville était le produit qu'ils achetaient et, grâce à sa qualité supérieure, ils savaient tirer de son trafic de sérieux bénéfices.

Les Anglais avaient aussi essayé de s'établir à Agrah ; mais leurs efforts avaient été stériles et ils avaient abandonné le poste qu'ils avaient fondé quelques années auparavant. Contrairement à ce qui se passait à Delhy, l'on trouvait à Agrah un certain nombre de familles chrétiennes indigènes. Les Jésuites y possédaient une église et un collège et, dans leurs aumônes, ils ne faisaient aucune distinction entre le chrétien et le gentil. Bernier avait pu le constater et il nous dit, en parlant de leur mission que, si durant ses voyages, il avait pu voir des abus dans certains couvents, *néanmoins, il approuvait extrêmement les missions et les bons missionnaires, surtout nos Jésuites et nos Capucins.* Il ajoute *qu'ils sont absolument nécessaires et que c'était l'honneur et la prérogative du Christianisme qu'il y eût des apôtres par tout le monde.* Mais il ne se fait aucune illusion sur l'Inde ; les missionnaires, selon lui, peuvent y faire quelques recrues, mais il désespère de voir la population embrasser en masse le Christianisme. Musulmans et Gentils sont trop dépravés pour suivre la morale de l'Évangile et renoncer à l'existence toute matérielle qu'ils mènent et qui, pour eux, est devenue en quelque sorte une seconde nature.

Agrah était alors une fort belle ville. Ses monuments la rendaient célèbre dans tout l'Extrême-Orient. Bernier les passe en revue et il nous les fait visiter, ainsi que les campagnes qui s'étendent aux alentours ou aux environs de Delhy. « C'est en vain, nous dit-il, que l'on chercherait des Saint-Cloud, des Chantilly, des Meudons, des Liancours, des Vaux, des Ruelles, des maisons de plaisance comme en possèdent de simples gentilshommes ou de bons bour-

geois, de gros bourgs bien peuplés. » Les palais qu'il a
sous les yeux, le luxe asiatique qui s'affiche devant lui, ne
lui font pas oublier la France et en particulier Paris :
« Promenez-vous seulement sur votre Pont-Neuf, écrivait-il
à M. de la Mothe le Vayer, considérez attentivement pendant tout le jour tout ce qui est à l'entour de vous avec cet
incroyable et admirable embarras ; pendant la nuit, considérez cette infinité de sombres lumières des fenêtres de ces
hauts bâtiments qui vous environnent ; ce même embarras
du jour qui continue jusque après minuit ; le bon bourgeois, et ce qui ne se voit en nulle part de l'Asie, la belle
bourgeoise qui se promène là sans craindre les filoux et
l'incommodité des boues, et puis toutes ces longues files
d'étoiles qui bravent le vent, la pluie et l'obscurité. Promenez-vous, dis-je, là seulement en considérant toutes ces
choses que je viens de dire, et soutenez hardiment, sur ma
parole, que vous êtes dans le point de la plus belle, de la
plus superbe et de la plus magnifique vue artificielle qui
soit au reste de la terre, si ce n'est dans quelque part en la
Chine ou bien au Japon. Que sera-ce un jour, lorsque le
Louvre, cet ouvrage qu'on ne croyait jamais voir qu'en
dessein et sur le papier, sera achevé. » Si Bernier revenait
de l'autre monde, il serait plus convaincu que jamais, et
l'admiration qu'il avait pour Paris serait encore plus
grande, surtout lorsqu'il verrait le Louvre entièrement
achevé et réuni aux Tuileries.

Bernier n'était pas venu avec l'intention de mener une
existence inoccupée ou tout au moins inactive. Il se proposait de parcourir la péninsule et de pénétrer dans des
régions inexplorées ; il put bientôt mettre à exécution son
projet. Aureng-Zeyb avait été malade et, à peine était-il
entré en convalescence, que le bruit courut qu'il se proposait de se rendre à Lahore et de là à Cachemire. L'on
disait même que ce voyage était avant tout une expédition
militaire et que le but que l'on se proposait était le siège de

Kandahar, l'une des places de guerre les plus importantes de l'Asie. Le protecteur de Bernier, le vizir Danekmend-Khan, devait accompagner le Grand Mogol, et tout naturellement il ne voulait pas se séparer de son protégé dont les entretiens sur Gassendi, Descartes, le globe terrestre et l'anatomie lui étaient devenus indispensables. Notre compatriote apprit la nouvelle du départ d'Aureng-Zeyb avec une joie non dissimulée et se hâta de faire ses préparatifs. Il acheta deux chevaux tartares, un chameau et retint un cuisinier, un chamelier et deux autres serviteurs. Le mobilier de campagne qu'il emportait avec lui, se composait d'une tente, d'un petit lit de sangle, d'un coussin, de deux couvertures, d'une nappe de cuir, de quelques serviettes et d'une modeste batterie de cuisine. Deux grands sacs complétèrent son équipement; l'un était destiné à serrer le linge et les effets, et l'autre du riz, des biscuits, de l'anis, du sucre et des citrons.

A cette époque comme à la nôtre, les souverains de l'Asie ne marchaient guère sans être accompagnés de forces militaires assez imposantes. Le Grand Mogol menait avec lui une armée composée de 35,000 hommes de cavalerie et de 15,000 d'infanterie, sans parler de l'artillerie qui comptait soixante-dix grosses pièces de canon, la plupart en fonte, traînées par des bœufs et des éléphants, et soixante petites pièces de campagne, montées sur des charrettes ou traînées par des chevaux. Aussi la marche d'une semblable armée devait-elle être des plus lentes et devait-on voyager par petites journées.

L'on partit de Delhy, dans les premiers jours de janvier 1663, et cependant l'on n'arriva à Lahore que le 25 février. Bernier nous décrit la manière dont s'effectua le voyage. Chaque soir, l'on dressait les tentes, et le Grand Mogol rendait la justice, donnait des audiences, comme s'il avait été en sa capitale. De nombreux divertissements venaient égayer la cour et, en première ligne, nous cite-

rons les chasses à la gazelle, au nigaud, au lion, à la
grue.

Lorsque l'armée était en marche, l'on aurait dit une véritable ville ambulante. Plusieurs centaines de pionniers
servaient d'éclaireurs et aplanissaient les difficultés de la
route. Le souverain était environné d'une brillante
cscorte, et derrière lui venaient les femmes de son sérail,
portées dans des palanquins richement décorés. A droite
et à gauche, de nombreux cavaliers battaient le pays pour
y ramasser des vivres et du fourrage. Le passage d'une
rivière ne s'accomplissait jamais sans de grandes difficultés : il fallait construire un pont de bateaux, et il arrivait
souvent que le défilé durait quatre à cinq jours.

Bernier ne pouvait que s'intéresser à ce qu'il voyait et
cette série de spectacles, nouveaux pour lui, était chez lui
l'objet d'une étude aussi sérieuse que constante. Aussi ne
se plaint-il pas des fatigues et des privations qu'il a dû
avoir à supporter. Il se borne à nous dire qu'il faisait
usage de limonade et qu'il la fabriquait lui-même, grâce à
sa provision de sucre, d'anis et de citrons. Pour rafraîchir
l'eau, il la mettait dans un flacon d'étain et la remuait
durant un quart d'heure, après y avoir jeté trois ou quatre
poignées de salpêtre. De cette façon, il parvenait à se
désaltérer.

La route de Delhy à Lahore ne présentait aucun intérêt;
du reste, il était difficile à Bernier de pouvoir l'apprécier.
L'on voyageait presque toujours la nuit, et sur le parcours
les villes et les bourgades étaient peu nombreuses. A peine
trouvait-on çà et là quelques modestes hameaux. Si le pays
était en grande partie désert, en revanche, il offrait de
précieuses ressources pour les chasses, et le récit que
Bernier nous fait de plusieurs d'entre elles est plein d'attraits et précieux à titre de document.

Le Grand Mogol et sa suite séjournèrent quelques
semaines à Lahore. Bernier mit ce temps à profit pour

visiter et étudier cette cité qui jadis était un centre important. Elle était alors bien déchue; la plupart de ses
maisons tombaient en ruines, et un certain nombre d'entre
elles s'étaient effondrées à la suite des pluies torrentielles
qui étaient tombées les années précédentes. Dans le pays,
Lahore passait pour être l'ancienne Bucéphalie; Bernier
nous rapporte ce fait sans se prononcer, et il ajoute que si
le souvenir du fameux cheval ne s'est pas conservé, en
revanche, celui d'Alexandre est assez vivace, et la renommée du fameux conquérant n'a guère perdu de sa célé-
brité.

Lahore n'était pas le but du voyage d'Aureng-Zeyb, mais
Cachemire. Aussi l'armée ne tardait guère à se remettre
en marche et, au bout de dix jours, elle était entrée dans
ce célèbre royaume. Nous savons qu'il existe peu de pays
qui aient été autant vantés. Les Européens, aussi bien que
les Asiatiques, se sont extasiés devant les sublimes beautés
des paysages de la vallée heureuse. Peu de régions du
globe peuvent, en effet, lui être comparées. Entouré de
tous les côtés par une imposante ceinture de montagnes
dont les sommités, couvertes de neiges éternelles, se
dressent au-dessus d'un sombre manteau de verdure, le
royaume de Cachemire étend, sous le beau ciel de l'Inde,
ses plaines couvertes d'arbres en fleurs, ses charmantes
vallées, parcourues de nombreux torrents, et ses lacs bleus.
Nulle part la nature n'a entassé, sur un espace aussi restreint, des contrastes aussi imposants. C'est pourquoi le
royaume de Cachemire est-il tant chanté par les poètes
hindous et persans qui, dans leur admiration, l'appellent
le chef-d'œuvre de la création. Depuis 1849, il reconnaît la
suzeraineté de l'Angleterre et désormais les touristes
peuvent le parcourir eu toute sécurité. Il y a deux cent et
quelques années, il n'en était pas de même. Le Cachemire
était une terre mystérieuse, et aucun *Roumi* ne s'y était
encore aventuré. Bernier était le premier Européen qui

parcourait cette région, et les renseignements qu'il nous donne sont de la plus grande véracité. Ses observations sont toujours empreintes de la plus grande exactitude et son récit est resté une véritable actualité.

Bernier resta près de trois mois au Cachemire et se livra à une étude complète sur le pays, ses productions et ses habitants, qu'il résume dans une lettre adressée à un ami, sur des merveilles, et dont nous croyons devoir reproduire la partie la plus importante.

« Les premières montagnes qui entourent le royaume de Cachemire, je veux dire celles qui sont les plus près de la plaine, sont de médiocre hauteur, toutes vertes d'arbres ou de pâturages, pleines de bétail de toutes sortes, comme vaches, brebis, chèvres et chevaux ; de gibiers de plusieurs espèces, comme perdrix, lièvres, gazelles, et de quelques animaux qui portent le musc ; il y a aussi des abeilles en très grande quantité. Et, ce qui est très rare dans les Indes, il ne s'y trouve ni serpents, ni tigres, ni ours, ni lions, si ce n'est très rarement, de sorte qu'on peut dire que ce sont des montagnes innocentes et découlantes de lait et de miel, comme étaient celles de la terre de promission.

« Au delà de ces médiocres montagnes, il s'en élève d'autres très hautes dont le sommet, en tout temps, demeure couvert de neiges et qui paraît, au-dessus des nuages et des brouillards ordinaires, toujours tranquille et lumineux, aussi bien que l'Olympe.

« De toutes ces montagnes, il sort une infinité de sources et de ruisseaux, de tous côtés, que les habitants savent amener à leurs campagnes de riz et conduire même, par de grandes levées de terre, jusque sur leurs petites collines et qui, après avoir fait mille autres petits ruisseaux et mille cascades, viennent enfin à se rassembler et à former une très belle rivière qui porte des bateaux aussi grands que notre Seine et qui, après avoir doucement tournoyé à l'entour du royaume et passé par le milieu de la ville

capitale, s'en va trouver sa sortie à Baramoulé, entre deux
rochers escarpés, pour se jeter de là au travers des préci-
pices, se charger en passant de plusieurs petites rivières
qui descendent des montagnes, et se rendre, vers Atek,
dans le fleuve Indus.

« Tous ces ruisseaux qui descendent des montagnes,
rendent la campagne et toutes ces collines si belles et si
fertiles qu'on prendrait tout ce royaume pour quelque
grand jardin tout vert, mêlé de villages et de bourgades
qui se découvrent entre les arbres, et diversifié de petites
prairies, de pièces de riz, de froment, de plusieurs sortes
de légumes, de chanvre et de safran, tout cela entrelacé
de fossés pleins d'eau , de canaux , de quelques petits lacs
et de ruisseaux. Tout y est parsemé de nos plantes et de
nos fleurs d'Europe et couvert de tous nos arbres, pom-
miers, poiriers, pruniers, abricotiers et noyers, chargés de
leurs propres fruits, et de vignes et de raisins, dans la
saison. Les jardins particuliers sont pleins de melons, de
pastèques, ou melons d'eau, de chervis, de betteraves, de
reforts, de la plupart de nos herbes potagères , et de
quelques-unes dont nous n'avons pas.

« Il est vrai qu'il n'y a pas tant d'espèces de fruits que
chez nous, et qu'ils ne sont pas même si excellents que les
nôtres, mais je crois que ce n'est pas la faute de la terre,
et que, s'ils avaient d'aussi bons jardiniers que nous, qui
sussent cultiver et enter les arbres, choisir les endroits et
faire venir des greffes des pays étrangers, ils en auraient
d'aussi bons que les nôtres, parce que, entre cette quantité
de toutes sortes que j'ai souvent pris plaisir de me faire
apporter, j'en ai trouvé plusieurs fois de très excellentes.

« La ville capitale, qui est du même nom que le royaume,
est sans murailles ; elle n'a pas moins de trois quarts de
lieue de long et d'une demi-lieue de large. Elle est située
dans une rase campagne, éloignée environ de deux lieues
des montagnes, qui semblent faire comme un petit cercle,

et sur le bord d'un lac d'eau douce, de quatre à cinq lieues
de tour, qui se forme de sources vives et des ruisseaux
qui découlent des montagnes et qui se va dégorger par
un canal portant bateaux, dans la rivière qui passe au
milieu de la ville. Cette rivière a, dans la ville, deux ponts
de bois, pour la communication d'un côté à l'autre. La
plupart des maisons sont de bois, mais elles ne laissent pas
d'être bien bâties, et même à deux et trois étages. Ce n'est
pas qu'il n'y ait de la pierre de taille très belle. L'on y voit
quantité de vieux temples d'idoles ruinés et d'autres
bâtiments qui en étaient faits, mais l'abondance de bois,
qui descend facilement par de petites rivières où on le jette,
fait qu'on trouve mieux son compte à bâtir de bois que de
pierre. Les maisons qui sont sur la rivière ont presque
toutes leur jardinet, qui regarde sur l'eau, ce qui fait une
très agréable perspective, principalement au printemps ou
en été, quand on se promène sur l'eau. Les autres maisons,
qui ne sont pas sur la rivière, ont presque aussi toutes
quelque jardin et, même, il y en a quantité qui ont un
canal qui répond au lac, et un petit bateau pour aller
promener dessus.

« Dans une extrémité de la ville paraît une montagne
détachée de toutes les autres, qui fait encore une perspective assez agréable, parce qu'elle a dans son penchant de
belles maisons, avec leurs jardins, et que, sur le haut, il
y a une mosquée et un ermitage, bien bâtis, avec un
jardin et quantité de beaux arbres verts qui lui servent de
couronne. C'est à cause de ces arbres et jardins qu'on
l'appelle, dans la langue du pays, Haryperbet, comme qui
dirait la montagne de verdure.

« A l'opposite de cette montagne, il en paraît une autre,
sur laquelle on voit aussi une petite mosquée avec un
jardin, et un très ancien bâtiment, qui marque avoir été
un temple d'idoles, quoique on l'appelle Tact-Souliman,
le trône de Salomon, parce que Salomon, disent les Maho-

métans, l'a fait bâtir, lorsqu'il vint à Cachemire, mais je ne
sais s'ils vous pourraient bien prouver qu'il eût fait ce
voyage.

« Le lac a cela de particulier qu'il est plein d'îles, qui
sont autant de jardins de plaisance qui paraissent tous
verts au milieu de l'eau, à cause de ces arbres fruitiers et
des allées de treilles, et parce que, ordinairement, ils sont
entourés de trembles à larges feuilles, disposés de deux en
deux pieds, dont les plus gros peuvent être embrassés,
mais qui sont longs comme des mâts de navires, ayant un
bouquet de branches, seulement tout au haut, comme des
palmiers.

« Au delà du lac, sur le penchant des montagnes, ce
n'est que maisons et jardins de plaisance, le lieu s'étant
trouvé admirable pour cela, parce qu'il est en très bel air,
en vue du lac, des îles et de la ville, et qu'il est plein de
sources et de ruisseaux.

« Le plus beau de tous ces jardins est celui du roi qu'on
appelle Chahlimar ; du lac on y entre par un grand canal
bordé de gazons. Ce canal a plus de cinq cents pas ordinaires de long et il est entre deux longues allées de peupliers Il conduit à un grand cabinet qui est au milieu du
jardin, où commence un autre canal bien plus magnifique, qui va tant soit peu en montant jusqu'à l'extrémité
du jardin. Le canal est pavé de grandes pierres de taille.
Son talus est de mêmes pierres que le pavé et, dans le
milieu, on voit une longue file de jets d'eau de quinze en
quinze pas. Il y a encore, d'espace en espace, de grands
ronds d'eau comme des réservoirs, d'où s'élèvent quantité
de jets d'eau de plusieurs sortes de figures, et il se termine
à un autre grand cabinet qui est presque comme le
premier.

« Ces cabinets qui sont à peu près faits en dômes, situés
au milieu du canal et entourés d'eau, et par conséquent
entre ces deux grandes allées de peupliers, ont une galerie

qui règne tout autour et quatre portes à l'opposite les unes des autres, dont il y en a deux qui regardent les allées avec deux ponts pour y passer, l'une d'un côté et l'autre de l'autre. Les deux autres regardent sur les canaux opposés. Chaque cabinet est composé d'une grande chambre au milieu de quatre autres moindres chambres qui sont dans les quatre coins. Tout est peint et doré par le dedans, tant la grande chambre que les petites, avec des sentences écrites en gros et magnifiques caractères persans; les quatre portes sont très riches. Elles sont faites de grandes pierres avec deux colonnes qui ont été tirées de ces anciens temples d'idoles que Chah-Jehan fit rúiner; on ne sait pas au vrai le prix de ces grandes pierres et colonnes, ni de quelle matière elles sont, mais on voit bien que c'est quelque chose de précieux, plus beau que le marbre et le porphyre.

« De tout ce que je viens de dire, on peut assez conjecturer que je suis un peu charmé de Cachemire et que je prétends qu'il n'y a peut-être rien au monde de pareil ni de si beau pour un petit royaume. Il mériterait encore de dominer toutes ces montagnes circonvoisines jusqu'à la Tartarie et tout l'Hindoustan jusqu'à l'île de Ceylan, comme il a fait autrefois. Ce n'est pas sans quelque raison que les Mogols l'appellent le paradis terrestre des Indes, qu'Akbar travailla tant pour s'en emparer sur les rois naturels du pays et que son fils, Jehanguire, en devint tellement amoureux qu'il ne le pouvait quitter et qu'il disait quelquefois qu'il aimerait mieux perdre tout son royaume que de perdre Cachemire. Aussi, dès lors que nous y fumes arrivés, tous les poètes à l'envi les uns des autres, Cachemirys et Mogols, s'efforçaient de faire des poésies à la louange de ce petit royaume, pour les présenter à Aureng-Zeyb qui les recevait et récompensait agréablement. Il me souvient mieux entre autres qu'il y en eut un qui, exagérant la hauteur de ces montagnes qui l'environnent et qui le rendent comme inaccessibles de toutes parts, disait que c'était le sommet de ces montagnes qui était cause que le ciel se retirait en voûte comme il paraît, que Cachemire étant le chef-d'œuvre de la nature et le roi des royaumes du monde, il était convenable qu'il fût inaccessible pour pouvoir jouir d'une paix et d'une tranquillité inébranlable, commandant à tous sans pouvoir être commandé. Il ajoutait que si la nature l'avait entouré, comme j'ai dit au commencement, de montagnes, dont les unes, savoir les plus hautes et les plus éloignées, étaient en tout temps toutes blanches couvertes de neige et les plus basses et les plus proches de la plaine, toutes vertes et couvertes de bois, c'était parce que le roi des royaumes du monde devait être couronné d'une couronne très précieuse, dont le haut et les rayons fussent de diamants et le fond d'émeraudes. Quoi qu'il en soit, Cachemire est une très belle campagne, diversifiée de quantité de petites collines, qui a deux lieues ou environ et dix à douze de large.

« Les Cachemirys ont la réputation d'être tout à fait spirituels, beaucoup plus fins et adroits que les Indiens et propres à la poésie et aux sciences autant que les Persans ; ils sont de plus très laborieux et industrieux. Ils font des paleytia, des bois de lits, des coffres, des écritoires, des casserves, des cuillières et plusieurs autres sortes de petits ouvrages qui ont une beauté toute particulière et qui se distribuent par toutes les Indes. Ils savent y donner un vernis et faire et contrefaire si adroitement les veines d'un certain bois qui en a de fort belles, en y appliquant des filets d'or, qu'il n'y a rien de plus beau. Mais ce qu'ils ont de particulier et de considérable et qui attire le trafic et l'argent dans leur pays, est cette prodigieuse quantité de châles qu'ils y travaillent et où ils occupent les petits enfants. Ces châles sont certaines pièces d'étoffe d'une aune et demie de long, et d'une de large ou environ, qui sont brodées aux deux bouts d'une espèce de broderie faite au métier, d'un pied ou environ de large. Les Mogols ou Indiens, hommes et femmes, les portent l'hiver sur leurs têtes, les repassant par dessus l'épaule gauche comme un manteau. Il s'en fait de deux sortes, les uns de laine du pays, qui est plus fine et plus délicate que celle d'Espagne; les autres sont d'une laine, ou plutôt d'un poil qu'on appelle tour, qui se prend sur la poitrine d'une espèce de chèvre sauvage du grand Thibet. Ceux-ci sont bien plus chers à proportion que les autres. Aussi, n'y a-t-il point de castor qui soit si mollet ni si délicat; le mal est que les vers s'y mettent facilement à moins qu'on ait un soin particulier de les déplier et éventer souvent. J'en ai vu de ceux-ci que les ourahs font faire exprès qui coûtaient jusqu'à cent cinquante roupies; des autres qui sont de cette laine du pays, je n'en ai pas vu qui passassent cinquante roupies.

« L'on fait cette remarque sur les châles, qu'on a beau eu travailler avec tout le soin possible dans Patna, dans Agrah et dans Lahor. Jamais on n'en peut rendre l'étoffe si mollette, ni si délicate comme dans Cachemire. On attribue communément cette délicatesse à l'eau du pays, comme on fait à Mazulipatam cette belle teinture de leurs chittes ou toiles peintes au pinceau, qui deviennent plus belles en les lavant.

« Les Cachemirys sont encore renommés pour le beau sang. Ils sont aussi bien faits que les Européens, ne tenant même rien du visage de tartare, avec ce nez écaché et ces petits yeux de porcs, comme l'ont ceux de Kacheguet et la plupart de ceux du grand Thibet. Les femmes surtout y sont très belles. Aussi, est-ce là que s'en fournissent la plupart des étrangers nouveaux venus à la Cour du Grand Mogol, afin de pouvoir faire des enfants qui soient plus blancs que les Indiens et qui puissent ainsi passer pour de vrais Mogols. Certainement, si l'on peut juger de la beauté des femmes qui sont plus cachées et retirées par celles du menu peuple qu'on rencontre dans les rues et qu'on voit dans les boutiques, on doit croire qu'il y en a de très belles. A Lahore, où elles sont en renom d'être de belle taille, menues de corps, et les plus belles brunes des Indes, comme elles le sont effectivement, je me servis d'un artifice ordinaire aux Mogols, qui est de suivre quelque enfant, principalement de ceux qui sont richement enharnachés, car, tout aussitôt qu'elles entendent les deux sonnettes d'argent qui leur pendent des deux côtés, elles mettent toutes la tête aux fenêtres. Je me suis servi ici du même artifice et d'un autre encore qui m'a bien mieux réussi. Il était de l'invention d'un vieux et fameux maître d'école que j'avais pris pour m'aider à entendre un poète persan. Il me fit acheter quantité de confitures et, comme il était connu et qu'il avait l'entrée partout, il me mena en plus de quinze maisons, disant que j'étais son parent, nouveau venu de Perse, que j'étais riche et à marier. Aussitôt que nous entrions dans une maison, il distribuait des confitures aux enfants et, incontinent, tout accourait autour de nous, femmes et filles, grandes et petites, pour en attraper leur part, ou pour se faire voir. Cette curiosité ne laissa pas de me causer quelques bonnes roupies, mais aussi je ne doutais plus que dans Cachemire il n'y eût d'aussi beaux visages qu'en aucun lieu de l'Europe. »

Durant son séjour au Cachemire, Bernier fit de nombreuses excursions dans le pays. Tantôt il profitait d'une promenade du Grand Mogol et se joignait aux personnes de sa suite, tantôt il partait en compagnie de quelque seigneur. Parfois, il était seul et ne prenait que quelques cavaliers pour lui servir d'escorte. Rien n'échappait à ses recherches et à ses observations, et il entre dans les plus petits détails. Les descriptions qu'il nous donne sont des plus intéressantes et, en même temps, il nous révèle une qualité qui, jusqu'à présent, semblait avoir été, au XVIIIᵉ siècle, le monopole du bon La Fontaine. Il aimait et goûtait la campagne, et il nous raconte que dans ses péré-

grinations, l'un de ses plaisirs était de s'asseoir à l'ombre
de quelque arbre, d'entendre souffler le vent, de suivre le
vol de quelque oiseau ou de le voir cheminer à travers les
herbes. Il ne se sentait plus seul et croyait être au milieu
de quelques visiteurs. Il nous raconte qu'il prit un jour un
réel plaisir à se coucher le long d'un ruisseau, à jeter du
pain aux poissons qui le peuplaient, à examiner leurs
ébats et à constater leur gaieté.

Les Musulmans du Cachemire étaient de zélés croyants ;
les santons qui vivaient retirés dans leurs ermitages rece-
vaient nombre de visites et quantité de présents, et les
lieux de pèlerinage étaient des plus fréquentés. Ces sanc-
tuaires se composaient généralement d'une mosquée et d'un
tombeau d'un derviche mort en odeur de sainteté. L'un des
plus célèbres était celui de Baramoulay. Bernier s'y rendit
et on l'avait averti qu'il y serait témoin d'un miracle et qu'à
son retour il se hâterait de renier l'Évangile pour embrasser
l'Islam. Notre compatriote gagna Baramoulay, dont la mosquée et le tombeau n'avaient rien de remarquable, pas
plus que le couvent des mollahs. L'affluence était grande
de nombre de gens malades qui venaient demander leur
guérison. Mais tout proche de la mosquée était une vaste
cuisine garnie de grandes chaudières pleines de lait et de
riz et, de temps en temps, avaient lieu des distributions.
« A mon avis », dit Bernier, « c'était l'aimant qui attirait
les malades et le miracle qui les guérissait ». Et il ajoute
qu'il fut assez malheureux pour ne pas être témoin de
quelque miracle, mais que les malades, après s'être amplement rassasiés, disaient qu'ils se sentaient plus de force et
de vigueur. Son incrédulité faillit lui jouer un mauvais
tour et il crut prudent, pour ne pas être lapidé, de monter
à cheval et de partir au plus vite en jetant quelques roupies
aux fanatiques qui le poursuivaient avec des intentions hostiles.

Le commerce avait également attiré l'attention de

Bernier qui n'avait pas tardé à constater que, grâce à la fertilité de son sol et à sa situation, le Cachemire était merveilleusement doué pour être le siège de transactions importantes. Les caravanes qui sillonnaient les routes étaient nombreuses, les exportations consistaient en femmes, en cuirs, en céréales, en fruits, tels que des pommes, des poires, des abricots; les melons étaient excellents et le raisin était justement renommé. L'on fabriquait même, dans certains cantons, du vin qui, comme qualité, ne laissait rien à désirer. Le Cachemire entretenait des relations suivies avec la Chine et le Thibet; il tirait de la Chine des bois, de la rhubarbe, et du Thibet, du musc, du cristal et des laines d'une finesse extrême. Les communications avec le reste de l'Inde étaient fréquentes et c'était à Patna qu'elles se concentraient en quelque sorte.

Le Thibet était alors une région mystérieuse, et Bernier s'était piqué de curiosité; il s'était mis en rapport avec plusieurs marchands et avait tâché d'obtenir quelques renseignements. Quelques-uns lui avaient dit qu'un trafic existait entre le Thibet et la Kachgarie et la plus grande partie de la Tartarie et que, malgré les difficultés et la longueur, chaque année des marchandises de l'Inde étaient importées au pays des Tartares, en passant par la région thibétaine. Aussi, pour Bernier, le Thibet était d'une importance extrême, grâce à sa situation. Ce royaume était alors indépendant de la Chine et, quelques années auparavant, le Grand Mogol avait essayé de s'en emparer ou tout au moins d'y faire reconnaître sa souveraineté, en profitant de ses discordes intestines. Ses efforts avaient été inutiles et il usait de procédés diplomatiques. Pendant son séjour à Cachemire, Aureng-Zeyb avait reçu une ambassade du Grand Lama; un traité avait été signé. Le pontife du Boudhisme autorisait à L'Hassa la construction d'une mosquée et s'engageait, en même temps, à payer un tribut annuel au souverain de l'Inde. Ce traité resta lettre morte, mais la politique de la Cour de Delhy que nous signale Bernier est des plus curieuses. Les tentatives faites pour s'emparer du Thibet méritent de fixer l'attention, d'autant plus que les Anglais suivent aujourd'hui les mêmes errements et, qu'après avoir réuni le Cachemire à leur empire, ils manifestent l'intention de mettre la main sur le Thibet, et que déjà ils possèdent des comptoirs dans ses principales villes.

Bernier s'était mis en rapport avec les ambassadeurs du Grand Lama. Le principal était un médecin et, malgré sa qualité de confrère, il ne put en tirer que de rares renseignements. Il apprit néanmoins que le Thibet était pauvre et couvert de neige pendant cinq mois de l'année. Quand aux Thibétains, il lui fut impossible de savoir au juste à quelle race ils appartenaient, et il présume qu'ils doivent se rattacher à la grande famille tartare. Il ignore la langue thibétaine ; cependant, en jetant les yeux sur quelques livres écrits en cet idiome, il avait immédiatement reconnu que c'était une langue phonétique, et il pensait que son alphabet avait quelque analogie avec le nôtre. Si Bernier n'a pas connu le Thibet, l'on peut dire qu'il l'a deviné.

Dans le récit de ses voyages, Thévenot avait écrit que des colonies juives habitaient cette partie de l'Asie et qu'elles descendaient de tribus transportées dans ces régions lointaines par les rois d'Assyrie, lors de la destruction du royaume d'Israël. Cette assertion avait étonné Bernier et il se livra à des recherches minutieuses. Tout en reconnaissant que le souvenir de Salomon était vivace, que les Musulmans disaient que ce prince était venu guerroyer dans le pays et lui attribuaient divers travaux d'art, Bernier reste sceptique à ce sujet. Il déclare qu'il n'a rencontré aucun Juif dans le Cachemire, mais que le type se retrouvait près de la frontière de l'Afghanistan, et dans nombre de villages, l'on pouvait se croire au milieu de descendants d'Israël, tant les traits caractéristiques rappelaient ceux des enfants de la Judée. Ces données se trouvent conformes aux découvertes modernes, et tous les explorateurs s'accordent pour nous dire que le peuple afghan présente de nombreuses affinités avec la race juive. Quant à la Chine, notre compatriote ne met nullement en doute qu'il n'y existe des Juifs, et il appuie son opinion sur des renseignements qui lui auraient été fournis par des jésuites de Péking et de Delhy; il note cette particularité que ces Juifs se seraient établis depuis fort longtemps dans l'empire chinois bien avant l'ère chrétienne, puisqu'ils ignoraient la mort de Notre Seigneur Jésus-Christ.

Bernier resta plus d'un an dans le Cachemire, après quoi il revint à Delhy. C'est dans cette capitale qu'il résidait le plus habituellement et c'est là qu'il fut témoin, en 1666, d'une éclipse de soleil et qu'il put se rendre compte de la terreur que ce phénomène causait aux peuples de l'Extrême-Orient. De Delhy, il rayonnait un peu dans toutes les provinces, et inutile de dire que toutes ses observations sont fort judicieuses et du plus grand intérêt. Malheureusement, nous n'avons qu'un récit fort incomplet de ses pérégrinations. A différentes reprises, Bernier parle de son journal. Qu'est-ce que ce journal est devenu? Peut-être est-il enfoui dans quelque bibliothèque et, le jour où il sera retrouvé et livré à la publicité, sera bien cher pour tous les Français et en particulier pour les Angevins, ses compatriotes.

Benarès, la ville sainte du Brahmanisme, reçut naturellement sa visite. « C'est, nous dit-il, l'école générale et comme l'Athènes de toute la Gentilité des Indes, où les Brahmes et les religieux qui sont ceux qui s'appliquent à l'étude se rendent. Ils n'ont point de collèges et de classes ordonnées comme chez nous. Cela me semble plus tenir de cette façon d'école des anciens, les maîtres étant dispersés par la ville dans leurs maisons, et principalement dans les jardins des faubourgs, où les gras marchands les souffrent.

De ces maîtres, les uns ont quatre disciples, les autres six ou sept, et les plus renommés douze ou quinze tout au plus, qui passent les dix et les douze années avec eux. Toute cette étude est fort froide, parce que la plupart des Indiens sont d'une humeur lente et paresseuse, la chaleur du pays et leur manger y contribuant beaucoup, et parce qu'ils ne sont point comme nous animés au travail par cette grande émulation et par cette espérance que nous avons de parvenir à quelque chose; ils étudient doucement et sans beaucoup se tourmenter, en mangeant leur kichery ou mélange de légumes que les riches marchands leur font apprêter. »

A Benarès, Bernier reçut le meilleur accueil et put ainsi visiter les bibliothèques, les collèges et se rendre un compte exact de ce centre intellectuel et scientifique qui jouissait d'une réputation si bien méritée que les Européens partageaient pour la plupart l'admiration que l'Inde toute entière avait pour ce sanctuaire. Bernier fut loin de se laisser envahir par cet enthousiasme et, selon lui, l'université de Benarès ne mériterait pas sa renommée. La science des savants, à l'en croire, se réduirait à peu de chose. Ils étudiaient avec soin le sanscrit et cependant notre compatriote s'étonne de ne pas leur avoir vu entre les mains quelque grammaire de cette langue, ayant tant soit peu de valeur, et il ajoute que les premiers travaux linguistiques, réellement sérieux, qui avaient été publiés sur le sanscrit, étaient dus à deux jésuites, les RR. PP. Kirker et Roja. La philosophie indienne, avec ses sectes qui rappelaient celles des Grecs, si elle attira l'attention de Bernier, ne paraît que lui plaire médiocrement. Quant à l'histoire, il fut à même de constater que les livres tant vantés n'étaient qu'une série de légendes d'où il était souvent difficile de débrouiller la vérité. Quant à la géographie, les Indiens l'ignoraient pour ainsi dire et se faisaient une idée fantastique de la configuration du globe terrestre. Leurs connaissances en astronomie étaient plus qu'élémeñtaires. L'anatomie leur était inconnue et Bernier nous dit que, lorsqu'il disséquait des chèvres ou des moutons et voulait expliquer la circulation du sang, son auditoire s'empressait de prendre la fuite. Quant à la médecine, elle consistait en petits livres de recettes et l'un des plus estimés était écrit en vers. La diète était très en usage et la saignée vigoureusement exercée plus encore par les Musulmans que par les Gentils. Aussi avait-elle souvent des effets terribles, et il n'était pas rare de voir le patient succomber des suites de l'opération. Quant aux soins à donner aux malades, ils n'existaient pas et de plus les indigènes se faisaient à ce sujet les idées les plus erronées. Bernier nous en donne un exemple, quand il raconte que, lorsqu'il voulait faire prendre un bouillon de viande à une personne atteinte d'anémie, il se heurtait à une résistance incroyable. L'on pensait que, loin de donner des forces, le bouillon de viande, en se corrompant dans l'estomac, pouvait devenir une cause de mort.

H. Castonnet des Fosses.

(A suivre.)

PARTHÉNON

A Alexandre Seigneret.

> Le Parthénon, ce temple des temples,
> bâti par Ictinus, ordonné par Périclès,
> décoré par Phidias ; ..... le plus parfait
> poème écrit en pierre sur la face de la
> terre.
>
> (LAMARTINE, *Voyage en Orient*).

L'ACROPOLE

Un rameau d'olivier sauvage
Verdit sur le flanc d'un rocher...
L'aile du vent ou de l'orage
N'osera pas s'en approcher ;

Car, c'est Pallas qui l'a fait naître
Sous son regard en un matin,
Et Pallas fera reconnaître
La semence d'un grand destin...

Tout l'avenir aura pour pôle
L'olivier du roc isolé :
De sa racine il a scellé
Les fondements de l'Acropole !

L'Acropole domine et la terre et la mer :
Ses murs cyclopéens, comme un cercle de fer
Étreignant de leurs blocs les flancs d'une montagne,

Ressemblent aux amas de ces rocs insultants
Vers l'Olympe lancés par la main des Titans
Et retombés sur la campagne !

Montagne et forteresse, à l'horizon du ciel,
Dans le sublime azur font un sublime autel,
Et la vague roulant, sonore et lumineuse,
Chante pour saluer cet immense trépied
Où, sur la pierre nue aux tons de scabieuse,
Pallas, immuable, s'assied.

Ce que Pallas veut voir de si haut, — c'est la Grèce !
C'est pour elle un orgueil, pour elle une allégresse,
D'embrasser d'un regard ces golfes, ces îlots,
Ces caps dont les brisants bravent les escalades,
Et les blancs archipels qui mettent sur les flots
Une couronne de cyclades !

Le sommet du Parnès, vierge de tout affront,
Est comme un miroir pur qui reflète son front :
Pallas sourit de loin à l'essor des carènes ;
Les abeilles d'Hymette accourent sur son sein ;
Elle entend murmurer, ainsi qu'un bruit d'essaim,
Une cité qui naît, — Athènes !

O Pallas-Athènè ! protège ta cité !
Que le divin Python se dresse à ton côté !
Les hommes d'Orient, vile et stupide plèbe,
En vain prendront tes murs ;... eux, ils t'appartiendront :
Tu les feras descendre au linceul de l'Érèbe
Grande Pallas ! quand ils viendront !...

.·.

Ils sont venus de Suze et d'Ecbatane,
En défilant sur un pont de vaisseaux...
Par bataillons ! par bandes ! par troupeaux !
Aussi nombreux que les épis qu'on vanne !

Oh ! quel deuil éternel s'ils triomphaient, hélas !
Et si le droit sacré succombait sous le nombre ;...
Et si l'obscure Asie élargissait son ombre
    Jusqu'aux champs sereins de Pallas !

La mer serait d'azur encor sous le navire :
La violette encor fleurirait aux remparts ;
Mais, on ne verrait plus dans les rayons épars
    La douce Liberté sourire !

Dans le plein ciel encor se dresserait l'Ossa ,
Mais, dans Suze, on verrait les filles de l'Attique,
Frissonner de sentir sur leur nuque pudique
    Se poser la main d'Atossa !

Les Hellènes vaincus échangeraient leur lance,
L'inexorable fer du combat corps à corps,
Pour l'arc qui fait le lâche aussi fier que les forts
    Et rend au fuyard l'arrogance ;

Ils serviraient d'escorte aux satrapes lydiens, --
Eux, qui courant naguère aux grandes funérailles,
Montraient que les cités veuves de leurs murailles
    Ont pour remparts leurs citoyens !

Ils renieraient le marbre et sa ligne si pure ;
Ils accumuleraient les briques et les grès
Que hissent sur Babel les monstrueux agrès
    D'une farouche architecture ;

Sur les fleuves d'exil, Grèce ! tu suspendrais
La lyre de Pindare aux saules de la rive !
Tes dieux seraient ces dieux, Rois-Taureaux de Ninive,
    Ailés, — mais ne planant jamais...

Toute ton âme enfin, Grèce, et tout ton génie,
Flétris, seraient domptés par un ignoble frein...
Xercès enchaînerait à son char souverain
    Avec la Perse, l'Ionie !

**

..

Dans l'aurore s'élève, à la voûte des cieux,
Une immense clameur, un cri de délivrance...
Chantez ! fils de l'Hellade, un chant fier et joyeux ;
Comme un aigle de mer, Pallas plane et s'élance.

Les berceaux de vos fils, les tombes des aïeux,
Protègent vos vaisseaux que l'Euripe balance,
Et mettent dans vos cœurs l'ivresse d'espérance :
Chantez ! fils de l'Hellade, un chant fier et joyeux !

O Salamine ! Salamine !
Voilà le choc des avirons,
Des poupes et des éperons
Dans l'âpre *broussaille marine !* [1]

Les sombres flots entremêlés
Roulent les barbares d'Asie,
Que Xercès, en sa fantaisie,
Avait, par cent mille, appelés !

Les deux ailes de la Victoire
Sont les voiles de tes vaisseaux,
Pallas ! Pour conter leurs assauts,
Fais naître Hérodote et l'Histoire ;

Et fais vibrer sur leurs pavois
Les cordes d'airain d'une lyre ;
Qu'Eschyle chante Cynégyre, —
Sophocle, éphèbe, entend sa vcix !

[1] Eschyle. — *Les Perses :* πεντιον αλσος.

LE PARTHÉNON

Soixante-trois degrés menent aux Propylées,
Et le mont Pentélique en fit chaque gradin
De marbres ambrés d'or aux veines étoilées,
Blonds comme le safran sous les feux du matin :
Les chercheuses du Beau, les âmes exilées,
Pour retrouver les dieux, connaissent ce chemin.

Près du temple isolé de la Victoire-Aptère,
En passant, le guerrier rêve à l'écho d'un nom ;
Sur la frise qu'estompe une mousse légère,
Comme de gais ramiers à l'entour d'un fronton,
Les victoires pressant leur troupe messagère
Chantent : « Je suis Mycale ou je suis Marathon ! »

Et l'une, en se jouant, détache sa sandale,
L'autre, au cou d'un taureau, plonge un couteau sacré ;
L'autre étend un laurier de sa main triomphale,
Sur l'avant d'un vaisseau dans le Pirée ancré...
Et la Pinacothèque, en face, ouvre la salle
Où, précédant Zeuxis, Polygnote est entré.

La Victoire avec l'Art, fier et souriant couple,
Du quintuple portique illuminent le seuil ;
Chaque baie inclinée en une ligne souple
Converge vers un centre invisible pour l'œil :
La science d'Égypte à l'art hellène accouple
Un de ces grands secrets qui firent son orgueil.

Voici la Promachos ! la vaillante déesse,
Colossale Pallas au profil souverain !
Sur Athène elle incline un regard de tendresse ;
Par delà Sunium, son aigrette d'airain
Est un phare éclatant qui réjouit et presse
Les vaisseaux ramenés par le Notos marin.

Les vierges de Pandrose, aux vieux rites dociles,
Qui, toujours rajeunis, par elles survivront,
Belles de leur beauté sans ornements futiles,
Portent, en défiant le Temps et son affront,
Marchantes à la fois, à la fois immobiles,
Ainsi qu'une corbeille, un temple sur leur front !

Ici, c'est un autel, et là, c'est un trophée :
Toute Athène épandue au faîte du rocher,
Au monde se révèle et chante, ainsi qu'Orphée,
Le Vrai, le Beau, le Bien ; — elle sait arracher
Les peuples engourdis au sommeil de Morphée,
Et les fait, vers Pallas, avec elle approcher !

∴

Demeure de Pallas ! vision sans pareille,
Du plus grand siècle humain surhumaine merveille, —
O Parthénon ! tout front s'incline à ton aspect
Sous l'Art et l'Infini courbé par le respect !
Une atmosphère d'or embrase tes colonnes ;
Tous les rayons du ciel te forment des couronnes ;
Les accords inouïs de rhythmes inconnus
Répondent : « Phidias ! » à l'appel d'Ictinus.

Phidias a sculpté toute l'âme d'Athènes :
Le marbre garde encor cette âme dans ses veines,
Pour répondre aux assauts dérisoires des ans,
Ainsi que Pallas même aux assauts des Titans !
Dans le cadre aux reliefs puissants de la métope,
Ou le léger profil qui trace et développe
Un ondoyant cortège aux murs de la cella,
Plane, éternel, l'Esprit que Pallas révéla.

∴

D'intrépides chevaux vont d'une fière allure, —
La souplesse du cygne est dans leur encolure :

Ils ont, dans l'orbe de leurs yeux,
La fixe clarté des grands cieux ;
L'escadron de Paros piaffe, bondit, s'effare, .
Et le marbre hennit, fier comme une fanfare.

Sont-ce des demi-dieux, ces sveltes cavaliers,
Qui, sans pesants arçons, sans mors, sans étriers,
Sans même toucher la crinière,
Volent à travers la lumière ?
Et Pollux et Castor jalousent ces rivaux
Dont le jarret suffit à dompter les chevaux !

Des guerriers, sur des chars que conduisent des femmes,
Semblent par la Victoire étreints de corps et d'âmes,
Et la Victoire, c'est Pallas !
Bonne déesse de l'Hellas,
C'est elle qui confie aux jeunes Erréphores
La corbeille voilée et les rondes amphores ;

Elle aime à ramener sur leur sein le Peplos,
Mais, dans ses chastes plis, elle permet qu'Éros
Doucement se cache et frémisse...   ·
Pallas ne veut pas que languisse
La fleur du laurier-rose au bord de l'Ilissus
Ni la fleur qu'à Milo fait éclore Vénus !

⁖

Que sa gloire fut grande au jour de sa naissance
Lorsqu'elle s'élança du front de Jupiter,
Pallas, la Vierge armée, aux rayons de sa lance,
Fit renaître Coré, tressaillir Déméter !
Déités de l'Olympe et Parques du Cocyte,
Et Phœbé, survenue à côté d'Aphrodite,
Sentirent un grand trouble à cet enfantement !...
Amphitrite retint les roulements de l'onde,
Les coursiers d'Apollon, saisis de tremblement,
Hésitèrent au seuil du monde !

Que sa gloire fut grande en ce jour de combat,
Où fléchit Poseidôn, refoulé sous l'égide !
Calme, Pallas saisit dans le farouche ébat
Sous son vert olivier le cheval par la bride !
Et, du sol de l'Attique et du fond des roseaux,
Et, des bords de la mer, des rives des ruisseaux,
Un hymne fut redit par les cieux et la terre :
Cet hymne répéta le grand nom de Pallas,
Et l'écho l'a porté de la lyre d'Homère
      Aux deux frontons de Phidias !

.•.

Par une porte étroite, annonçant le mystère,
On entre au pronaos, sanctuaire sévère,
Qui garde, en l'entourant d'un nimbe de clarté,
Pallas dans sa splendeur et sa divinité...

C'est elle ! et c'est encor Phidias avec elle :
De deux gemmes, il fit les yeux, — glauque étincelle
Du visage d'ivoire au grand front casqué d'or,
Surmonté de griffons prêts à prendre l'essor ;
Il fit la majesté de Pallas tutélaire,
Toute droite, allongeant sa tunique talaire ;
Il cisela l'airain du cave bouclier
Sous lequel se replie un serpent familier ;
Il posa sur la main de la Vierge héroïque
La Victoire, comme elle et superbe et pudique !

Aux labeurs de la guerre, aux labeurs de la paix,
Pour son peuple, Pallas ne détourne jamais,
Comme un flambeau, qu'en vain le vent nocturne fouette,
Le disque vigilant de l'œil de sa chouette, —
Et Pallas-Poliade est Pallas-Ergané !
Elle n'estime pas vulgaire ou profané
Le culte que lui rend, mêlé dans la prière,
Le grand bruit des outils de sa ville ouvrière.
Elle aime les pressoirs, criant sur l'olivier,
Le fer qui taille et cintre un navire au chantier,
Les fuseaux tournoyant sous les doigts des fileuses,

13

Le potier qui caresse en courbes amoureuses
Les flancs du lékytos dont la ténuité
Du grand art léguera la perpétuité.

Un jour, — c'était un jour de gloire funéraire, —
Athènes ramenait vers un noble ossuaire,
Pleurante, sous l'orgueil des stoïques regrets,
L'élite de ses fils couchés sur des cyprès.
Une voix retentit dans la foule attendrie,
Et cette voix parlait au nom de la patrie :

— « Athéniens ! épris de Bien, de Vérité [1],
Qui rehaussez le Beau par sa sobriété, —
On vous nomme à bon droit l'École de la Grèce !
Vous êtes réputés en vaillance, en sagesse ;
Ceux qui meurent pour vous ont charge de cité
Et se sentent renaître à l'immortalité...
Payez à leurs enfants la dette de leur vie, —
Mais, sur eux, ne versez que des larmes d'envie :
Le deuil ne doit s'asseoir, sombre, à votre foyer,
Qu'en hôte de passage, ainsi qu'un étranger.
Ces morts, qu'illustrera leur fière sépulture,
Veulent un monument de plus haute structure :
Jaloux de leurs combats, comme eux, Athéniens !
Faites votre État grand par de grands citoyens...
La pauvreté, chez vous, n'est pas une proscrite :
Sa honte, dans vos lois, nulle part n'est écrite ; —
Tous, vous obéissez, mais vous commandez tous.
Les peuples éblouis accourent parmi vous ;
Votre nom qui s'envole aux bornes de la terre,
Pour être célébré n'a pas besoin d'Homère ;
Ainsi que vos fils morts, qui, pourtant, renaîtront,
Et dans vos autres fils encore grandiront,
Vos pères vous ont faits, en leur digne héritage,
Libres pour le bonheur, libres par le courage ! »

Du fond des marbres saints, dressés par Mnésiclès,
Athènè souriante écoutait Périclès.

---

[1] Thucydide : *Guerre du Péloponèse.* Discours prononcé par Périclès.

III

LES RUINES DU PARTHÉNON

Deux mille ans sont passés... Deux mille ans ont su faire
Du temple de Pallas un immense débris !
Comme des peupliers par l'ouragan surpris,
De grands fûts cannelés sont couchés sur la terre.
D'autres, debout encor, laissent percer l'azur
A travers les contours de leur courbe dorique
Qui prennent dans le grain du marbre pentélique
    Les teintes d'or du raisin mûr.

Pallas, fille de Zeus, est la sœur de la foudre...
Pallas ne s'émeut pas, même alors qu'elle voit
Ses marbres en lambeaux déchirés dans la poudre ;
Car Pallas-Athènè, triomphante, aperçoit
Sur le plateau rayé de leur grande ombre blonde,
Dans la calme splendeur, gloire du Parthénon,
Ses colonnes jetant le reflet de son nom
    Éternellement sur le monde !

Les siècles entassés, les barbares fureurs
Qui brisèrent ses dieux de leurs coups sacrilèges,
Les sombres ouragans des deuils et des malheurs
Sur le temple privé d'éphèbes, de chorèges,
Ont grondé vainement, — en vain l'ont assailli...
Rien n'en a fait partir Athènè sa déesse,
Rien n'en a dérobé la fleur de la jeunesse
    Et l'âme qui n'a pas vieilli...

Ame du Parthénon ! Ame de Pallas même !
Tu parles à jamais au monde tout entier :
Un grand vent d'Idéal, — un aquilon suprême
Le pousse à l'Acropole en l'abrupte sentier.
L'humanité jalouse, avec Gœthe, s'écrie

Au triomphant aspect de cet écroulement :
« Hellènes ! entre tous, vous avez noblement
    Rêvé le rêve de la vie ! »

Rêve ! et non pas mensonge ; — ailleurs, où verrait-on
Pour les regards mortels cet horizon sublime,
Dont seuls, les grands songeurs devinés par Platon,
Peut-être ont entrevu la lumineuse cîme
Du fond de sa *Caverne* au jour mystérieux ?...
Dans sa limpidité sans trouble, l'âme humaine
Reflète au plus profond d'une race sereine
    Toute la profondeur des cieux !

Qu'importe maintenant, qu'à jamais se soit tue,
La rumeur des Longs Murs ou la rumeur du Pnyx,
Et l'unanime voix par la foule épandue,
Quand le Théâtre, ainsi qu'une coupe d'onyx,
L'enivrait aux beaux vers d'Eschyle ou d'Euripide,
Ou lorsque la cadence eurythmique du chœur,
Saluant sur l'autel Dionysos vainqueur
    S'enlaçait en feston rapide ?

Écoutez !... Comme un chant qui s'éveille au matin,
Chant d'admiration et de reconnaissance,
Un éternel concert, fidèle au grand destin,
Du temple de Pallas console le silence...
C'est le faune d'Horace et son doux chalumeau
Dont le salut lointain résonne au Lucrétile ;
C'est le luth alterné des bergers de Virgile
    Sous la vigne unie à l'ormeau...

La source de cristal, qui s'épanche à Blanduse,
A celle d'Érecthée et sourit et répond,
Ainsi que répondra la source de Vaucluse
Qui roule dans ses flots un vers à chaque bond.
Pallas entend courir Phœbé qui vole, ardente,
Bien loin de l'olivier, sous le pâle bouleau,
Et perdue à demi, cherche à Fontainebleau
    Les gorges vertes d'Érymanthe...

— « Va, Phœbé, t'égarer ! Tes grands chiens au relai
Me salueront d'abois, ô ma sœur chasseresse !
Quand, avec moi venus, Ronsard et Du Bellai
Diront le nouvel air des chansons du Permesse...
Ma Fontaine Belle-Eau, sous les abris du jonc
Surprendra chastement Phœbé dans sa cascade :
Athènè montrera, sans voile, à Jean Goujon
     Phœbé, transformée en naïde. »

Et Pallas a souri sous le grave cimier ;
La Renaissance, essor de Génie et de Gloire,
Plane des Médicis jusqu'à François Premier,
Des palais de Florence aux châteaux de la Loire !
Le vaisseau de Pallas, enfin, revient au bord ;
L'étincelant Python a bondi de sa cendre,
Et roule ses replis avec la Salamandre
     Au double escalier de Chambord !

O rose d'un matin, par la mort emportée,
O rose ! que Malherbe a reprise à la faux ;
Douce plainte éternelle à la brise jetée
Pour Fouquet malheureux par les nymphes de Vaux ;
Souffle doux et puissant des vers de Jean Racine,
Sophocle rajeuni de la Ferté-Milon ;
Charmeuse voix du cygne, — éthérée et divine, —
     Aimable voix de Fénelon ;

Rire d'Aristophane aux lèvres de Molière ;
Portraits que burina du bout de son stylet
Théophraste, le Grec devenu La Bruyère,
Qui prit le Ridicule en un coup de filet ; —
Tendre, grave ou joyeux, l'esprit attique rouvre
L'Age de Périclès avec Louis-le-Grand,
Et l'on voit à Pallas le Roi-Soleil offrant
     La colonnade de son Louvre !...

En te livrant la source aux murmures sacrés,
Où résonne à pleins bords l'Hellénique langage,
France ! Pallas paiera ton culte et ton hommage !

Des filles de Thétis les corps blancs et nacrés
Reparaîtront, pour toi, dans leur vasque marine,
Quand les doux alcyons sous les vapeurs d'iris
Avec André Chénier pleureront à longs cris
 Myrtho, sa jeune Tarentine.

Pallas, sur le rocher, son autel primitif,
Révèle les secrets d'une lyre nouvelle...
C'est là que, pèlerin, Châteaubriand pensif,
Au seuil de l'Orient replia sa grande aile ;
C'est là qu'il écouta le Parnasse et l'Éden ;
C'est là qu'il entendit au rhythme de la brise,
Un hymne qui mêlait les échos du Céphise
 Avec les échos du Jourdain.

Child-Harold a lancé la strophe vengeresse
Pour consoler là-bas, sous le linceul brumeux,
Les marbres arrachés au soleil de la Grèce
Qu'ont défendus les flots éblouissants comme eux...[1]
Malheur ! à qui chargea d'un tel forfait sa tête !
Les hydres de l'égide en ont sifflé dans l'air !...
Pallas a fait tonner dans un rayon d'éclair
 Byron plus haut que la tempête !

Oh ! qu'il est grand celui qui chante maintenant !
La lyre de Pindare et la lyre d'Homère
Retrouvent leurs accords sous son doigt entraînant !
Il est beau comme un dieu descendu sur la terre ;
Ses lèvres ont l'accent des lèvres de Platon ;
En l'écoutant, Clio le prend pour Thucydide, —
Il porte dans son cœur tout le cœur d'Aristide,
 Et la justice et le pardon !

Quand, faisant le grand bruit d'une forêt de chênes,
Tout un peuple frémit, ardent, farouche, amer,
Une voix vient d'en haut, — c'est encor Démosthènes,

---

[1] Le navire qui emportait en Angleterre les marbres ravis au Parthénon
par lord Elgin fut assailli par une tempête et fit naufrage sur l'île de Cérigo.

Qui tonne sur ce peuple et fait taire la mer ;
C'est un fils d'Athènè qui, superbe, domine
Poète, historien, philosophe, orateur,
La tourmente d'un jour de toute sa hauteur, —
     Et celui-là, c'est Lamartine !

On le vit, aussi, lui, monter sur le rocher
Pour s'inspirer du Beau, pour appeler l'aurore
De ce monde à venir qu'il sentait s'approcher...
Il erra bien longtemps sur la dalle sonore,
Où chacun de ses pas réveillait le passé :
Il demandait, songeur, à l'histoire d'Athènes,
S'il fallait retenir ou bien lâcher les rênes
     D'un char vers l'inconnu lancé...

Athènè l'entendit et lui parla sans doute ;
Elle en fit un héros, elle en fit un martyr :
Quand le malheur parut à l'angle de sa route,
Le coup qui le frappa ne fit que le grandir.
Comme un fier chapiteau sous un fronton qui croule,
Son front, resté tout droit sous le faix du destin,
Dans son rayonnement écrasait de dédain
     L'ingratitude de la foule ;...

— « Oh ! pardonne, mon fils ! si mon beau laurier d'or
Sur toi pesa le poids qu'il pesa sur Homère :
Pallas en toi voulait revoir Homère encor !
Ainsi qu'un vin de feu, brûlant dans la patère,
Je t'ai versé la Gloire avec son âpreté ;
Mais, j'ai fait de ta halte au seuil de ma demeure,
O mon hôte d'un jour ! ô mon hôte d'une heure,
     Une halte d'éternité ! »

                              Élie Sorin.

LE

14ᵉ RÉGIMENT DE DRAGONS A ANGERS

(1802-1803)

Au mois de novembre 1801, la commune d'Angers reçut,
du ministre de la guerre, avis que l'un des régiments de
cavalerie rentrant d'Égypte devait tenir garnison dans la
ville : c'était de 14ᵉ régiment de dragons dont l'escadron
complémentaire ¹, après avoir occupé Sarzeaux, Vannes,
Locmariaker et différents points du littoral pendant la
pacification des provinces de l'Ouest, avait été envoyé à
Saumur, vers le mois de juillet. ·

Aussitôt débarqué à Marseille, ce régiment reçut, par
les soins du général Cervoni, commandant la division
militaire, les effets d'habillement et de harnachement dont
il·avait le plus grand besoin. Les capitulations conclues
successivement par le général Belliard au Caire et par le
général Menou à Alexandrie avaient, en effet, stipulé que les
corps quitteraient l'Égypte avec armes et bagages, et en
emmenant tous les chevaux susceptibles de fournir un
bon service ; mais les derniers mois de l'occupation, pen-

¹ Par arrêté des consuls (28 frimaire an VIII), il avait été formé,
pour chacun des régiments de l'armée d'Orient, un escadron complémentaire composé de tous les hommes qui, par suite de maladies ou
de blessures, n'avaient pu partir en 1798. Cet escadron devait servir
à combler les vides, dans ces corps, à leur retour en France.

dant lesquels chaque jour était marqué par un nouvel engagement, avaient complètement détruit les ressources des corps, si abondantes sous la sage administration de Kléber.

Après une route pénible à travers toute la France, dans une saison rigoureuse surtout pour des gens habitués depuis trois ans au climat d'Orient, les escadrons qui rentraient d'Égypte atteignirent Saumur dans les premiers jours de janvier. L'escadron complémentaire les accueillit avec la plus grande allégresse. Bien commandé par le chef d'escadron Tousch, il avait eu en Bretagne de bonnes remontes parmi les chevaux du pays, dont le tempérament robuste et la solidité à toute épreuve convenaient particulièrement au service des dragons.

. Le contraste était frappant avec les chevaux amenés par les escadrons de l'armée d'Orient. Provenant principalement des provinces du Faïoum, ils présentaient tous les caractères distinctifs de la race barbe, alors inconnue dans nos départements, tête fine, encolure légère, membres secs et nerveux, crinière soyeuse. Les bidets bretons manquaient sans doute de distinction auprès de ces brillants étalons ; mais ils étaient plus propres au service de troupe et ne souffraient point du climat sous lequel ils étaient nés. Du reste, sur les 117 chevaux que le 14ᵉ dragons avait amenés d'Égypte, une centaine à peine débarqua à Marseille et le reste disparut peu à peu de ses rangs tant par la réforme que par les maladies.

L'entrée du régiment par le faubourg Bressigny et la porte Saint-Aubin était attendue avec une vive impatience. Les *Affiches d'Angers* n'avaient pas été sans faire connaître l'héroïsme de ces braves gens qui, privés de toute communication avec leur patrie, sans autres ressources que celles tirées du pays lui-même, avaient su résister pendant trois ans aux attaques des plus formidables armées du Grand Seigneur, aux troupes les plus disciplinées de l'An-

gleterre, aux incursions sans cesse renouvelées des Mame-
lucks et des Bédouins. Ils n'avaient quitté cette terre, conquise au prix de leur sang, qu'avec tous les honneurs de la
guerre et lorsque les combats et les maladies les avaient
réduits au tiers à peine de leur effectif.

Dès que les joyeuses fanfares annoncèrent l'approche du
régiment, on se pressa en foule pour contempler ces héros
dont on connaissait déjà les noms et les hauts faits.

En tête de la colonne, sanglé dans le dolman bleu de
ciel que Bonaparte avait donné aux trompettes de l'armée
d'Égypte et qu'ils avaient conservés usés et rapiéciés avec
un soin jaloux, voici le trompette-major Eichmann. A la
bataille de Canope, il sonnait, au milieu des balles et de la
mitraille, le ralliement aux débris du régiment sacrifié
sans but par Menou, et ne s'interrompait que pour abattre
à ses pieds, à coups de sabre, les fusiliers du 42e régiment
anglais assez hardis pour l'approcher. Une trompette
d'honneur en argent récompensa sa belle conduite et, peu
après, il fut nommé sous-lieutenant dans le régiment à la
tête duquel il avait si souvent fait entendre les notes
vibrantes de la charge.

Chacun admirait la belle prestance, la tenue martiale de
ces dragons au visage bronzé par le soleil de l'Égypte Les
habits verts à retroussis et revers rose foncé, couleur
distinctive du régiment, étaient bien un peu râpés. Ils
avaient pris une nuance indéfinissable dans les longues
marches à travers le désert et les nuits de bivouac aux
bords du Nil ; mais quelle scrupuleuse propreté, quels
soins minutieux ne décélait pas cette tenue même. Les
fusils et les baïonnettes étincelaient sous un pâle rayon du
soleil de janvier, les casques de cuivre à crinière noire, les
poignées des sabres à fourreau de cuir indiquaient assez le
consciencieux fourbissage auquel s'étaient livré ces cavaliers avant d'entrer dans leur nouvelle garnison.

Les vivats éclatent au passage du chef de brigade Lafon-

Blaniac [1] qui répond à ce cordial accueil par un bon sourire joyeux. Il manie avec aisance son magnifique arabe,
malgré les blessures, mal fermées encore, qu'il reçut le jour
du dernier combat sur le canal de l'Embarcadère. Du
reste, qui donc, parmi tous ces cavaliers, ne porte pas
quelque cicatrice honorable? Le chef d'escadron Dermoncourt [2], qui marche un peu en arrière, conserve autour du
col les bandages qui cachent une large plaie. C'est un coup
de feu reçu à la gorge pendant la charge héroïque qu'il
mena au travers du camp anglais à Canope, dernier survi-
vant parmi tous les officiers supérieurs du 14° dragons.

Le brigadier de planton, près du chef de brigade, avec
sa longue moustache pendante, le visage balafré d'un coup
de cimeterre qui marque d'une fine raie blanche la peau
tannée par le soleil d'Égypte et de Syrie, c'est le vieux
Schouder qui, demeuré le dernier sur le champ de bataille
du camp des Romains, ne se retira que lorsqu'il ne vit
plus d'ennemis à combattre. Il revint au pas vers les lignes
françaises et se retourna plusieurs fois pour charger avec
fureur les dragons légers du 11° anglais et les hussards de
Hompech qui le suivaient de loin sans oser l'approcher. Le
fusil d'honneur à capucines d'argent qu'il porte à la botte
consacra le souvenir de son étonnante bravoure.

Puis tous les fronts se découvrent à mesure que passent
les guidons aux trois couleurs, portés dans chaque escadron par un maréchal-des-logis de fière tournure. Lorsque
le vent en déploie les plis, les noms glorieux de Mont-
Thabor, Aboukir, Héliopolis s'y réroulent en lettres d'or
noircies par la poudre ; la soie en a été trouée en plus d'une
rencontre par les balles des Musulmans et des cipayes
indiens et par les boulets des Anglais ; mais jamais ils
n'ont connu la honte de la défaite et, lors de l'embarque-
ment à bord du *Prince-Constantin*, qui ramena le régi-

[1] Général en 1806 et officier d'ordonnance du roi Joseph à Naples.
[2] Plus tard colonel du 1er de dragons.

ment en France, ils flottaient orgueilleusement, salués avec respect par l'ennemi lui-même.

Cependant la colonne se déroule longuement à travers les rues étroites de la vieille cité. Elle suit la rue Saint-Aubin, puis celle de l'Aiguillerie, dépasse la porte Angevine près de la cathédrale et descend la rue Baudrière aux sombres maisons couvertes d'ardoises et dont les poutres noircies par le temps et bizarrement sculptées sont un sujet d'étonnement pour ces nouveaux arrivants. Le régiment traverse la Maine sur le pont de l'Arche Dorée et s'engage par le petit pont dans la Doutre où lui a été assigné son casernement.

La municipalité avait formé d'abord le projet de donner aux dragons un quartier plus vaste et plus salubre dans l'ancienne abbaye du Ronceray, située près de l'église de la Trinité, à l'extrémité de la rue du Godet ; mais les écuries étaient encore à l'état de projet et les constructions trop peu avancées pour laisser espérer qu'on pût s'y établir avant une époque assez éloignée.

Avec cette gaieté et cette humeur facile qui forme le fond du caractère chez le soldat français, les dragons s'accommodèrent de leurs petites chambrées étroites, de leurs écuries sombres et basses. Ils regrettaient bien un peu les vastes bâtiments de l'Okel des Riz, à Boulacq, et sa cour ensoleillée, et les hauts sycomores du terrain de Raoudah ; mais ils étaient en France, dans cette chère patrie que beaucoup avaient désespéré de jamais revoir, et les nombreux congés de semestre qui leur furent accordés à ce moment permirent à un grand nombre d'entre eux d'aller presser dans leurs bras de vieux parents qui les croyaient morts après une si longue absence.

Dans les premiers jours du mois de mai, le 14ᵉ dragons reçut l'incorporation d'une compagnie de dragons-gardes, forte de 100 hommes montés. Ce corps d'élite avait servi d'escorte au général Bernadotte alors qu'il exerçait son commandement à l'armée de l'Ouest. Devenu sans emploi par suite de la dissolution de cette armée, la compagnie des dragons-gardes vint renforcer l'effectif du régiment qui était loin d'avoir pu combler encore les vides faits dans ses rangs par la campagne d'Égypte.

Bien que la pacification des provinces de l'Ouest fût alors terminée, il n'en régnait pas moins, sur certains points, une sourde agitation, et les menées des ennemis de la République, plus secrètes, tendaient surtout à détacher les corps de troupe du Premier Consul pour lequel ils professaient en général une admiration enthousiaste. Des placards furent affichés par des mains inconnues sur les murs de la caserne ; le chef de brigade les fit arracher et jeter au vent ; des pamphlets violents furent distribués secrètement aux dragons, leur dépeignant Bonaparte sous les plus odieuses couleurs ; les hommes se bornèrent à les remettre à leurs adjudants qui rendirent compte de ces faits.

Le chef de brigade Lafon-Blaniac, jugeant qu'il fallait saisir l'autorité de cette situation, écrivit alors à M. Montault, préfet du département :

« 17 germinal an X (6 avril 1802.

« Lafon-Blaniac, chef de brigade du 14ᵉ régiment de dragons, au Préfet de Maine-et-Loire.

« J'ai l'honneur de vous transmettre, citoyen préfet, une lettre anonyme trouvée à la porte de la caserne du régiment et remise par les dragons eux-mêmes à l'adjudant de service.

« On ose bien proposer à des militaires qui, pendant dix ans, ont combattu pour le bonheur de leur pays, de troubler sa tranquillité achetée au prix de leur sang. Au milieu des grands troubles de la révolution, le 14ᵉ régiment de dragons est constamment resté fidèle observateur de l'ordre. Discipline, subordination, telle est la devise de ses étendards. Il ne s'en est jamais départi. Ce n'est pas au moment où nous sommes qu'il changera ses honorables principes. .

« On ose bien exciter des soldats de l'armée d'Italie et d'Orient à se révolter contre le consul Bonaparte, leur ancien général. Ayant pendant plusieurs campagnes servi sous cet homme qui fait honneur à l'homme, ils ont été plus à portée de le connaître. Il a tout leur amour et tout leur dévouement comme ils ont son estime.

« On ose bien tenter d'insurger les dragons contre leurs officiers, en présentant ceux-ci sous d'odieuses couleurs. Depuis tant d'années, nous vivons ensemble ; nous avons si longtemps partagé les mêmes fatigues, les mêmes périls et la même gloire ; nous avons tant de motifs de nous aimer et de nous estimer mutuellement que tous les efforts seraient vains pour troubler l'heureuse et recommandable union qui règne entre nous.

« J'ai pensé, citoyen préfet, qu'il était de mon devoir de prévenir le premier magistrat de ce département de la réception du libellé adressé au régiment et de l'effet qu'il produit sur les militaires que j'ai l'honneur de commander.

« Il a excité leur parfait mépris plus encore que leur indignation. De quelque part qu'il vienne, il est bien peu dangereux. Je ne conseille cependant pas au facteur de cette petite poste de venir réclamer aux dragons le prix du port de pareilles dépêches.

« Recevez, citoyen préfet, l'hommage de ma parfaite considération et de mon respect.

« LAFON-BLANIAC. »

La vie de garnison s'écoulait alors d'une façon monotone, entre les manœuvres à cheval et à pied qui composaient le service particulier des dragons, et les soins de réorganisation dont le régiment avait le plus grand besoin après une si longue campagne.

Dès le mois d'avril, le général Grouchy avait été envoyé par le ministre de la guerre pour lui rendre compte de l'état dans lequel se trouvait le 14ᵉ de dragons, et son inspection minutieuse avait valu des éloges au corps.

Les *Affiches d'Angers* signalent son passage :

« Le général Grouchy, inspecteur des troupes à cheval, est arrivé, dans cette commune, le 10 germinal, au soir.

« Il a passé en revue le 14ᵉ régiment de dragons dont la plus grande partie revient d'Égypte.

« Le Ronceray lui a semblé très propre aux casernes de cavalerie qu'on doit y établir, et le plan de construction des écuries très bien fait.

« L'établissement de cette caserne doit devenir très avantageux pour cette commune, et ne tardera pas à s'exécuter. »

A cette époque, déjà Angers tenait donc à honneur et à profit de posséder une forte garnison et s'imposait des sacrifices pour lui assurer un logement convenable.

Peu après, le 14ᵉ de dragons assistait à une touchante cérémonie, dont la célébration causa, parmi les populations profondément religieuses de ce pays, la joie la plus pure ; je veux parler de la réouverture des églises et de l'installation solennelle de Mᵍʳ Montault comme évêque d'Angers.

La cérémonie avait été fixée au 6 juin, et le chef de brigade Lafon-Blaniac fut avisé, quelques jours avant, que son régiment devait fournir le service à pied et à cheval pour toutes les escortes et dans l'intérieur de la cathédrale.

Le 14ᵉ dragons possédait à un trop haut degré le souci de sa réputation pour ne pas consacrer tous ses soins à se présenter irréprochable pour cette fête.

Sa belle tenue frappa d'admiration tous ceux qui étaient accourus des environs pour assister à la cérémonie et qui voyaient pour la première fois, depuis dix années, une

parade militaire dont l'éclat, se mêlant aux pompes religieuses, produisit dans tous les cœurs la plus douce émotion.

Les *Affiches d'Angers* consacrèrent un numéro tout
entier de leur publication au récit de cette magnifique
cérémonie.

« Angers, le 18 prairial an X.

« L'installation de M. Montault, nouvel évêque de ce
diocèse, a eu lieu hier dans l'église cathédrale avec toute
la pompe et la solennité convenables. Deux circonstances
ont concouru à répandre sur cette cérémonie un intérêt tout
particulier. La première c'est la présence de M. l'Évêque
d'Orléans qu'on sait avoir une si grande part dans le
Concordat et que ses rares talents semblent devoir porter
aux plus hauts emplois de l'Église et de la diplomatie, et
la seconde, c'est que l'évêque et le préfet de ce département sont frères, ce dont il n'existe point d'exemple dans
la République...

« Nous allons essayer de faire connaître les principaux
détails de l'installation à ceux de nos abonnés qui n'ont
pas eu l'avantage d'y assister.

« L'hôtel de la Préfecture était le rendez-vous de toutes
les autorités constituées. Dès neuf heures du matin, la cour
d'entrée était occupée par des détachements du 14° régiment de dragons, des vétérans, de la gendarmerie et de la
garde nationale. A dix heures, MM. les Évêques d'Angers
et d'Orléans, le Préfet et le Général se rendirent dans la
salle des audiences publiques où ils trouvèrent réunis, en
costume, tous les corps constitués, tous les fonctionnaires
publics et même les membres du Conseil général qui,
quoique leur session fût expirée, étaient restés pour être
témoins de cette cérémonie. Le régiment de dragons avait
été placé dans l'église.

« Cependant le clergé était parti de la cathédrale pour

venir chercher M. l'Évêque à la Préfecture, précédé de la
bannière et de la croix, et conduit par ses principaux
membres. Lorsqu'il fut arrivé et placé dans la salle de
réunion, l'ancien doyen de la cathédrale prit la parole et,
dans une harangue pleine de verve et de mouvement, ce
respectable vieillard rendit un juste hommage à la tendre
piété de l'un des prélats, aux services éminents de l'autre,
à la sagesse des chefs civils et militaires du département,
au héros qui a pacifié le monde et rétabli la religion en
France.

« Après la réponse de M. l'Évêque d'Angers, le cortège
sortit de l'hôtel de la Préfecture et se rendit, au bruit des
fanfares, à l'église cathédrale escorté par les détachements
dont nous avons parlé et au milieu d'un concours immense
de personnes de tout âge, de tout sexe et de tous états que
ce spectacle comblait de joie.

« M. l'Évêque d'Angers officia pontificalement et prononça un discours empreint de cette charité, de cette
onction qui le caractérise, dans lequel il fit des vœux pour
la réunion de tous les fidèles dans les mêmes sentiments
et dans les mêmes principes, et protesta qu'il n'épargne-
rait rien pour parvenir à un si heureux résultat. La messe,
pendant laquelle on avait prié pour la République et pour
les Consuls, fut suivie d'un *Te Deum* solennel en action
de grâces au Tout-Puissant, après quoi le cortège retourna
à la Préfecture où il se sépara.

« Nous devons ajouter à cet exposé rapide que la cérémonie a été aussi brillante qu'on pouvait le désirer, que
l'ordre et la décence y ont été constamment et rigoureuse-
ment observés. Nous nous plaisons surtout à reconnaître et
à publier que la belle tenue du 14ᵉ régiment de dragons a
singulièrement contribué à l'éclat de cette fête.

« Mᵐᵉ Montault et Mˡˡᵉ Joubert-Bonnaire, fille du maire
de cette ville, ont fait, pendant l'office, une quête dont le
produit a été considérable. Elles étaient accompagnées par

14

le chef d'escadron Dermoncourt du 14ᵉ et par un aide de camp du général Girardon. »

Un mois après environ, pour célébrer l'anniversaire de la prise de la Bastille, il fut décidé que les troupes de la garnison, 14ᵉ régiment de dragons et compagnies de vétérans, seraient passées en revue en présence du général qui commandait la place, de M. Montault, préfet, et de M. Joubert-Bonnaire, maire d'Angers.

Bien avant l'heure fixée, une foule nombreuse se pressait aux alentours du Champ-de-Mars, contenue par un cordon de sentinelles, tandis que les escadrons déjà rangés attendaient immobiles l'arrivée des autorités.

A' midi précis, la revue commença ; elle fut suivie de différents mouvements des armes qui furent exécutés avec un ensemble et une perfection admirables.

Les dragons se portèrent ensuite en avant, à cheval, et firent toutes les manœuvres et les marches avec une grande précision. Ils terminèrent ces évolutions par une charge en bataille poussée au galop le plus impétueux. Puis ils s'arrêtèrent tout net, comme un mur, au milieu d'un nuage épais de poussière qui, se dissipant lentement, découvrit les casques aux plumets brillants et aux crinières ondoyantes et les longues lattes d'acier scintillant au soleil.

Angers pouvait être fier de posséder un si beau régiment et les citoyens le saluèrent de longues acclamations pendant qu'il regagnait au pas sa caserne, au travers des rues pavoisées de la ville.

Mais son séjour à Angers ne devait plus être de longue durée. Vers la fin de 1802, les deux premiers escadrons se rendirent à Vitré, sous les ordres du chef d'escadron Jollivet, afin d'assurer l'ordre dans cette petite ville. Peu après, la rupture de la paix d'Amiens obligea Bonaparte à préparer de formidables armements contre l'Angleterre.

Le 14ᵉ dragons fut tout naturellement désigné pour faire

partie de la cavalerie destinée à un débarquement sur les côtes ennemies. Il quitta Angers, vers le milieu de l'année 1803, pour se rapprocher du camp de Boulogne, et se rendit à Saint-Valéry-sur-Somme d'où de fréquents détachements tirés de ses rangs partirent sur les bâtiments légers de la flottille pour aller escarmoucher avec les Anglais

Il préludait ainsi au rôle glorieux qu'il remplit en 1805 au combat de Westingen et à la capitulation d'Ulm, première étape de la marche triomphale qu'il devait accomplir à travers toute l'Europe jusqu'en 1814.

M.

Saint-Cloud, 17 mars 1888.

LES ARCHIVES ANGEVINES DE NAPLES

ANALYSE SOMMAIRE D'UNE SÉRIE DE DOCUMENTS INÉDITS (1265-
1285).— APPENDICE : SIX ACTES DU ROI CHARLES Ier RELATIFS
A L'ANJOU (1274-1276).

Dans notre précédente étude sur l'*Établissement de la
Maison d'Anjou dans le royaume de Naples*, d'après
des documents nouveaux (*1265-1285*), nous avons énu-
méré et analysé un certain nombre de pièces inédites,
relatives à l'Anjou et extraites des *Archives angevines de
Naples*[1]. Nous publions aujourd'hui une liste et une analyse
sommaire d'une nouvelle série de lettres, d'ordres et d'or-
donnances qui complètent nos indications antérieures.
Nous espérons pouvoir reproduire prochainement d'autres
documents également relatifs à l'Anjou, antérieurs à la
cession de la province à Charles de Valois[2].

1. Archives de Naples. *Reg. Ang. III*, fol. 50, n° 2. —
Florence, 5 juillet, Ire Indiction (1273). — Lettre au bailli
d'Angers[3] et au doyen de Saint-Martin[4] de surseoir jusqu'à
Noël à la levée des rentes dues à la Curia regia, par

---

[1] Voir la *Revue de l'Anjou*, 1887, t. XV·, pp. 152 et suivantes.
[2] C'est le 16 août 1290 que Charles II d'Anjou, dit le Boîteux, fils
de Charles Ier d'Anjou et de Béatrix, fille de Raymond Bérenger,
comte de Provence, donna, avec sa fille Marguerite, l'Anjou au
comte Charles de Valois, frère du roi Philippe le Bel. (*Dict. hist. de
M.-et-L.*, t. I, p. 627.)
[3] Le bailli d'Angers avait nom alors « Guilelmus Morrier ».
[4] Le doyen de Saint-Martin s'appelait Guillaume.

Ranulfus de Colant, pour les terres Blasensis et Mirabelli, qu'il tient de sa femme.

(Le document est incomplet.)

2. *Ibidem*, fol. 61, v°, n° 1. (Le feuillet est déchiré dans le sens de la largeur.)

Lettre au bailli d'Angers et aux procureurs du roi en France pour le paiement de 4,000 livres tournois dues par une commune (dont le nom a disparu). — Florence, 7 juillet, Ire Indiction. (Le roi séjourna à Florence du 1er au 31 juillet 1273.)

3. *Ibidem*, fol. 62, v°, n° 1. — Ordre au bailli et au doyen de Saint-Martin[1] d'Angers de payer certaines sommes données par le roi à Johannes de Nigella[2], comte de Pontist, quand il aura payé ce qu'il doit au roi pour l'hommage qu'il a prêté et les arrérages. — Foggia, 24 avril, Ire Indiction.

4. *Ibidem*, n° 2. Même lieu, 25 avril. — Lettre dans le même sens à Pierre de Beaumont, comte[3].

5. *Ibidem*, n° 3. Foggia, 24 avril, Ire Indiction. — Lettre à Pierre, seigneur de Beaumont, de recevoir de la veuve et

---

[1] Voir, sur le Chapitre de Saint-Martin d'Angers, les Archives de Maine-et-Loire, série G, Registres 1011 et suiv.

[2] Neelle (Jehan de), ou, dans les textes latins, Johannes de Nigella, clerc de l'Hôtel et médecin du roi, était chargé aussi de veiller à la confection des manuscrits exécutés pour la bibliothèque du souverain (1277-1282).

[3] (Beaumont) Bellomonte (Petrus de), frère de Dreu, Guillaume et Geoffroy, créé après la conquête comte de Montescaglioso et d'Alba; chevalier terrier de l'Hôtel, chambrier du royaume de Sicile dès 1267, mort en 1273. Voir, sur ce personnage, *les Archives angevines de Naples*, déjà citées, et Minieri-Riccio, *De' Grandi Uffiziali*. — Dreu de Beaumont, père d'Adenet, chevalier terrier de l'Hôtel, qualifié de maréchal du royaume de Sicile dès 1269, fut vicaire d'Achaïe en 1271 et 1272. — Guillaume de Beaumont, comte de Caserte, créé comte de Caserte et amiral du royaume de Sicile après la conquête, conseiller du roi, chevalier terrier de l'Hôtel, vicaire général de l'île de Sicile en 1269, mort la même année. (*Ibid.*). — Geoffroy de Beaumont, chancelier de Bayeux, chapelain du Pape, plus tard évêque de Laon, conseiller du roi et clerc de l'Hôtel, placé à la tête de la chancellerie royale, d'abord, en 1266, comme simple suppléant, puis, à partir de 1268, avec le titre de chancelier du royaume de Sicile, mort en 1272. (*Ibid.*)

des héritiers de Geoffroy de Boulemont la somme que le
roi avait prêtée à celui-ci.

6. *Reg. Ang. III*, fol. 106, n° 3. — Au bailli d'Angers
et à maître Guillaume, doyen d'Angers, de s'informer des
droits de l'abbé et du monastère de Saint-Michel-du-Péril[1],
diocèse d'Avranches, sur trois moulins et sur les revenus
de certaines maisons au Mans. — Florence, 7 juillet,
Ire Indiction.

7-8. *Reg. Ang. IV*, fol. 202, en entier. — Deux lettres
datées du camp devant Lucera, 5 juillet, XII° Indiction,
5° année du règne (1269), et adressées au bailli d'Angers et
à Guillaume, doyen de Saint-Martin ; la première pour payer
à Hellin, seigneur de Cisanio, après hommage reçu, les
60 livres que son père Arnoul recevait annuellement pour
service de cour ; la deuxième pour rembourser sur l'argent
des dîmes l'emprunt fait à des marchands de Lucques.

9-10. *Ibidem*, fol. 210, n°s 2 et 3. — Saint-Germain,
27 janvier, XV° Indiction (1272). — Deux lettres au bailli
d'Angers ; la première pour payer 46 livres 7 sous tournois
pour service de cour ; la seconde pour payer 50 livres pour
un cheval à Egidius de Spina[2].

11-12-13-14. *Reg. Ang. VI*, fol. 150, v°. — 1° Naples,
16 mai, XIII° Indiction (1270). — Au bailli d'Angers, pour
qu'il confie à Guillaume, fils de Hugues de Grangia, pour
ses services, la garde de la forêt de Valeia[3], aux gages de
6 sous tournois par jour. — 2° Même date. — A Guillaume de
Grangia, pour qu'il se transporte à la forêt de Valeya[4] et

---

[1] Le Mont-Saint-Michel (Manche), arrondissement d'Avranches,
canton de Pontorson.

[2] (L'Epine) Spina (Egidius de), chevalier terrier de l'Hôtel, vice-
sénéchal du royaume de Sicile en 1271, envoyé l'année suivante en
mission en France, mort en 1274 sans postérité. (*Ibid.*).

[3] Voir, sur les gardes des forêts au moyen âge, le *Dictionnaire historique des institutions, mœurs et coutumes de la France*, t. I, p. 310,
au mot *Eaux et Forêts*.

[4] Le fief de Valles s'étendait sur Chemazé, canton de Château-
Gontier, et était vassal de la baronnie. — La forêt de Valles s'étend
encore aujourd'hui sur les communes de Chemazé, de Saint-Fort et

fasse son service avec les autres gardes. — 3° Naples,
19 mai, XIII⁰ Indiction.— Au bailli d'Angers et à Guillaume,
clerc, pour une enquête au sujet des biens saisis à Angers,
au Mans et à Saumur, sur Jacques, citoyen et marchand
d'Asti, Boniface, Hubert et Rufin, ses frères et associés, qui
en avaient demandé la restitution. — 4° Naples, 20 mai. —
Au bailli d'Angers, au sujet de la moitié d'une vigne d'un
bois dit La Greve, affermée par les frères de l'Hôpital du
Mans¹ à Jean Lagrave et à sa femme. (Le roi séjourna
pendant les mois de mai et de juin de l'année 1270 à
Naples.)

15-16-17. *Ibidem*, v°. — 1° Naples, 20 mai, XIII⁰ Indiction. — Au bailli d'Angers au sujet du futur mariage de
Jeanne, fille de feu Geoffroy de Poenceyo², avec/Louis, /
vicomte de Beaumont. — 2° Naples, 31 mai. — Au même, au
sujet des bois possédés par Girardus de Saciaco³ à Spivevam
et à la chapelle de Bouqueso. — 3° Naples, 3 juin. — Au bailli
d'Anjou et à Guillaume, doyen de Saint-Martin. Ordre de

d'Ampoigné. — Les landes de Valles sont actuellement défrichées.
— Le ruisseau de Valles ou des Bourdonnières est un affluent de
celui du bourg de Menil. (*Dictionnaire topographique de la Mayenne*,
p. 324·)
¹ L'ancien Hôpital de Coëffort ou Hôtel-Dieu, fondé vers 1180 par
Henri, roi d'Angleterre, comte d'Anjou et du Maine, à un kilomètre
et demi au sud de la ville du Mans, dont l'administration fut confiée
à des gardiens des deux sexes qui furent appelés Frères et Sœurs de
Notre-Dame de Coeffort ; leur chef eut le titre de maître, *magister*,
preceptor ; une des femmes eut celui de maîtresse. Un règlement de
Geoffroi de Loudun, 44⁰ évêque du Mans, de 1239, confirmé par l'un
de ses successeurs en 1259, dispose avec détail de la discipline des
Frères et des Sœurs et de l'administration de la maison. (Th. Cauvin,
Notice sur les Etablissements de Charité du diocèse du Mans, Annuaire
de la Sarthe pour 1826. — J. R. Pesche, *Dict. top. hist. et stat. de la
Sarthe*, t. II, pp. 52 et suiv.)
² Pouancé, chef-lieu de canton, arrondissement de Segré. — Cette
seigneurie était titrée, au xiv⁰ siècle, de baronnie. Jeanne de la
Guerche, fille de Geoffroy de Pouancé et d'Anne de Montmorency,
épousa Jean, vicomte de Beaumont, fils du vicomte Louis de Beaumont, réunissant ainsi les terres de Pouancé, de Martigné-Ferchaud,
de Segré, de la Guerche, auxquelles le mariage de leur fils aîné
Robert avec Marie de Craon, en 1299, ajouta Craon, Sablé et Chan-
tocé. (*L'Anjou*, par le baron de Wismes.)
³ Sacé, commune de Bauné. — Ancien fief et seigneurie avec
maison noble.

payer à Garnerius de Ulmonte, clerc de M° Jean du Mesnil, archidiacre de Palerme, 87 livres 10 sous sur la somme de 201 livres 11 sous 4 deniers tournois dus par le roi à Garnier d'Argenteuil.

18-19-20-21. *Ibidem*, fol. 234, r°. — 1° Naples, 22 mai, XIII° Indiction. — Au bailli d'Angers, pour qu'il fasse une enquête au sujet de l'hommage fait par Geoffroy de Luigni [1] au sire de Cort Champ [2], pour le fief de Lugni, au préjudice du roi. — 2° 14 juin, XIV° Indiction (erreur pour XIII°). — A Guillaume, doyen de Saint-Martin, et au bailli d'Angers, pour payer aux héritiers de Pierre Martel 147 livres et 4 sous tournois dus par le roi. — 3° Naples, 15 juin, XIII° Indiction. — Aux mêmes, ordre de payer à Hugues de Mesnilio-Renardi, châtelain du château d'Angers, les mêmes gages pour lui et sa suite que recevait son prédécesseur, Simon Begot. — 4° Même date. — Audit Hugues, pour qu'il se rende au dit château et en assume la garde [3].

22. *Reg. Ang. X,* fol. 146, n° 3. — Au bailli d'Angers et à Guillaume, doyen de Saint-Martin ; ordre de payer à Americo de Argentonio, pour le prix de 446 cannes [4] de drap de lin vendues au roi, 68 livres 16 sous tournois. — Palerme, 15 décembre, XIV° Indiction (1270).

23. *Ibidem,* fol. 146, n° 4. — Aux mêmes. Ordre de restituer à la dame Noviburgi la possession des rentes de Bourg-du-Roi [5] qu'elle avait obtenue pour huit ans. — Palerme, 17 décembre.

---

[1] Luigné, canton de Thouarcé. — La terre était titrée de châtellenie au xvi° siècle.

[2] Courchamps, canton de Montreuil-Bellay. — Le fief formait une châtellenie relevant de Vihiers.

[3] Voir, sur le château d'Angers au xiii° siècle, le *Dict. hist. de M.-et-L.*, t. I, au mot *Angers.*

[4] Canne, mesure de longueur de 2 m. 25 c.

[5] Bourg-le-Roi, anciennement Bourg-l'Evêque, canton de Saint-Patern, arrondissement de Mamers. — Guillaume le Roux, après la prise du Mans en 1099, trouvant la position de Bourg-l'Evêque convenable pour la conservation de cette partie de la province du Maine, entre ses mains, traita de son acquisition par voie d'échange avec les chanoines du Mans, à qui ce lieu appartenait ; moyennant

24. *Reg. Ang. X*, fol. 146, v°, n° 2. — Au bailli d'Angers
et au doyen de Saint-Martin. Ordre de prendre sous leur
protection la terre et les vassaux de Paganus de Cohemis.
— Palerme, 22 décembre, XIV° Indiction (1270).

25. *Ibidem*, fol. 146, v°, n° 6. — Au bailli d'Angers,
pour les Juifs de l'Anjou, 15 février 1271, *in palatio
Vivarii S. Laurentii.* (C'était un des deux palais voisins
de Foggia, où résidait Charles d'Anjou ; l'autre s'appelait
le *palatium Pantani.*)

26. *Ibidem*, fol. 147, n° 1. — A Guillaume, doyen de
Saint-Martin. Ordre de payer 40 livres tournois à Édouard
de Junricerii, dus à son père, Johannes de Junricerii. —
Capoue, 22 février 1271.

27. *Ibidem*, fol. 147, n° 5 — Ordre au bailli d'Angers
de payer 168 livres 17 sous 10 deniers tournois à Yvon de
Aqua, pour le service de la Curia que rendait son père
Guillaume de Aqua, chevalier. — Viterbe, 16 mars.

28. *Ibidem*, n° 6. — Même ordre pour 77 livres 6 sous
tournois à Arnoul de Malliaco [1]. — Même date.

29. *Ibidem*, fol. 147, n° 1. — Au bailli d'Angers. Citation à Jean du Mans, bouteiller du roi [2], d'avoir à rendre
ses comptes. — Sans date, mais la même sans doute que
la précédente.

30. *Ibidem*, fol. 148, n° 4. — Au bailli d'Angers et au
doyen de Saint-Martin. Ordre de payer à H. duc de Bourgogne [3], 2,000 livres tournois qui lui sont dues. — Monte-
fiascone, 18 mars.

la concession de différentes rentes et de différents droits féodaux,
il fit construire une forteresse pour maintenir le pays dans le devoir;
c'est depuis lors que le Bourg-l'Evêque porte le nom de Bourg-le-
Roi. (*Dict. top. de la Sarthe*, t. I, p. 208.)
    [1] Malliaco (Arnulfus), chevalier dans les troupes royales, 1271.
(*Les Archives angevines de Naples*, etc., t. II, p. 343.)
    [2] Le *bouteiller* figurait, comme nous l'avons dit dans notre précé-
dente étude, parmi les grands officiers de la couronne.
    [3] Hugues IV, duc de Bourgogne, qui mourut en 1272, en laissant
la Bourgogne ducale à son troisième fils, Robert II, au détriment de
deux frères aînés. (Voir M. de Barante, *Histoire des ducs de Bourgogne.*)

31. *Ibidem*, fol. 148, n° 7. — Ordre au bailli de payer à Michel de Marchia 78 livres 9 sous 11 deniers tournois.

32. *Ibidem*, fol. 151, n° 2. — Ordonnance concernant les Juifs d'Anjou. — Anagni, 3 mars 1271.

33. *Ibidem*, n° 3. — Ordre du bailli d'Angers de payer à Pierre Darmois, chevalier, 74 livres 4 sous et 5 deniers tournois pour son service. — Viterbe, 23 mars 1271.

34. *Ibidem*, n° 4. — Même ordre de payer 44 livres tournois à Jean de Seumeriaco, plus 104 livres 10 sous qui lui sont dus. — Viterbe, 24 mars 1271.

35. *Ibidem*, n° 5. — Au bailli d'Angers et à Guillaume, doyen. Ordre de mettre Jean de Harcour en possession du fief que le roi lui a donné. — Viterbe, 23 mars 1271.

36. *Ibidem*, n° 6. — Au bailli d'Angers. Ordre aux exécuteurs testamentaires de Retrodus de Montfort de rembourser 32 livres 10 sous à Guidottus, frère de feu Thomas de Villanova[1], à qui ils étaient dus. — Viterbe, 24 mars 1271.

37. *Ibidem*, n° 7. — Au bailli d'Angers. Ordre de payer les dépenses de Jean de Camera, familier de Robert, fils aîné du comte de Flandre[2], gendre du roi, à qui Charles d'Anjou a confié la garde de la ville du Mans[3]. — Viterbe, 29 mars, XIV° Indiction (1271).

38. *Ibidem*, fol. 151, n° 8. — Ordre audit Jean de Camera de se rendre à son poste. — 29 mars 1271.

39. *Ibidem*, fol. 151, v", n° 7. — Au bailli d'Angers et à Guillaume, doyen. Ordre de prêter à Jean Trosse vacce[4] 50 livres tournois sur ses gages. — Viterbe, 29 mars, XIV° Indiction (1271).

---

[1] Villeneuve, village, commune de Martigné-Briand. — Le manoir formait le centre d'un fief important relevant de Vezins.

[2] Bouchard, seigneur d'Avesnes. était devenu comte de Flandre par son mariage avec Marguerite II.

[3] C'est en 1246 que Louis IX avait fait don à Charles I" d'Anjou des comtés d'Anjou et du Maine.

[4] Troussevache ou Torsevache (Johannes), fils de Henri Troussevache, était clerc de l'Hôtel en 1272. (*Les Archives angevines de Naples*, *ibid.*, p. 391.)

40. *Ibidem*, fol. 152, v°, n° 1. — Aux mêmes. Ordre de payer 848 livres 19 sous à Garentus Burgesius Meliorati et à ses associés, marchands de Florence, procureurs de l'évêque de Melun. — Rome, 6 avril 1271.

41. *Reg. Ang. XIII*, fol. 50, n° 1. — A Guillaume, doyen de Saint-Martin d'Angers. Ordre de payer à Robert de Lambale 176 livres 2 sous 1 denier tournois pour ses services. — 28 septembre (1270), au camp près de Carthage (dernière croisade de saint Louis).

42. *Ibidem*, fol. 50, n° 2. — Au même, même date, pour la restitution à Ardouin d'Avoir [1], chevalier, de l'héritage de son père Aimery d'Avoir, savoir une maison à Baolege avec appartenances, pâturages et droit de couper du bois dans les forêts de Mornesio et de Chandeloys, etc.

43. *Ibidem*, fol. 50, n° 3. — Au même, même date, pour la mise en possession de Jean Tadei, écuyer, de la terre qu'il tient dans la prévôté de Saumur [2] pour 25 livres tournois de rente et dont il a fait hommage au roi.

44. *Ibidem*, fol. 50, n° 4. — Au bailli et au doyen, pour leur prescrire une enquête sur les droits de chasse et d'usage que Aimery [3] d'Avoir (de Avoerio), chevalier, prétend avoir dans les forêts de Valleya, du Breuil, etc. — Même date.

45. *Ibidem*, fol. 50, n° 5. — Même ordre au sujet des droits de Geoffroy de Cloyeo dans les forêts de Longo

---

[1] Charles d'Anjou, longtemps attendu, débarquait sur la plage d'Afrique le jour même où mourait saint Louis. Arrivé en présence du corps de son frère, il fondit en larmes, puis « il se pourpensa, disent les *Chroniques de Saint-Denis*, que c'étoit nature de femme de plorer », et il essaya, mais vainement, de relever les courages abattus. Les croisés se rembarquèrent au mois de novembre. Charles d'Anjou avait renoncé à s'emparer de Tunis et s'était contenté d'imposer un tribut au roi maure.

[2] On appelait alors prévôté une circonscription territoriale, subdivision du comté ou bailliage. Elle était administrée par un prévôt qui, de même que le bailli, cumulait les fonctions civiles, militaires et judiciaires. (Voir Pasquier, *Recherches*, II, 14.)

[3] Avoir, hameau, commune de Longué. — Une puissante famille qui portait le nom du fief y résida du xi° au xiv° siècle. La maison d'Avoir s'armait : *De gueules à la croix ancrée d'or*.

Alneto[1], diocèse du Mans, à cause du château Seneschalli[2].
— Même date.

46. *Reg. Ang. XIV*, fol. 112, v°, n° 3. — Ordre au
bailli et au doyen d'Angers de mettre Petrus de Brochia,
dominus Langesii[3], Lupilande[4] et Molihene[5], chambellan
de Philippe, roi de France[6], en possession du fief que le
roi lui a donné et que possédait Geoffroy de Lavardin[7],
chevalier, dans la châtellenie de Langeais[8]. — Florence,
17 juillet, Ire Indiction (1272). (Le roi passa tout le mois de
juillet à Florence.)

47. *Ibidem*, fol. 113, n° 1. — A Guillaume, doyen de
Saint-Martin; pouvoirs donnés par le roi de recevoir la rési-
gnation à leurs bénéfices de Raoul de Vemarcio, doyen, et
de Jean de Brochia, chantre de l'église Saint-Pierre de
Curia Cenomonensi[9], et disposer du décanat en faveur dudit
Jean, et de l'office de chantre en faveur de Petrus de
Brochia, chambellan du roi de France. — Même date.

48. *Ibidem*, fol. 113, n° 2. — Même date. A Pierre de
Brochia ; le roi proroge l'hommage qui lui est dû pour le
fief qu'il vient de lui donner.

---

[1] La forêt de Longaunai faisait partie de la baronnie du même
nom dont le siège était établi dans la paroisse et commune de
Mézeray, du canton de Malicorne, et s'étendait sur plusieurs communes circonvoisines. (*Dict. top. de la Sarthe*, t. II, p. 629.)
[2] Château-Sénéchal, hameau de la commune de Gallerande, canton
de La Flèche.
[3] Langeais, arrondissement de Chinon (Indre-et-Loire).
[4] Loupelande, canton de la Suze, arrondissement du Mans.
[5] Est-ce Mouliherne près Longué ? Le *Dict. hist. de M.-et-L.* dit
que le seigneur du lieu était alors Gervais de Pruillé.
[6] Philippe III, dit le Hardi, qui régna de 1270 à 1285.
[7] Lavardin, ancienne baronnie sur le Loir, dans la paroisse de
Saint-Genest-Lavardin, de l'arrondissement et du diocèse du Mans,
dans le Bas-Vendômois, à trois kilomètres sud sud-est de Montoire,
où existent les ruines d'un vieux château-fort appelé Lavardin,
actuellement sur le territoire du département de Loir-et-Cher.
(*Dict. top. de la Sarthe*, t. II, p. 588.)
[8] En 1270, Alphonse de France, frère de saint Louis, comte de
Poitiers et de Toulouse, avait vendu la seigneurie de Langeais à
Pierre de Brosse, chambellan et ministre de Philippe le Hardi, qui
rebâtit le château construit par Foulques Nerra en 992.
[9] Saint-Pierre-de-la-Cour, ancienne paroisse du Mans, aujour-
d'hui supprimée. L'église subsiste encore aujourd'hui, mais elle a été
affectée à divers services publics. (*Ibid.*, t. III, p. 350.)

Il faut ensuite mentionner les documents cités dans les registres suivants :

Reg. Ang. XV, fol. 68, n°s 2, 3, 5. — *Ibid.*, fol. 68, v°, n°s 1, 2, 4. — *Ibid.*, fol. 69, n° 2. — *Ibid.*, fol. 69, v°, n° 1. — *Ibid.*, fol. 70, tout le feuillet r° et v°. — *Ibid.*, fol. 71, n° 6. — *Ibid.*, fol. 73, n°s 1 et 3. — *Ibid.*, fol. 74, v°, n° 4. — *Ibid.*, fol. 75, v°, n°s 3 et 4. — *Ibid.*, fol. 76, v°, n° 2. — *Ibid.*, fol. 78, n° 1. — *Ibid.*, fol. 79, n° 1. — *Ibid.*, fol. 79, v°, n° 5.

Reg. Ang. XVII, fol. 50, v°, n° 4. — *Ibid.*, fol. 57, n°s 3, 4, 5. — *Ibid.*, fol. 58, n° 4. — *Ibid.*, fol. 58, v°, toute la page. — *Ibid.*, fol. 59, v°, n° 1. — *Ibid.*, fol. 60, n° 4.

Reg. Ang. XVIII, fol. 14, n° 4. — *Ibid.*, fol. 14, v°, n° 2. — *Ibid.*, fol. 15, n° 1. — *Ibid.*, fol. 15, v°, toute la page. — *Ibid.*, fol. 16, n° 4. — *Ibid.*, fol. 16, v°, n° 4. — *Ibid.*, fol. 17, r°, n°s 3 et 4. — *Ibid.*, fol. 18, n°s 1 et 2. — *Ibid.*, fol. 18, v°, n°s 2 et 3. — *Ibid*, fol. 19, v°, n° 1.

Reg. Ang. XXVIII, fol. 306, v°, n° 2. — *Ibid.*, fol. 307, n° 1.

Tous ces Registres appartiennent au règne de Charles Ier d'Anjou[1]. On doit aussi relever dans les Registres postérieurs les mentions suivantes[2] :

Reg. Ang. L, fol. 399, 399, v°, 400 et 400, v° en entier. — *Ibid.*, fol. 401, n° 1. — *Ibid.*, fol. 401, v°, n°s 1, 4, 5, 6. — *Ibid.*, fol. 404, v°, n°s 2, 3, 4, 5. — *Ibid.*, fol. 405, n°s 1, 2, 3. — *Ibid.*, fol. 407 en entier. — *Ibid.*, fol. 407, v°, n°s 1, 2. — *Ibid.*, fol. 408, n° 1. — *Ibid.*, fol. 415 en entier. — *Ibid.*, fol. 420. — *Ibid.*, fol. 421, 422, actes en double des précédents.

Reg. Ang. LII, fol. 183, v°, n° 4. — *Ibid.*, fol. 187, v°, n° 2. — *Ibid.*, fol. 191, n°s 1 et 3. — *Ibid.*, fol. 191, v°, n°s 2,

---

[1] Les Registres angevins relatifs au règne de Charles Ier vont de 1 à 49.

[2] Les Registres angevins relatifs au règne de Charles II vont de 50 à 85 (1288-1309).

4, 5, 6. — *Ibid.*, fol. 192, v°, n° 1. — *Ibid.*, fol. 193, v°, nᵒˢ 3, 5. — *Ibid.*, fol. 194, n° 1. — *Ibid.*, fol. 196, n° 2.

Cette curieuse liste, déjà longue, sera continuée et complétée à l'aide des documents qui nous seront successivement signalés. On voit que le chiffre des pièces inédites, relatives à l'histoire de notre contrée pendant la période si intéressante du moyen âge, qui sont conservées aux Archives angevines de Naples, est très important. Nous avons donc eu raison de dire, dans notre précédente étude, que, pendant la durée entière de son règne, le roi Charles Iᵉʳ, tout en gouvernant avec vigilance ses états d'Italie, n'oublia jamais de veiller au règlement des diverses affaires qui intéressaient ses fidèles sujets de l'Anjou. Ses successeurs imitèrent son exemple.

APPENDICE

Mandement du roi Charles Ier ordonnant au bailli d'Angers de faire justice à l'abbé et au couvent « Sancti Florentii Saumoriensis », au diocèse d'Angers, qui se prétendent lésés dans leurs droits de propriété sur le bourg de Saint-Florent. Lagopesole, 18 juillet 1274.

Scriptum est baiulo Andegavensi, etc. Ex parte religiosorum virorum Abbatis et conventus monasterii Sancti Florentii Saumoriensis [1], ordinis sancti benedicti, Andegavensis dyecesis. Olim nobis fuit expositum, cum querela, quod licet, ipsi, per quadraginta annos et amplius, fuissent alte et basse de pacifica et quieta possessione veeneburgi predicti monasterii et pertinentiarum ejus, ipsi tamen, eadem possessione, per nostram Curiam, destituti fuerunt, sub certa tibi pena. Per nostras mandavimus licteras ut, procuratore pro parte Curie nostre constituto, causam audires et eam mediante institia terminares. Nunc vero, ex eorumdem Abbatis et conventis iterata querela, intelleximus quod tu de predictis nihil facere curavisti in supradicti monasterii grave prejudicium et gravamen. Propter quod, nobis umiliter supplicarunt ut providere ipsis in hac parte de benignitate regia dignaremur. Quare, fidelitati tue firmiter precipiendo, mandamus quatenus, statim receptis presentibus, omni mora et dilatione remotis, in supra-

---

[1] Saint-Florent-de-Saumur, bourg réuni à la commune de Saint-Hilaire-Saint-Florent et qui doit son nom et son origine à la fondation de la seconde et de la troisième abbaye de Saint-Florent, fille et petite-fille de l'abbaye de Montglonne, aujourd'hui Saint-Florent-le-Vieil. L'abbé du monastère s'appelait alors Guillaume de la Couture (*Dict. hist. de M.-et-L.*, t. III, p. 359. — *Histoire de l'abbaye de Saint-Florent*, par D. Huynes. — Archives de Maine-et-Loire, série H, Chartrier de l'Abbaye).

dicto negotio procedas juxta predictarum ad te directarum continentiam literarum. Si vero aliqua juxta causa te movet, ut in ipso negotio procedere non deberes nec debeas illam et jus quod in possessione predicta nostram Curiam habere credas, nobis fideliter et distinte, per tuas litteras, quam citius poteris intimare, procures.

Datum apud Lacum Pensulem, per magistrum Guillelmum, XVIII julii II Indic (1274).

(Reg. Angevin 20, f° 46 v°.)

II

Mandement de Charles Ier remplaçant « Hugo de Mesnilio-Renardi » par « Hugo de Alumpna [1] », comme châtelain du château d'Angers [2]. Precina, 27 novembre 1274.

Scriptum est ballivo et Guillelmo decano Sancti Martini [3] Andegavensis, etc. Presentium vobis tenore precipimus quatenus Hugoni de Menilio-Renardi, militi fideli nostro, quem de ufficio castellanie castri nostri Andegavie substituto sibi in ipso castro per Curiam nostram Hugone de Alumpna, milite fideli nostro, duximus amovendum. Gagia consueta a tempore quo debet a Curia nostra ea recipere usque ad diem quo castrum ipsum dicti militi prefatus Hugo duxerit resignandum de pecunia Curie nostre officii tui, que est vel erit, per manus nostras, sine mora et defectu quolibet, exhibere curetis, mandato aliquo huic contrario non obstante, recepturi ex inde presentes et de hiis que solveritis idoneam apodixam.

Datum Precine per M. G. (magistrum Guillelmum), XXVII novembris III Indic. (1274).

Scriptum est Hugoni de Menilio-Renardi, militi, castellano castri Andegavie, etc. Cum Hugoni de Alumpna, militi fideli nostro, custodiam dicti castri nostri Andegavie, amoto te ex inde, usque ad voluntatis nostre beneplacitum duxerimus comittendam, fidelitati tue firmiter precipiendo, mandamus

---

[1] Voir, sur Hugo de Mesnilio-Renardi et Hugo de Alumpna, notre étude précédente.

[2] De 1228 à 1238, le château d'Angers avait été complété et transformé par saint Louis.

[3] Voir, sur l'église Saint-Martin, le *Dict. hist. de M.-et-L*, t. I, p. 58.

quatenus eidem Hugoni castrum ipsum cum armis, victualibus et aliis rebus existentibus in eodem, custodiendum per eum, sine mora et difficultate qualibet, assignare procures.
Datum ut supra.
Idem scriptum est eidem Hugoni, etc. De fide et legalitate tua plenam fiduciam obtinentes, custodiam castri nostri Andegavie, amoto inde Hugone de Menilio-Renardi, usque ad majestatis nostre beneplacitum, etc., duximus committendam; quare, fidelitati tue precipiendo, mandavimus quatenus ad castrum ipsum te personaliter conferens ipsum ad honorem nostrum et heredum nostrorum usque ad majestatis nostre beneplacitum studeas fideliter custodire, muniens ipsum omnibus necessariis guarnimentis, et quia intelleximus quod in castro ipso fuerint lites et assisie, tibi precipiendo mandamus quatenus lites et assisias ipsas ibi amodo fieri et multos castrum ipsum ingredi non permittas, et ecce predicto Hugoni precipimus ut castrum ipsum cum armis, victualibus et aliis rebus Curie nostre in eo existentibus tibi debeat assignare.
Datum ut supra.

(Reg. Angevin 20, f° 48.)

III

Mandement de Charles Ier nommant « Johannes de Blenesco », chevalier, professeur de droit civil, bailli d'Angers, en remplacement de « Guillemus Morrier [1]. » Naples, 14 janvier 1275.

Scriptum est universis ecclesiarum prelatis, baronibus, militibus ac certis aliis comitatus Andegavie, etc. Cum nos de fide, industria et legalitate Johannis de Blenesco, militis, juris civilis professoris, consiliarii familiaris et fidelis nostri dilecti, plenam ab experto gerentes fiduciam, ipsum ballivum nostrum in Andegavia, amoto inde Guillelmo Morrier, qui officium ipsum usque nunc de mandato nostro ibidem exercuit, usque ad nostrum beneplacitum duximus statuendum. Volumus et fidelitati vestre precipiendo mandamus quatenus eidem Johanni, tanquam ballivo, per celsitudinem nostram ibidem

---

[1] Voir, sur « Johannes de Blenesco » et sur « Guillelmus Morrier », notre étude précédente.

statuto, in omnibus que ad suum spectant officium pareatis devote et efficaciter intendatis. Nos ergo penas et bannas (*sic*) que idem contra delinquentes rite tulerit ratas habebimus atque firmas.

Datum Neapoli XIIII januarii III Indic. (1275).

Scriptum est Guillelmo Morrier, militi, ballivo Andegavie, etc. Cum nos Johannem de Blenasco, militem, juris civilis professorem, in officio ballivie tibi in Andegavia dudum per celsitudinem concesso, revocato te ab inde, duxerimus subrogandum, volumus et excellentie nostre placet ut prefatum Johannem officium de cetero exercere predictum ad honorem et fidelitatem nostram absque contradictione aliqua patiaris, ipsumque plene instruas de singulis nostris negotiis, et specialiter super lite Pictaviensis comitatus et prelatorum Andegavie et Cenomani, ita quod de hiis et singulis aliis nostris agendis ut decebit plenarie sit instructus.

Datum Neapoli XIIII januarii III Indic.

Scriptum est discretis viris magistris P. subdecano Aurelianensi, Henrico de Sancto Mennio, canonico Catalanensi, et Radulpho de Yemarcio, canonico Sancti Clodaldi juxta Parisius [1], dilectis clericis et in Francia procuratoribus suis, etc. Cum nos de fide, industria et legalitate Johannis de Blenesco, militis, juris civilis professoris, consiliarii familaris et fidelis nostri, plenam gerentes fiduciam, ipsum ballivum nostrum in Andegavia ; amoto inde Guillelmo Morier, duximus statuendum, volumus et excellentie nostre placet ut, una cum archidiacono sussionensi, si ad id commode poterit interesse, recipiatis ab eo, de officio supradicto, ad honorem et fidelitatem nostram exercente, fideliter, nostro nomine, corporaliter, juramentum.

Datum Neapoli ut supra.

Scriptum est Guillelmo, clerico decano Sancti Martini Andegavensis, fideli suo, etc. Cum nos Johannem de Blenesco, militem, juris civilis professorem, consiliarium familiarem et fidelem nostrum, ballivum nostrum in Andegavia, amoto inde Guillelmo Morier, qui officium ipsum usque nunc ibidem exercuit, duximus statuendum, volumus et mandamus ut, requisito per te Johanne predicto, si idem Johannes officium sibi commissum, forsan, aliquibus occupatus negotiis, quod

[1] Voir, sur ces personnages, l'ouvrage de M. P. Durrieu déjà cité.

non credimus, nollet assumere, placet nobis ut predictus
Guillelmus Morier in officio commoretur eodem usque ad
nostre beneplacitum voluntatis ; quod si predictus Johannes
prefatum assumet officium tibi commissum, illum, una cum
eodem Guillelmo, de singulis nostris negotiis plene instruas et
specialiter super lite comitatus Pictaviensis et prelatorum
Andegavie et Cenomani, ita quod de omnibus et singulis nostris agendis ut decebit plenarie sit instructus.

Datum ut supra.

(Reg. Angevin 20, f° 49.)

IV

*Mandement de Charles Ier nommant « Gaufridus de Bresi »
bailli d'Angers. Le même jour, « Magister Radulfus de
Vemarcio » est chargé de l'administration des droits
« administratio jurium » du roi Charles Ier en Anjou, au
lieu de Guillaume, doyen de Saint-Martin d'Angers.
Monteforte, 17 juillet 1275.*

Scriptum est Gaufrido de Bresi, militi, etc. De tua fidelitate
atque prudentia plenam fiduciam obtinentes, te ballivum
nostrum in Andegavia, revocato ab hujusmodi officio Guillelmo Morrier, milite, etc., presentium tenore statuimus usque
ad nostre beneplacitum voluntatis; fidelitati tue districte precipiendo mandamus quatenus hujusmodi officium sic ad
honorem et fidelitatem nostram studeas exercere quod possis
ex inde in conspectu nostro merito commendari.

- Datum apud Montem Fortem XVII julii III Indic. (1274).

Scriptum est universis ecclesiarum prelatis, comitibus,
baronibus, militibus, burgensibus et ceteris per comitatum
Andegavie constitutis, etc. Cum nos de prudentia et legalitate Gaufredi de Bresi, militis, fidelis nostri, plenarie confi-
dentes, eum ballivum nostrum in Andegavia, Guillelmo
Morrier, milite, ab hujusmodi officii revocato, duximus statuendum. Presentium vobis tenore precipiendo mandamus
quatenus eidem Gaufrido, tanquam ballivo per nos statuto,
in omnibus que ad suum officium pertinent pareatis et fideliter intendatis. Nos enim penas et bannas que rite tulerit
ratas habebimus atque firmas.

Datum ut supra.

(Reg. Angevin 20, f° 52.)

V

Mandement de Charles Ier *ordonnant à « Johannes de Villa Marolii* [1] *», bailli d'Angers, de rembourser, au monastère qui la réclame, une somme de deux cents livres tournois. Rome, 26 mars 1276.*

Scriptum est Ballivo Andegavie et magistro Johanni de Villa Marolii, clerico et familiari, fidelibus suis, etc. Nuntii religiosorum virorum abbatis et conventus de pietate devotorum nostrorum ad nostram Curiam accedentes, quasdam nostras literas nostro culmini presentarunt, quarum tenor per omnia talis erat : Karolus, filius regis Francie, Andegavie provincie et haynoie comes, universis presentes literas inspecturis salutem in domino. Notum facimus quod nos tenemur dilectis nostris abbati et conventui de pietate in ducentis libris thurronensium ex causa mutui, quas ab eisdem mutuo recipimus in pecunia numerata reddendas eisdem vel eorum certo mandato, presentes literas deferenti ad pagamentum nundinarum nostrarum Andegavie anno domini millesimo ducentesimo quinquagesimo quinto in crastino nativitatis sancti Johannis Baptiste. Verum, quia sicut nobis iidem exposuerunt nuncii de predicta pecunia eisdem abbati et conventui vel eorum certo mandato in aliquo non extitit satisfactum, nobis humiliter supplicarunt ut restitui sibi pecuniam ipsam, de benignitate regia, mandaremus. Nos igitur, dubitantes ne per Guillelmum, clericum decanum Sancti Martini Andegavensis, tuum Johannes in officio precessorem fuisset eidem abbati et conventui vel eorum certo nuntio de predicta pecunia satisfactum, providimus vobis predictas nostras patentes litteras destinendas. Propter quod volumus et fidelitati vestre precipiendo mandamus quatenus certificato prius per eumdem Guillelmum si dictam quantitatem pecunie vel partem ipsius eisdem abbati et conventui vel eorum certo nuntio nequam exolvit, vos statim hujusmodi quantitatem pecunie eisdem abbati et conventui juxta tenorem predictarum litterarum nostrarum, sine difficultate qualibet, exolvatis, recepturi predictas nostras

---

[1] Ce personnage est appelé, dans les textes français, « Jehan de Villemaroi ».

patentes literas et presentes et de hiis que debentur ad vestri cautelam ydoneam apodixam.

Datum Rome per magistrum Guillelmum de Farumvilla, pre, positum sancti amati duocensis regni Sicilie vicecancellarium anno domini millesimo ducentensimo LXXVI die XXVI martii IIII Indic., regni nostri anno undecimo.

(Reg. Angevin 20, f° 54.)

VI

*Mandement de Charles I*er *confiant à « Johannes de Villa Marolii » la charge d'administrer les droits de ce roi en Anjou, en remplacement de feu « Radulfus de Vemarcio », chanoine de Saint-Cloud. Rome, 8 mars 1276.*

Scriptum est magistro Johanni de Villa Marolii, dilecto clerico et familiari suo, etc. De tua fidelitate atque prudentia plenam fiduciam obtinentes, te in locum quondam magistri Radulfi de Vemarcio, canonici Sancti Clodoaldi juxta Parisius, nuper decedentis in fata, ad amministrationem nostrorum jurium comitatus Andegavie, quam idem magister Radulfus gerebat, presentium tenore statuimus usque ad nostre beneplacitum voluntatis. Quare fidelitati tue precipiendo mandamus quatenus hujusmodi officium sic geras fideliter et prudenter quod in cospectu nostro possis merito commendari.

Datum Rome VIII martii IIII Indic.

Scriptum est universis ecclesiarum prelatis, comitibus, baronibus, militibus, burgensibus et ceteris per comitatum Andegavie constitutis, presentes litteras inspecturis, etc. Cum nos magistrum Johannem de Villa Marolii, dilectum clericum et familiarem nostrum, in locum magistri Radulfi de Vemarcio, canonici Sancti Clodoaldi juxta Parisius, nuper decedentis in fata, ad amministrationem nostrorum jurium comitatus Andegavie, quam idem Magister Radulfus gerebat, duximus usque ad nostre voluntatis beneplacitum statuendum. Vobis presentium tenore precipiendo mandamus quatenus eidem magistro Johanni, tanquam in hujus modi amministratione per nos statuto, in omnibus que ad suum officium pertinent pareatis et fideliter intendatis. Nos enim penas quas ipse rite tulerit ratas habebimus atque firmas.

Datum Rome VIII martii IIII Ind.

(Reg. Angevin 20, f° 54.)

Nous devons la communication des précédents documents, que nous avons pris soin d'analyser et d'annoter, ainsi que l'indication des six pièces ci-dessus, qui ont été copiées à Naples à notre intention, à l'extrême obligeance de M. Léon Cadier, archiviste, membre de l'École française de Rome. Nous le prions de recevoir ici l'expression de nos très sincères remerciements.

André JOUBERT.

LA GUERRE

ENTRE

LOUIS XIII ET MARIE DE MÉDICIS

(1619-1620)

CHAPITRE PREMIER [1]

(suite)

II

Pour remonter à la date du traité d'Angoulême, et comme
nous l'avons déjà laissé entrevoir, la régularisation des
titres constitutifs de l'apanage de Marie de Médicis n'était
pas le seul obstacle à l'entrevue projetée avec son fils à
Tours. Malgré l'empressement de Louis XIII à s'y acheminer dès après la réconciliation officielle, pour y veiller
aux préparatifs de la réception de sa mère, autour de ses
démonstrations d'impatience filiale on eût dit que Luynes
et Marie de Médicis jouaient à s'éviter l'un l'autre. Luynes,
en effet, ne pouvait laisser revenir à Tours la reine-mère
sans Richelieu, qu'aux négociations d'Angoulême il n'avait
utilisé près d'elle qu'en le replaçant à proximité du pouvoir,
mais qui, une fois revenu à la Cour, se disait-il, forcerait
l'entrée du conseil pour l'y supplanter. D'autre part, Marie
de Médicis, qui répugnait à revenir dès le lendemain de
la paix se livrer aux mains de ses ennemis de la veille et

---

[1] Voir la première livraison, juillet et août, pp. 1-40.

se montrer sur l'ancien théâtre de ses grandeurs, à demi-
abattue derrière son fils et comme liée à son char de victoire, était bien décidée, pour sa sécurité personnelle et
pour mieux imposer son serviteur, à ne reparaître elle-
même à Paris qu'en triomphatrice. De son côté, Luynes,
tout en s'adjoignant cauteleusement à l'invitation épistolaire adressée de Tours, le 31 mai, par Louis XIII à sa
mère, et confirmée verbalement par une ambassade spéciale de son beau-père le duc de Montbazon [1], se flattait
d'éterniser sous main l'éloignement de Marie de Mécicis,
en la maintenant de parti pris dans une ostensible défaveur
où s'alimenteraient ses rancunes rétrospectives ; et de là,
chez la reine-mère, depuis la paix d'Angoulême, avec de
nouvelles défiances des griefs quotidiens, à l'inverse érigés
par elle contre son fils en autant d'exceptions dilatoires.
Grâce, en effet, à l'ajournement indéfini du départ d'Angoulême, où l'enracinaient d'ailleurs les incitations intéressées
du duc d'Epernon, Marie de Médicis espérait user la longa-
nimité de son fils qui, lassé de se morfondre en un rendez-
vous illusoire, et y jugeant compromise à la longue la
dignité royale, bientôt rebrousserait chemin vers sa capitale, il est vrai avec d'autres sentiments que ceux qui
l'avaient amené d'Amboise à Tours. Mais, une fois débar-
rassée du voisinage d'ennemis qui, des rives de la Loire, la
surveillaient de trop près, la reine-mère, en cela justifiant
les pronostics du nonce et démentant les illusions du Père
de Bérulle, espérait, à l'ombre de ses places fortes, et dans
le champ restreint de son apanage, reprendre en sous-
œuvre la revanche traversée par la paix d'Angoulême. Elle
espérait, dis-je, à la tête d'un parti réorganisé, revenir à
Paris la tête haute, en état de donner la loi ou tout au
moins de compter dans le gouvernement. Luynes, d'ailleurs,
ne semblait-il pas s'attacher à légitimer presque, en vue
d'un tel idéal, les procrastinations de Marie de Médicis, en

---

[1] Sans compter celles de Brantes, frère de Luynes, du duc de
Bellegarde et du Père Joseph.

la refoulant derrière ses retranchements par l'endroit
même où elle se sentait le plus attirée vers le rendez-vous
filial ? Car c'était par l'inamissible prestige de sa qualité de
reine-mère, impliquant toujours à travers les disgrâces
une haute tutelle domestique à exercer sur la famille royale,
que Marie de Médicis espérait ressaisir à la Cour un peu
de considération ; et c'est cette qualité-là même qu'au
lendemain du traité d'Angoulême Luynes avait d'abord le
plus persévéramment méconnue. Déjà, durant l'exil à
Blois de la reine-mère, Luynes, répudiant la politique
extérieure de la régence, inaugurée par les alliances
matrimoniales avec l'Espagne, était revenu au système
inverse et plus patriotique d'Henri IV, appliqué à recher-
cher dans toutes les cours de l'Europe, et principalement
en Italie, des contrepoids à la maison d'Autriche. De là le
récent mariage de Christine de France avec le prince de
Piémont Victor-Amédée, conclu à l'insu de Marie de Médicis
estimée déchue du droit d'opiner sur l'établissement de ses
enfants, pour avoir attaché son nom à la double union de
Louis XIII avec Anne d'Autriche et d'Elisabeth de France
avec Philippe IV. Par une suite des mêmes infractions
systématiques à la hiérarchie de la famille royale, on s'abs-
tint non moins soigneusement de consulter la reine-mère
lorsqu'il s'agit de pourvoir à l'emploi de gouverneur de son
fils favori Gaston, vacant par le décès du comte du Lude ;
et, en effet, pouvait-elle souscrire au choix du colonel
d'Ornano, l'un des complices de l'assassinat du maréchal
d'Ancre?

Certes d'aussi brutales atteintes aux prérogatives maternelles élevaient au gré de Luynes, comme au profit de
Marie de Médicis, d'infranchissables retranchements sur la
route d'Angoulême à Tours. Mais là où Marie de Médicis
avait surtout la partie belle au regard du jeu si serré de
son antagoniste, c'était en lui rétorquant l'inexécution des
clauses toujours éludées du traité d'Angoulême. Car les
temporisations de Luynes ne portaient pas seulement sur

la délivrance à la reine-mère des titres de son apanage.
En dépit de ses réclamations verbalement transmises à
Tours par le duc de Montbazon, elles affectaient la mise en
œuvre même du pacte fondamental de la réconciliation de
la maison royale. On ne se borna pas, en effet, à reculer
jusqu'au 20 juin l'enregistrement du traité d'Angoulême :
après l'accomplissement même de cette formalité qui lui
conférait seule une sanction législative, et au mépris de
ses articles essentiels, on traîna en longueur le payement
des dettes contractées par la reine-mère depuis son exil, et
les amnisties de ses adhérents. Ici, c'était le duc d'Epernon,
qu'on hésitait de jour en jour à réintégrer dans les places
militairement occupées sur lui depuis l'évasion de Blois;
et là, deux transfuges d'entre les officiers des gardes de
Louis XIII, revenus d'Angoulême à Tours, mais obstiné-
ment écartés de leurs anciens postes d'honneur.

C'est pour mieux donner le change au roi sur l'obliquité
de ces manœuvres où la reine-mère et Luynes semblaient
se donner le mot pour s'exclure ou se fuir, que nous avons
vu celui-ci s'associer, pour la forme, aux appels que, de
Tours, Louis XIII adressait à sa mère. Vint cependant un
moment où force fut à Luynes d'épouser tout de bon les
sollicitudes royales en vue du rapprochement espéré. Car,
sous l'imminence de la prochaine assemblée des huguenots,
soucieux de réclamer contre le rétablissement du catholicisme en Béarn et, à cet effet, convoqués le 24 mai pour le
25 septembre en la ville de Loudun contiguë à celle
d'Angoulême, il devint urgent de tirer à tout prix de cet
orageux voisinage et de détacher du duc d'Epernon Marie
de Médicis. Aussi, dès le cours de juin, par un revirement
graduel de sa souple tactique, et sauf les persévérantes
lenteurs dans la remise de ses titres à la reine-mère, le
timide favori peu à peu pressa davantage l'intégrale
exécution du traité d'Angoulême, en recherchant de nouveau l'entremise aussi nécessaire que redoutée de Richelieu, pour décider Marie de Médicis au voyage de Tours.

De son côté, celle-ci, poussant là-dessus ses avantages, et par un renchérissement de ses premiers moyens dilatoires, exigea d'abord une promesse littérale de Luynes, précisée dans ses termes par le contrôle du Père de Bérulle, et portant sur l'exécution intégrale du traité d'Angoulême, sur une réception convenable à la Cour et sur la libre administration de son apanage. Puis elle excipa de la nécessité préalable d'appeler en cause les garants des promesses de la Cour les plus sûrs et, de prime abord, les moins suspects, à l'effet ou de soutenir à Paris sa considération ou de relever en Anjou son parti. A ce double point de vue, ce n'était pas certes le P. Arnoux, créature et confesseur de Luynes, et l'un des promoteurs de la restauration du catholicisme en Béarn, dont on pût récuser le cautionnement à la veille de l'assemblée de Loudun. Ce n'était pas non plus à une cour affichant la condamnation du gouvernement de la régence, à répudier au même titre la double entremise du duc de Mayenne et du prince de Piémont Victor-Amédée : l'un jadis armé des premiers contre le maréchal d'Ancre, et commandant hier encore l'armée d'Angoulême, et l'autre inféodé, ce semble, à la politique du nouveau favori par son récent mariage avec Christine de France. Aussi que n'eussent opéré ces deux considérables médiateurs au profit d'une cour dont ils avaient d'abord tiré leur lustre en lui prêtant leur appui, si, dès la conclusion du traité d'Angoulême, ils n'eussent déjà préparé vers Marie de Médicis leurs latentes évolutions ?

Henri de Mayenne, fils de l'ancien lieutenant-général de la Ligue, tranchait sur les collatéraux amoindris de sa génération par sa physionomie chevaleresque, où se résumaient les traits les plus marquants de la race prestigieuse des Guise. Un homme de cette trempe et de ce sang, naguère armé des premiers contre le maréchal d'Ancre, ne se devait-il pas cabrer derechef sous le joug non moins neuf du fauconnier de Louis XIII, installé d'hier et le

primant déjà sur les avenues de ce trône où son père avait
failli s'asseoir ? Luynes, il est vrai, eût peut-être à force
de ménagements fait oublier au petit-fils du héros de
Calais et de Metz et au neveu du Balafré la soudaineté de
son élévation ! Mais Luynes avait plus d'une fois choqué sa
fierté en le sacrifiant à des arrangements de famille. A ses
yeux, ce n'était pas assez que le duc de Mayenne se fût
résigné au lointain gouvernement de la Guyenne en com-
pensation de l'Ile-de-France, afin que Luynes y colloquât
aux portes du Louvre son beau-père le duc de Montbazon.
Par un surcroît d'indélicatesse, le plus digne des derniers
rejetons de la maison de Lorraine n'avait pu briguer la
main de l'héritière du vidame d'Amiens sans que Luynes
lui ait osé souffler cet opulent parti au profit de son frère
Cadenet. Si encore, à travers l'aggrandissement des siens,
Luynes avait su observer à tous autres égards envers le
commandant en chef de l'armée d'Angoulême une stricte
justice ! Mais deux ans s'étaient écoulés depuis le versement
d'un subside de cinquante mille écus, effectué par le duc
de Mayenne en 1617 au bénéfice de la dernière des coalitions contre le maréchal d'Ancre, et endossé par la Cour à
titre d'indemnité de guerre en vertu de l'amnistie qui
suivit sa chute, et le duc de Mayenne réclamait toujours en
vain son remboursement au favori qu'au moyen de cette
avance il avait si fort contribué à pousser au pinacle.

Aux amertumes du grand seigneur si longtemps et si
maladroitement berné répondaient, à l'extrémité opposée
du théâtre de notre récit, de profonds désenchantements.
Tout aussi fière que la maison de Lorraine et mue d'un
plus aventureux essor, la maison de Savoie, depuis un
demi-siècle, épiait toutes les révolutions des états confinant
à l'Italie pour les exploiter au profit de son agrandisse-
ment. On sait comme, à la faveur des troubles de la Ligue,
l'avisé duc Charles-Emmanuel s'était affermi dans la possession du marquisat de Saluces. Dix ans plus tard,
lorsqu'à l'ouverture de sa régence Marie de Médicis répu-

dia nos alliances anti-espagnoles, Charles-Emmanuel avait tenté tour à tour, contre la Suisse et les ducs de Mantoue, l'attaque de Genève et du Montferrat. Enfin, quand l'avènement de Luynes marqua notre retour vers les traditions nationales d'Henri IV, en adoptant, grâce au mariage de son fils aîné Victor-Amédée avec Christine de France, nos sollicitudes d'équilibre, Charles-Emmanuel espéra par là obtenir de Louis XIII, en vertu de vagues assurances, l'entrée dans son conseil, avec un grand commandement militaire qui l'autoriserait sur les deux versants des Alpes. Il espérait surtout par cette alliance, doublée de celle d'une de ses filles avec le prince de Galles, appuyer ses compétitions à la couronne impériale, vacante en Allemagne par le décès de l'empereur Matthias et que disputaient à la maison d'Autriche l'électeur palatin Frédéric V, gendre du roi d'Angleterre Jacques Ier, et les protestants insurgés de la Bohême. Pour la réalisation de ces beaux rêves, quels appoints d'ailleurs pour Charles-Emmanuel que les avantages par lui stipulés au profit de ses trois fils! Car, outre la dot royale à fournir à Victor-Amédée, on avait promis à Thomas de Carignan une pension de cinquante mille écus avec maints bénéfices, et au cardinal de Savoie l'appui à Rome de sa candidature au titre de protecteur de la couronne de France. Mais aussi quelle désillusion pour la maison de Savoie depuis le mariage de Victor-Amédée et durant son voyage nuptial en France! Non seulement Luynes, inaugurant à l'extérieur une politique encore plus modératrice que réactionnaire, se prononça pour le maintien de la couronne impériale dans la maison d'Autriche en la personne de l'archiduc Ferdinand, cousin-germain du défunt Matthias. Mais, ou se défiant de l'humeur du duc de Savoie ou jaloux de ses entreprises, et tout en traversant au profit d'Henriette de France son projet d'alliance matrimoniale avec le prince de Galles, il tint en France Victor-Amédée hors de toute participation des affaires du conseil et à l'écart de tout commandement militaire. Il ajourna de plus le payement de sa dot et la réalisation des avantages promis à ses deux frères, non moins systématiquement qu'il avait fait la solde de l'indemnité de guerre du duc de Mayenne. Pour comble de déboires aux yeux d'une race d'avenir, se classant près d'un siècle avant le traité d'Utrecht, et de par la double communication du sang d'Henri IV et de Philippe II, au rang des dynasties royales [1], à la cour de Louis XIII une dédaigneuse étiquette relégua Victor-Amédée et son frère Maurice dans la foule des princes de second ordre. En dépit de sa qualité de beau-frère du roi, Victor-Amédée ne put jamais être admis à se couvrir devant lui ni à manger à sa table. Quant au cardinal Maurice, à l'heure de son retour en Savoie il dut attendre trois heures l'évêque de Metz, frère naturel du roi et préposé au soin de le reconduire. Aussi, vu l'inconvenance de ces procédés, dont souffrait en eux la morgue espagnole infuse avec le sang des Habsbourg et l'éducation espagnole, le cardinal Maurice et Victor-Amédée allaient de guerre lasse brusquer leur départ, quand enfin arriva le prélat retardataire, mais avec l'offre dérisoire d'un carosse dépourvu d'escorte.

On conçoit à quel point de telles mortifications, infligées tour à tour aux deux maisons de Savoie et de Lorraine, inclinèrent vers le parti s'ébauchant à Angoulême sous le nom de Marie de Médicis, le duc de Mayenne et le duc Charles-Emmanuel : l'un avec un ressentiment combattu par les dernières hésitations de la loyauté héréditaire, et l'autre avec la versatilité de sa diplomatie d'expédients. De là il est vrai l'accueil si divers que reçurent chez les deux princes les premiers appels de la reine-mère à l'effet de lui garantir l'exécution sincère du traité d'Angoulême. Mais, sous son prudent déclinatoire, le duc de Mayenne parut suffisamment ébranlé au gré de Marie de Médicis, qui n'avait déjà que trop habilement consolé le prétendant

[1] Le duc Charles-Emmanuel avait épousé une fille de Philippe II.

évincé de l'héritière du vidame d'Amiens, par l'offre de la main d'une nièce issue de la maison souveraine des ducs de Mantoue. Aussi l'épée du guerrier qui venait d'imposer en Angoumois la paix à la reine-mère se devait vite retourner contre le favori en voie de l'éluder ou de l'enfreindre. Quant au duc de Savoie, rebuté des mépris d'un gouvernement qui prétendait, sans compter avec lui, l'entraîner dans son orbite, aux premières ouvertures de Marie de Médicis on devine l'agilité de sa conversion vers un parti qui avouait trop haut la nécessité de son appui pour se défendre de marcher à sa remorque.

Une fois certaine des dispositions du duc de Savoie, et entrevoyant chez le duc de Mayenne l'imminence d'une volte-face, on conçoit que Marie de Médicis, par l'organe du duc de Montbazon et sur la sollicitation du P. de Bérulle, ait à coup sûr insisté vis-à-vis de Luynes sur un double appel en garantie que celui-ci, malgré ses répugnances, eût été par trop malavisé de lui dénier. En ce qui est en effet du duc de Mayenne, en regard des menaces de l'assemblée des huguenots de Loudun, Luynes pouvait-il sans danger suspecter les entremises de l'héritier du nom pouvant le mieux rallier les catholiques à la veille d'une nouvelle guerre de religion? Quant au duc de Savoie, outre la nécessité de maintenir dans son attachement à l'alliance française, par la communication d'une plus large part d'influence politique, un si variable auxiliaire du programme restauré d'Henri IV, on espérait que les assiduités de son fils Victor-Amédée à titre d'époux de Christine de France avec Marie de Médicis, la réconcilieraient avec un mariage négocié au mépris de son autorité maternelle.

Bref, aux premiers jours de juin, la reine-mère recevait de la Cour, par le P. de Bérulle, les autorisations aux fins de son exception de garantie ; et, dès le 13 du même mois, arrivait à Angoulême[1], après s'être assez fait prier pour couvrir son jeu, le plus immédiatement disponible de ses deux plaignants. Non que, dès l'arrivée de Victor-Amédée au quartier général du dernier soulèvement, il n'y eût une glace à rompre entre la mère de Christine et le gendre qu'on lui avait trop outrageusement imposé pour qu'elle pût s'interdire de le lui témoigner. Mais Victor-Amédée s'était d'avance résigné à essuyer d'entrée l'épineux accueil de Marie de Médicis, sauf ensuite à l'amadouer à force de prévenances. D'autre part, le futur héritier de Charles-Emmanuel semblait trop utile aux ressentiments de la reine-mère pour qu'à la première entrevue elle lui tînt rigueur au delà de ce que comportait à ses yeux la nécessité d'accentuer son grief. Aussi, dès le soir et après les réserves prévues du colloque préliminaire, Marie de Médicis, assistée du duc d'Epernon, festoyait royalement son hôte illustre avec une magnificence affichée en contraste avec la mesquine réception du Louvre. Peu à peu l'on vit même, sous la citadelle d'Angoulême, se mêler à l'éclat des fêtes l'intimité des confidences et la réciprocité des engagements ; si bien que Victor-Amédée et son frère Thomas y eurent vite décidé Marie de Médicis à s'acheminer vers Tours sous leur garantie officielle, mais au fond dans l'unique but d'opérer chez Louis XIII un revirement filial avec l'appui secret et intéressé de la Savoie[2].

[1] Accompagné de son frère, le prince Thomas, et du cardinal de la Rochefoucauld.

[2] Ici nous nous avouons en désaccord avec les appréciations si autorisées de M. Avenel, qui nie tout concert séditieux, en 1619, entre Marie de Médicis et la Savoie, vu l'absence de tout document à l'appui, dans le Fond Turin des Archives des Affaires étrangères. Mais, à cet égard, les informations du nonce Bentivoglio, dédaignées par l'éminent érudit, comme trop hâtivement recueillies dans les salons diplomatiques pour inspirer une confiance définitive, sont pleinement confirmées par les dépêches de l'ambassadeur vénitien, intime confident du prince Victor-Amédée, et par les traditions trop connues de la cour de Savoie. Nous reviendrons d'ailleurs sur ce point dans la suite de notre récit, sous le bénéfice de nouveaux documents.

Tandis qu'à la veille d'une reprise d'armes, la reine-mère recrutait ses premiers soutenants dans ce fond d'inimitiés éveillées d'un bout à l'autre du royaume contre le parti en règne, en sa faveur mais plus loyalement Richelieu, aussi jaloux que Luynes de la détacher du duc d'Epernon, mais bien plus désireux que lui d'une réunion définitive de la famille royale, pressait de non moins énergiques ressorts. Tout en recommandant les exigences de Marie de Médicis avec articulation de ses griefs par le P. de Bérulle et le commandeur de la Porte[1], et non sans s'ingénier à dégager de tout péril d'inquiétantes entremises, il opérait d'Angoulême sur la conscience de Luynes, aussi fortement qu'il faisait à l'égard de Marie de Médicis en organisant autour d'elle son aumônerie angevine. C'est lui, sans doute, qui, pour mieux pallier ce qu'offrait de suspect aux yeux du favori l'appel en cause des deux princes mécontents de Savoie et de Lorraine ; c'est lui qui, d'accord avec le P. Suffren, confesseur de la reine-mère et le P. Joseph, suggéra à celle-ci l'idée d'y joindre l'intègre cautionnement du P. Arnoux, en sa qualité spéciale de confesseur de Louis XIII et de Luynes. Non qu'en s'y soumettant Luynes n'espérât encore ici louvoyer aux yeux du casuiste qu'il envisageait comme sa créature, et dont il avait fait naguère le complice abusé des rigueurs aggravant l'exil à Blois de Marie de Médicis. Mais, ici encore, l'évêque de Luçon s'évertua à prévenir toute nouvelle surprise en dictant au jésuite, à l'égard de son insaisissable pénitent, une formule de garantie endossée par Luynes le 22 août, et aussi rigoureuse qu'acceptable. Bref, sur la foi d'un traité scellé par l'autorité de la religion s'ajoutant aux convenances de la diplomatie et aux persuasions de la famille, Marie de Médicis, d'ailleurs sur les entrefaites régulièrement investie de son douaire, et dès

---

[1] A l'occasion de sa prestation de serment devant la Cour, en qualité de gouverneur du château d'Angers.

lors plus confiante en sa force et plus relevée en considération, n'hésita plus, le 29 août, à s'acheminer vers Tours. En effet, rien ne manquait, ce semble, au succès de son voyage, quand le prélat qui venait de lui ménager, avec le double concours du P. de Bérulle et du P. Joseph, le plus honorable apanage et, à première vue, la plus sûre amnistie, lui servait encore là et d'introducteur et d'escorte[1].

[1] *Mém. de Richelieu, eod.*, pp. 178, 186, 194, 235. — *Lettres et papiers d'Etat*, etc., pub. Avenel, p. 624 et n. — *Mém. de Bassompierre*, p. 129. — *Mém. de Brienne*, p. 340. — *Nuux di Fr.*, 6 et 18 mars; 24 avril ; 30 juin ; 2–3, 16, 22 et 30 juillet ; 14, 16, 17 et 25 août 1619. — *Mém. secr., eod.*, pp. 88, 98–99 ; 103–106 ; 109–112, 115, 118–122, 139, 141–142, 144–146, 184, 186, 191–194 ; 196–197 et passim. — Ph. de Mornay, *Lettres et mém.*, pp. 212, 221, 234–236. — Arnauld d'Andilly, *eod.*, f** 83 et 84. — F. Colbert, f** 37–38, 40–41 : 53–55 ; 98 et passim. — F. Dupuy, I, 72, f** 133–137. — *Dispacc. degl. amb. vinct.*, 16 mars, 24 et 30 avril ; 9 et 16 juin ; 1er, 16 19 et 26 juillet ; 6 et 20 août ; 3 et 17 septembre 1619. — Fonds divers, 25.022, f° 73. — Marillac, p. 1–17. — Arch. des aff. étr., *eod.*, f** 184, 187–188, 198–200, 203. 206, 208–210, 215. — Arch. n°**, carton 232, f** 8, 17,18, 19 et passim. — Rangeard, p. 356. — Roncoveri, pp. 287–288 ; 296, 304, 305. — Matth. de Mourgues, *eod.*, p. 29. — Gramond, p. 282. — Dupleix, *eod.*, pp. 122–124 et 133. — Levassor, *eod.*, pp. 383, 392–394, 396, 397, 400, 537, 539 et 540, 638. — Bazin, *eod.*, pp. 353 et 357. — Henri Martin, *eod.*, p. 142. — Dareste, *eod.*, p. 65. — M** d'Arconville. *eod*, pp. 12–15, 21–22, 51. — *Vie du cardinal duc de Richelieu*, par Leclerc, p. 17–46–50. — V. Cousin, *Le duc et connétable de Luynes, eod.*, mai, pp. 268, 280; juin 1861, pp. 343, 348, 349 et passim ; octobre, 624. — Avenel, *L'évêque de Luçon et le connétable de Luynes, eod.*. pp. 93–94 ; 98 et 99 ; 100 et passim. — Batterel, *eod.*, n° 38, 43, 45, 48–49. — L'abbé Gouget, pp. 134–138, 141 et passim. — L'abbé Houssaye, *eod.*, pp. 281, 291–293, 296. — *Le véritable P. Joseph*, pp. 132–133 et passim. — *Histoire des ducs de Guise*, p. Bouillé, t. IV, p. 386. — Pour les cautionnements des ducs de Savoie et de Mayenne et pour la formule de garantie dictée au Père Arnoux par Richelieu, v. aux *Pièces justificatives*, n° II.

Eusèbe PAVIE.

(A suivre.) p 304.

NOTICE

DE LA

VILLE D'ANGERS

(suite)

SECONDE PARTIE

ÉTAT DES PERSONNES DE L'ÉGLISE D'ANGERS

L'Église d'Angers, outre l'évêque, est composée de huit dignités, trente prébendes, quatre corbelleries, quatre maires chapelles, deux sous-chantreries, deux diacreries, deux épistoleries, d'une psallette, de plusieurs chapelles, etc. [1]. Voici leur rang et ordre.

L'ÉVÊQUE. Défensor est le premier qui, dit-on, avoit été converti par saint Julien, évêque du Mans, envoyé par saint Pierre, et qu'on fait mourir vers l'an 372 [2].

---

[1] Les dignitaires et les chanoines composaient le haut chœur; le bas chœur comprenait depuis les corbeliers jusqu'aux enfants de la psallette. — Les dignitaires étaient distingués des chanoines, aux jours de fête, par une soutane rouge; les chanoines portaient une soutane violette. On pouvait être dignitaire et chanoine en même temps; dans ce cas, on réunissait aux revenus de la prébende ceux qui appartenaient en propre à la dignité. Les dignitaires qui n'étaient pas chanoines n'avaient pas le droit d'entrer au chapitre. Tous les dignitaires étaient justiciables du chapitre, même le doyen; tous, sauf le doyen, étaient à la collation de l'évêque. — Outre la juridiction spirituelle qu'il tenait de la loi diocésaine sur six paroisses, comme nous l'avons dit plus haut, le chapitre avait juridiction temporelle dans la cité qu'il exerçait par ses officiers; nous en parlerons plus loin. « Cette juridiction, dit Dumesnil, p. 497, est partagée au doyen, au trésorier et au chantre, à la charge de la relever du chapitre par appel. » (V. Brossier, t. I, pp. 548-551. N.-D. Angev., pp 99 et 100. Lehoreau. t. I, p. 123.)   E. L.

[2] *Almanach d'Anjou*, 1757, p. 53.

Séparer par un intervalle de plus de trois siècles la mort de saint Pierre (66) et celle de Défensor (372) en disant que l'un eut saint

Le Doyen. Boson, archidiacre et doyen, souscrivit l'acte intitulé : *de areis sancti Salvatoris Promiacensis* [1], sous l'épiscopat de Rainon, évêque d'Angers, qui a vécu de 880 à 905. C'est le plus ancien doyen dont il soit mention dans les titres de l'Église d'Angers.

Julien du Mans pour disciple, et l'autre pour maître dans la foi, voilà une fantaisie de chronologie qui passe l'ordinaire et qu'il n'est pas nécessaire de réfuter. — On a beaucoup controversé autrefois sur l'époque de la fondation de l'Eglise d'Angers et sur le nom de son premier évêque, et aujourd'hui la question n'est pas encore parfaitement résolue. Jadis, tous s'accordant à dire que Défensor avait été converti par saint Julien, la discussion portait sur l'époque de la venue de ce dernier au Mans ; les opinions variaient entre l'an 45, 89, 250 et même 364. Grandet, se référant aux statuts de Henri Arnaud, la plaçait en 303, et ajoutait que Défensor, converti par saint Julien, fut fait évêque d'Angers en 350, immédiatement après la mort de ce saint, et qu'il mourut vers 372. D'après lui, il n'y eut pas d'évêque du nom d'Auxilius, c'est le même que Défensor (Bibl. d'Angers, Ms. 617, f° 1 v° et 3 r°). Cette opinion était la plus généralement admise jusqu'ici ; mais, il y a quelques années, dom Chamard, s'appuyant sur les Bollandistes, a cru pouvoir en émettre une autre qui est très séduisante si elle n'est pas absolument certaine. Il supprime Défensor, l'évêque qui, dit-on, assista à l'élection de saint Martin, admet Auxilius, qui invita saint Firmin à prêcher la foi à Angers, et fait ainsi remonter l'origine de l'Eglise d'Angers aux temps apostoliques, car saint Firmin fut baptisé par saint Honestus, disciple de saint Saturnin, dont la mission, dit-il, se rapporte au premier siècle. Ainsi, dans ce système, la foi aurait été introduite en Anjou dès les premiers temps du christianisme, et il manquerait plusieurs noms en tête de la liste des évêques d'Angers (*Revue de l'Anjou*, 1859, t. IV, pp. 321-353). Comme le fait de la venue de saint Firmin à Angers, sous Auxilius, paraît certain d'après les actes de ce martyr, toute la thèse de dom Chamard repose sur cette question : A quelle époque a vécu et est mort saint Firmin ? Or les Bollandistes ne sont pas d'accord sur ce point. Les anciens prétendent qu'il n'a pu mourir au milieu du second siècle, mais seulement vers le milieu du troisième (*Acta Sanct.*, t. VII, sept., p. 24, n°° 10, 11 et 14) Les nouveaux, qui ont soutenu la thèse de l'apostolicité des églises des Gaules avec beaucoup d'arguments nouveaux qui, sans être décisifs, ont une grande probabilité, disent que saint Saturnin fut contemporain des Apôtres (et, par conséquent, saint Firmin, son disciple, et Auxilius auraient vécu au commencement du second siècle). Ils s'appuient, pour le prouver, sur une vie manuscrite de saint Saturnin découverte à la fin du xviii° siècle : mais comme ils ne traitent la question qu'en passant et qu'ils se réservent de l'examiner à fond, à l'époque où ils donneront les actes de ce saint martyr, en en discutant l'authenticité, on peut dire que cette question reste encore en suspens, et aussi par une conséquence nécessaire celle de l'origine de l'Église d'Angers (V. *Acta Sanct.*, t. VIII, oct., p. 24, n°° 35 et 37).   E. L.

[1] Cartulaire noir, f°° 13-15 r°.

Le doyenné est électif confirmatif, et ne peut jamais étrç permuté ni résigné[1].

L'ARCHIDIACRE d'Angers (archidiaconus major). Hermenulfe est le plus ancien que je connoisse qui ait possédé cette dignité. Il fut nommé le premier dans la souscription des trois archidiacres de l'Église d'Angers, qui se trouve au pied de la chartre intitulée : *de areis sancti Salvatoris*, vers la fin du neuvième siècle[2].

Le TRÉSORIER. Geoffroi est un de ceux qui assistèrent à

---

[1] Grandet dit cependant qu'on avait commencé, depuis un siècle ou deux, à résigner le doyenné ; il dit aussi que le doyen obtient des bulles du pape, soit qu'on lui résigne, soit qu'on permute, qui lui coûtent 500 livres (*N.-D. Angev.*, p. 97); et Dumesnil, p. 546. cite plusieurs exemples de résignation et de permutation. — Le doyenné était électif par le chapitre et confirmatif par l'archevêque de Tours, supérieur immédiat du chapitre. Cette dignité était la première après l'évêque (*la seconde de la ville*, dit le *Pouillé de 1783*, p. xiii). Celui qui en était revêtu présidait au chœur et s'en faisait rendre les honneurs quand il se plaçait dans sa stalle de dignité et que le chantre, n'était pas en fonction ; il avait aussi la présidence du chapitre et la première voix délibérative, il y recueillait les suffrages et concluait à la pluralité des voix. En somme, c'était le chef du chapitre, mais un chef sans pouvoir, car s'il avait la préséance sur tous, il n'avait aucune juridiction ni sur le chapitre en général, ni sur ses membres en particulier, et lui-même était soumis à celle du chapitre. Il avait bien le droit de correction sur les chanoines, mais c'était pour l'exercer selon les règles de la charité : le chapitre seul pouvait les frapper d'un châtiment. Il possédait cependant une juridiction subalterne à celle du chapitre, sur les corbeliers, maires chapelains, chapelains ordinaires et psalteurs et sur le curé de Saint-Maurice, qui ne pouvaient faire appel qu'au chapitre. Il avait un vicaire ou official pour exercer cette juridiction dont le siège était dans la galerie de Saint-Maurice, et, en cas de besoin, le chapitre lui prêtait ses prisons (Cf. Dumesnil, pp. 509-511, et Brossier, t. I, pp. 549, 577, 583. 587).
E. L.

[2] L'archidiacre, dit le *Pouillé de 1783*, p. xv, est comme le vicaire de l'évêque, et fait pour lui les visites dans les paroisses de son ressort. Il a droit, dans ses visites, de connaître les affaires provisionnelles et qui doivent se juger sur le champ. L'archidiacre a des revenus et un domaine particulier, distincts de ceux du chapitre, outre les droits de prestation et de visite qu'il perçoit sur les curés de son district ou *détroit*. — Tout cela s'applique également aux trois archidiacres. Les fonctions spéciales du grand archidiacre, dans l'Eglise d'Angers, consistaient à faire diacre à l'évêque toutes les fois qu'il officiait et à lui présenter les ordinands. Son ressort comprenait les archiprêtrés de Bourgueil, de La Flèche et du Lude. E. L.

la transaction, passée dans le chapitre de ladite Église entre les chanoines et le maître école, le 30 juillet 1077 [1].

Le CHANTRE. Le plus ancien connu par les titres est Stabilius « præcentor », qui souscrivit l'acte intitulé : *exemplar manufirmæ de Alodio ubi situm est castellum Rupis fortis*, daté de la seizième année du règne de Lothaire, sous l'épiscopat de Néfingue, c'est-à-dire de l'an 969 ou 970 [2].

[1] Cartulaire noir, f° 35.

Le *Pouillé*, p. xvi, avance que, dans son principe, cette dignité n'était qu'un archidiaconé avec la charge de garder le trésor de l'église, ou un démembrement du grand archidiaconé; il aurait été ainsi formé deux dignités dont l'une s'occupait des affaires intérieures et l'autre des affaires extérieures. Je ne connais aucun document qui confirme cette hypothèse. Grandet prétend que le trésorier était autrefois un laïque qui avait soin des reliques, des vases et des ornements de l'église (*op. cit.*, p. 98). Le trésorier avait double juridiction : l'une spirituelle qu'en vertu de la loi diocésaine il possédait, avec tous les droits énumérés plus haut, sur les paroisses de Sorges et de Saint-Sylvain dont il nommait les curés ; l'autre temporelle pour tous les délits commis par des laïques dans l'église, la galerie, la chapelle paroissiale, les cloîtres et le parvis de Saint-Maurice. Il tenait cette juridiction du chapitre auquel ressortissait l'appel, et il la faisait exercer par plusieurs officiers : un sénéchal, un procureur, un greffier et un sergent. Les prisons du chapitre étaient à sa disposition. Il exerçait sa juridiction dans la galerie, du côté de la chapelle de Moult Joye (Cf. Dumesnil, pp. 554-557. *Cérémonial*, t. I, p. 644 ; *N.-D. Angev.*, p. 98). E. L.

[2] Cartulaire noir, f° 16.

Le chantre, avant d'entrer en possession, devait subir un examen sur le chant, sur les cérémonies et sur l'ordre du chœur. Il présidait au chœur et à sa police et donnait le ton les jours de grandes fêtes où il portait le bâton d'argent doré ou le bâton d'argent, selon le plus ou moins de solennité ; dans ce cas, comme il était en fonction, il précédait le doyen lui-même et recevait les honneurs du chœur avant lui. Ce bâton couvert d'argent, avec quelques petits ornements, était terminé par une espèce de boule ou pomme sur laquelle était la statue du patron de l'église, sans niche; Lehoreau nous en a conservé le dessin (*Cérém.*, t I, p. 4). Il portait aussi durant tout l'office, un bonnet particulier, « une coeffe ». sur la tête et ne se découvrait pas même pendant la consécration (*N -D. Ang.*, p. 99).
— Le chantre avait juridiction au chœur et non en dehors sur tous les officiers, psalteurs et habitués de l'église. Ayant la direction du chœur, il pouvait corriger, même par la prison, toutes les fautes légères ; quant aux autres, il devait en faire rapport au chapitre. C'était, en somme, une juridiction disciplinaire et de police et non pas contentieuse (Cf. Dumesnil, pp. 559-563 ; Brossier, t. I, pp. 221 et 600, et *Pouillé* de 1783, p. xvii).

Comme on ne se fait guère une idée à notre époque de ce qu'était

L'ARCHIDIACRE D'OUTRE LOIRE. Anciennement les trois archidiacres ne se distinguoient pas par leurs titres ou fonctions d'archidiacre d'Angers, d'archidiacre d'Outre Loire et d'archidiacre d'Outre Maine. L'archidiacre d'Angers, ou grand archidiacre, se qualifioit seul « archidiaconus major. » Le premier qui ait pris la qualité d'archidiacre d'Outre Loire est Guillaume qui, en cette qualité, souscrivit la donation faite au chapitre par Raoul, vicomte, le 15 juillet 1095[1].

autrefois la dignité de chantre, voici quelles étaient ses fonctions dans le chapitre de Beaujeu, étranger à l'Anjou il est vrai, mais, comme les fonctions du chantre ne variaient pas beaucoup d'un chapitre à l'autre, on jugera par là de leur importance : « cantor habet jus, directionis chori in cantu, cerimonis et aliis ordinationibus, processiones generales et speciales, ordinarias et extraordinarias ordinandi ; psalmos cum debita pausa, lectiones distincte et cum accentu debito, responsoria et versiculos ordinate, missas cum cerimoniis decantari et solemnizari facere. ebdomadas statuere et registrare, et in majoribus anni festivitatibus intonare et cantare, aliaque omnia ordinare et precipere que in divini cultus augmentum cedunt, debet et facere tenetur. Habet pariter jus et facultatem increpandi, corrigendi et puniendi per privationem distributionum, et expulsionem a choro singulos ecclesie suppositos in premissis deficientes, seu preceptis suis non obedientes, et in ecclesia rixantes, aut divinum officium perturbantes, aut in choro garrulantes, sive cum habitibus et tonsura non decentibus tam in ecclesia quam extra incedentes. » (Archiv. du Rhône, fonds de Beaujeu, carton 33). En un mot le chantre était le maître du chœur, et quand il était en fonction, c'était à lui et non au doyen qu'on rendait les honneurs. E. L.

[1] Privilèges, t. I, f° 106. Cartulaire noir, f° 40.

Les archidiacres avaient autrefois juridiction contentieuse et sédentaire ; ils établissaient des officiaux même à la campagne ; le nombre de ces tribunaux fut diminué en 1282 par Nicolas Gellant. Ils avaient aussi le droit de faire passer des actes en leur présence ; ce droit se réduisit ensuite à faire des procès-verbaux de visite (*Privilèges de l'Univ. d'Angers*, Dissertation, pp. 31-33 ; *N.-D. Angev.*, p. 97). Quant à leurs juridictions, « elles furent abolies, lisons-nous dans un certificat de 1668, par le défaut d'usage dans le grand archidiaconé, et dans celui d'Outre Maine ; l'archidiacre d'Outre Loire l'a exercée à Saumur jusqu'en 1607, et feu M. Timoléon Langevin, pourvu dudit archidiaconé en 1613, aiant institué un vice gérent, un promoteur et un greffier pour exercer la juridiction, l'official de l'évêque lui fit défense le 10 décembre 1614 et 20 avril 1617. L'archidiacre en interjetta appel à Tours ; elles furent levées et infirmées par sentence du 15 avril 1627, dont feu M' de Rueil, evêque, aiant appellé comme d'abus, il transigea en 1632 avec cet archidiacre qui, flatté par l'espérance de quelque bon bénéfice, renonça à sa juridiction contentieuse » (Ms. 673 et Brossier, t. I, p. 62). — Cet archidiacre avait sous sa juridiction l'archiprêtré de Saumur, le doyenné de Chemillé et celui des Mauges.

E. L.

L'ARCHIDIACRE D'OUTRE MAINE. La cure de la Celle-Craonnoise a été unie à l'archidiaconé d'Outre Maine par Guillaume de Beaumont, évêque d'Angers, le lundi après Quasimodo 1224 [1].

Le MAITRE ÉCOLE (scolasticus). On trouve un Bernier, « Bernerius levita scolasticus Andegavensis », qui souscrivit une chartre d'Hubert de Vendôme, évêque d'Angers, du 17 des kalendes (15 août) 1030 [2].

Le maître école est chancelier de l'Université d'Angers ; il use du sceau de l'Université avec celui de ses armes [3]. Le chancelier a été la première personne de l'Université jusqu'à l'établissemeut du rectorat en 1394 [4].

Le doyenné de Chemillé a été uni à la dignité de maître école par Foulques de Mathefelon, évêque d'Angers, par décret du vendredi après la saint Gilles 1337. Auquel doyenné de Chemillé la cure de Louresse avoit été unie par

[1] La juridiction de cet archidiacre s'étendait sur les doyennés ruraux d'entre Sarthe et Maine. de Craon et de Candé.   E. L.

[2] Avant ce Bernier, il y eut Bernard, disciple de Fulbert de Chartres ; c'est le premier qui ait pris le titre de maître-école ou scolastique, au commencement du XI* siècle. Les évêques d'Angers dirigeaient auparavant eux-mêmes leurs écoles (*Privilèges de l'Univ. d'Angers*. Dissert., p. 4).   E. L.

[3] Selon M. de Lens, à partir de 1410, l'Université se servit de deux sceaux : l'un, plus petit, destiné aux recteurs : l'autre. plus grand, apposé aux pièces d'un intérêt majeur, dont il nous donne le dessin (*Revue de l'Anjou*, 1876, t. XVI, p. 200). Le premier est sans doute celui qu'on voit au-dessous du titre des *Privilèges de l'Univ. d'Angers*; il porte les armoiries de l'Université que M. Sauvage décrit ainsi : « De gueules à un ange debout, le vol abaissé d'or, tenant devant soi un livre ouvert d'azur, chargé des noms Jesus Maria abrégés en lettres d'or. » (*Rev. de l'Anj.*, t. XIX, p. 204).   E. L.

[4] Avant cette époque, l'enseignement était tout entier sous la direction du maître-école ; la création du rectorat lui enleva cette direction et ne lui laissa guère qu'un titre honorifique et pécuniaire. Il avait la première place dans les assemblées après le recteur, et les présidait en son absence ; il donnait aux bacheliers en droit la bénédiction de licence dans la cathédrale, et en percevait les droits ; il approuvait aussi les licenciés de theologie et de médecine. Le revenu de ses fonctions s'élevait à environ 800 livres, auxquelles il faut ajouter les revenus d'une prébende canoniale dont il etait titulaire pourvu ; dans l'église, du reste, il n'avait aucune fonction particulière comme maître-école (*Revue de l'Anjou*, 1876, t. XVI, pp. 105 à 112 ; *N.-D. Angev.*, p. 99, et *Pouillé de 1783*, p. XVIII).   E. L.

Guillaume de Beaumont, évêque d'Angers, par décret du lundi après la Quasimodo 1224[1].

Le Pénitencier (capellanus episcopi). Il y a une des trente prébendes de l'Église, nommée la prébende de saint Serené, qui a été unie à la pénitencerie par décret de Charles Miron, évêque d'Angers, du 30 avril 1601[2].
La cure d'Argenton a aussi été unie à la pénitencerie par décret du cardinal Jean Balue, évêque d'Angers, du 11 avril 1467, avec tous les fruits et revenus de ladite cure. Mais le tout a été délaissé au curé d'Argenton, à la charge de dix setiers de froment, vingt-cinq setiers de méteil, et deux pipes de vin de gros, par transaction passée devant Drouault, le 14 novembre 1730.

Il y avoit trente Prébendes ou Canonicats dans l'Église d'Angers, dès le temps de Geoffroi le jeune, évêque d'Angers en 1096. Cet évêque voulut en augmenter le nombre et le porter à quarante ; il donna même une ordonnance portant augmentation de dix prébendes, au-delà des trente qui existoient[3] ; mais elle n'eut point d'exécution.

---

[1] Grandet parle de l'union de la cure de Melay et du doyenné rural de Chemillé « qui donne au maître-école droit de visite sur vingt et tant de paroisses » (*loc. cit.*); et le *Pouillé*, p. xix, dit que cette union a été faite pour dédommager cette dignité d'une maison qui en dépendait et dont on s'est emparé pour la donner aux Jacobins.
                  E. L.

[2] Cette union se fit conformément à l'esprit du Concile de Trente qui institua des pénitenciers dans toutes les cathédrales. — La pénitencerie est fort ancienne dans l'Église d'Angers, mais c'était autrefois un pur office et non pas une dignité ; le titulaire était le chapelain de l'évêque plutôt que membre de cette église, aussi n'y portait-il point les draps (c'est-à-dire l'habit de chanoine), et il possédait alors une prébende à Saint-Maurille et une à Saint-Mainbeuf. Ce n'est qu'entre 1466 et 1479 que cet office devint une dignité (Dumesnil, p. 572 ; *Pouillé* de 1783, p. xix). Le pénitencier, dit Grandet, p. 100, est le vicaire de l'évêque pour absoudre des cas réservés : sa juridiction est ordinaire et non déléguée. Il assiste l'évêque quand il officie pontificalement ou qu'il confère les ordres ; il lui ôte et remet sa mitre, c'est sans doute un souvenir de son ancien titre de « capellanus episcopi ».
                  E. L.

[3] Cartulaire noir, f° 77 r°.

De ces trente prébendes, il n'en reste plus que vingt-neuf, parce qu'il y en a eu une de réunie à la psallette, dont le titre a été éteint. Des vingt-neuf, deux ont été unies, l'une à la pénitencerie, et l'autre à l'abbaye de Toussaint. Elles subsistent toujours ; mais comme la pénitencerie est une dignité, on ne compte plus maintenant que vingt-huit chanoines [1].

Voici les noms des vingt-huit prébendes :

1° La prébende de Notre-Dame.

2° La prébende de Saint-Nicolas.

3° La prébende de Sainte-Barbe.

4° La prébende de Saint-Maurice, sacerdotale [2].

5° La prébende de Saint-Michel.

6° La prébende de Saint-Louis.

7° La prébende de Saint-René.

8° La prébende de Saint-Robert.

9° La prébende de Saint-Jean-Baptiste.

10° La prébende de Sainte-Marthe.

---

[1] Toutes ces prébendes étaient à la collation de l'évêque, excepté trois, dont l'une, annexée à l'abbaye de Toussaint, était, à ce titre, à la nomination du roi qui pourvoyait à toutes les abbayes du royaume; l'abbé de Saint-Serge conférait de plein droit la seconde appelée de Saint-Louis ; et la troisième, appelée sacerdotale, était en la collation du chapitre sur la nomination et présentation du chanoine de semaine (Bibl. d'Angers, Ms. 886, t. I, art. Saint-Maurice. p. 10, et *Pouillé*, de 1783, p. xx). E. L.

[2] Cette prébende, fondée par Ulger en faveur du plus ancien des corbeliers ou maires chapelains pour les récompenser de leurs services, perdit plus tard cette destination, et fut comme les autres mise à la disposition de l'évêque (*Cérém*,. t. I, p. 285). Elle était nommée sacerdotale parce qu'elle ne pouvait être possédée que par un prêtre. On sait qu'autrefois les prébendes étaient souvent données à de simples clercs ; un clerc tonsuré fut même élu doyen en 1462 ; il est vrai qu'il s'appelait Pierre de Laval. On comprend par là la raison de distinguer par le nom de sacerdotale la prébende qui ne pouvait être donnée qu'à un prêtre. Elle imposait l'obligation d'une résidence continuelle et de l'assistance à toutes les Heures ; le titulaire devait en outre chanter la messe du chœur, la veille et le lendemain des fêtes solennelles : s'il était empêché par la maladie, il devait commettre quelqu'un pour le remplacer dans ces fonctions. Aussi disait-on de cette prébende qu'elle était serve (servilis ad assistentiam omnium horarum). En revanche, celui qui en était pourvu ne faisait jamais diacre ni sous-diacre (Dumesnil, pp. 595 et 596; *Pouillé*, p. xx). E. L.

11° La prébende de Sainte-Madelaine.

12° La prébende de Saint-Jacques, théologale[1].

13° La prébende de Sainte-Geneviève.

14° La prébende de Saint-Sébastien.

15° La prébende de Saint-Pierre.

16° La prébende de Saint-Laurent.

17° La prébende de Sainte-Catherine.

18° La prébende de Saint-Serenic (*sic*).

19° La prébende de Sainte-Marguerite.

20° La prébende de Saint-Mathurin.

21° La prébende de Saint-Claude.

22° La prébende de Saint-Martial.

23° La prébende de Saint-Blaise.

24° La prébende de Saint-Maur.

25° La prébende de Saint-Yves.

26° La prébende de Saint-Antoine.

27° La prébende de Sainte-Anne.

28° Et celle de l'abbé de Toussaint.

Quatre CORBELLERIES et quatre MAIRES CHAPELLES[2].

Les corbeliers (corbicularii)[3], sont d'une fondation

---

[1] Cette prébende, d'une fondation aussi ancienne que les autres, n'a été érigée en théologale qu'en 1441, conformément au décret du Concile de Bâle, par Jean Michel qui en pourvut Mathieu Ménage, député à cette assemblée. C'était le seul bénéfice du diocèse qui exigeait dans son titulaire des degrés en théologie. Tout d'abord, il devait donner des leçons deux fois ou au moins une fois par semaine, et, s'il y manquait sans raison légitime ou sans se faire remplacer par un docteur ou licencié, le chapitre pouvait le mettre à l'amende. Dans la suite, ses fonctions furent réduites à prêcher tous les premiers dimanches de chaque mois, mars et décembre exceptés (Dumesnil, p. 592 ; Brossier, t. II, f° 213 v°).   E. L.

[2] Les corbeliers, maires chapelains, sous-chantres, diacres et sous-diacres étaient les quatorze officiers de l'église ; ils avaient autrefois des titres de bénéfice que M⁀ de Grasse supprima par un décret d'union, suivi par un arrêt du Parlement en 1769. On les nommait les grands officiers par rapport à plusieurs autres officiers inférieurs, savoir : le sacristain, le secrétaire ou notaire, le receveur du chapitre, le boursier des anniversaires, celui de la fabrique et l'huissier du chapitre (*Pouillé* de 1783, p. xii; Brossier, t. II, f° 181 v°).   E. L.

[3] L'origine du nom de corbelier (corbillarius, corbaillarius, corbicularius) est incertaine. J'ai trouvé deux étymologies ; l'une dans une

moins ancienne que les maires chapelains, « majores capellani qui majori altari deserviunt, et ideo majores nominati ». Les maires chapelains ont eu le pas sur les corbeliers jusqu'au commencement du quinzième siècle; du moins ils étoient toujours nommés les premiers dans les actes où les uns et les autres sont établis

Les quatre corbelleries sont : 1° La grande corbellerie fondée vers 1266[1], comme il paroît par les décrets d'homologation, donnés par Gui, doyen, et le chapitre de l'Église d'Angers, des mardi après l'octave de Pasques 1267, et mercredi après la saint Pierre aux Liens 1279. Pour aider à la dotation de cet office, Nicolas Gellant, évêque d'Angers, donna son manoir de Saint-Brieuc, proche Chalonne, un fief et des vignes.

lettre sur les fêtages d'Angers où il est dit : « Les quatre premiers officiers du chœur servaient aux assistants le pain dans des corbeilles, d'où leur est venu le nom de *corbiculi*, corbelliers » (*Bulletin hist.*, 1859-60, p. 144); l'autre nous est donnée par Macer : « Corbicularius... ita vocatur clericus rochetto indutus, quod Galli *corbulam* vocant (*Hierolexicon*, p. 187) ; et plus loin, p. 453, décrivant la cérémonie des saintes femmes le jeudi saint, il parle ainsi des deux clercs chargés de les représenter : « Ex sacristia duo clerici corbicularii appellati, alba sive rochetto et dalmatica induti, etc. » — Les corbeliers faisaient l'office aux jours doubles ordinaires et chantaient la grand'messe aux fêtes à trois et à cinq chapes, quand une dignité ou un chanoine n'officiait pas (Ms. 886. *loc. cit.* et Ms. 644. f° xxvi v°). Ils étaient obligés, comme tous les officiers, à chanter et à psalmodier toutes les Heures, et passaient comme eux un examen sur la musique. Dans les registres capitulaires, la corbellerie est souvent conférée avec cette clause : « Ad onus cantandi in musicis cum ceteris officiariis ad aquilam » (Brossier, t. 1, pp. 442, 446, 482, et Dumesnil, p. 716). E. L.

[1] Le titulaire de la grande corbellerie s'appelait le grand corbelier. il avait la préséance sur tous les autres et tenait le premier rang, « est semper in officiis preferendus », est-il dit dans le Ms. 644 (*loc. cit.*). Il était censé le curé du chœur, et comme tel il avait la charge, selon un usage déjà ancien en 1541. d'administrer les derniers sacrements aux chanoines, chapelains et habitués malades; « quant à son salaire, ce sera à la volonté des malades ou des héritiers en cas de mort » (Brossier, t. I, p. 469). D'après le *Pouillé*, ms. de Javary, il devait aussi faire les sépultures des officiers, chapelains, psalteurs et enfants de chœur (Archiv. de M. et L., G. 272, p 124). Au xviii° siècle, il lui était dû 20 sols à la mort de chaque chanoine et officier: de plus, il avait droit aux bréviaires des chanoines, officiers et chapelains décédés, mais sans avoir la faculté de choisir (*Ibid.*, pp. 477 et 478, et Ms. 886, *loc. cit.*). E. L.

2° La corbellerie du Port-Thibault, fondée par M° Geoffroi le Baacle, chanoine en l'Église d'Angers, vers 1270, et augmentée par Jacques Mabile, chapelain de ladite corbellerie, qui vivoit en 1330.

3° La corbellerie de Béligan, fondée par Eudes, doyen de l'Église d'Angers, par son testament du mardi après la saint Aubin 1276, et ses deux codicilles des lundi après *Reminiscere* 1282, et lundi après Noël 1285.

Et 4° la corbellerie de la Barillère, fondée par M° Guillaume Baril, chanoine de l'Église d'Angers, par son testament du samedi après la saint Pierre 1288, et son codicille du lundi après la Toussaint 1295 : « Fundo quamdam capellaniam quæ corbeillia nuncupatur. »

Les quatre maires chapelles sont celles dont les titulaires sont particulièrement et de toute ancienneté attachés au service du grand autel (majores capellani qui majori altari deserviunt et ideo majores nominati) [1].

Albéric, doyen, fit don de deux arpents de vigne à ces chapelains, « capellanis ecclesiæ », à la charge de faire commémoraison des évêques Eusèbe et Geoffroi, aux messes des morts, par acte du 5 des ides de mai 1103 [2], et par conséquent 163 ans avant la plus ancienne des corbelleries.

Deux Sous-Chantreries : l'une du côté droit, appellée la grande ou première sous-chantrerie, qui existe de toute

---

[1] Leurs fonctions consistaient à faire l'office et à chanter la grand'-messe au grand autel aux fêtes semi-doubles ou simples et aux féries et vigiles ; ils étaient, comme les corbeliers, tenus à la psalmodie de toutes les Heures (Ms. 886, *loc. cit.* et Ms. 644, f° xxi). E. L.

[2] Cartulaire noir, f° 67.

Le ms. 644, qui contient la description des bénéfices de l'Église d'Angers, dit formellement que les maires chapelains étaient plus anciens que les corbeliers ; je cite les passages importants : « in ecclesia Andeg. ab antiquo sunt ordinati quatuor magistri capellani, » f° xxi; et, plus loin, f° xxvi r°, « fuerunt postea fundate et institute tam per decanum et capitulum quam per aliquas devotas personas... IIII°' alie capellanie vocate corbicularie... » Je sais bien que Lehoreau attaque l'authenticité de ce manuscrit (*Cérém.*, t. I, p. 677) ; mais ses raisons sont loin d'être convaincantes et paraissent plutôt inspirées par l'amour propre que par la vérité. E. L.

ancienneté [1] et qui n'a cependant été érigée en titre
d'office, que par le décret de Hardouin de Bueil, évêque
d'Angers, du 8 juin 1437, portant réunion audit office d'une
chapelle que tenoit ci-devant Pierre Touchaleaume, homologué en cour de Rome par le pape Eugène IV, par sa
bulle datée de Bologne le 13 janvier 1438.

La sous-chantrerie du côté gauche, ou seconde sous-
chantrerie, fondée par les doyen et chapitre de l'Église
d'Angers, par décret du 20 avril 1474, homologué par
l'archevêque de Tours, par décret du 12 novembre 1478.

Deux DIACRERIES, dont la première est si ancienne qu'on
ignore le tems de sa fondation [2]. La seconde fondée par
M° Yves de Tessé, chanoine de l'Église d'Angers, par acte
du 23 novembre 1537.

Deux SOUS-DIACRERIES, dont la première existe aussi
depuis très longtems; il en est mention en 1365 [3]. La

[1] On trouve un sous-chantre, « Radulfus succentor », vers l'an 1100.
(Cartulaire noir, f° 57 r°.)
Le sous-chantre du côté droit était à la présentation du chantre,
et révocable *ad nutum cantoris*, d'après la bulle d'Eugène IV. Les
deux sous-chantres n'avaient séance au chœur qu'au-dessous des
maires chapelains ; mais, dans les processions et comparutions aux
chapitres, celui du côté droit marchait après le grand corbelier, et
celui du côté gauche après le second corbelier. Ils devaient assister
à toutes les Heures du jour (Ms. 886, *loc. cit.*; Dumesnil, p 728).
                                                                E. L.
[2] A cause de cette antériorité, celui qui possédait cet office s'appelait le grand diacre et l'autre le petit diacre. Ce dernier se nommait
aussi *ostenseur*, « ab ostensione lectionum », parce qu'il était obligé
tous les jours, à matines, de mettre le livre des leçons sur l'aigle
(pupitre en forme d'aigle) et de l'en ôter, comme aussi d'annoncer les
leçons (Lehoreau, t. I, p. 493). Les diacres ou évangélistes étaient
tenus à toutes les Heures; dans le chœur, ils étaient tous deux du
côté droit (Dumesnil, p. 730).   E. L.
[3] Compte de la Bourse des bacheliers, année 1365.
C'est aussi en raison de cette antiquité que le titulaire de cet office
s'appelait le grand sous-diacre ; le second. ou petit sous-diacre, se
nommait l'*ostière*, « ab ostio capituli », parce qu'il remplissait les fonctions de portier du chapitre; tous les jours il était obligé de se tenir à
la porte du chapitre afin d'avertir les chanoines qu'on demandait, en
frappant à la porte et en disant : « Dominus (talis) desideratur ». Aux
chapitres généraux il avertissait les officiers, les psalteurs et les cha-

seconde fondée par ledit Yves de Tessé, chanoine, avec la diacrerie, par ledit acte du 23 novembre 1537.

La PSALLETTE a été fondée, ou du moins dotée par Guillaume Turpin, évêque d'Angers, et son chapitre, par acte du mardi après la saint Martin d'hiver 1369. « Statuentes quod de cetero erunt unus magister principalis et quatuor pueri, qui quidem magister per nos decanum et capitulum communiter assumetur[1]. »

pelains de l'heure où ils devaient entrer au chapitre, en disant : « Messieurs, il est temps, ces Messieurs vous attendent. » On l'appelle encore huissier à cause de l'huis ou porte du chapitre près duquel il se tenait ; tous les anciens comptes ne le nomment que l'huissier du chapitre, ce n'est qu'ensuite qu'on lui donna le nom d'ostière (Lehoreau, t. I, p. 493). Les deux sous-diacres ou épistoliers se tenaient du côté gauche et étaient obligés à toutes les Heures (Dumesnil, p. 731). — Les deux diacres et les deux sous-diacres se nommaient les quatre officiers de l'autel, parce que leur fonction spéciale est d'y faire le service (Lehoreau, loc. cit.).   E. L.

[1] Titres de l'Église d'Angers, Privilèges, t. LII, f° 3. Ce maître de psallette ne fut, dans la suite, élu que par le chapitre, sans l'intervention de l'évêque. et il était révocable ad nutum. Voici quelles étaient ses obligations d'après l'acte de fondation : « Ad dictum magistrum pertinebit... docere et imbuere per se vel per alios dictos quatuor pueros in grammaticalibus seu liberalibus artibus et scientiis, maxime in arte cantus seu musicæ ». Il devait pourvoir à la nourriture des enfants de chœur, comme aussi d'un sous-maître de grammaire, chargé de l'assister, lequel avait une chapelle unie à sa charge. Le maître de psallette, quand il assistait à l'office, percevait toutes les distributions comme les autres chapelains ; de plus, la chapelle de la Garouillère lui fut accordée. De nouveaux revenus en nature et en argent furent sans cesse ajoutés à la première fondation. La maison contiguë à l'église destinée d'abord à la psallette ayant paru trop petite, ou le chapitre en ayant eu besoin, une maison canonicale la remplaça dès l'année 1393. Enfin, en 1441, une prébende fut unie à la psallette, dont les ressources étaient sans doute devenues insuffisantes par suite de l'augmentation du personnel. Deux autres enfants, en effet, avaient été ajoutés en 1428 aux quatre premiers ; en 1543 on en comptait sept ; deux autres furent fondés en 1661 par G. Constantin, doyen ; quant au dixième, je n'ai pu trouver l'époque de sa fondation. D'après l'acte de fondation, ces enfants faisaient le service suivant : « Qualibet die in missis et aliis horis personaliter interesse et eidem (ecclesiæ) deservire tenebuntur, a qua quidem ecclesia manualia percipient... prout alii chorales sive sertore ejusdem percipere consueverunt. » Ils portaient autrefois (1474), à l'église, de grandes couronnes sur la tête : ils avaient aussi des chapes noires ; on les leur fit quitter en 1583 pour leur donner des aubes blanches. Un usage curieux, qui datait de temps immémorial, c'est que pour la promenade, ils portaient des robes rouges et violettes de deux ans en deux ans. Comme

L'évêque donna pour cette dotation une rente de douze setiers de froment, qu'il avoit acquise en privé nom, et une autre pareille qu'il s'obligea d'acquérir dans la suite ; ce qu'il ne put faire étant mort environ un an après cette fondation. Le chapitre donna pour le logement du maître et des enfans de chœur, la maison contigue et adjacente à l'église, du côté de l'évêché, dans laquelle étoient déjà et d'ancienneté les écoles de chant. C'est la chapelle Sainte-Anne.

Hardouin de Bueil, évêque d'Angers, successeur de Guil-

ces enfants, choisis et exercés avec soin, devaient former un très bon chœur, ils étaient fréquemment invités à chanter dans d'autres églises, et même au théâtre de l'Oratoire ; trois d'entre eux, les meilleures voix, je pense, allèrent en 1748 à La Flèche, pour y chanter, dans une tragédie, au collège des Jésuites (Ms. 886, *loc. cit.*, Brossier, t. I, pp. 342–345 et 351).

Il y avait en 1482 quatorze psalteurs dont six étaient prêtres ; en 1587, ils n'étaient plus que onze, et ce nombre devint définitif (Dumesnil, p. 733). Il y avait toujours parmi eux deux prêtres ; on reçut même un frère jacobin, sans doute à cause de sa voix ; les autres étaient ordinairement des laïques. On les appelait autrefois bacheliers, ou serviteurs, et la recette de leurs revenus se nommait la Bourse des bacheliers. Ils étaient particulièrement destinés à chanter la musique, à matines, à la grand'messe, aux vêpres et aux anniversaires ; ils devaient aussi assister à toutes les Heures et aux processions. Ils étaient à gages, révocables *ad nutum*, sans titre de bénéfice, bien que quatre chapelles leur fussent affectées, qu'ils possédaient pendant qu'ils étaient psalteurs (Ms. 886, *loc. cit.*, Lehoreau, t. I, p. 499, Brossier, t. II, fᵒˢ 243-245).

Quant aux chapelles dont Thorode ne dit rien, leur nombre a varié plusieurs fois. Le Ms. 886 (t. I. *loc. cit.*), en compte 81, mais une autre main a écrit au-dessus de ce chiffre le nombre de « 115 environ ». Plus tard, Lehoreau en cite 107 (*Cérém.*, t. I, p. 543), mais ailleurs, il dit que le chapitre confère environ 120 chapelles fondées et desservies tant à la cathédrale que dans quelques-unes de ses six paroisses (*Ibid.*). Enfin Javary, dans son *Pouillé*, fait une liste de 108 chapelles. Cette différence de chiffres tient peut-être à ce qu'on unit plusieurs de ces chapelles, soit à l'évêché, soit à la sacristie, soit à la Bourse des bacheliers, etc. Les chapelains attachés à ces chapelles étaient chargés d'acquitter les messes de fondation ; puis ils devaient assister aux grand'messes, aux anniversaires, à vêpres et matines, et aux processions qui se faisaient plusieurs fois par semaine dans l'église. Avant d'être pourvus de leur chapelle, il leur fallait subir un examen, au moins ceux qui n'étaient pas gradués ; s'ils n'étaient pas prêtres lors de leur réception, ils devaient se faire recevoir dans l'année ; et s'ils étaient jeunes, ils devaient étudier et aller au collège, et on les dispensait d'assister aux offices (Dumesnil, pp. 748-751, Brossier, t. I, pp. 260-264).   E. L.

laume Turpin, unit à la psallette le revenu d'une des prébendes de ladite Église d'Angers, par son décret du
22 mars 1389, homologué par le pape Clément VII, par sa
bulle du 25 février 1393.

Le SECRÉTARIAT et SCEAU du chapitre. Le chapitre a son
secrétaire, qualifié de notaire, qui est ecclésiastique et officier de l'Église.

Ses fonctions consistent à tenir les registres de conclusions du chapitre, à les rédiger, en expédier les copies ou
extraits, mettre en possession les chapelains et bénéficiers
pourvus par le chapitre des offices et bénéfices de l'Église
d'Angers, expédier les provisions et les dispenses, passer
en qualité de notaire tous actes entre les membres du chapitre, pour causes qui regardent leurs offices et fonctions,
et tous actes, par lesquels le chapitre s'oblige envers des
étrangers, comme procurations, députations et aveux, et
délivrer toutes expéditions d'actes, jugemens et autres,
sur les originaux ou copies en forme, qui sont au chartrier
du chapitre.

L'usage de se servir d'ecclésiastiques pour les fonctions
du secrétariat a cessé à l'égard de Louis-Michel Thorode,
laïque, que le chapitre, de son propre mouvement, a
nommé à cet office, par conclusion du 4 novembre 1772 [1].

La SACRISTIE OU SECRETAINERIE. La chapelle des Grands-
Prés a été unie à la sacristie, par décret de l'archevêque
de Tours du 26 juillet 1593.

Le sacriste a eu de tout tems un chapelain ou clerc
qu'on nomme sous-sacriste [2].

---

[1] C'est donc à tort qu'on lui a donné le titre d'abbé dans *les Avocats d'Angers*, p. 1, note 1. On voit par ces mots que Thorode eut à
grand honneur sa nomination aux fonctions de secrétaire.   E. L.
[2] Il avait encore deux valets à son service; et il était chargé de
nourrir les uns et les autres. Pour suffire à ces charges, il avait,
vers 1680, 700 livres de revenu, plus douze quartiers de vigne,
quelques pièces de terre et des rentes de vin et de froment. Il devait

Enfin, il y a quatre BEDEAUX : deux grands bedeaux (bastonarii)[1], qui sont officiers du chapitre; et deux petits bedeaux qui sont à gages[2].

Le chapitre a de plus un suisse, pour maintenir l'ordre

coucher dans l'église, et n'avoir point de paille dans son lit, sans doute par crainte du feu (Dumesnil, p. 762). En 1392 il était chargé de la sonnerie, dont voici le tarif : pour un anniversaire simple, il percevait 2 sols ; pour un anniversaire à cinq chapes, 20 sols ; aux fêtes à cinq chapes, 5 sols ; pour la sonnerie d'un chapitre général, 3 sols ; enfin (et ici je cite textuellement) : « Pro pulsatione campane ordinarii studii Andeg. LX. sol. redditus quolibet anno per manum decani studii ». Il percevait encore beaucoup de redevances, dont voici les plus curieuses : « Habet de jure suo super bonis cujuslibet episcopi Andeg. in ecclesia Andeg. sepulti unum lectum fornitum secundum statum domini episcopi. Item habet pro quolibet canonico in dicta ecclesia sepulto unam sargiam (espèce d'étoffe qui servait de tapis ou rideaux). cum duobus linteaminibus, caputegio et auriculario. Item quum episcopus est in suo palatio aut alibi in civitate Andeg. dictus sacrista cum suo capellano vel clerico, debet habere suum prandium quolibet die in domo dicti episcopi. Item percipit quolibet die, ipso domino episcopo existente in dicto suo palacio vel civitate, pro pulsatione grosse campane super dictum episcopum, unam quartam boni vini, et duos panes capituli, et pro familia sua unam lagenam vini communis » (Ms. 644, f° XLI. r° et v°).
E. L.

[1] Le second bedeau fut créé en 1477, et obtint par lettres du roi les mêmes privilèges que le premier « dummodo non fuerit mercator » (Brossier, t. I, p. 121. Leur costume se composait d'une robe, et par dessus d'une tunique de velours rouge: l'une de ces tuniques portait les armes de saint Maurice ; c'était la tunique même du hérault d'armes de l'ordre du Croissant que le roi René avait léguée à l'église ; en sa mémoire, il fut ordonné en 1482, que le premier bedeau la porterait le jour de Saint-Maurice: ce fut sans doute aussi à cette occasion qu'on en fit faire une pareille pour le second bedeau avec les armes du roi de Sicile. Ils devaient encore les porter à Noël, à Pâques et aux fêtes et processions du grand et du petit Sacre. Le chapitre ayant voulu en 1533 les obliger à assister à toutes les fêtes doubles avec leurs robes et leurs tuniques rouges, moyennant 14 livres par an, ils s'y refusèrent, et ne consentirent qu'à porter des tuniques noires (Lehoreau, t. I, p. 115).
E. L.

[2] Le chapitre ayant permis, en 1694, aux bedeaux de mettre des chaises dans l'église au lieu des bancs qui s'y trouvaient, ce furent les petits bedeaux qui en perçurent la taxe ; à cause du bénéfice qu'ils en tiraient, leurs gages furent réduits à dix livres en 1703. Ce bénéfice s'augmenta de telle sorte qu'en 1716 ils durent payer 80 livres à la fabrique. Ils fournissaient ces chaises, qui ne devaient pas rester dans l'église, aux personnes qui en demandaient, moyennant deux liards pour les sermons et un liard pour les offices des dimanches et des fêtes : dans cette concession n'étaient pas comprises les missions qui pouvaient se faire dans l'église, pour lesquelles le chapitre se réservait de convenir d'un prix avec eux (Brossier, t. I, pp. 122-126).
E. L.

et la décence dans la nef de l'église pendant l'office. Il n'a fait venir ce suisse qu'en 1770 [1].

Le grand bedeau jouit des privilèges et immunités de l'Église dès 1316, et sans doute bien auparavant. « Fatemur servientem seu bastonarium chori Ecclesiæ Andegavensis privilegio et immunitate chori Ecclesiæ prædictæ gaudere, etc. » Acte de reconnoissance de Guillaume Le Maire, évêque d'Angers, du lundi après la Décollation de saint Jean-Baptiste 1316 [2].

Je finis l'article de la cathédrale d'Angers par les vers de l'hymne de Théodulphe *Gloria laus et honor*, faits en 821, qui contiennent l'ordre de la marche de la procession du dimanche des Rameaux. Le poète dépeint son arrivée à la cathédrale.

> Hinc pia Mauricii venianus ad atria sancti,
> Quo simul et laudum et vox sonet ista precum.
> Illic et titulis nos mater colligat una,
> Quæ caput et specimen istius urbis habet,
> Nostra ubi nos prex, et benedictio præsulis [3] ornat
> Cum laude, ac mittat ad sua quemque loca.

[1] Ce suisse, « Suisse de nation », reçut pour faire ses fonctions 500 livres par an sur les revenus de la fabrique, payées de trois mois en trois mois. On lui donna 46 livres 16 sols pour les frais de son voyage (Arch. de M.-et-L., G. 271, p. 170).   E. L.

[2] Privilèges, t. LVI, f° 1.

[3] Bénédiction de l'évêque indiquée dès 821.

(A suivre)

CHRONIQUE

Le Musée des Beaux-Arts de notre ville a récemment acquis, lors de la vente de la remarquable collection des objets d'art de M. le marquis d'Houdan, dont nos lecteurs ont lu la liste sommaire dans une précédente *Chronique*, les trois terres cuites de David d'Angers. Ces intéressantes productions de l'illustre maître avaient leur place marquée parmi les nombreux ouvrages conservés dans la galerie David.

.*.

Une autre vente, très importante, a eu lieu à la fin du mois de septembre; nous voulons parler de celle de la magnifique collection des tapisseries anciennes du château du Plessis-Macé (canton N.-O. et arrondissement d'Angers.) Nos lecteurs savent que la reconstruction de cette superbe résidence date de la seconde moitié du xv° siècle. On la doit à Louis de Beaumont, cousin de Catherine de la Haye, femme de Geoffroy de Beaumont, à qui cette châtelaine fit don, en mars 1434, de cette riche demeure. Louis de Beaumont fut conseiller et chambellan du roi Charles VII, sénéchal de Poitou et le premier chevalier nommé dans l'ordre de Saint-Michel. Louis XI, Charles VIII, François Ier et Henri IV visitèrent le Plessis-Macé. Longtemps abandonnée, cette splendide habitation a été restaurée avec goût par ses derniers possesseurs.

Il faut mentionner d'abord les tapisseries « du xv° siècle ou tout au moins des premières années du xvi°, » dit M. C. Port, représentant en 19 scènes, avec légendes rimées,

> *L'ystoire et la figure*
> *De Jhesus Christ et son Sainct Sacrement*
> *Depuis Abel et la loy de nature*
> *Jusques à son cruel cruciflement.*

Le même écrivain déclare, en outre, que les tapisseries du Plessis-Macé sont « sans prix, les plus belles sans comparaison qui se puissent admirer en Anjou. »

Elles ont figuré en 1858, à l'Exposition d'Angers, dont le livret a reproduit les légendes intégrales (p. 22). On en

attribue la provenance à l'abbaye du Ronceray d'Angers.
Elles auraient décoré jadis les murs de l'église de la Trinité,
attenante au monastère, et faisaient partie du mobilier vendu
en 1792.

Au-dessous du Christ en croix de l'une de ces scènes, on
lit, sur une réserve à fond rouge, l'inscription suivante :
« *Dame Loyse Le Roux, doyenne et dame de chambre de
céans.* » Le Catalogue de la vente prétend qu'il est certain
que ces tapisseries furent exécutées sur commande dans l'Ar-
tois, probablement à Arras, ville célèbre alors par ce genre de
productions artistiques, sur les cartons composés par Belle-
gambe. Chacune d'elles porte les armoiries des diverses familles ayant concouru à la décoration de l'abbaye du Ronceray.
Celles qui sont ornées d'une armoirie à mi-partie, sont, selon
le même auteur anonyme, l'œuvre de deux donataires différents ; celles à armoiries uniques ont été exécutées sur l'ordre
d'une seule personne, et la première de la série en est la
preuve.

« L'obituaire du Ronceray, a écrit, de son côté, M. P. Mar-
chegay, confirme pleinement ce fait, attesté par les tapisseries elles-mêmes. Il dit, en effet, à la date du 20 avril,
que Louise Leroux a donné à l'église de Sainte-Marie d'Angers
les tapisseries du Très Saint-Sacrement, ornées de figures :
Donavit huic ecclesiæ aulæa sacramenti figuris illustria. »
Louise Leroux prononça ses vœux en l'année 1491, et mourut
le 30 avril 1523. « Je n'ai pu trouver, continue notre auteur,
à quelle époque elle fut investie des affaires de doyenne
et de camérière, mais j'ai relevé, à la Bibliothèque nationale, un fait bien plus important pour la biographie de la
vénérable dame, que la dernière pièce de tapisserie représente agenouillée au pied de la croix du divin Rédempteur.
Isabelle de la Jaille, abbesse du Ronceray, était morte
le 3 décembre 1518 ; le chapitre du monastère se réunit pour
choisir celle qui devait la remplacer. Dix-neuf religieuses
concourent à cette élection, et le dépouillement des votes
ayant été fait, Louise Leroux fut proclamée abbesse comme
ayant réuni douze voix. Elle refusa par humilité. Il est probable que les tapisseries du Saint-Sacrement furent comman-
dées par elle et données à l'abbaye comme un témoignage
de sa reconnaissance pour l'honneur qu'on lui avait fait en
l'élevant à cette haute dignité. »

Nous devons énumérer ensuite trois tapisseries des Gobelins, du xvıᵉ siècle, entourées de belles bordures, représentant
l'hiver, le printemps et les vendanges ; six tapisseries de
Lille (époque Louis XIV), retraçant des *Kermesses* de David
Téniers, le peintre célèbre des réjouissances populaires. On
y voit successivement : une fête villageoise, des joueurs
de boule, des joueurs de cartes, des danseurs, un groupe
de trois personnages, dont un marchand de liqueurs, un
autre groupe de buveurs et paysans assis ; une suite de

tapisseries des fabriques et manufactures d'Aubusson, de
Felletin, d'Audenarde, de Flandre, de la même époque que
les précédentes; des panneaux de fabrique lombarde du
xvi° siècle, de fabrique de la Savonnerie (époque Louis XIII) etc.,
dont les sujets représentent des verdures, des paysages, des
scènes diverses ; des tapisseries au point.

Mentionnons ensuite des sièges anciens variés ; des meubles
sculptés du xvi° siècle, un très beau lit de l'époque Louis XIII,
en chêne sculpté, dont une partie fut exécutée, selon le
Catalogue, pour Marie de Médicis, lors de son exil à Aix-
la-Chapelle, et où on admire quatre bas-reliefs consacrés à
l'histoire de l'Enfant prodigue, ainsi que le jugement de
Salomon ; un très remarquable manteau de cheminée, en
noyer sculpté (travail français du xiv° siècle), composé de
neuf caissons rectangulaires, dont deux en retour, ornés
d'animaux chimériques, sirènes, salamandres, dragons,
oiseaux divers et de deux anges; des bronzes, des cuivres, des
tableaux modernes. Des gravures, des dessins, des aquarelles,
complétaient l'ensemble de cette splendide collection d'objets
d'art, aujourd'hui dispersée, hélas ! sans que la Ville d'Angers
ait pu acheter les admirables tapisseries du Ronceray, dont
la place était cependant marquée parmi les richesses de notre
beau Musée d'Archéologie !

La vente des tapisseries provenant de l'abbaye du Ronceray
a produit un chiffre de 47.650 fr. La plupart de ces panneaux
ont été acquis par des personnes étrangères au département.
Le seul Angevin qui ait réussi à conserver à l'Anjou quelques-
unes de ces œuvres merveilleuses, est M. le comte de l'Estoile,
propriétaire au château de la Coletterie. Il a acheté : 1° le
numéro 5 représentant deux compositions, dont la plus importante et la mieux conservée nous montre une chrétienne
ayant vendu l'emblème du Saint-Sacrement à un fils d'Israël.

2° Le panneau n° 7, à deux compositions, représentant, dans
la première, deux fils d'Israël noyés par suite de leur non-
croyance en la vraie foi.

La deuxième partie représente des animaux s'agenouillant
devant un abbé. Scènes de la Hiérologie catholique.

3° Le panneau n° 9, représentant un communiant puni
pour s'être présenté à la Sainte Table sans absolution. La
deuxième partie montre un prêtre immonde qui, pendant
le sacrifice de la Sainte Messe, fut brûlé devant les assistants.

Nous adressons nos plus sincères félicitations à M. le comte
de l'Estoile, tout en regrettant qu'il n'ait pas trouvé d'imita-
teurs parmi les Angevins, la Ville ne pouvant pas, paraît-il,
faute d'argent, acheter les tapisseries qui avaient, comme
nous l'avons déjà dit, leur place marquée dans la belle salle
de notre Musée d'Antiquités.

Le panneau qui porte le n° 1 a été acheté par M. Siegfried,
propriétaire du château de Langeais ; le n° 2 par M. Jumel,
avocat à Amiens ; le n° 3 par M. Lévy, de Paris ; le n° 4 par la

Manufacture des Gobelins ; le n° 6 par M. Lévy ; le n° 8 par M. Bailly, de Paris ; le n° 10 par M. Helft, de Paris ; le n° 11 par M. Siegfried.

٭
٭ ٭

L'exposition de tableaux de Laval, annoncée dans la précédente *Chronique*, comprenait également des dessins, gravures, fusains, pastels et aquarelles, ainsi qu'une exposition industrielle. Parmi les artistes connus, nous relevons les noms suivants : MM. Tancrède Abraham, Auguste Nobillet, Brunclair, Albert Durand, Paul Lehideux, Le Sénéchal, Gourdel, Nayel, etc., etc.

٭
٭ ٭

A Saint-Saturnin, près les Ponts-de-Cé, où il avait été trouvé vers 1850, dans un lit de charbon, sous un bloc de grès de six mètres de longueur, une hache en ophite, un ouvrier carrier a récemment découvert deux énormes blocs de grès qui présentent des particularités intéressantes. Ces pierres portent de nombreuses empreintes de feuilles, de fruits, de branches et notamment de feuilles et de tiges de palmier, ainsi que des coquillages. Elles méritent donc d'être étudiées par tous ceux qui s'intéressent à la géologie de notre région angevine.

٭
٭ ٭

Nous voulons nous associer aux idées exprimées récemment par M. Paul Sébillot, l'auteur de nombreuses et savantes publications sur la littérature populaire, qui demande que, dans chaque province, on recueille dans un musée spécial ou dans une salle particulière d'un autre musée, tous les objets d'ethnographie traditionnelle qui disparaissent malheureusement chaque jour. L'eminent écrivain signale tout ce qu'il serait utile de sauver de la destruction, comme les objets qui ont trait au mobilier, à l'habitation, au costume des paysans, à l'ornement des demeures rustiques, etc. Il mentionne, en première ligne, les faïences, entre autres les écuelles de mariées ou d'accouchées, très communes autrefois dans notre Anjou. « Les gens qui allaient se marier, chargeaient les bate-
« liers qui allaient à Nevers, de faire faire des assiettes pour
« leur futur ménage. Six étaient ornées de la figure du patron
« du mari, six de celle de la patronne de la femme ; au-dessous
« se trouvaient leur nom et la date du mariage ; parfois une
« ancre ou une bèche, placée dans un coin, indiquait que le
« mari était marinier ou laboureur. Lorsqu'il survenait un
« enfant, le mari, la femme et le bébé au berceau étaient
« figurés sur la même assiette, et représentés chacun par son
« patron. » Tel était l'usage répandu en Anjou au temps jadis.

Une collection de ces assiettes offrirait un ensemble curieux. Il serait utile également de réunir les récits ou les coutumes anciennes de notre province en un ou plusieurs volumes destinés à grossir les recherches précieuses, déjà faites par M. Paul Sébillot, dans différentes contrées.

..

Le numéro de la *Revue illustrée de Bretagne et d'Anjou*, qui doit paraître le 15 novembre prochain et auquel nous avons eu l'honneur de collaborer, sera consacré tout entier au *Roi René*. Nous en donnerons l'analyse détaillée dans notre prochaine Chronique. Nous pensons que cette intéressante publication trouvera un accueil sympathique auprès des lecteurs angevins, qui ont conservé le culte du prince illustre dont le ciseau de notre grand David a immortalisé la figure légendaire et le type chevaleresque.

.*.

Un journal intitulé *Angers-Artiste* vient de paraître sous la direction de M. le comte de Romain. « Nous y défendrons énergiquement, dit notre vaillant confrère, les intérêts artistiques de notre ville et soutiendrons, avec une entière indépendance, le Théâtre et les Concerts Populaires. Tout en demeurant principalement une feuille musicale ouverte à toutes les tentatives de décentralisation, d'où qu'elles viennent, *Angers-Artiste* réservera une large place à la partie littéraire et aux question locales. » Nous souhaitons la bienvenue à ce nouveau journal, qui prendra promptement, dans la presse angevine, la place qu'il est digne d'y occuper, et nous faisons des vœux sincères pour son succès mérité. Les collaborateurs de talent ne lui feront pas défaut et, parmi eux, nous aimerons à rencontrer M. le marquis de Charnacé, qui a parlé de la musique avec tant de finesse, d'esprit et de poésie dans ses *Aventures et Portraits*, où la note douce et tendre alterne si heureusement avec le ton grave et mélancolique. Les Angevins et les Angevines aimeront à soulever les masques posés sur tant de frais visages. Ils sauront goûter la souplesse élégante d'une plume habile dans l'art délicat de plaire toujours, en variant sans cesse la forme et le fond de ses récits attrayants.

André JOUBERT.

Le *Propriétaire-Gérant.*

G. GRASSIN.

Angers, imp. Germain et G. Grassin. — 1877-88.

HISTOIRE DE MENIL ET DE SES SEIGNEURS

Par **André JOUBERT**

Lauréat de l'Académie des Inscriptions et Belles Lettres

Un beau volume grand in-8°, orné de huit gravures. — **5** *francs.*

ÉTUDE

SUR

LES MISÈRES DE L'ANJOU

AUX XV· ET XVI· SIÈCLES

Par **André JOUBERT**

Lauréat de l'Académie des Inscriptions et Belles Lettres

Un beau volume grand in-8°. — Broché, **5** fr.

LES CHIVRÉ

MARQUIS DE LA BARRE DE BIERNÉ

XVI·-XVII· SIÈCLES

Par **André JOUBERT**

Lauréat de l'Académie des Inscriptions et Belles Lettres

Un beau volume grand in-8°, orné de sept gravures. — Broché, **5** fr.

Les Élections et les Représentants de Maine-et-Loire

DEPUIS 1789

Par **Guillaume BODINIER**

Un volume grand in-8°.............. **4** *francs*

OUVRAGES NOUVEAUX

La Fin d'un monde, par E. Drumont, 1 vol. in-18 . . . . 3 50

Le Rêve, par Zola, in-18. . . . . 3 50

La Dernière maladie de Frédéric le Noble, par le Dʳ Morell
    Mackenzie, in-18. . . . . 3 50

Messieurs de Cisay, par Jacques Bret, 1 vol. in-18 . . . . . . 2 »

L'Amiral Courbet, d'après ses lettres, par Félix Jubien, in-12 3 50

Mon Capitaine, par Rabusson, in-12 . . . . 3 50

Mélinite, par Adolphe Belot, in-18. . . . . 3 50

L'Amiral Baudin, par J. de la Gravière, in-12. . . . . 4 »

Une Tache d'encre, par René Bazin, in-12. . . . . 3 50

Aventures et Portraits, par Guy de Charnacé, in-12. . . . . 3 »

Conseils aux jeunes filles et aux jeunes femmes, par
    Mathilde Bourdon, in-12 . . . . 2 »

L'abbé Léon Bellanger, sa vie, ses poésies, 1 vol. in-18 . . 3 50

Trois empereurs d'Allemagne, Guillaume Iᵉʳ, Frédéric III,
    Guillaume II, par Ernest Lavisse, 1 vol. in-18 . . . . . . 3 50

Victoire d'Ame, par Georges Duruy, 1 vol. in-18 . . . . 3 50

L'Immortel, par A. Daudet, 1 vol. in-18. . . . . 3 50

Ma Cousine. — Pot-au-Feu, par Léon de Tinseau, 1 vol. in-18. 3 50

France, par le R. P. Du Lac, in-12 . . . . 3 50

Le Clergé et l'Enseignement secondaire spécial, par l'abbé
    G. Segretain, in-18. . . . . 3 50

Deux ans de Vacances, première partie, par J. Verne, in-18. 3 »

Impressions de Théâtre, tome II, par J. Lemaître, in-18. . . 3 50

Paris bienfaisant, par Maxime Du Camp, in-12 . . . . 3 50

Esthétique du Sculpteur, par Henry Jouin, lauréat de l'Ins-
    titut, in-8°. . . . . 6 »

Histoire de l'Italie, par E. Sorin, in-18. . . . . 3 50

Histoire de la Civilisation Contemporaine, par Rambaud,
    in-18. . . . . 5 »

L'Éducation du Caractère, par Martin, in-18. . . . . 3 50

Études agronomiques (1887-1888), par Grandeau, in-18. . . . 3 50

Le Comte de Paris, par le marquis de Flers, in-8°, avec grav. 7 50

Œuvres Choisies de Victor Pavie, 2 in-18. . . . . 6 »

Grandes Journées de la Chrétienté, par Hervé-Bazin, in-8°. . 3 50

Les Prétendants de Viviane, par Jean d'Étiau, in-81. . . . . 3 50

Les Artistes angevins, par C. Port, in-8°, broché, 12 fr.
'Il ne reste plus en vente que deux exemplaires de cet ouvrage.)

REVUE
DE L'ANJOU

Nouvelle Série

5e et 6e Livraisons — Novembre et Décembre 1888

TOME DIX-SEPTIÈME

ANGERS
IMPRIMERIE-LIBRAIRIE GERMAIN ET G. GRASSIN
RUE SAINT-LAUD

1888

SOMMAIRE

Prix de l'abonnement à la *REVUE DE L'ANJOU*
12 francs par an

DOM JÉROME-JOACHIM LE CONTAT

prieur de Saint-Aubin d'Angers

et de Saint-Pierre de Bourgueil-en-Vallée

(1607-1690)

Dom Jérôme-Joachim Le Contat, l'un des plus saints et des plus savants religieux de l'Ordre de Saint-Benoît et de la Congrégation de Saint-Maur au XVIIe siècle, appartient à l'Anjou, puisqu'il y fit un séjour assez long : occupa une charge importante dans la capitale de la province et mourut dans une grande abbaye alors du diocèse d'Angers [1].

Il vint au monde à Éclaron, *Esclaronum* [2], près de Saint-Dizier, au diocèse de Châlons-sur-Marne, en l'année 1607. Il appartenait à l'une des familles les plus honorables de la Champagne, et plusieurs de ses ancêtres qui y avaient rempli des places importantes, s'étaient acquis une haute considération par leur mérite et l'intégrité de leur vie.

[1] Nous nous sommes servi principalement de l'histoire manuscrite de la Congrégation de Saint-Maur, des ouvrages de dom Joachim Le Contat ; de l'histoire littéraire de la Congrégation de Saint-Maur, p. 127-131, et de l'histoire de l'abbaye de Marmoutier, écrite par dom Martène. t. II, p. 522-550. L'éditeur de ce dernier ouvrage, Mgr Casimir Chevalier, a modifié l'orthographe du nom et écrit Le Comtat. Dom Le Contat est porté sur la matricule de la Congrégation de Saint-Maur sous le n° 325. — Thomas Cauvin, géographie ancienne du diocèse du Mans, écrit aussi Le Comtat. M. Hauréau, *Gallia christiana*, t. XIV, col. 468, écrit également Le Comtat.

[2] Eclaron, dép. de la Haute-Marne, arr. de Vassy-sur-Blaise, canton de Saint-Dizier.

Joachim se montra digne de ses aïeux ; sa conduite, dans le monde comme dans le cloître, fut un modèle de sagesse et de modestie. Très jeune encore, il fit voir la retenue et la réserve d'un adolescent rempli de la crainte de Dieu, alliée à une humeur gaie et riche en réparties heureuses. Il était chéri de tous ses condisciples, même de ceux qui n'avaient pas le bonheur d'imiter sa conduite.

Il fit ses classes d'humanités au collège de Châlons, tenu par les jésuites, et son professeur, homme d'esprit et de grande vertu, remarquant les qualités qui étaient en lui, s'appliqua à les utiliser. Il lui inspira des sentiments de piété, du goût pour la vie religieuse et des maximes opposées à celles du monde et puisées dans l'Évangile. Ce jésuite, quittant Châlons pour aller enseigner la philosophie à Reims, n'eut pas de peine à persuader à son disciple de le suivre afin d'étudier sous lui [1].

A cette époque, la réforme de Saint-Maur venait d'être établie dans l'abbaye de Saint-Remy (en 1622) ; le jeune philosophe [2] y alla un jour assister aux vêpres ; il y fut si charmé de la dévotion et de la modestie des religieux, qu'il forma le dessein de venir partager leur vie. Il entra au noviciat en 1627. Il eut le bonheur d'avoir pour supérieur et père maître dom Athanase de Mongin [3], l'un des plus éclairés directeurs de toute la Congrégation. Cet habile

---

[1] A cette époque, un professeur commençait à enseigner par les classes les moins élevées et conduisait ses élèves jusqu'à la rhétorique inclusivement.

[2] Il étudiait alors la physique. Sur les trois années que l'on passait en philosophie, il y en avait une spécialement consacrée à la physique.

[3] Dom Athanase de Mongin, de Gray en Franche-Comté. aujourd'hui Haute-Saône, était un saint religieux et l'un de ceux qui travaillèrent avec le plus de soin et de succès à établir la Congrégation de Saint-Maur. Quoiqu'il ait été toute sa vie chargé des emplois les plus difficiles, il ne laissa pas de composer un nombre considérable d'écrits ascétiques. On en compte trente-cinq ; presque tous sont en latin et n'ont pas été publiés. Il ne resterait rien de lui, si l'un de ses frères, qui était jésuite, n'avait fait imprimer un ouvrage écrit en français et intitulé : *Les Flammes Eucharistiques.* — A Paris, chez Jean Germont, 1634. 1 vol. in-8°, 2° édit., 1639, in-12.

maître de la vie spirituelle prit un soin particulier de former son novice aux vertus chrétiennes et religieuses. Une des principales maximes qu'il lui inspira fut d'aimer tous les exercices de régularité, et d'avoir une très haute estime de toutes les pratiques du cloître, aussi bien des plus petites que des plus grandes : maxime que le novice grava si profondément dans son cœur, et qu'il pratiqua si fidèlement pendant toute sa vie, qu'il fut en ce point presque inimitable. Du reste, dès le temps de son noviciat, on le regardait comme un modèle de régularité et de recueillement.

Après sa profession, qu'il fit le 22 novembre 1628, à l'âge de vingt-et-un ans, les supérieurs lui assignèrent le monastère des Blancs-Manteaux de Paris pour y faire ses deux années de séminaire de jeune profès. La séparation qui se fit du maître et du disciple fut très sensible à l'un et à l'autre. Le père dit au fils : « Allez, mon fils, vous ne reviendrez ici que pour être prieur. » Ce qui arriva dans la suite comme il l'avait prédit. Le fils prit la bénédiction du père et s'éloigna en se promettant bien de n'oublier jamais ni les exemples ni les maximes d'un si digne supérieur.

Dom Joachim Le Contat fit le voyage à pied de Reims à Paris, avec plusieurs jeunes religieux qui avaient reçu la même destination. Ils accomplirent cette longue route dans un recueillement parfait et avec autant d'exactitude pour tous les exercices que le voyage pouvait le permettre. Tous ensemble ils faisaient l'oraison et récitaient l'office divin aux heures prescrites ; ils gardaient le silence qui ne fut interrompu que pour parler de Dieu.

Les supérieurs n'attendirent point la fin de ses études pour lui donner de l'emploi et, par une exception unique dans la Congrégation de Saint-Maur, avant qu'il eût achevé sa théologie ; on l'envoya à l'abbaye de Saint-Mélaine de Rennes pour y exercer l'office de père maître des novices, n'étant encore que diacre. Il s'acquitta si dignement de cet emploi, qu'on l'établit prieur presque aussitôt qu'il fut prêtre[1].

En effet, au chapitre général qui se tint à Cluny en 1636, dom Joachim Le Contat fut élu prieur de Saint-Benoît-sur-Loire et, dès l'année suivante, il fut destiné pour aller remplir les mêmes fonctions dans l'abbaye de Saint-Arnoult de Crépi-en-Valois. Cette abbaye était de l'ordre de Cluny, mais elle venait, comme tout cet Ordre, de s'unir à la Congrégation de Saint-Maur et d'embrasser la réforme. Cette union malheureusement ne tint pas longtemps[2]. En attendant, dom Joachim devait consolider la réforme dans l'abbaye de Saint-Arnoult, en exerçant les fonctions de prieur et y établissant un noviciat. Ce projet fut retardé dans son accomplissement, et dom Le Contat fut placé par le supérieur général au monastère des Blancs-Manteaux à Paris, en qualité de prieur. Deux ans après, il alla à Crépi et reprit la mission qui lui avait été destinée dès le commencement.

Il occupa ensuite les premières charges de la Congrégation durant cinquante ans, assista à tous les chapitres généraux, où il fut aussi presque toujours définiteur[3]. Il a

---

[1] Dans une abbaye en commende, comme l'étaient toutes celles de la Congrégation de Saint-Maur, moins cinq, le prieur était le premier supérieur et jouissait de la juridiction ordinaire. L'abbé se contentait de toucher les revenus ; il n'avait aucune supériorité pour conduire les religieux ; heureux quand il ne se servait pas de son titre pour ruiner le monastère au spirituel comme au temporel !

[2] En 1672, Louis XIV ordonna de nouveau la réunion de l'Ordre de Cluny à la Congrégation de Saint-Maur ; mais cette seconde union ne réussit pas plus que la première. Celle-ci avait été imposée par le cardinal de Richelieu, abbé de Cluny. Elle dura jusqu'à la mort du puissant ministre qui la voulait absolument. Pour lui complaire, la Congrégation de Saint-Maur avait pris le nom de Congrégation de Saint-Benoît alias de Cluny et de Saint-Maur. Pour obéir aussi aux ordres du cardinal-ministre, le Chapitre général se réunit en 1636, à Cluny. Lui-même fit imprimer les statuts qu'il avait approuvés en 1635.

[3] Le définiteur, dans la plupart des Ordres religieux, est l'assesseur ou conseiller du supérieur général. Il jouit d'une grande autorité dans tout l'Ordre. Dans la Congrégation de Saint-Maur, il y avait toujours deux définiteurs nommés dans les actes officiels :

déjà été dit qu'en 1636 il fut prieur de Saint-Benoît-sur-Loire, puis des Blancs-Manteaux; un peu plus tard, il gouverna l'abbaye de Saint-Remy de Reims; en 1645, il devint visiteur de la province de Bretagne; en 1648, visiteur de celle de France; en 1651, prieur de Saint-Mélaine de Rennes; en 1654, prieur de Marmoutier; en 1660, prieur de Redon; en 1663, visiteur de la province de Bretagne; en 1666, prieur de Marmoutier pour la seconde fois et jusqu'en 1672.

En cette dernière année, désirant rentrer sous le joug de l'obéissance, où, libre de tout embarras, il pût se préparer à la mort, il demanda et obtint sa décharge du fardeau de la supériorité; mais il ne jouit pas longtemps de la tranquillité attachée à l'état de simple religieux. Les supérieurs le remirent en place d'abord à Saint-Aubin d'Angers où il fut établi prieur; ensuite il fut abbé de Saint-Vincent du Mans l'espace de six ans, de 1675 à 1681[1], et enfin prieur de Bourgueil aussi l'espace de six ans, jusqu'en 1687, qu'il obtint à force d'instances et parce que ses infirmités étaient devenues évidentes, d'être déchargé de la conduite des autres. Il avait atteint l'âge de quatre-vingts ans.

- Dieu, qui avait appelé dom Joachim Le Contat à la conduite des âmes, lui avait donné tous les talents pour faire un supérieur accompli; un bon esprit, un jugement solide, une mémoire heureuse, un corps robuste et vigoureux, une âme grande, un zèle ardent pour l'observance des règles; une charité tendre et sincère pour ses frères; une application continuelle à procurer leur avancement dans les voies de la perfection et, par dessus tout, une vie irréprochable.

Seniores assistentes superioris generalis. Ils résidaient à Saint-Germain-des-Prés et formaient, avec le supérieur général, ce que l'on nommait *le Régime.* Durant les Chapitres généraux, on adjoignait d'autres définiteurs aux deux ordinaires.

[1] M. Hauréau, *Gallia christiana,* t. XIV, col. 468, s'est assurément trompé en disant que dom Joachim Le Contat fut élu de nouveau abbé de Saint-Vincent du Mans en 1681 et 1684. Ce fut dom Placide Chassinat qui avait déjà été élu aux mêmes fonctions en 1657.

Il n'a jamais rien dit ni écrit qu'il n'ait pratiqué lui-même ; et si l'on voit dans ses écrits tant de piété, tant d'onction, tant d'exactitude, on peut dire qu'il s'y est peint lui-même.

L'une des vertus qui a le plus éclaté en lui est cette admirable égalité d'esprit qu'aucun événement fâcheux ou imprévu ne put jamais altérer. On l'a vu dans quelques occasions critiques, capables d'ébranler la fermeté la mieux établie, rester aussi tranquille que s'il n'y était pas intéressé. Lorsqu'il était prieur de Saint-Aubin d'Angers, un ancien religieux de la maison, c'est-à-dire l'un de ceux qui étaient dans l'abbaye avant l'établissement de la réforme et qui avait refusé de l'adopter, le fit décréter et l'obligea de paraître en justice, de subir un interrogatoire et de se justifier juridiquement. Il le fit, mais avec une telle humilité et une telle douceur, avec une si pleine évidence de son droit, que tous admirèrent sa vertu, et son adversaire fut couvert de confusion.

Étant abbé de Saint-Vincent du Mans, il eut encore à essuyer devant le père visiteur une accusation calomnieuse ; dans ces deux occasions, il ne perdit rien de sa tranquillité et ne témoigna aucun ressentiment contre ses accusateurs.

Le temps de son gouvernement à Saint-Vincent fut celui des affaires des cinq abbayes qui, jusqu'à l'année 1675, étaient restées en règle, c'est-à-dire continuaient d'être gouvernées par des supérieurs réguliers, élus par les religieux pour trois ou six ans, et qui avaient la dignité d'abbés et, par là même, ces abbayes échappaient au fléau de la commende. A l'époque dont nous parlons, des ministres aveugles, poussés par des ambitions qui n'osaient pas se manifester ouvertement, prétendirent renverser ces derniers vestiges de la liberté ecclésiastique et monastique et faire peser un joug uniforme sur tous les monastères du royaume. Ce fut un coup terrible qui causa une vive émo-

tion dans tous les cloîtres ; enfin, grâce à l'énergie et aux
talents de dom Claude Martin et, il faut le dire, grâce aussi
au bon sens du roi, plus calme et plus équitable que ses
ministres, cet orage fut écarté pour un siècle. Il est facile
de comprendre, en effet, combien l'abbaye de Saint-Vincent dut être agitée dans des circonstances aussi critiques.
Dom Le Contat supporta cette épreuve avec un calme admirable. Une circonstance particulièrement pénible dut
cependant ajouter à sa douleur. Il vit enlever de son monastère, par un faux frère, tous les papiers les plus importants touchant cette grosse affaire ; le religieux qui
s'était ménagé un ordre de la Cour, pour pratiquer cet enlèvement, s'était procuré d'autres ordres du ministère qui
l'éloignaient de l'abbaye de Saint-Vincent pour le mettre à
l'abri des peines qu'il avait trop bien méritées.

Les suites de ce double enlèvement étaient fort à craindre
et tout autre que dom Le Contat en aurait été inquiet ;
mais son égalité d'esprit n'en fut point troublée, et sa confiance en Dieu fut son unique espérance. Il recevait tous
les jours de mauvaises nouvelles sur le succès de cette
affaire ; on croyait tout perdu et les esprits les plus fermes
se montraient consternés. Lui seul demeura sans trouble
au milieu des alarmes ; il laissa travailler les autres ;
mais, de sa part, il n'employa que des prières et des
aumônes. Il faisait dire tous les jours une messe pour
obtenir le triomphe de la justice et du bon droit de la Congrégation, et l'un des religieux, non prêtre, y communiait ;
en même temps, il augmenta les aumônes journalières d'une
pistole par semaine, que « l'on continue encore aujour-
d'hui à la distribuer aux pauvres », ajoute l'historien qui
écrivait à la fin du XVIII° siècle.

Le grand éloignement du monde dans lequel il vivait
lui donnait le moyen de pratiquer, sans distraction et sans
affaiblissement, l'uniformité de vie qu'il s'était prescrite et
qui est d'une si difficile exécution. Il avait tellement réglé

son temps qu'à un moment près il savait ce qu'il devait faire. Il avait ses heures de prière, ses heures de lectures, ses heures pour faire ses recueils, ses heures pour le travail, indépendamment des hôtes et des affaires qui pouvaient survenir. Il n'avait qu'un quart d'heure pour se chauffer en hiver, et ce quart d'heure était toujours avant la préparation pour la grand'messe. Il avait un temps réglé pour aller devant le Saint Sacrement et ce temps était le quart d'heure qui précédait immédiatement la réfection du soir. Durant le temps qu'il fut visiteur, il suivit ces mêmes pratiques, observant dans les voyages les temps de silence, de méditation, de lecture et d'examen.

Il avait pour tous les religieux qui étaient sous sa conduite une bonté sans pareille, les voyait tous en particulier fort souvent, et commençait toujours l'entretien avec eux par s'informer de toutes leurs nécessités corporelles. Il descendait ensuite aux besoins spirituels : il les consolait dans leurs peines, les fortifiait dans leurs combats, les animait à la vertu et, lorsqu'il trouvait un cœur bien disposé, il l'élevait à une haute perfection. Pour éviter tous les mécontentements, il faisait fournir abondamment à ses religieux tous leurs besoins. Par cette prévoyance paternelle, il enlevait tout sujet de plainte à ses subordonnés et les mettait dans une obligation indispensable de remplir les devoirs de leur profession.

Il regardait Jésus-Christ dans la personne des hôtes et les allait recevoir lui-même de quelque qualité et de quelque ordre qu'ils fussent, quoiqu'il fit une grande distinction entre les traitements à apporter envers les uns et envers les autres. Lorsque c'était des religieux d'un autre ordre, dont la vertu lui était suspecte ou dont il avait quelque sujet de se défier, il leur marquait assez d'indifférence et les remettait entre les mains d'un moine auquel il avait donné des instructions précises sur la manière de les traiter. Mais les religieux vertueux et bien réformés, il les retenait dans le monastère, leur fournissait de l'argent, des habits et leur faisait tout l'accueil possible. Pour les religieux de la congrégation de Saint-Maur, il n'aimait pas qu'ils séjournassent dans sa maison, parce que, disait-il, la présence des hôtes dérange la régularité.

Entre les vertus qu'il recommandait le plus à ses religieux, le silence et la solitude tenaient la première place. Ses exhortations et ses écrits respiraient surtout la pratique de ces deux vertus. En interrompant le silence dans les temps marqués, il voulait que ce fût d'une manière utile et édifiante. Il ouvrait lui-même la récréation par quelque question sur l'Écriture sainte ou par quelque sujet de piété, et il éprouvait une joie sensible lorsqu'il voyait ses religieux s'entretenir avec lui de choses saintes. Étant prieur de Marmoutier, il proposa à de jeunes religieux qui étudiaient en théologie plusieurs questions à résoudre sur la sainte règle ; il leur proposa ensuite les endroits les plus difficiles de la Genèse, et enfin il les accoutuma à s'entretenir de bonnes choses, donnant des récompenses à ceux qui réussissaient le mieux.

Dans cet admirable supérieur, la douceur semble avoir été la qualité dominante. Il ne manqua néanmoins jamais à reprendre avec énergie toutes les fois que la règle fut violée. Il disait avec saint Bonaventure, qu'il n'y a point de cloître si saint où il ne se commette quelques fautes et que ces fautes, quelle que soit leur gravité, ne prouvent rien contre la perfection d'une communauté si elles sont reprises par les supérieurs. Si la correction n'arrive pas, au contraire, ou le relâchement a déjà pris pied ou il ne tardera pas à tout envahir.

L'amour de dom Joachim Le Contat pour la perfection de son état parut avec éclat dans le zèle qu'il eut à punir les manquements qui lui étaient contraires. Lorsqu'il était visiteur de la province de Bretagne, il arriva qu'un officier de Saint-Vincent du Mans, du consentement de l'abbé, fit faire un cadran pour l'église, d'un fort beau travail, accompagné d'une riche dorure. Cet ouvrage parut à dom Joachim contraire à la simplicité et à la pauvreté monastiques. Il en fit publiquement la correction au P. abbé et à son officier, imposa pénitence à l'un et à l'autre, et fit donner cent écus aux pauvres, qui étaient le prix du cadran.

Le désir qu'il avait de procurer l'avancement spirituel tant des religieux que des supérieurs, lui fit composer plusieurs ouvrages également saints et édifiants. Ceux dont le public a profité sont : l'*Image d'un Supérieur accompli*; des *Méditations* pour dix jours de retraite des supérieurs et des religieux bénédictins, et des *Exhortations monastiques* pour tous les dimanches de l'année[1]. Tous ces

---

[1] *Méditations pour la Retraite de dix jours pour les supérieurs*. Rennes, chez Pierre Garnier, 1653, 1 vol. in-4°, et à Paris, 1668, in-8°. Ces Méditations ont été traduites en latin par dom François Metzger, sous ce titre : *Dioptra politices religiosae*. Salisburgi, 1694, in-8°.

L'Image du Supérieur accompli dans la personne de saint Benoît. A Tours, chez Poinsot, 1656, 1 vol. in-4°.

Méditations pour la Retraite des dix jours pour les religieux. A Rennes, 1662, 1 vol. in-4°. Ce livre fut réimprimé sous ce titre : *Exercices spirituels propres aux religieux pendant la Retraite des dix jours ; avec un traité préambulaire de l'importance, des fruits et des dispositions requises à la même Retraite*, etc., par le P. dom Joachim Le Contat, religieux bénédictin de la Congrégation de Saint-Maur. A Paris, chez Frédéric Léonard, 1664, in-8°. La troisième édition de cet ouvrage est de 1703, in-8°. Le titre est un peu modifié en cette manière : *Exercices spirituels pour les religieux et les religieuses pendant la Retraite des dix jours, avec un traité de l'importance des fruits, des dispositions requises à la même Retraite, et des Méditations pour la Retraite du mois*, etc., par dom Joachim Le Contat, religieux bénédictin de la Congrégation de Saint-Maur. Troisième édition revue et corrigée. A Paris, chez Pierre de Bats, rue Saint-Jacques, proche la fontaine Saint-Severin, à l'image Saint-François, 1703. In-8° de LXXX-240 p. Cette édition reçoit un prix considérable des références très nombreuses et très précises qui y furent ajoutées.

Cet ouvrage fut aussi traduit en latin par dom François Metzger, et imprimé à Saltzbourg, en 1695, in-12.

Conférences ou exhortations pour tous les dimanches et fêtes de l'année. A Paris, chez Louis Billaine, et à Tours, 1671, 1 vol. in-4°.

ouvrages respirent une profonde piété, et il est aisé de juger qu'ils ont été dictés par l'esprit de Dieu. Ses *Méditations* surtout sont si pleines d'onction, qu'on ne craint point d'exagérer en disant qu'en ce genre il ne s'est rien fait de meilleur. Elles ont été traduites en latin et imprimées en Allemagne. Dom Le Contat indique dans ses *Méditations* les meilleurs auteurs qui ont écrit sur le même sujet. Son ouvrage peut être regardé comme un traité ascétique parfait.

Quoiqu'il eût mené une vie fort innocente, il ne laissait pas d'appréhender la mort ; mais Dieu le délivra de ses frayeurs et couronna sa sainte vie par une mort précieuse. La veille de Saint-Martin, il fut attaqué, pendant prime, d'une grande douleur le long du dos et, quoiqu'il la sentît dès le temps de la méditation qui avait précédé, il la souffrit jusqu'au *Pretiosa ;* alors il demanda permission de sortir de l'office, ce qui fait voir que sa douleur était fort aiguë, car il ne sortait du chœur que pour des nécessités indispensables. On croit aussi qu'il attendit jusqu'au *Pretiosa* à sortir, pour n'être point obligé de violer le silence de la nuit. Il ne lui fut pas possible de dire la messe le lendemain qui était la fête de saint Martin, il se contenta d'aller communier à l'église.

Les jours suivants il se porta beaucoup mieux, et le 14 novembre il assista à matines, célébra la sainte messe, se trouva à la lecture de la méditation du soir, descendit au chœur pour chanter vêpres, se mit à sa place à genoux, ouvrit le livre devant lui et, sans convulsion, sans soupir, son âme quitta la terre pour aller chanter les louanges de Dieu dans le ciel.

Un homme d'esprit, faisant attention à toutes les circonstances d'une mort si sainte, lui appliqua ces paroles que l'Église, dans une de ses hymnes, chante au Fils de Dieu :

Ad opus suum exiens ,
Venit ad vitæ vesperam,

Dom Jérôme-Joachim Le Contat mourut à Bourgueil, qui était encore du diocèse d'Angers, étant âgé de quatre vingt-trois ans, le 14 novembre de l'année 1690. Sa mémoire est restée longtemps en vénération non seulement dans la Congrégation de Saint-Maur, mais aussi parmi les séculiers qui l'avaient connu, surtout dans la ville de Bourgueil et dans les environs où il fut regardé comme un saint.

Dom Paul Piolin.

UN RECUEIL

DE

PLAIDOYERS INÉDITS DES AVOCATS ANGEVINS

AUX XVII* ET XVIII* SIÈCLES

(1680-1730)

Parmi les documents inédits que nous possédons dans
notre collection particulière, il en est un qui offre un intérêt spécial pour tous ceux qui désirent étudier les mœurs
de l'ancien régime. C'est un volume in-folio contenant une
série de plaidoyers manuscrits et autographes de M. André
Gontard, sieur de la Perrière[1], avocat angevin, et de plusieurs de ses confrères, de 1680 à 1730. Cette variété d'origine augmente l'importance de notre recueil, puisqu'elle
peut servir à connaître le genre de plusieurs autres ora-
teurs du barreau de notre ville ainsi qu'à apprécier leur
méthode et leur talent. Presque tous ces plaidoyers sont cor-
rigés, raturés, annotés, comme une rédaction travaillée à
diverses reprises. Chacun d'eux renferme l'exposé d'une
affaire qui fournirait aisément matière à des articles curieux
et attrayants. Nous allons feuilleter notre volume, en signa-

[1] André Gontard, sieur de la Perrière, époux de Marie Boullay,
était fils de n. h. André Gontard, sieur de la Perrière, avocat, et
d'Elisabeth du Verdier. C'est lui qui est appelé Gontard l'aîné. Son
frère, Charles Gontard, sieur de la Grande-Maison et du Pin, mari
de Anne Chotard du Pin, était dit Gontard le jeune. Voir, sur les
Gontard et les autres avocats cités dans notre article, l'ouvrage de
M. Gontard de Launay sur *les Avocats d'Angers de* 1250 *à* 1789.

lant au passage les détails anecdotiques qui donnent une saveur piquante à ces vieilles pages jaunies par le temps.

I, II. — Deux plaidoyers pour des retraits lignagers, le premier incomplet.

III. — Affaire de séduction. Antoine-René de Fresne, capitaine au régiment de la Raimbaudière, contre Anne Le Beau, « fille cabaretière » (1698-1722).

IV. — Litige sur la succession de L. de Villiers, écuyer, seigneur de Vaufouilloux, époux de dame Charlotte de la Marche, entre ses enfants : « Damoiselle Magdelaine de Villiers, femme de Claude Ledoux, Bernardin de l'Espinay, écuyer, et Charlotte de Villiers » (1694).

V. — Consultation sur le testament rédigé par Charlotte de la Marche, du 18 octobre 1692. Cette pièce est signée Gautreau [1]. Angers, ce 24 mai 1693.

VI. — Plaidoirie de « Gontard La Perrière, pour Gervais-Étienne-Olivier de Dieusie [2], écuyer, sieur de la Houssaye, défendeur. » A. Gontard le jeune est l'avocat de la demoiselle « Magdelaine Millet de Champfleury, fille majeure, défenderesse, accusatrice au principal en crime de rapt. » Mᵉ Marchand le jeune plaide pour messire René le Jumeau, écuyer, seigneur de Salvert [3], « curateur aux causes de demoiselle Louise de Dieusie, aussi deffendeur accusé et demandeur en requeste du 13 du même mois de mars dernier. » La demoiselle Millet de Champfleury accusait les défendeurs d'avoir fait sortir par violence la demoiselle de Dieusie du couvent de Sainte-Catherine, où elle demeurait en qualité de pensionnaire [4] (Fin du xviiᵉ siècle). La vin-

---

[1] François Gautreau, marié en 1701 à Marie Maillard.

[2] Dieusie, château, commune de Sainte-Gemmes-d'Andigné. La famille qui le possédait en portait le nom.

[3] Salvert, château, commune de Neuillé, possédé jusqu'au xviiiᵉ siècle par la famille Lejumeau.

[4] Le couvent de Sainte-Catherine, appelé aussi l'Oratoire de la Tour, fut fondé le 16 septembre 1634, par Catherine Licquet, veuve de n. h. Simon de Goubis, sieur de la Rivière, conseiller au Présidial d'Angers. Voir le dessin de Ballain, mss. 867, p. 368.

dicative demoiselle avait dit que « toutte la réparation qu'elle voulloit faire au sieur de Dieusie, qui se plaignoit d'être calomnié, c'était de le faire pendre, sans qu'il eût l'honneur d'avoir la tête tranchée comme noble[1]. »

VII. — Plaidoyer d'André Gontard pour Marie Falloux, veuve de M° Hilaire Daviau, contre Marie Royou, veuve de Claude Chauvellier. Déguerpissement (1691).

VIII. — Plaidoyer de Gontard l'aîné pour M. Louis Cosson, conseiller du roi, procureur en la sénéchaussée de Baugé, époux de dame Marie-Anne, contre Michel Gohin, écuyer, sieur du Tertre, mari de Renée Bridon, et M° René Gohin, chevalier, seigneur de la Cointrie[2], lieutenant particulier criminel et assesseur civil au siège présidial. Défenseurs : A. Gontard le jeune et Marchand l'aîné[3]. Substitution (28 janvier 1727).

IX. — « Mémoire sur la question de savoir si le mineur relève le majeur en toutes occasions. »

X. — Requête adressée à l'évêque d'Angers[4] par Claude Ayrault, curé de Saint-Pierre de Chemillé, contre le sieur Gallard, prieur claustral du prieuré conventuel de Saint-Pierre de Chemillé[5] et les religieux qui avaient « administré les sacrements de pénitence, d'eucharistie et d'extrême-onction à la damoiselle de Crépy, dans la maison d'un des relligieux dudit prieuré de Saint-Pierre, au dedans des cloistres, et ayant fait la sepulture de son corps après son decès, sans

---

[1] Etienne-Olivier de Dieusie, chevalier, sieur de Dieusie et de Congrier, mari de dame Louise de Dieusie, âgé de soixante-huit ans, fut enterré le 3 juillet 1766 (*Registres de la Trinité*, Arch. de Maine-et-Loire.. GG. 212-510).

[2] Les Gohin appartenaient à la famille des Gohin de Montreuil. René Gohin, nommé président honoraire du présidial en 1703, mourut doyen de cette compagnie en 1726 (Bibliothèque d'Angers, mss. 499 et 939, f° 254.299). — Le château de la Cointrie, près Querré, appartint aux Gohin pendant les xvi°, xvii° et xviii° siècles.

[3] Urbain Marchand, marié en 1699 à Renée Bonvalet, conseiller-échevin perpétuel de l'hôtel-de-ville d'Angers, le 1er février 1718.

[4] Michel Lepelletier, évêque d'Angers, (1692-1706).

[5] Ce prieur n'est pas nommé dans le *Dict. hist. de Maine-et-Loire*.

voulloir souffrir que ledit sieur Ayrault administrast les
sacrements... » — Plaidoyer de A. Gontard l'aîné (1718).

XI. — Plaidoyer du même avocat pour Nicolas des Hayes.
Le jour de la fête de saint Martin, en l'année 1701, le sieur
Drouillet, avocat à Beaufort, et Richard, marchand à Doué,
avaient logé ensemble chez Cornuau, « hoste de l'Ecu au
fauxbourg de Bressigné de cette ville » [1], et avaient confié
leurs manteaux au valet d'écurie. Richard, ayant terminé
le premier ses affaires, partit de bonne heure pour retourner à Doué. Or, le valet attacha sur son cheval le manteau
du sieur Drouillet au lieu du sien, sans que le voyageur y
fît attention. Rentré chez lui, celui-ci s'aperçut de l'erreur
et chargea un autre marchand, nommé Nicolas des Hayes,
de remettre le vêtement chez Cornuau, auquel il écrivit de
lui renvoyer le sien. Des Hayes s'acquitta de la commission et confia le manteau à la servante de l'hôtellerie qui,
dit-on, oublia de le donner à son maître. « Cependant,
ajoute l'avocat, Cornuau a renvoyé celuy de Richard, ce qui
marque qu'il avoit aussy receu celuy dud. sieur Drouillet.
Quoy qu'il en soit, pour attirer des Hayes, ma partie, au
siège de la prevosté, on donne une assignation à Cornuau
sous le nom du sieur Drouillet. Ensuitte Cornuau prend un
appointement pour mettre en cause Richard et enfin, par
un second appointement, il est ordonné que ma partie sera
mise en cause... » De là, procès (1703).

XII. — Consultation et question de savoir si un clerc, qui
est solliciteur dans une cause, peut être témoin pour la
partie dont il sollicite et défend les intérêts. Gontard le
jeune opte pour la négative.

XIII. — Plaidoyer du même pour Renée Caillou et Jeanne
Lestoc, filles majeures, nièces et héritières de Marie Lestoc,
appellantes des sentences du juge de la prévôté, contre

---

[1] Voir, sur cette hôtellerie, fondée en 1530, *La Description de la
ville d'Angers*, par Péan de la Tuillerie, nouvelle édition, p. 201,
note 1.

M° Martin Gaudicher, notaire royal, « donataire universel » de la défunte, accusé de captation de succession. Le testament était daté de l'année 1679.

XIV. — Plaidoyer de A. Gontard pour Michel Bodet contre Suzanne Duval, René Lefèvre et Michel Mabille, qui avaient poursuivi son client comme responsable de la destruction d'une maison située dans le bourg de Saint-Pierre de Cholet en 1689 [1]. L'incendie avait été causé par l'imprudence d'un nommé Berthelot « insensé et sans azille, » qui, « ayant esté chassé sur le minuit d'un cabaret voysin où il estoit à se chauffer », entra, un tison ardent à la main, dans la grange, où il alluma du feu, pour « adoucir la rigueur du froid. » Bientôt toute la paille accumulée dans cet endroit flamba, et la flamme se communiqua à l'habitation où Bodet dormait paisiblement ainsi que sa famille. La population accourut aussitôt, au son de la cloche, mais, pendant que les uns cherchaient à arrêter « le cours de cet embrasement », les autres faisaient main-basse sur le mobilier.

XV. — Plaidoyer du même pour les paroissiens de Brain-sur-l'Authion contre René Lepage et Jean Maugin, héritiers de Claude Poisson, veuve d'Abraham Coustard. Legs à la paroisse (1640-1671).

XVI. — Contestation au sujet de la cure de Rablay [2] entre M° Pierre Certel, « prestre gradué nommé en l'Université d'Angers, pourveu de lad. cure, » défendeur, et M° Jean-Baptiste de la Nouë, « aussi prestre gradué nommé de la mesme université, pretendant droit au

---

[1] La ville de Cholet se réduisait, au moyen âge, au château et à la paroisse de Notre-Dame. Le *bourg Saint-Pierre*, agglomération principale, était resté en dehors, sans enceinte murée, couvert sur trois côtés par la rivière et par le marais. Ce n'est qu'au xvii° siècle et avec le séjour à demeure des familles Barjot et de Broon que les deux centres se rapprochent, pour commencer à s'unir sous l'activité intelligente du comte de Rougé (*Dict. hist. de Maine-et-Loire,* t. I, p. 704).

[2] Rablay, canton de Thouarcé.

mesme benefice », demandeur[1]. Certel, dit son avocat, « est canoniquement pourveu de cette dite cure qui a vaqué par le deceds du sieur Le Duc arrivé au mois de juillet mil sept cent vingt huit[2]. » Le sieur de la Nouë a attendu jusqu'au dernier jour de l'expiration des six mois pendant lesquels les gradués ont la liberté de requérir les bénéfices vacants « dans les mois de rigueur à eux affectés ». Il ne peut donc pas empêcher le sieur Certel d'être maintenu en possession de la cure de Rablay. Sa « demande de complainte » doit être écartée, car il est plus que « remply par les benefices non seulement qu'il possède en vertu de ses degrés et autres titres, mais encore par les benefices dont il a pris possession en vertu de ces mêmes degrés et dont il n'a point été évincé par sentence contradictoire ou autrement, sçavoir d'unne chapelle de Saincte-Catherine desservie dans l'église de Notre-Dame de Nantilly de Saumur; de la chapelle du Chapau desservie dans l'église de la Trinité de cette ville et de la chapelle de Saugaultier desservie dans la mesme église ». Il est certain « qu'il a requis et pris possession de la cure de Brain-sur-Allonne[3]; qu'il possède en outre la chapelle de Saincte-Catherine desservie dans l'église de Baugé et qu'il a été pourveu de la chapelle matutinale de Saveniere... » Le sieur Certel n'a au contraire aucun bénéfice et est seulement « titulaire d'un petit canonicat dans l'église collégiale de Baupréau dont le revenu est au dessoubs de 300 livres et d'une petite prestimonie valant 50 livres... » On ne peut donc pas accueillir les prétentions du sieur de la Nouë (1729).

[1] Jean-Baptiste de la Nouë eut gain de cause, car les registres paroissiaux constatent qu'il fut curé de Rablay, de 1729 à 1763. Il mourut le 1er janvier 1763, âgé de 75 ans. On lit sur son épitaphe qu'il fut « le bienfaicteur de cette eglisse. »
[2] Thomas Leduc, curé de Rablay en 1714, mort le 7 juillet 1728, âgé de 61 ans.
[3] Brain-sur-Allonnes, canton de Saumur. — En 1729, le curé de Brain-sur-Allonnes était, d'après les anciens registres, Noël-Gaspard-Baptiste de Gastel, écuyer, originaire de Chartres, qui signe encore le 16 mars 1732.

XVII. — Mémoire au Conseil pour le sieur Avril, curateur, pour savoir si un don point entheriné est valable et si un enfant d'un premier lit peut y participer, et autres questions, et comment il doit faire pour renoncer à la succession de son père. Signé Gouin l'aîné (1727).

XVIII. — Mémoire sur la question de savoir si l'acte signé des parties et qui ne l'est point du notaire est valable.

XIX. — Plaidoyer de M⁰ Jacques Gastineau [1] pour René Viau, métayer, mari de Perrine Lizée, et pour les autres héritiers de Jean Lizée contre Michel Brillet de Marpallu[2], seigneur de la Poilverière. Demande en restitution de meuble par choix de deshérence.

XX. — Plaidoyer de André Gontard, devant l'Official d'Angers, pour René Dubois, sieur de l'Etang[3], qui requiert de la demoiselle Marie Guilbault, fille majeure, accomplissement de promesse de mariage (1693).

XXI. — Nuptias non concubitus sed consensus facit. Consultation signée de Joseph-François Doublard, avocat du roi [4], le 27 avril 1731.

XXII, XXIII. — Du retrait féodal.

XXIV. — Plaidoyer de Gontard le jeune pour « Jean Morillon, prisonnier, detenu es prisons royaux de cette ville, contre Gilles Duriot, escuyer, sieur de la Durasserye ». Les conclusions de l'avocat tendent à la mise en liberté de son client, emprisonné le 27 août 1689, « faute de payer la somme de 235 livres 17 sols. » Ce plaidoyer est du mois

---

[1] Jacques Gastineau, docteur ès-lois, marié le 31 janvier 1736 à Renée-Angélique Briand.

[2] Marpalu, ferme, commune de Marigné. — La famille Brillet posséda ce lieu du xvi⁰ au xviii⁰ siècle.

[3] Etang (l'), ferme, commune d'Etriché. — Les Dubois étaient aussi seigneurs de Maquillé, près Contigné.

[4] Joseph -François Doublard, fils de François Doublard, marchand droguiste à Angers, et de Marie de Lorme, avocat du roi au Présidial, fut reçu membre de l'Académie d'Angers en 1726. Il avait épousé, en 1693, Marie Mauvif de la Plante.

de février 1692. On lit au dos : « Composé et déclamé en quinze jours... » Gautreau le jeune plaidait pour Gilles Duriot.

XXV. — Plaidoyer pour François Béraud, sieur de la Chaussaire[1]. Retrait lignager.

XXVI. — Consultation de MM. Boucault[2], Ayrault et Aubin, sur un cas de désertion à l'ennemi. Exécution en effigie. Délibéré à Angers, le 26 janvier 1735.

XXVII. — Mémoire pour justifier le bon droit de « dame Geneviève-Françoise Grandhomme, veuve de noble homme Donatien Mellier, contre messire Jacques-Gilles de la Bérardière, chevalier, seigneur de la Barbée[3] ». « Les deux parties sont propriétaires de chacune une maison se touchant sur la rue près l'église des Cordeliers de cette ville, sçavoir la dame Grandhomme acqueresse de la grande maison qui apartenoit cy devant à monsieur de Vris, representant Guillaume Gilles, escuyer, sieur de la Grue, et le sieur de la Bérardière comme representant Pierre Gilles, escuyer ; ces deux maisons provenant de la succession de Jean-Gilles, escuyer, sieur de la Grüe et de la Bérardière, suivant le partage du 18 février mil six cent soixante et dix... » Marin Gilles voulait empêcher « la dame Grandhomme » de bâtir dans l'étendue de la basse-cour de sa maison.

XXVIII. — Plaidoyer de Gontard l'aîné pour Marie Lebel contre M° René Guérinière, clerc, pour non exécution de promesse de mariage, et contre Marie Guérin, veuve de René Guérinière, intervenante. Gouin le jeune plaidait pour les Guérinière (1717).

---

[1] Chaussaire (la), canton de Montrevault. — Les Béraud conservèrent cette terre jusqu'à la fin du XVIII° siècle.

[2] François Boucault, sieur des Hommeaux, conseiller au Présidial d'Angers, conseiller-échevin perpétuel, maire en 1729, continué en 1733, mort en 1737.

[3] « Depuis le tout passé à Gilles de la Grue, 1658, à Pierre-Gilles de La Bérardière de la Barbée, 1750... » (Péan de la Tuillerie, *Description de la ville d'Angers et de tout ce qu'elle contient de plus remarquable*, nouvelle édition, p. 180, suite de la note 3 de la page 179).

XXIX. — Plaidoyer pour Me Jacques Le Febvre, conseiller du roi au grenier à sel d'Ingrandes, « sénéchal dudit lieu [1] », et damoiselle Marie Outin, son épouse, contre Me Charles Bellanger, prêtre, curé d'Ingrandes [2]. L'avocat demande que le curé soit condamné à administrer la communion aux demandeurs. Il réclamait, au nom de ses clients, victimes de ce « refus injurieux et scandaleux », la condamnation de son adversaire à une amende de 500 livres « de réparations, dommages et interest... » (1699).

XXX. — Plaidoyer de Me Gontard de la Perrière le jeune pour Marie Jamin contre messire Louis de Villoutreys, chevalier, seigneur du Bas-Plessis [3], tuteur de la demoiselle Leroux, mineure, fille et héritière de défunt messire Louis-Pierre Leroux, chevalier, seigneur de la Roche-des-Aubiers [4]. Marie Jamin était « demanderesse en requeste du dix may 1723 à fin d'enterinement de testament et codicille et à fin de délivrance de legz faits à son profit ».

XXXI. — Affaire concernant le temporel de « la chapelle Danplou alias du Poteau », desservie en l'église Saint-Pierre de Vézins [5]. Le titulaire était, en 1697, messire Jacques d'Andigné.

XXXII. — Plaidoyer pour René Boyard contre damoiselle Boissard. Question de « sçavoir si un don mutuel

[1] Le bâtiment de ce grenier à sel existe encore aujourd'hui et fait face à la Loire. Ingrandes était aussi le siège d'un Bureau des Traites, « dont la barque armée allait en visite sur les bateaux passant en Loire, » et d'une brigade de gabelles. « Les registres sont pleins de décès de gabeloux et de faux saulniers. » Trop souvent l'église même est polluée à la suite de rixes et de combats, ainsi que le cimetière, qu'il faut quatre fois en cent ans réconcilier... » — Pierre Le Febvre, fils sans doute d'André Le Febvre, gentilhomme ordinaire de la Chambre, président du grenier à sel, en 1663, et frère de François Le Febvre, curé de Saint-Sigismond, fut curé d'Ingrandes de 1660 à 1688 (*Dict. hist. de Maine-et-Loire*, t. II, p. 386).
[2] Charles Bellanger, curé d'Ingrandes, de 1688 à 1723.
[3] Le Bas-Plessis, commune de Chaudron, appartenait aux Villoutreys depuis 1666.
[4] Les Leroux possédaient la Roche-des-Aubiers depuis la fin du xive siècle.
[5] Le curé de Saint-Pierre-de-Vézins était alors Joseph Roulleau (1688-1733).

entre vifs, homme et femme, est valable, avec la définition de la phtisie et si la preuve par témoins est admise pour prouver que, lors dudit don, la femme étoit malade de la maladie dont elle est decedée... »

XXXIII. — « Observations faittes par n. h. M⁰ Urbain Le Bouvier des Mortiers, ancien élu en l'élection d'Angers et conseiller échevin perpétuel de l'hostel de ville d'Angers, pour justifier que les bourgeois marchands de lad. ville sont exempts du droit de prevosté. » Ces observations portent la signature de « Le Bouvyer des Mortiers. » Ce mémoire fut déposé, par son auteur, au greffe de l'hôtel de ville, le 11 mars 1724 [1].

XXXIV. — Affaire de la conspiration des gentilshommes bretons (1719-1720). Composition de la Chambre de justice. Arrêts de la Chambre royale. Copie de la « Lettre de madame de Talhouët-Lemoyne au très reverant père Valentin Derioux, carme de la ville de Nantes, lequel avoit confessé son mary et l'avoit assisté sur l'echafaut... [2] »

XXXV. — Ordonnance royale de mise en liberté de

---

[1] Ce mémoire est très important et mériterait d'être publié *in extenso*. Il s'appuie sur « la pancarte qui a esté faite pour servir de règle pour la perception du droit dans le temps de son établissement. »

[2] Les lettres adressées par Mᵐᵉ de Talhouët au confesseur de son mari ont été publiées. Le dossier se compose de quatre pièces : 1° Relation du supplice des quatre gentilshommes bretons en 1720, par le Père Carme susdit. — 2° Première lettre de Mᵐᵉ de Talhouët au Père. — 3° Réponse du Père. — 4° Deuxième lettre de Mᵐᵉ de Talhouët au Père. Ces documents ont paru pour la première fois en 1829 dans le tome IV du *Lycée Armoricain* qui se publiait à Nantes. Elles ont été réimprimées dans *Bretagne et Vendée* (devenu plus tard *la Bretagne moderne*), de Pitre Chevalier. Mellinet, au tome IV de *la Milice et la Commune de Nantes*, a reproduit les deux lettres de Mᵐᵉ de Talhouèt. Enfin, l'éminent président de la Société des Bibliophiles Bretons et de l'Histoire de Bretagne. M. Arthur de la Borderie s'est beaucoup occupé, à l'origine de la *Revue de Bretagne et de Vendée*, de la *Conspiration de Pontcallec*, nom adopté pour ce qui regarde la conjuration bretonne. Il a donné une nouvelle édition des quatre pièces ci-dessus énumérées dans le tome VI de la *Revue* (1859, 2ᵉ semestre). Il convient de remarquer, cependant, que le Carme désigné dans ces lettres est appelé « le P. Nicolas de Tous les Saints », tandis que celui que mentionne notre pièce est nommé le « T. R. P. Valentin Derioux ».

dame Suzanne-Jeanne du Coudray, veuve de messire
Charles Perrault, chevalier, seigneur de la Sablonnière,
fille de défunt messire Charles du Coudray, chevalier, seigneur de la Vaugetière, et de dame Madeleine d'Andigné,
« apellante d'une sentence rendüe en la sénechaussée
d'Angers le vingt sept aoust mil sept cent sept », d'une
part, et messire Robert Denyau, chevalier, seigneur du
Teilleul, conseiller au parlement de Bretagne, époux de
dame Marie-Madeleine Lebel, fille de Bonnable Lebel, chevalier, seigneur de la Ganoirie, et de dame Madeleine du
Coudray ; « laquelle dame Madelaine du Coudray estoit
fille et principalle héritière dud. messire Charles du Coudray et de lad. dame Madelaine d'Andigné... » Le 4 septembre 1691, une ordonnance du juge d'Angers avait
autorisé la dame d'Andigné à faire enfermer sa fille « et la
mettre en telle maison que bon luy sembleroit avec def-
fences d'en sortir... » La veuve Perrault avait été conduite
aux Pénitentes d'Angers [1]. L'ordonnance royale est du
30 juillet 1715. Elle interdit aux officiers de police de la
ville d'ordonner par provision que les filles et femmes accu-
sées de débauches publiques seront enfermées « par forme
de police et de correction, sans les avoir entendues. »

XXXVI. — Placet présenté en 1728, au roi, par la ville
d'Angers, pour être maintenue en la faculté de nommer ses
officiers municipaux, contre le prince de Lambesc, gouverneur de la province d'Anjou, « qui veut s'arroger le droit

---

[1] L'établissement des *Pénitentes* avait été autorisé par lettres-
patentes de mars 1642 et par la ville le 3 juillet 1643. Il était destiné
à recueillir les femmes et filles vivant dans le désordre. Les pensionnaires entretenues par leur famille portaient l'habit du monde : celles
à la charge de la maison étaient vêtues de bleu. (Voir la description
de ce curieux hôtel dans le *Dict. hist. de Maine-et-Loire*, t. I, p. 74.)
— Les Archives de la Bastille contiennent des pièces intéressantes,
relatives à divers envois de détenues aux *Pénitentes* de notre ville.
Nous publierons ces documents dans notre prochain ouvrage intitulé
*Une famille de grands prévôts d'Anjou, Les Constantin, seigneurs de
Varennes et de la Lorie (XVII°-XVIII° siècles), d'après des documents
inédits.*

de les nommer et de les destituer à sa volonté. » Le prince agit « par les inspirations d'un nommé Verdier du Plessis, » son favori [1].

XXXVII. — Mémoire touchant le prétendu rapt de la demoiselle Renée Le Breton. Cette demoiselle, qui était majeure, était sortie seule de chez son père le 14 février 1718. Le sieur Noblet n'est pas un ravisseur.

XXXVIII. — Compétition de la chapelle de Notre-Dame du Bourigault, en Saint-Laurent-de-la-Plaine, entre M° Simon Lucas, clerc tonsuré, et M° Louis Neveu, prêtre (18 juin 1708).

XXXIX. — Requête en séparation de biens et d'habitation présentée par dame Catherine-Marguerite Avril, contre Pierre Pottier, écuyer, sieur du Frenay, son époux (1716)[2]. Le mari avait gaspillé une fortune de cent quatre-vingt mille livres et avait menacé, à plusieurs reprises, sa femme, de la tuer. Une fois il l'avait couchée en joue avec son pistolet, mais la pierre n'avait pas fait feu.

XL. — Requête en séparation présentée par dame Marie Avril des Monceaux[3] contre Gabriel-François Fleuriot, écuyer, sieur de la Guichardière, son époux (1726)[4]. La dame avait tenté de chasser de chez elle Marie Pineau, que Fleuriot comblait de ses faveurs, mais elle avait été rouée de coups de bâton par son mari. Ce triste personnage avait voulu ensuite assassiner sa femme, après avoir enlevé tous les meubles de la maison.

XLI. — Plaidoyer pour Gabrielle Guilbault, veuve de

---

[1] Voir, sur la lutte soutenue en 1728 par le Conseil de ville contre le prince de Lambesc, les *Archives anciennes de la Mairie d'Angers*, BB. 108 et 109.

[2] Catherine-Marguerite Avril avait apporté en dot, vers 1714, à Pierre Pottier, écuyer, le lieu du Frêne, près Bouchemaine. Veuve de son terrible époux, elle s'unit, en 1721, à Alexandre Béritault du Coudray, qui mourut en 1735.

[3] Les Avril possédaient les Monceaux-d'Andard depuis la seconde moitié du xvii° siècle.

[4] La Guichardière est située dans la commune de Saint-Hilaire-du-Bois. Gabriel Fleuriot y résidait vers 1689,

n. h. Louis Le Quellier, écuyer, sieur du Grand-Marcé[1], conseiller du roi, premier lieutenant en la maréchaussée, sénéchal d'Anjou, contre Louis, Jean et Marie Le Quellier. L'exhérédation de Louis, le fils aîné, pour inconduite, était demandée par la mère. Elle lui reprochait d'abord d'avoir pris, à l'âge de quinze à seize ans, les chevaux, l'argent et l'équipage de son père « qu'il dissipa en quatre ou cinq mois », puis d'avoir volé chez un curé, pour vendre ensuite le produit de sa rapine, et enfin d'avoir épousé, en 1671, une demoiselle Dardanges, retirée avec ses deux sœurs dans une maison du Tertre Saint-Laurent[2]. Il avait choisi, dit l'avocat, « la plus laide des trois. » On lit au dos : « Premier plaidoyer de Me André Gontard de la Perrière, receu au serment d'advocat procureur au siège présidial d'Angers, le 30 juillet 1691... »

XLII. — Donation mutuelle entre Marie Terrier et Julien Le Moyne, receveur des traites (1734). Le mémoire est signé Le Frère. — Une consultation relative à la même affaire et datée de 1722 est signée Ayrault.

XLIII. — Compétition pour la chapelle de Saint-Jean-Baptiste des Bretonnières, desservie dans la paroisse de Coron[3], entre Me Jean Arondeau, prêtre, et Me Jean Desmay, aussi prêtre (1718).

XLIV. — Extrait de la sentence rendue par M. le lieutenant général de la sénéchaussée d'Angers entre Pierre Devaux et Marie Legrand, son épouse, « aubergiste en cette ville en l'auberge où pend pour enseigne l'écu de Bretaigne[4] », contre Jacques Boureau et Marie Roullier, sa

---

[1] Le Grand-Marcé est situé dans la commune de la Potherie. Les Le Quellier y résidaient depuis 1640.

[2] Le Tertre fut mis en viabilité, dit M. C. Port, dans la nouvelle édition de la *Description de la ville d'Angers*, etc., par la ville et décoré, applani, planté d'arbres avec mur de soutènement, en 1775.

[3] Coron, canton de Vihiers, arrondissement de Saumur.

[4] L'hôtellerie de l'Ecu de Bretagne s'élevait dans le faubourg Bressigny, comme nous l'avons indiqué plus haut.

femme, aussi aubergistes à Angers, « au mont de Saint-Michel[1] ». La sentence est du 19 mars 1727.

. XLV. — Plainte pour voies de fait, injures et calomnies présentée par la veuve de Pierre Jouin, sieur de la Bonne, vivant conseiller au siège de la sénéchaussée de Baugé[2], contre François Turpol, sieur du Chesne.

[1] L'auberge du Mont-Saint-Michel se dressait dans la rue du Bœuf-Gorgé.
[2] La sénéchaussée de Baugé datait de 1544.

André JOUBERT.

CROQUIS DE NOËL

. A M. Albert LEMARCHAND

Noël aux joyeux carillons
Réveille une pauvre demeure ;
Un vieux tremblant sous des haillons
Près d'un orphelin songe et pleure.
La mère est morte. — Il la berçait
Tout enfant. — L'aïeul se répète
Qu'alors pour elle c'était fête
Quand le petit Jésus passait.
Et rassemblant — relique chère —
Ses jouets qu'a sacrés la mort,
Sans doute, inspiré par la mère,
Il les dépose avec mystère
Au pied du lit où l'enfant dort.

Avril 1885.

MARCHE

Par les froides blancheurs des nuits on va gaîment.
On n'entend que le pas, sourd, réglé, monotone.
Le dos ploie ; on est las. Bah ! on fume, on chantonne :
S'il souffre, un Français rit. Vive le régiment.

J'approuve et ris un peu. Mais mon cœur me dément.
— Car en un deuil muet un chant joyeux détonne :

Le limpide abandon des nuits pures d'automne
Me fait vers l'Infini soupirer longuement.

Étoiles ! vous luirez sur cette même route
Quand notre voix dans l'ombre aura disparu toute ;
Gais chanteurs de ce soir, nous serons effacés.

J'y songe ! Et tristement je songe à tous nos frères,
Aux soldats oubliés et saignants qui naguères
Ont râlé, sous la lune, au revers des fossés.

CIMETIÈRES

A Charles FUSTER

SONNET

La nature sourit dans quelques cimetières
De campagne, blottis sous un humble clocher.
On voit les lichens d'or des murs gris s'épancher ;
La brise y verse à flots les senteurs printanières.

Mais un deuil plane encor sur les antiques pierres
Où les oiseaux chanteurs viennent en vain percher.
Que d'aïeux inconnus s'y sont venus coucher !
Les fleurs ont pris racine en l'ombre de leurs bières.

Tels aussi ces jardins où pleure un souvenir ;
Ces murs clos qu'un passé défend à l'avenir ;
Où d'incultes rosiers refleurissent sous l'herbe.

Tant d'amours et d'enfance y sont ensevelis,
Que même l'étranger s'attriste à voir un lis
Au seuil abandonné surgir, froid et superbe.

1883.

André Godard.

NOTICE

LE THÉATRE D'ANGERS

(suite)

APPENDICE

LE SIÈGE ET LA PRISE DE CHOLET

OU LA DESTRUCTION DES BRIGANDS DE LA VENDÉE

PIÈCE PATRIOTIQUE EN PROSE ET EN UN ACTE

Nous avons déjà parlé de cette pièce patriotique dans la partie de notre travail consacrée à l'histoire du théâtre d'Angers pendant la Révolution. Nous croyons cependant devoir la reproduire en entier, en raison de sa rareté, puisqu'on n'en connaît aujourd'hui qu'un seul exemplaire déposé à la bibliothèque du Sénat [1].

Nous avons désigné comme auteur de cette comédie un acteur de la troupe de Deschamps, Pierre-François Le Sénéchal dit Clairfons, auteur de nombreuses poésies patriotiques, dont plusieurs, imprimées à Angers, ont été

---

[1] Nous devons communication de cette pièce à l'extrême obligeance de M. de la Sicotière, sénateur, qui, avec une bonne grâce à laquelle il nous a habitué et dont nous lui sommes profondément reconnaissant, a bien voulu nous autoriser à la faire reproduire à la suite de la présente notice sur le théâtre d'Angers.

citées au cours de notre travail[1]. Cette attribution nous paraît encore vraisemblable bien que rien jusqu'ici ne soit venu la confirmer[2].

La comédie du citoyen Clairfons a été imprimée à *Angers, de l'Imprimerie nationale, chez Mame, imprimeur du département, an II*. En tête de la brochure est placée une lettre de félicitations adressée à son auteur par les membres du comité révolutionnaire de cette ville[3]. Suit la liste des personnages de la pièce. Cette liste ne porte pas les noms des acteurs qui ont rempli les différents rôles.

Gervais, père de Thérèse et de Benjamin.
Benjamin, capitaine de volontaires.
Thérèse.
La vieille Marotte.
Blaise.
Deux volontaires parlants.
Le général Westerman.
Un aide-de-camp.
Volontaires } *personnages muets.*
Brigands }
Paysans et paysannes.

La scène se passe à un quart de lieue de Cholet, et ensuite à Cholet même.

---

[1] Pendant son séjour à Saint-Malo, où il avait suivi la troupe de Deschamps, Clairfons fit imprimer un nouveau recueil de chants patriotiques. *Décades des Républicains. Recueil à l'usage du Temple de la Raison, offert aux sans-culottes (1 vol. in-18, Port-Malo, L. H. Hovius fils, an II de la République).* Plusieurs de ces cantiques républicains sont signés « Clairfons, acteur du spectacle d'Angers, actuellement à Port-Malo ». Un hymne patriotique porte la mention suivante : « Les accompagnements sont du citoyen Simon, musicien du spectacle ». *(Catalogue d'une vente de livres faite à Rennes au mois de février 1888.)* Ce musicien, également attaché à la troupe de Deschamps, avait déjà composé, à Angers, les accompagnements de plusieurs chants patriotiques, œuvres de son camarade Clairfons.

[2] On nous avait affirmé que cette pièce avait été également attribuée à Clairfons par M. Welschinger dans son ouvrage sur *Le Thédtre de la Révolution*, et nous l'avons répété sans avoir pris la précaution de vérifier. Nous avons eu tort, car nous n'avons pas retrouvé cette indication dans l'exemplaire de ce livre (3e édition) que nous avons sous les yeux.

[3] Cette lettre a été publiée au chapitre Ier de la deuxième partie du travail qui précède.

LE SIÈGE ET LA PRISE DE CHOLET

Le théâtre représente une place de village ; les coulisses sont entremêlées d'arbres et de maisons ; le fond représente, à la gauche, la maison commune ; à la droite, la halle.

SCÈNE PREMIÈRE

GERVAIS, THÉRÈSE

(Ils entrent par la droite des acteurs.)

GERVAIS

Qu'as-tu, ma fille ? Jamais je ne t'ai vue aussi triste !

THÉRÈSE, *avec tristesse et sentiment.*

Ah ! le souvenir de tous les maux que nous éprouvons depuis que les brigands se sont emparés de ce malheureux pays se retrace aujourd'hui, malgré moi, à mon imagination plus vivement que jamais.

GERVAIS, *avec force.*

Ma fille, oublions-les ces maux cruels ! Quand on souffre pour sa patrie, les malheurs que l'on éprouve sont doux à supporter.

AIR : *Avec les Jeux dans le village.*

C'est en vain que la France entière
Aujourd'hui se voit en danger,
Sa divinité tutelaire
Contre tout sait la protéger.
Les maux que souffre la Patrie
Doivent-ils abattre ton cœur ?

(Avec enthousiasme.)

Ah ! dans la liberté chérie
Tout Français trouve son bonheur. *(bis)*

THÉRÈSE, *animée.*

Vous savez, mon père, si jamais un seul regret, une seule plainte sortit de ma bouche, quand nous fûmes dépouillés par ces infâmes brigands. L'amour de mon pays, cette liberté auguste, l'objet de mes plus tendres affections, surmonta la faiblesse si naturelle à mon sexe et, quoique dépouillée d'une fortune que vous aviez acquise par vos utiles travaux, je n'en demeurerai pas moins constante dans mes sentiments républicains.

GERVAIS, *avec chaleur.*

Les brigands ont pillé mon bien, brûlé ma maison, dévasté mon patrimoine ; ils m'ont persécuté, ils ont attenté à ta vie, à la mienne, et je n'en suis pas moins resté fidèle au serment que j'ai fait de vivre libre ou de mourir. Eh ! quel mérite y aurait-il à se dire patriote, si l'on ne courait aucun danger en servant sa patrie ?

THÉRÈSE, *douloureusement.*

Mon pauvre frère !

GERVAIS.

Tu le pleures ! Ah ! calme tes regrets : il est mort pour la République ; peut-on terminer sa carrière pour une plus belle cause ?

THÉRÈSE, *avec enthousiasme.*

Vaudeville des Visitandines.

Non, non ! mourir pour sa patrie
Est le sort le plus glorieux ;
C'est un destin digne d'envie :
C'est un rare bienfait des cieux, (*bis*)
Français, Français ! avec courage
Défendant votre liberté,
L'honneur de l'immortalité,
Voilà quel est votre partage. (*bis*)

GERVAIS, *même air.*

Jadis, sous un affreux régime
Qu'était-ce hélas ! qu'un bon soldat ?

Sur sa valeur, digne d'estime,
Aisément l'emportait un fat, (*bis*)
Souvent par l'avide noblesse
Le citoyen fut supplanté
Et l'on vit l'immortalité
Cent fois le prix d'une bassesse. (*bis*)

Mais aujourd'hui, grâce à notre heureuse Révolution, tout
est changé. L'homme enfin rentre dans tous ses droits et les
places ne sont plus que la digne récompense due au mérite.
Ah ! nous aurions éprouvé les bienfaits de notre sublime
Révolution si ton frère aîné avoit vécu.

THÉRÈSE.

Quels outrages inouïs ces infâmes brigands ne lui firent-ils
point éprouver ?

GERVAIS, *avec force.*

Ils font la gloire de mon fils : ils ne purent ébranler un
seul instant son courage. Vainement ces monstres le pres-
saient-ils de crier : *Vive le Roi !* sa seule réponse, son seul
cri à toutes leurs menaces, fut toujours : *Vive la République !*
O mon fils ! du haut du ciel où, sans doute, tu as reçu la
récompense de ton civisme, jette un regard sur ton père : il
ne t'offrira point de futiles larmes, mais un cœur brûlant
pour l'auguste cause que tu as si bien défendue : la liberté.

THÉRÈSE, *avec chaleur.*

Ah, mon père ! votre inébranlable amour pour cette liberté
que je chéris réchauffe de plus en plus mon âme. Qu'ils
viennent, ces monstres, qu'ils viennent ; ils trouveront en
moi la digne sœur d'un frère qu'ils ont si barbarement mas-
sacré, et ma seule réponse à toutes leurs menaces sera : la
liberté ou la mort.

GERVAIS, *avec chaleur.*

Il est arrivé, le jour de la vengeance ; oui, ma fille, il est
arrivé. Cholet est cerné par nos braves patriotes, et leur chef,
aussi digne de leur commander qu'ils le sont eux-mêmes de

20

lui obéir, le valeureux Westerman va' s'emparer de ce repaire des brigands, leur unique asile, et les sacrifier aux mânes des citoyens morts pour la cause commune.

THÉRÈSE.

Mon second frère, mon cher Benjamin est dans son armée. Ah ! Puisse-t-il venger la mort de son aîné et se montrer digne fils d'un père tel que vous.

GERVAIS, *vivement.*

N'en doute point, ma chère Thérèse. A peine à son cinquième lustre, et militaire par sentiment, il a déjà prouvé tout ce que peut un héroïsme ardent, guidé par l'amour de ses frères, de son pays et la cause sacrée de la liberté ! Soldats, officiers, généraux, tout s'est toujours réuni pour chanter ses exploits. Penses-tu qu'il puisse ternir les lauriers qui, en vingt combats, ont ceint son front républicain ? Il est parvenu, par sa seule valeur, au grade de capitaine. Ah ! quand les suffrages de tous ses concitoyens se sont réunis pour le récompenser de son inébranlable civisme, puis-je croire un moment qu'il trahira leur espoir et le mien ? Non, il se montrera digne de son père ; digne enfant de la Patrie, il tiendra le serment qu'il a fait à la liberté de soutenir sa cause en combattant pour elle. Oui, ma fille, il restera sur le champ de la gloire ou, victorieux, il viendra recevoir des mains paternelles le laurier dû à son courage.

THÉRÈSE, *avec chaleur et sentiment.*

Oh ! mon cher Benjamin ! ne trompe point une si chère espérance ! c'est une sœur que tu chéris qui t'en conjure. Meurs, s'il le faut ; mais meurs en digne citoyen.

SCÈNE II

GERVAIS, THÉRÈSE, BLAISE.

BLAISE, *accourant.*

Ah, mon Dieu ! Ah, mon Dieu !

THÉRÈSE, *vivement.*

Qu'as-tu donc ?

BLAISE.

Ah, mon Dieu ! Ah, mon Dieu !

GERVAIS.

Tu m'alarmes, serions-nous vaincus ?

BLAISE.

Ah, ben oui, vaincus ! J'avons ben l'temps d'ça.

THÉRÈSE.

Mais explique-nous le sujet de tes cris ?

BLAISE.

Le sujet... Vous allez le voir.

GERVAIS.

L'imbécile, il me met dans des transes...

BLAISE.

Tiens, des transes ! C'est ben le moment d'en avoir !

THÉRÈSE.

Mais, qu'y a-t'il donc ?

BLAISE.

Ce qu'il y a ? La victoire.

GERVAIS, *gai et vif*.

La victoire ! On s'est battu ?

BLAISE.

Tiens ! battu !

THÉRÈSE, *étonnée*.

Comment ?

BLAISE.

Eh ! non, l'on ne s'est pas battu.

GERVAIS.

La vérité, si je comprends.

BLAISE.

Vous ne me comprenez pas ? Ce n'est pas de ma faute.

THÉRÈSE, *vivement.*

Est-ce que Cholet se serait rendu ?

BLAISE.

Rendu ? non pas que je sache.

GERVAIS.

Est-ce qu'il y a eu une bataille ?

BLAISE.

Pas plus que sur ma main.

GERVAIS.

Mais, de quoi s'agit-il donc ?

BLAISE.

D'une compagnie superbe de braves volontaires, comman-
dés par votre fils, qui arrive à l'instant.

THÉRÈSE, *vivement et avec joie.*

Mon frère !

GERVAIS, *même jeu.*

Mon fils !

BLAISE.

Oui, ventregué (*à Thérèse*), votre frère (*à Gervais*) votre
fils Benjamin. Oh ! mon Dieu, mon Dieu, qu'il est bel homme !
et les autres aussi dà. Ils vous ont tous des moustaches à
faire plaisir. Stapendant j'ai s'eu peur d'abord ; mais je me
suis bien vite rassuré quand je leur ai parlé. Ils disont tous
qu'ils allont exterminer tous les brigands et je crois qu'ils
l'feront, car, tenez, moi, rien que de les voir j'suis déjà quasi
mort de frayeur quoiqu'ça, j'dis, je n'suis pas trop poltron dà.

AIR : *de la Carmagnole.*

Ils ont tous l'air de bons lurons. (*bis*)
· Avec eux c'est sur que j'vaincrons. (*bis*)
Les brigands, en ce jour,
S'ront battus sans retour.

(Il danse grotesquement.)

Morgué que j'som bien aise,
Traderala, traderala.
Morgué que j'som bien aise.
Traderala, la, la, la, la.

En vain voudriont-ils résister. (*bis*)
Ces brigands vont bien décompter. (*bis*)
    Comme ils seront confus
    Sur la terre étendus.

(*Parlé.*) Ah ! j'voudrions les voir tretous dans nos sillons !
Ça ferait une bonne semaille !

Morgué ! que j'serions bien aise,
Traderala, traderala,
Morgué ! que j'serions bien aise,
Traderala, la, la, la, la.

GERVAIS, *avec ivresse.*

Mon fils arrive, je vais le voir.

BLAISE.

Tout à steure. Ils venont de c'côté, (*montrant la gauche de
l'acteur*) pour aller à Cholet, qui n'est qu'à un quart de lieue
d'ici, comme vous savez : qu'eu bel ordre qu'ils ont dans leur
marche ; ils chantont, tretous, Morguenne rien que d'les voir
aller si gaiement au combat, ça donne envie de s'battre,
tenez, tenez, l'zentendez-vous ?

*(On entend de fort loin un tambour qui bat ppo. le premier couplet de
l'hymne Marseillais, le son augmente graduellement jusqu'à l'entrée
des militaires. L'orchestre accompagne aussi ppo.)*

LES MILITAIRES EN CHŒUR.

Allons enfans de la patrie,
Le jour de gloire est arrivé,
Contre nous de la tyrannie,
L'étendard sanglant est levé ; (*bis*)
Entendez-vous dans vos campagnes,
Mugir ces féroces soldats !

Ils viennent jusque dans vos bras
Égorger vos fils, vos compagnes.

(Un peu plus fort.)

Aux armes, citoyens, formez vos bataillons.
Marchez, marchez, qu'un sang impur abreuve vos sillons.

SCÈNE III

LES PRÉCÉDENTS

*Les militaires entrent par la gauche des acteurs, le peuple en foule
par la droite.
Le refrain en chœur général.
Pendant ce refrain les militaires font le tour du théâtre et vont
se ranger sur le pas de charge au fond du théâtre.*

Aux armes, citoyens, formez vos bataillons.
Marchez, marchez, qu'un sang impur abreuve vos sillons.

BENJAMIN, *aux volontaires.*

Halte, front, alignement.

BLAISE, *au coin du théâtre, à la gauche des acteurs, les autres
personnages et le peuple à la droite.*

J'voudrions être là, moi, j'crais qu'j'y ferions une belle
figure.

BENJAMIN, *aux volontaires.*

Reposez sur vos armes.

(Il remet son épée dans le fourreau et va à son père et à sa sœur.)

GERVAIS, *l'embrassant.*

Mon fils.

THÉRÈSE, *de même.*

Mon frère.

BENJAMIN.

Bon jour, ma sœur, bon jour, mon père ; *(aux soldats)*
amis ne vous éloignez pas ; vous n'avez que cinq minutes de
repos ; dans un quart d'heure il faut être devant Cholet,

PREMIER VOLONTAIRE, *s'avançant tandis que les autres nettoyent leurs fusils.*

Capitaine ! quoique harassés par une marche longue et pénible dans des chemins qu'on dirait avoir été tracés par le diable, nous partirons tout de suite s'il le faut : nous ne sentons plus nos fatigues quand nous songeons que nous allons combattre pour la République.

DEUXIÈME VOLONTAIRE.

Et venger la mort de nos braves frères. Mille nom d'un canon. Puissé-je exterminer à moi seul toute cette infernale race de brigands.

LA VIEILLE MAROTTE, *bavardant.*

Venez mes amis, venez vous reposer ! Du vin, not'homme, du vin, du pain, tout ce que j'avons, à ces braves volontaires ! Venez cheux nous reparer vos forces ! Vous allez vous battre pour nous ! C'est ben le moins que je fassions tout ce qui est en not pouvoir pour alléger vos fatigues.

(Tous sortent sans observer aucun ordre.)

SCÈNE IV

GERVAIS, BENJAMIN, THÉRÈSE.

GERVAIS.

Mon cher fils ! qu'il m'est doux de t'embrasser !

THÉRÈSE, *le serrant.*

Mon frère !

BENJAMIN, *avec énergie toute la scène.*

Mon père, ma sœur ! c'est aujourd'hui que la France va être délivrée de cette horde fanatique. Tous mes frères d'armes sont animés de mon même patriotisme : tous, d'un commun accord, brûlent du désir de combattre. Nous vaincrons, oui, nous vaincrons ! La justice est pour nous. Cholet, le repaire infect de ces lâches brigands ne résistera point à notre valeur ; et comptez que votre fils ne démentira point le serment qu'il a fait de se battre en vrai républicain.

BENJAMIN, *fièrement.*

Sur l'air de l'amant statue : Célimène vous engage.

C'est dans une République
Qu'on voit naître les héros.
C'est là que chacun s'applique
A s'illustrer par ses travaux.
A la Patrie
Faire hommage de son bras,
Des républicains soldats
Ce fut toujours la seule envie.

TRIO.

A la Patrie
Faire hommage de son bras,
Des républicains soldats
Ce fut toujours la seule envie.

GERVAIS, *l'embrassant avec transport.*

Mon fils, n'attends pas de moi des craintes pusillanimes ! Non ! tu te dois tout entier à la Patrie : combats pour elle ; que les dangers ne t'effraient point et si la fortune t'était contraire, meurs en brave républicain. Ta perte m'affligera sans doute ; je pleurerai mon fils, mais après ce premier moment donné à la nature, je dirai : il est mort pour son pays, pour la liberté, et cette idée consolante à l'instant tarira mes larmes.

BENJAMIN.

La mort ! Je ne la crains point : mais puisse-t'elle m'épargner jusqu'à ce que j'aye exterminé le dernier des tyrans et ses odieux satellites. Les Rois !... je les déteste. Les prêtres !... (ce nom me soulève), les prêtres !... je les abhore. Les nobles !... je les méprise. Les prêtres, ces hommes vils qui osent se décorer du titre spécieux de ministres de paix, ne sont que des

tigres sans cœur et sans humanité ! Les barbares ! ce sont
eux qui, le signe sacré de la religion à la main, animent le
Français contre le Français, le père contre le fils, le frère
contre le frère, et allument les torches lugubres du fanatisme
et de la discorde qui divisent une partie de nos forces.

Sur l'air de l'hymne des Marseillois.

Oui je sens au seul nom de prêtre,
Je sens tout mon sang bouillonner.
En est-il un qui ne soit un traître,
Que l'on ne doive exterminer ? (*bis*)
Par eux seuls l'affreuse discorde
Sur nous fait briller ses flambeaux,
Elle entraîne sous ses drapeaux,
L'horrible fanatique horde.

Main basse, citoyens ! D'un saint zèle armez-vous !
Frappons (*bis*) : que ce vil sang ruisselle sous vos coups.

Refrain au trio.

Main basse, citoyens ! D'un saint zèle armez-vous !
Frappons (*bis*) : que ce vil sang ruisselle sous nos coups.

BENJAMIN.

Je voudrois à la République
Sacrifier jusqu'au dernier
De cette horde fanatique
Abusant du peuple grossier. (*bis*)
Voyez leur visage perfide !
Tout semble y peindre la douceur.
Hélas ! ce n'est là qu'une erreur
Qui voile leur cœur homicide.
Main basse, citoyens !... etc.

GERVAIS.

L'hypocrisie, la bassesse, la soif ardente du sang, telles
sont leurs vertus.

BENJAMIN.

Et ces nobles, si fiers dans leur prospérité ! si vains ! si dédaigneux ! si insolents ! infâmes imposteurs, ils crient partout que c'est la cause de Dieu et celle des Rois qu'ils défendent, tandis que le but unique de leurs vaines clameurs est de conserver leurs parchemins à demi rongés. Guerre aux Rois ! Guerre aux prêtres et aux nobles ! Puissions-nous anéantir jusqu'au dernier d'entre eux.

THÉRÈSE, avec sensibilité.

O malheurs de la guerre ! Quelle métamorphose dans un cœur né sensible !

BENJAMIN.

Tu as raison, ma sœur, ce cœur est né sensible, mais il s'indigne de voir les ténébreuses trames sourdement ourdies par les vils ennemis que nous renfermons dans notre sein, afin de saper jusque dans ses fondements l'édifice auguste de la liberté ; de voir une portion de nos frères lâchement circonvenue par les insinuations perfides d'infâmes scélérats titrés et mitrés. Je connais l'humanité, ma chère Thérèse, envers l'infortuné que mon bras a vaincu ; mais c'est une justice d'exterminer les traîtres qui inondent mon pays de sang ; vouons-les à la mort ; que le glaive de la loi suspendu jusqu'ici frappe désormais sans distinction toutes les têtes coupables. Ah ! ce n'est point le désir barbare de m'abreuver d'un sang vil qui m'anime : le ciel m'est témoin que si ceux que je vais combattre avoient la bonne foi de se repentir, d'accepter nos lois, notre sainte constitution ; et que la patrie les réintégrât dans son sein, bien loin d'attenter à leur vie, redevenus mes frères, pour eux, je donnerois la mienne. Mais, vain espoir, fanatisés par les scélérats qui les guident, ils ont fermé l'oreille à la voix de la patrie ; ils ont étouffé le cri touchant de la nature et méprisé, dédaigné même , le pardon généreux qui leur fut offert ; qu'ils meurent donc, qu'ils meurent, et qu'ils expient par un trépas justement mérité, tous les maux qu'ils nous ont faits. Mais c'en est assez, le devoir m'appelle. Adieu, mon père, adieu. Point de pénibles sollicitudes sur votre fils ; il va venger un frère, la Patrie, nos lois et notre liberté. Ah ! dussé-je périr, je me croirois heureux de mourir pour un si beau sujet. Embrasse-moi, ma sœur chérie, et n'oublie jamais ton Benjamin.

THÉRÈSE, *le pressant dans ses bras.*

Mon frère !

GERVAIS, *de même.*

Mon fils !

THÉRÈSE.

Tiens, reçois ce signe sacré ; *(elle sort une cocarde de sa poche)* privée du bonheur de le porter publiquement, par la tyrannie de ceux qui nous avoient asservis, il ne m'a point quitté ; vingt fois le jour, je l'ai porté à mes lèvres, serré contre mon cœur et arrosé de mes larmes. Qu'il orne ta tête : Puisses-tu me le rapporter embelli des lauriers que ton courage va te faire cueillir.

BENJAMIN.

Je le reçois avec transport. Place-le toi-même à mon chapeau *(il le lui donne)*. Ah ! Puisse cet être inanimé, quand je viendrai te rejoindre, certifier tout ce que l'amour de la Liberté, le respect aux Lois et son courage auront fait entreprendre au frère qui t'est si cher, pour remplir les devoirs sacrés que lui impose la Patrie *(il remet son chapeau)*. Allons, amis, partons *(il remonte le théâtre)*.

(Le tambour roule, tous les volontaires reprennent leur poste.)

SCÈNE V.

GERVAIS, THÉRÈSE, BENJAMIN, BLAISE, MAROTTE, VOLONTAIRES, PEUPLE.

BENJAMIN, *commandant les volontaires.*

Garde à vous. Portez vos armes. Amis, avant de nous mettre en marche adressons en chœur à la Patrie cette prière que tout véritable Républicain doit avoir à la bouche au moment du combat. Présentez les armes (*Il se met à genoux ; tous les personnages font de même.*)

BENJAMIN, *chapeau bas.*

Amour sacré de la Patrie,
Conduis, soutiens nos bras vengeurs !
Liberté, Liberté chérie,
Combats avec tes défenseurs. (*bis*)
. Sous nos drapeaux que la victoire
Accoure à tes mâles accents,
Que nos ennemis expirants
Voient ton triomphe et notre gloire.

(Il se lève, tous en font autant. Le tambour roule durant le refrain.)
En chœur, *sans bis.*

Aux armes, Citoyens ! Formez vos bataillons
Marchons, (*bis*) qu'un sang impur abreuve nos sillons.

BENJAMIN.

Portez vos armes ; par le flanc droit ; à droite, pas accéléré.

AIR : *Ah ça ira.*

Ils descendent par la droite des acteurs et sortent par la plus haute coulisse, à la gauche. Benjamin est entre son père et sa sœur.

SCÈNE VI.

MAROTTE, BLAISE, PEUPLE.

BLAISE.

Eh ben ! quand j'vous l'disions ! Sont-ils des peureux ceux-là ? Hein ? Jarni ! J'nons jamais voulu être brigand, mais aujourd'hui j'en avons encore moins d'envie que jamais.

MAROTTE, *bavardant.*

Ces bons patriotes, Quelle gaîté ! Comme ils chantent ! On dirait qu'ils vont à la noce ! oh ! ils battront ces chiens de brigands, ils les battront ; mon cœur me le dit : Comme je les reverrai avec plaisir ! comme je les embrasserai ! mes amis, mes amis ! préparons-leur des rafraichissements ; on est échauffé après une bataille ; on a besoin de réparer ses forces épuisées. C'est un soin qui nous regarde. S'ils se montrent nos frères par leur courage, soyons dignes d'être leurs sœurs par notre humanité. Il faut mettre en perce toutes nos futailles. Du vin, du vin en abondance ! C'est le lait nourricier du soldat.

TOUS, *gaiement*.

C'est bien dit. C'est bien dit.

MAROTTE.

Vous approuvez donc tous la motion.

TOUS.

Oui, tous, tous.

MAROTTE.

Eh bien ! tant mieux ! je vois bien qu'il n'y a pas de vilains aristocrates parmi nous ; nous ne sommes pas assez riches pour ça. Ces pauvres volontaires ! Ils trinqueront avec nous, ils danseront avec vous, ils embrasseront aussi par-ci par-là quelques jeunes fillettes à la dérobée. Eh bien (*elle chante d'une voix cassée*) Gnia pas d'mal à ça Colinette, gnia pas d'mal à ça.

BLAISE.

Tiens ! c'te vieille Marotte ! elle chante d'aussi bon cœur que si elle devoit être aussi embrassée.

(*On entend le canon.*)

TOUS.

Voilà le canon !

MAROTTE, *très vite*..

C'est le siège qui commence. Allons, mes amis, rentrons vite chez nous ; et tout en préparant de quoi recevoir nos hôtes après la victoire, adressons nos vœux ardents au ciel pour qu'il fasse triompher nos braves Patriotes.

(*Ils rentrent par diverses coulisses.*)

SCÈNE VII.

L'orchestre joue l'air du combat de Richard. On entend un bruit confus de canons et de fusils, les tambours battent, les trompettes sonnent ; un instant après. la sortie des acteurs précédens, on lève la toile. On voit Cholet. Il y a une tour au fond, plus élevée que les maisons, au haut de laquelle flotte un drapeau blanc. Les brigands sont dans la ville et les Patriotes dehors, sur la scène. On se fusille à diverses reprises ; enfin les Patriotes mettent, les uns la bayonnette au bout du fusil, d'autres le sabre à la main. Dans la mêlée, Benjamin se fait jour à travers un groupe de brigands qu'il renverse, va à la tour qu'il escalade, jette en bas le drapeau blanc, et y substitue le drapeau tricolore. Les brigands fuyent ; quelques-uns sont renversés, d'autres sont fait prisonniers. Le combat cesse et tous les Patriotes crient unanimement : Vive la Liberté ! Vive la République. *Westerman paraît au milieu de la ville, entouré de plusieurs officiers de divers grades. On enfonce une porte, à la gauche, qui est censée celle d'une prison ; il en sort de nombreux prisonniers en désordre, que les patriotes embrassent à l'envi, et tous crient de nouveau :* Vive la République.

SCÈNE DERNIÈRE.

TOUS LES ACTEURS, WESTERMAN, UN AIDE-DE-CAMP.

L'AIDE-DE-CAMP, à *Westerman.*

Général, l'ennemi est dispersé : il fuit et la ville entière est maintenant en notre pouvoir.

WESTERMAN.

Veillons, amis ; que chacun se tienne à son poste. Que divers détachements partent de divers points : ne leur donnons aucun relâche. Que l'on ne fasse aucun mal à quiconque rendra les armes, mais main-basse sur tout audacieux qui oserait se défendre. Que des sentinelles soient placées aux lieux où il en est besoin.

(On en place quatre en vue.)

Frères et amis, chacun a fait son devoir. Chacun s'est montré digne défenseur de la République. Votre général n'a que
.des éloges à donner à tous. Redoublons, amis, de zèle, d'ardeur et de courage. Benjamin ! c'est par vous que ce signe de
la Liberté flotte au haut de cette tour. C'est à travers les plus
grands dangers que vous avez été l'y placer : je jure, foi de
général, que cette action qui honore votre courage ne sera
point sans récompense.

BENJAMIN, vivement.

Une récompense ! Eh ! ne l'ai-je pas déjà reçue ? (montrant
son cœur.) La voilà. Quand on peut se dire : « J'ai combattu
pour mon pays, je n'ai point trahi l'espoir de mes concitoyens :
ma conscience ne me fait aucun reproche ; n'est-ce pas la récompense la plus digne d'un vrai républicain ? »

TOUS, unanimement.

Bravo ! bravo ! nous pensons tous de même. Vive la République.

WESTERMAN.

Allons, mes amis, goûter dans les bras du repos un délas-
sement nécessaire. Demain, demain, nous volerons à de nouveaux lauriers. Puissions-nous remplir le vœu de notre digne
Convention et de tout bon citoyen, en faisant mordre la pous-.
sière jusqu'au dernier de ces vils ennemis de la Patrie.

TOUS, en faisant aller leurs chapeaux.

Vive la Convention ! Vive la République ! Vive la Liberté !

*Les tambours roulent. On joue l'air : Ça ira. Les troupes font diverses
évolutions dans la plaine, au pas redoublé ; puis elles rentrent dans la
ville et, conjointement avec le peuple, offrent plusieurs points de vue
sur diverses hauteurs. La toile tombe.*

E. QUERUAU-LAMERIE.

(A suivre)

LA GUERRE

ENTRE

LOUIS XIII ET MARIE DE MÉDICIS

(1619-1620)

CHAPITRE PREMIER[1]

(fin)

Rien ne manquait plus, ce semble, au succès que Mare
de Médicis augurait de l'entrevue de Tours, que le bon
vouloir du favori qui l'y conviait avec le plus d'instance.
Luynes, en effet, n'avait contribué à évoquer au regard de
l'assemblée de Loudun cette mise en scène de réconciliation de la maison royale, que pour infirmer d'avance la
portée de cet événement où il voyait péricliter sa fortune.
Acculé jusque dans ses derniers retranchements à l'exécution de ses promesses, et par là voyant s'aplanir la route
d'Angoulême à Tours, Luynes, du moins, pour se prémunir d'avance contre l'accaparement maternel, y suscita sur
les premiers degrés du trône contre Marie de Médicis,
l'adversaire le plus maltraité de la régence et partant le

---

[1] V. les premières livraisons, juillet et août, pp. 1-40, et septembre
et octobre, pp. 223-234.

plus irréconciliable : espérant surtout par là écarter sans
retour et la reine-mère et sa créature du théâtre abhorré
d'une domination partagée. Depuis trois ans, à travers les
coups d'état qui renouvelaient en France autour de lui la
face du gouvernement, Henri II de Bourbon, petit-fils du
héros de Jarnac, fils du premier protecteur officiel des
réformés de France, et père du vainqueur de Rocroy, lan-
guissait aux portes de Paris dans une captivité sans issue.
Incarcéré en 1616 à la Bastille pour y expier au lendemain
de la paix de Loudun les provocations factieuses de la
victoire envers Concini, qui par cette exécution n'assura
qu'avec trop d'éclat sa revanche et marqua l'apogée de son
règne, le prince de Condé, à l'avènement de Luynes et en
dépit de la signification réactionnaire du coup d'État du
24 avril 1617, était resté jusqu'après le traité d'Angoulême
confiné dans sa prison, sauf échange des tours de la Bastille contre le donjon de Vincennes, par la défiance du
nouveau favori. Non qu'au lendemain de l'assassinat du
maréchal d'Ancre, Luynes ait douté des ressentiments
accumulés chez l'illustre captif durant sa longue détention
contre le régime déchu qui la lui avait infligée. Mais les
haines invétérées qui, avant son arrestation, avaient deux
fois poussé Condé aux révoltes enfin châtiées par la prison
de la Bastille et que ce châtiment n'avait pu qu'aggraver,
poursuivaient en Marie de Médicis par delà la protectrice
des Concini la mère de Louis XIII. A l'avènement d'Henri IV,
alors engagé dans l'union stérile et non encore attaquée
avec Marguerite de Navarre, Henri II de Bourbon, par le
décès prématuré de son père Henri Iᵉʳ, s'était vu longtemps, au regard de son cousin dépourvu d'enfants comme
de collatéraux mâles dans la branche aînée des Bourbon-
Vendôme, le prince du sang le plus rapproché de la couronne. C'est dire avec quelle sollicitude paternelle Henri IV
éleva près de lui dans l'expectative d'un dauphin le jeune
orphelin en qui se résuma jusqu'à l'annulation de son

premier mariage tout son espoir dynastique. Mais aussi
quel signal de déchéance pour l'héritier désigné du restaurateur du trône de saint Louis, quand sur ce trône, dont
aucune postérité directe ne le séparait d'Henri IV, il vit
Marguerite de Navarre céder la place à Marie de Médicis,
à la féconde épouse bientôt entourée de la plus florissante
et non de la moins virile des lignées royales. On peut juger
dès lors si le prince évincé du premier degré du trône par
la survenance des enfants de France put pardonner à celle
qui se glorifiait de leur avoir donné le jour. On s'étonne-
rait plutôt qu'au décès d'Henri IV, Henri II de Bourbon n'ait
pas étendu son animosité jusqu'au successeur en ligne
directe assis sur ce même trône qu'il avait si longtemps envisagé comme son patrimoine. Bien plus, n'alla-t-on pas jusqu'à se représenter encore au lendemain de la chute de
Concini le prisonnier de la Bastille prêt à remettre en question, au mépris des jugements canoniques, la validité du
mariage de la mère de Louis XIII, et par là la légitimité de ce
roi qui venait de sanctionner le meurtre du favori florentin
par l'adoption de Luynes! Quoi qu'il en soit de ces rumeurs,
on voit à quel point Luynes, au jour de son élévation, dut
répugner à l'élargissement d'un prince acharné, croyait-on,
à ruiner dans le jeune Louis XIII émancipé l'origine même
de sa fortune. Il y dut répugner, surtout en regard des démarches tentées à la fois en faveur d'Henri II de Bourbon
par deux partis contraires mais également hostiles au régime
inauguré par le coup d'état de 1617. Sous l'agitation confuse
des cabales qui avaient sans relâche fatigué la minorité de
Louis XIII, en effet gisait le levain de deux grands partis
durant un demi-siècle en lutte ouverte, puis équilibrés
sous la forte main d'Henri IV, mais sous le coup de son
assassinat ravivés par tout ce que leur dut inspirer d'espoir ou de crainte la perspective d'une régence, avec ses
intrigues, ses hasards et ses caprices. Nous avons par là
suffisamment désigné le protestantisme et la vieille ligue.

Nous savons aussi d'où provinrent les tressaillements de
joie et les cris d'alarme, quand Marie de Médicis inaugura
son règne par la disgrâce de Sully et les pourparlers
de la double alliance matrimoniale avec l'Espagne ; quand
surtout, pour le couronnement de cette politique florentine,
en 1615, aux rives de la Bidassoa, s'opéra sous la protection militaire d'un Guise l'échange de Madame Élisabeth
de France contre l'infante Anne d'Autriche. Pour ramener
les deux grands partis religieux du catholicisme triomphant et de la réforme inquiète à travers l'antagonisme des
principes et la diversité des manœuvres à l'unisson des
défiances, il fallait une de ces révolutions de cour trop
aveuglément souhaitées par les disgrâciés de la veille pour
ne pas tromper vite leurs espérances et trop originellement
réprouvées par les opinions qu'elles détrônent pour trouver
grâce devant elles. C'est dire à quel point Luynes, ce pré-
curseur inégal mais longtemps méconnu du grand homme
d'état qui fut à la fois le vainqueur de la Rochelle et de
l'alliée de Gustave-Adolphe, encourut vite la commune
défaveur des deux religions adverses, en menant de front,
dans l'essai d'une politique aussi complexe qu'homogène,
le rétablissement du catholicisme en Béarn et la négociation du mariage d'Henriette de France avec l'hérétique
Angleterre. De là, peu après l'élévation de Luynes, le
ralliement des débris des anciens partis religieux en deux
groupes d'opposition distincts : ici les Bouillon, les Lesdi-
guières et les La Trémouille, et là les Montmorency [1], les
Mayenne et les Nevers. De là surtout les sollicitudes simul-
tanées des deux camps visant respectivement à arborer le
seul nom dont se pût autoriser leur cause, et qui, à cet effet,
les amenèrent à la fois pour ainsi dire au pied du château
de Vincennes. C'est que le château de Vincennes, au lendemain de l'avènement de Luynes, recélait comme point

---

[1] Un instant déviés des traditions modératrices des Damville.

de mire à la revendication des partis en hostilité contre le gouvernement le chef le plus en vue par son titre de premier prince du sang, et accessible aux accaparements les plus contradictoires par sa physionomie disparate et la mobilité de son humeur tranchant sur la permanence de ses lointaines rancunes. En un mot, c'était à qui des deux anciens partis de religion arracherait à la captivité pour son propre compte et placerait à sa tête Henri II de Bourbon, qu'attiraient d'un côté les souvenirs héréditaires et les accointances personnelles, et de l'autre les adhérences de famille et l'éducation catholique.

A la veille de se voir alternativement sommé par les huguenots et par le groupe des Montmorency[1], de leur livrer le prisonnier qui depuis le coup d'État de 1617 entre ses mains constituait le gage le plus précieux de sa victoire, Luynes éprouva les plus étranges perplexités. Après s'être longtemps demandé s'il enhardirait davantage contre son autorité les deux partis religieux en prévenant leurs désirs ou en subissant leur contrainte, son inclination naturelle l'eût enfin porté à ouvrir de lui-même les portes de Vincennes, afin d'ôter aux catholiques et aux protestants leur commun prétexte de révolte en se sauvant lui-même à leur égard par cette libre initiative de tout semblant d'intimidation. Mais autour de Luynes diverses contradictions tenaient sa démarche en échec. Entre Luynes et Condé s'interposaient avant tout les défiances de Louis XIII, qui envisageait dans l'agitateur châtié par la prison de la Bastille, au regard de la postérité d'Henri IV, l'éternel retentissement d'un collatéral supplanté. C'étaient ensuite les appréhensions du nonce[2], trop éclairé sur l'humeur du prince pour que sa profession de foi canonique le

---

[1] Sans compter les instances du parlement, empruntant l'organe du président Legeai.
[2] Qu'il communiquait à son pieux groupe, composé des Retz, des Larochefoucauld et des Arnould.

rassurât pleinement sur sa versatibilité naturelle, et qui même redoutait de voir au sortir de Vincennes acclamé en roi par les coreligionnaires de sa race celui qui les avait la veille, au jour de l'échange des deux princesses de France et d'Espagne, ameutés sur le chemin de la Bidassoa. C'étaient enfin et surtout les mauvais offices d'une mortelle ennemie convoitant aussi implacablement à la Cour la situation de Condé que lui-même faisait celle de la légitime postérité d'Henri IV. Depuis 1612, Anne de Montafié, veuve de Charles, comte de Soissons et frère puîné d'Henri Ier de Condé, ne voyait son fils encore adulte séparé du rang de premier prince de sang que par Henri II de Condé, fils du défunt Henri Ier, et partant seul représentant de leur commune souche cadette dans la maison de Bourbon. C'est dire avec quel acharnement maternel l'habile et ambitieuse comtesse de Soissons entreprit au Louvre la ruine du seul collatéral en droit de primer le jeune Louis de Soissons sur le second degré du trône. Aussi l'on devine la joie d'Anne de Montafié au jour de l'arrestation de Condé, qu'elle-même peut-être avait en partie suggérée. Plus tard on voit croître ses espérances en raison des progrès de la maladie que l'illustre captif contracta dans les rigueurs de sa détention de la Bastille, et qui longtemps mit ses jours en péril. Par là même aussi on juge à quel point la comtesse de Soissons brûla de se dédommager du dépit essuyé de la guérison inattendue du prince, favorisée par l'adoucissement du régime de Vincennes, en appuyant auprès de Luynes, au sujet de l'élargissement sollicité, les craintes respectives de Louis XIII et du nonce.

Pour parfaire l'imbroglio de mines et de contre-mines jouant autour de la prison du premier prince du sang, il n'y manquait plus que l'entrée en scène de Marie de Médicis qui, dès après sa sortie de Blois, à son tour ouvrit ses tranchées au pied du château de Vincennes. Marie de Médicis! tel est le nom que d'abord invoquèrent simulta-

nément dans leurs manœuvres distinctes en faveur de la
délivrance de Condé au lendemain de l'avènement de
Luynes, les deux groupes d'opposition religieuse. Car Marie
de Médicis appartenait d'avance aux catholiques, en même
temps que sa qualité de victime du nouveau favori la rap-
prochait des huguenots désabusés. Mais au lieu de s'inféoder au parti qui aurait le premier tiré Condé des mains
de Luynes pour lui imposer avec ce renfort les conditions
de son alliance, la reine-mère entendait s'adjuger à elle
seule et opposer à Luynes pour son propre compte le
prisonnier de Vincennes. Elle le voulait tout à elle, non
pas en subissant son joug, mais en l'utilisant après sa
victoire, avec la maturité de l'expérience et sous la main
de Richelieu, comme un modérateur entre les vieux coreligionnaires du héros de Jarnac et les orthodoxes envisageant l'éducation ultramontaine de l'héritier longtemps
désigné du trône de saint Louis. Ce n'est pas qu'au
moment de songer à se l'accaparer, la reine-mère s'aveu-
glât sur l'abîme qui la séparait de Condé. Car l'ancien
héritier présomptif de la couronne pouvait-il jamais oublier
qu'à ce point de vue sa déchéance datait de l'introduction
de Marie de Médicis dans le lit d'Henri IV ? Et en 1616
l'ennemi déclaré des Concini ne s'était-il pas vu poussé à la
Bastille par cette même main tendue aujourd'hui vers lui
sous les créneaux de Vincennes ? Mais Marie de Médicis ne
désespérait pas d'amener le perturbateur de sa régence au
commun rendez-vous de leurs animosités respectives, au
pied même et pour l'ébranlement de ce trône qui avait
échappé tour à tour aux expectatives collatérales et à la
domination maternelle. Comment d'ailleurs, se disait-elle,
un rejeton de la race magnanime des Bourbons ne senti-
rait-il pas en lui la gratitude primer les rancunes, en
voyant l'ennemie qu'en dix ans il n'avait pu se lasser de se
rendre irréconciliable venir elle-même briser ses fers ?

Pour regagner Condé à titre de libératrice, Marie de

Médicis affecta d'abord de s'apitoyer sur son sort, en insérant adroitement, à l'instigation de Richelieu, dans le cahier de ses griefs adressé d'Angoulême à la Cour, un désaveu de l'emprisonnement du prince, imputable à de prétendues calomnies, avec des doléances sur l'ajournement indéfini de sa délivrance. Puis, redoutant d'être prise au mot du côté de la Cour par une diligence rivale de la sienne, aux pourparlers en vue de la paix d'Angoulême et par l'organe du père de Bérulle elle stipula comme prix de son adhésion aux volontés du Roi un sursis dans l'élargissement en question jusqu'au jour de sa rentrée à la Cour, indice le plus apparent de son crédit maternel : afin que le captif rendu enfin à ce moment-là même et comme pour l'inauguration de ce rajeunissement de faveur à la liberté, s'en reconnût redevable à elle seule.

Ce n'était pas sans de puissants motifs que Marie de Médicis autour du château de Vincennes évoluait aussi ostensiblement en libératrice. Car c'est précisément de Vincennes qu'allait surgir sous les mains de Luynes l'adversaire le plus en relief à opposer à la reine-mère, ou plutôt à Richelieu la ramenant en triomphe à Tours, si elle-même préalablement ne devançait Luynes en fait d'accaparement. Tandis qu'en effet protestants et ultramontains se disputaient la possession du premier prince du sang, entre Luynes et Marie de Médicis, à la veille de l'entrevue de Tours, l'enjeu c'était de s'adjuger sa reconnaissance. Dès le jour en effet où Marie de Médicis eut pratiqué son évasion de Blois, Luynes, avec sa sagace jalousie, entrevit à quel point elle devait tenir à autoriser le parti s'ébauchant à Angoulême du nom du premier prince du sang, et partant combien elle s'acharnerait à forcer les verroux de Vincennes pour attirer Condé à son quartier général. Une aussi inquiétante perspective dès lors coupa court aux tergiversations de Luynes sur le sort de son otage : à cet égard, il ne pouvait plus s'agir pour lui que de gagner de vitesse à tout prix la reine-mère. Certes, Luynes ne se dissimulait pas combien Marie de Médicis lui était une concurrente redoutable, en assignant à Condé comme rendez-vous le camp d'Angoulême. Mais avant d'opter entre la cause royale et une coalition de mécomptes et de disgrâces, on pouvait se demander si Condé poursuivrait de son animosité la plus implacable l'héritier du trône d'Henri IV ou celle qui l'avait nourri dans son sein ; et à cet égard, en égalisant toutes choses, le prisonnier de Vincennes ne préférerait-il pas aux avances-équivoques d'une mortelle ennemie de la veille, les démarches plus logiques de celui qui datait de l'immolation de Concini son avènement au pouvoir. Ne fût-ce que pour le libre jeu d'une pétulance héréditaire comprimée par une captivité de trois ans, et que stimulait l'imminente perspective d'un rôle à jouer sur le théâtre d'une guerre civile, Condé ne se verrait-il pas plus de marge dans le camp de Louis XIII, auprès d'un favori timide et politiquement déférant, que du côté de Marie de Médicis où il subirait la domination de Richelieu ? C'est du moins ce que Luynes augurait des inclinations de celui en qui par-là même il entrevoyait, à dater de sa sortie de Vincennes, un auxiliaire encore plus embarrassant au Louvre qu'il ne lui serait a Angoulême ou en Anjou un dangereux ennemi. Non qu'au jour de la réapparition de Condé à la Cour, Luynes ne se résignât de bonne grâce à l'effacement hiérarchique, en parvenu bien autrement sensé que le maréchal d'Ancre. Mais il se demandait si les impatientes ardeurs prêtes à se ruer sous sa main n'entraveraient pas au conseil du roi l'exercice pleinier de sa discrète influence autant que le ferait l'altier génie de l'évêque du Luçon ; et certes, il y avait là de quoi redoubler les perplexités de Luynes au seuil de la prison qu'il allait ouvrir, si l'agitation même des humeurs du captif ne lui assurait d'avance, au moins le croyait-il, sa malléabilité. C'est justement sur ce que lui offrait ainsi de

traitable, au moins sous les verrous de Vincennes, l'impé-
tuosité désœuvrée du prince, que dès après le coup d'État
de 1617, en attendant l'adoption à son égard d'un parti
radical et dans l'hypothèse d'un retour offensif de Marie de
Médicis, Luynes s'était appliqué à tourner Condé par degrés
irrévocablement contre elle, avant qu'à l'inverse elle-même
prît les devants. A cet effet, il lui fallut d'abord se garer
des circonvallations se croisant au pied de la citadelle de
toutes parts assiégée, en la munissant des plus incorrup-
tibles geôliers et en en renforçant les portes sous la surveillance de son frère Cadenet, promu à l'exclusion du duc de
Montmorency à la capitainerie de Vincennes. A l'abri de ce
rempart, et grâce aux démarches de son oncle et de son agent
Modène [1] qui d'ailleurs entretenait avec Cadenet la jalousie
des partis en vedette, Luynes s'ingénia par degrés à adoucir
et à recréer le régime du détenu, tout en observant de jour
en jour l'orientation de ses sentiments sans s'ouvrir lui-
même sur l'issue de sa captivité. Sous le bénéfice de cette
investigation aussi pénétrante que silencieuse, on aéra
d'abord la prison de la Bastille ; puis on l'échangea contre
les logements plus salubres et plus vastes de Vincennes.
Ensuite on laissa pénétrer près du prince la plus suave
consolation en la personne de sa jeune femme, la belle et
désormais irréprochable Marguerite de Montmorency, trop
longtemps insurgée contre l'exil que lui durent imposer
sous Henri IV les soucis de l'honneur conjugal, mais en
retour venant d'elle-même partager la prison de Vincennes.
Enfin, pour qu'à Vincennes tout concourût aux adoucisse-
ments calculés, depuis la confortabilité matérielle et les
joies domestiques jusqu'aux satisfactions les plus princières, on rendit à Condé avec tous les semblants de la
magnanimité son épée deux fois dégainée contre l'autorité légitime, en lui assignant par là le recouvrement de

[1] Et sans compter l'habile concours de son affidé Deageant.

son ancienne place au pied du trône, s'il poursuivait sous les drapeaux du Roi sa haine contre Marie de Médicis. Lorsqu'enfin par ces habiles ménagements d'égards et d'avances Luynes eut sûrement fixé dans le sens de la Cour les sentiments du prince [1], il jugea le moment venu de s'arroger tout de bon à ses yeux le mérite de sa délivrance, à la veille des revendications séditieuses de Loudun et surtout en regard des derniers progrès de Marie de Médicis, qui venait de pousser jusqu'au pied du château de Vincennes ses travaux d'approche. Tandis qu'en effet Marie de Médicis obtenait comme prix de son adhésion au traité d'Angoulême, à la date du 16 avril 1619, une promesse formelle de sursis [2] dans la délivrance de Condé jusqu'à la réunion de la famille royale, afin d'en constituer le captif redevable à elle seule, insidieusement et sous main, aux yeux de ce captif altéré de mouvement et de vie, on imputait à une inéluctable exigence de la reine-mère l'ajournement d'un bienfait soi-disant dû en principe à l'initiative de la Cour. Lorsqu'enfin apparut à Tours Marie de Médicis, empressée de s'afficher aux yeux de Condé en libératrice, au sommet de la brèche qu'elle allait escalader Luynes lui ravit son gage au moyen de la plus traîtreuse démarche. A peine s'était effectuée sous les auspices du duc de Montbazon, à son château de Cousières sis aux portes de Tours, et sous les yeux de Luynes, l'entrevue moins cordiale qu'officielle et purement préliminaire de Louis XIII et de Marie de Médicis, que l'astucieux favori, sous couleur d'observer religieusement à l'égard de la reine-mère les promesses formelles touchant la liberté du prince, lui posa là-

[1] Condé se déclara même en faveur de Luynes jusqu'à mettre en avant le projet, depuis avorté, d'une alliance de Cadenet avec sa sœur Léonor de Bourbon, veuve du prince d'Orange Philippe-Guillaume.

[2] Ecrite de la propre main de Louis XIII et confiée aux mains du comte de Béthune (voir aux Pièces justificatives. n° III). Ce sursis aurait même, suivant Deageant, fait l'objet d'un des articles secrets du traité d'Angoulême.

dessus à l'improviste la question d'opportunité. C'était placer
Marie de Médicis dans la plus scabreuse alternative. Opinait-
elle pour l'affirmative, Luynes comptait s'autoriser de cette
adhésion pour bénéficier à lui seul de l'antériorité de ses
propres ouvertures. Si au contraire, moins pressée encore
de l'élargissement de Condé que soucieuse de s'en réserver
l'heure propice, la reine-mère opposait à la mise en demeure de Luynes des dénégations intéressées, Luynes ne
manquerait pas d'en empoisonner le mobile aux yeux de
l'impatient captif. Pour se garer du double écueil perçant
sous la captieuse interrogation du favori, et d'ailleurs confiante dans l'engagement pris par le roi de laisser tomber
de ses propres mains dès à sa réinstallation au Louvre le
signal de la liberté de Condé, Marie de Médicis crut se dé-
rober à son adversaire par une ingénieuse échappatoire, en
se déclarant sur la question posée trop prise au dépourvu
pour ne s'en rapporter pas à la sagesse de la Cour. On ne
pouvait se donner mieux le semblant d'abdiquer toute participation à l'ouverture immédiate des portes de Vincennes, et
c'est ce qu'aussitôt Luynes se tint pour dit. Une fois muni
de l'imprudent déclinatoire qui lui abandonnait en apparence l'honneur d'une démarche aussitôt déclarée urgente,
Luynes s'ingénia à prévenir là-dessus à Paris un éclaircis-
sement entre Marie de Médicis et Louis XIII. A cet effet, brusquant à Tours, ainsi qu'il l'avait fait au jour du départ pour
Blois de Marie de Médicis, la séparation soi-disant provisoire de la mère et du fils, il attira le roi vers son gouvernement d'Amboise comme vers une première étape du
retour à Paris, afin d'y marquer là du sceau de l'homologation royale à l'insu de la reine-mère et sous une date
primant celle du commun rendez-vous au Louvre, la délivrance dont il entendait seul escompter le profit en y atta-
chant son nom. Dès ce soir-là même, au château d'Amboise,
la partie était liée, et dès le lendemain à Tours Marie de
Médicis recevait en dévorant son dépit la désobligeante

notification d'où surgissait contre elle un ennemi de plus [1].

Mais si Luynes, en intimidant les huguenots de Loudun par la mise en scène de l'entrevue de Tours, obviait au péril dont ce dernier événement menaçait sa fortune par l'évocation d'un premier prince du sang armé de pied en cap contre Marie de Médicis, en revanche Marie de Médicis ne demandait qu'à se prévaloir d'une aussi patente dénonciation d'hostilités, en vue de la réorganisation militaire de son parti mise par là plus plausiblement que jamais sous le jour d'une nécessité de défense. Le départ précipité du roi ne lui laissait même que trop le champ libre sur les rives de la Loire, afin d'y rallier dans son apanage hors d'une incommode surveillance ses anciens éléments de révolte. En vain Louis XIII et Luynes exhortèrent à l'envi

---

[1] Marillac : « La délivrance de Monsieur le Prince estoit sur le tapis secret, pour laquelle résoudre sans elle et commencer la séparation de leurs Majestés par un affront il [Luynes] enleva le Roy à Amboise et là en fit prendre la résolution dès le soir. » — Richelieu, eod., pp. 186–187, 194, et notice, p. 82. — Pontchartrain, eod., pp. 237, 248, 265, 266, 269, 280, 281, 292. Fontenay-Mareuil, eod., pp. 419 et 453. — Mém. de Deageant (Didot, 1756), pp. 147–150. — La nunz de Fr., 9 mai 1617, 2 janvier, 27 février, 6, 20 et 26 mars, 2, 6, 9, 13, 22, 23 et 30 mai ; 6 et 20 juin : 16 juillet ; 12, 14, 22 et 30 août ; 13, 14, 17 et 22 septembre 1619. — Mém. Secr., eod., pp. 99–100. 122, 123, 132, 160, 164, 169, 170, 175–186, 194. — Lettres et Mém de messire Ph. de Mornay, eod., p. 256.— F. Colbert, 98, pp 56 et 57. — Eod.: Registre du roi Louis XIII à la Reyne sa mère, sur la déclaration faite en faveur de M. le prince, p. 45. — Coll. Dupuy, Extraict des raisons et plainctes que la Reyne Mère du Roy faict au Roy son filz, p. 134. — Marillac, p. 1. — Dispacc. degl. amb. venez., 17 et 20 octobre 1619. — Arch. des aff. étr., F. fr., n° 772, f** 143–144. — Rerum andegavensium Pandectæ, de CL. Ménard (mss. 875 de la Bibl. d'Angers), t. II, f° 94 v°. — Roncoveri, pp. 285–286, 294, 295. — Matth. de Mourgues, Rec. de pièces, etc., pp. 30–31. — Gramond, p. 282. — Dupleix, eod , p. 128. — Levassor, pp. 404, 406, 409. — Le P. Griffet, p. 251· — Bazin, eod., pp. 354–356. — Henri Martin, eod , pp. 142-143. — Dareste. eod...p 651. — M**e d'Arconville, t. II. pp. 535–536 ; t. III, pp 18–21, 23–24 — Aubery, p. 18. — Vie du Cardinal duc de Richelieu, p. 53. — V. Cousin, juin 1861, pp. 353–359 — Avenel, eod., pp. 95-96, 100, 101. — Tabaraud, eod., p. 310. — Batterel, t. I, 1. III, n** 22, 23, 25, 54, 74. — L'abbé Gouget, n° 13, pp. 125-126, 128 et 144. — Arch nat., carton 232, f** 18 et 19. — Le véritable P. Joseph, p. 137. — Girard, Vie du duc d'Epernon, p. 349. — Hist. des princes de Condé, par le duc d'Aumale, t. III, pp. 94, 110.

sinon avec la même sincérité Marie de Médicis, et en vain elle-même s'engageait à venir reprendre sa place au Louvre dès que se serait effectuée dans son gouvernement l'installation dont elle prétextait la convenance immédiate : au fond le favori et la reine-mère ne songeaient par là qu'à s'éblouir l'un l'autre. Si en effet dans sa rébellion Marie de Médicis ne s'autorisait que trop de la délivrance de Condé résolue sous les auspices de Luynes, en revanche, par l'ostensible accaparement du premier prince du sang Luynes avait cherché moins encore à se prémunir contre la reine-mère qu'à la rejeter à distance. Car le soupçonneux favori qui à Tours n'avait pas laissé un instant seul Louis XIII en tête à tête avec sa mère, ne voulait pas plus d'elle à Paris qu'elle-même ne se souciait d'y rentrer pour n'y figurer qu'en trophée de la victoire obtenue contre elle sous les murs d'Angoulême. Bref, au lendemain de l'entrevue de Tours, Marie de Médicis et Luynes se retrouvaient en face de l'abîme ouvert entre eux par l'explosion d'avril 1617 ; et ces deux persévérants adversaires ne se le dissimulaient que pour le creuser encore plus avant sous les pas l'un de l'autre.

La reine-mère la première, en réplique à l'anticipation significative du dénouement de Vincennes, au sortir de Tours et sur le chemin de son apanage caressa les ferments de discorde les plus rapprochés d'elle, et d'ailleurs les plus attirés de son côté par l'affinité des mécomptes. Nous voulons parler justement de ces huguenots en rumeur, que Luynes avait cru réduire au silence grâce à l'appareil de l'entrevue de Tours, et à qui il avait soutiré en la personne de Condé leur chef héréditaire, par cet exploit-là même qui dépossédait d'un homme-lige aussi qualifié Marie de Médicis. Isolée en même temps du duc d'Épernon, provisoirement attiédi par les politiques satisfactions tirées enfin du traité d'Angoulême, et à Cousières trahie dans la reprise des colloques avec son garant Victor-Amédée par

les mêmes regards braqués sur les épanchements mater-
nels, la reine-mère se retourna vers les réformés de l'assemblée de Loudun, pour entrevoir ce qu'au besoin ils lui
pourraient fournir d'appui matériel, en échange de son
patronage sinon nominal au moins tacitement effectif.

Dès le lendemain de son évasion de Blois d'ailleurs
Marie de Médicis, avec l'aide du duc d'Épernon, avait doucement pratiqué l'assemblée alors illégalement ouverte à
La Rochelle, sous le coup de l'édit du rétablissement du
catholicisme en Béarn ; et il avait fallu l'entremise de
Duplessis-Mornay pour déterminer ses imprudents coreligionnaires à se racheter au moins des rigueurs dues à
leur désobéissance par la répudiation de toute solidarité
avec l'impuissant complot d'Angoulême. Mais, après la
résolution prise de la délivrance de Condé au profit de
Luynes, la pénurie d'alliances intérieures et la nécessité
d'un drapeau ramenèrent d'instinct et sans se l'avouer la
nouvelle gouvernante de l'Anjou et l'assemblée cette fois
dûment autorisée de Loudun à des velléités de compromis
où, en retour de la régularisation officielle couvrant désormais de guerre lasse les conciliabules de la réforme, la
reine-mère offrait pour sa part les ressources limitrophes
de son apanage. Aussi, dans l'organisation du voyage qui
de Tours l'y devait acheminer, la reine-mère se traça-t-elle
un itinéraire côtoyant d'aussi près que possible le nouveau
siège des délibérations des sectaires dont les yeux se tournaient vers elle : espérant, grâce à l'attraction du voisinage et sans graviter elle-même dans leur orbite, provoquer
de leur part envers elle l'initiative d'une démarche. Dès
qu'en effet l'assemblée eut vent du prochain passage de
Marie de Médicis à Champigny, bourg situé seulement à
trois lieues de Loudun et formant ainsi son étape la plus
rapprochée d'eux, ils lui expédièrent cinq députés porteurs d'une lettre lui offrant en amorce de vagues obsé-
quiosités. Mais sur les entrefaites la Cour, alarmée de

voir la reine-mère décrire à proximité du colloque séditieux de l'hérésie une tangente aussi suspecte, avait expédié à Champigny Brantes, l'un des frères de Luynes, avec
le mandat officiel et d'avance désespéré de lui faire agréer
au seuil de son apanage la décision capitale prise à Tours
en dehors d'elle, mais en réalité comme éclaireur, à l'effet
d'épier et au besoin de traverser ses agissements inter-
lopes. On peut juger si cette malencontreuse visite surprit
désagréablement aux abords du théâtre projeté de l'entrevue subreptice les députés de Loudun, qui désormais ne
pouvaient plus ni rétrograder sans s'avouer en faute, ni
poursuivre leur trame sous des yeux inquisiteurs. Pour
eux le seul parti désormais à prendre, c'était de braver
résolument la présence de Brantes avec l'attitude correcte
empruntée à la source régularisée de leurs pouvoirs et
sous le couvert d'une indispensable démonstration de politesse à l'égard d'une grande reine traversant leur horizon.
Mais ni l'innocuité des formules échangées le 10 octobre
dans la réception officielle des députés huguenots par Marie
de Médicis assistée de Brantes, ni même la réserve de la
reine-mère sur le chapitre de la liberté de Condé, ne don-
nèrent le change aux préventions de cour sur la portée des
correspondances souterraines simultanément interceptées.
Quelque soin que prit Duplessis-Mornay pour assainir
les communications épistolaires de la reine-mère avec
l'assemblée de Loudun, comme il avait déjà fait celles précédemment ouvertes entre Angoulême et La Rochelle, au
regard des favoris en règne l'irréprochable mais cajolante
réponse de Marie de Médicis aux dernières avances de
l'hérésie se noircit de toute l'intensité de leurs méfiances[1].

---

[1] *Vie de messire Philippes de Mornay*, pp. 88–89 et 501. — *Lettres et
mém. de messire Philippes de Mornay*, t. II, pp. 257-258, 261. —
F. Brienne, pp. 220, 226 : *Assemblée politique de ceux de la religion
tenue à Loudun* (1619–1620), pp. 11 r° et v° et 104 r° et v°. — Levassor,
t. III, 1re partie, pp. 335-338. — Bazin, *eod.*, pp. 350-356. — Vie du
Cardinal duc de Richelieu, pp. 53-55.

Les soupçons de Luynes s'accrurent lorsqu'il vit Marie
de Médicis, après avoir sur son parcours sondé les dispositions de ses alliés éventuels, au terme de son voyage et sur
les avenues de son apanage procéder à l'énumération de
ses propres forces. A mesure que Marie de Médicis avait
vu Luynes se précautionner vis-à-vis d'elle au cours des
négociations relatives à l'établissement de ses sûretés
angevines, elle avait cherché à s'y dédommager de son
resserrement territorial et de la précarité de ses titres par
la solidité des attaches locales. Dès l'an 1614, au lendemain du traité de Sainte-Menehould, et en allant par les
rives de la Loire achever de pacifier en Bretagne les premiers troubles de sa régence, Marie de Médicis avait
déjà capté les sympathies de la province appelée à lui
devenir une patrie adoptive en y goûtant de sa meilleure
grâce les charmes d'une hospitalité proverbiale. Ce premier fond d'attache populaire, Marie de Médicis l'avait
depuis soigneusement cultivé dès la communication des
premiers titres de son investiture, en gratifiant l'Anjou
des prémices d'une administration libérale et réparatrice.
A cet égard, Dieu sait quels applaudissements y accueil-
lirent et le maintien des garanties d'équité personnifiées
héréditairement dans l'hôtel-de-ville angevin sous le nom
vénéré du maire Lasnier [1], et la révocation de l'ancien gouverneur des Ponts-de-Cé Bonneveau si abhorré pour ses
rigueurs fiscales exercées au sujet des péages de la Loire [2].
En retour d'aussi séductrices avances émanées de l'habileté florentine, rappelons-nous aussi les clameurs qui sur-
girent de la cité angevine lors du dégarnissement clandes-
tin de ses arsenaux par le gouverneur sortant Fouquet de
la Varenne. En s'associant avec cet éclat à la revendication
des garanties vitales assurées en vertu du traité d'Angou-

---

[1] A. Pocquet de Livonnière, *Hist. des Illustres d'Anjou*, mss. 1068
de la Bibl. d'Angers, p. 18.
[2] *Journal de Jehan Louvet*, eod., pp. 301, 304.

lême à Marie de Médicis, l'Anjou ne s'était-il pas militairement inféodé à sa souveraine? Dès lors, quoi d'étonnant
si, au jour de son entrée solennelle en son gouvernement,
on vit reluire et s'incliner sur son passage les vieilles
armures des milices guisardes retrempées dans l'amour
filial voué à l'épouse du miséricordieux vainqueur de la
Ligue? Dès qu'en effet Marie de Médicis arrivant par les
Ponts-de-Cé en Anjou, le 16 octobre, eut paru en vue de la
cité angevine, aussitôt s'ouvrirent en haie sur son passage
huit cents cavaliers nobles, ayant à leur tête le gouverneur sortant Boisdauphin, le lieutenant-général du Bellay,
le commandeur de la Porte et le marquis de Brézé.
Plus loin, à douze cents pas des faubourgs, débouchèrent
en échiquier détaché pour la libre circulation dans leurs
rangs, cinq bataillons formés de six cents mousquetaires
qui, dans leur halte, firent face de partout à leur souveraine.
En même temps deux rangs d'arbalétriers qui bordaient
la route vinrent s'échelonner autour de la litière de Marie
de Médicis pour l'escorter jusqu'à la résidence urbaine que
lui avait somptueusement préparée l'hospitalité municipale.
Bref, depuis le passage de la Loire jusqu'aux remparts abri-
tant dès lors dans son chef-lieu la gouvernante de l'Anjou,
l'on n'avait compté guère moins de dix mille hommes
accourus au devant d'elle pour lui présenter les armes.
C'en était assez pour offusquer une Cour saturée déjà de
tant de préventions. Ni les inoffensives harangues de bienvenue débitées sur le parcours de Marie de Médicis, ni les
rameaux d'olivier foisonnant sur les écussons des arcs de
triomphe, ni le souvenir même des recommandations de
Louis XIII revendiquant pour sa mère, à la veille de sa
réception en son apanage, les honneurs dus à la seule
majesté royale, ne prévalurent sur les sinistres interpréta-
tions tirées de l'apparat militaire du 16 octobre. Sans que
d'avance on pût assigner le théâtre du dénouement de la
querelle prête à se rallumer au sein de la famille royale,

en cavalcadant sur le chemin des Ponts-de-Cé au front des milices angevines Marie de Médicis, aux yeux du plus inquiet des favoris, apparaissait, si nous nous pouvons exprimer ainsi, comme un général d'armée passant une revue sur un champ de bataille[1].

Non seulement la Cour, dans son émoi, se dépeignait déjà autour de Marie de Médicis, à peine rendue au chef-lieu de son apanage, une armée et des alliés ; mais aux yeux des favoris semblait s'y déceler encore sous son autorité nominale un chef de parti. Nous avons laissé Richelieu ramenant d'Angoulême à Tours Marie de Médicis qu'il devait croire honorablement réconciliée avec son fils, mais ne l'y ramenant que pour embarrasser la Cour du prestige de son propre triomphe lié à la rentrée en grâce de sa protectrice. Car où y trouver désormais pour la victorieuse créature de la reine-mère, une situation convenablement rassurante au regard de Luynes ? Comment oser consigner le négociateur du traité d'Angoulême et de l'entrevue de Cousières à la porte du conseil du roi ? et comment l'en laisser franchir le seuil autrement qu'en dominateur exclusif, ainsi qu'il nous est apparu déjà sur le premier théâtre de ses entremises opérées depuis le retour d'Avignon ? Encore moins pouvait-on décemment replonger dans l'exil, une fois sa mission glorieusement close et à travers les sincères félicitations de Louis XIII, l'arbitre désormais incontesté des querelles de la famille royale. Au regard d'un aussi envahissant génie telles eussent été du moins les perplexités du favori en règne, sans la perfide manœuvre évoquant au pied du trône, en la personne du captif libéré

---

[1] *Récit véritable de l'entrée de la Reyne-Mère dans la ville d'Angers, faicte le 16 octobre 1619*, par A. Menard (chez Antoine Hernault, 1619), pp. 14, 16. — Jehan Louvet, *eod.*, pp. 310, 313. — Rangeard, p. 357. — Merc. fr., t. V. p. 357. — Pontchartrain, p. 409. — *Louis de Clermont, sieur de Bussy d'Amboise, gouverneur d'Anjou*, par A Joubert (Angers, 1885), pp. 199-200. — P. Griffet, *eod.*, p. 251.— Levassor, *eod.*, p. 410. — Vie du Cardinal-duc de Richelieu, p. 55.

de Vincennes et au moment même de son arrivée à Tours, un
non moins implacable ennemi de Richelieu que de la reine-
mère ; un ennemi qui ne pouvait pardonner au hardi prélat d'avoir été arrêté sous son premier ministère et surtout
à son instigation. A ce coup non moins grièvement déçu
que la reine-mère dans ses visées d'homme d'état, en envisageant les impossibilités édifiées par là même à son
adresse au sein du conseil suprême, où allaient désormais
siéger à sa face les invincibles contradictions de la ran-
cune, il ne restait plus à Richelieu d'autre asile pour sa
dignité et ses espérances qu'auprès de celle dont il avait
indissolublement épousé les disgrâces, et sur le théâtre
de leur commune revanche. Sans qu'en effet après l'entrevue de Tours on puisse préciser la date de l'achemine-
ment de Richelieu en Anjou, l'on peut affirmer qu'il y
suivit de près Marie de Médicis [1], environné de sa propre
considération locale à l'appui de ses vues sagement restau-
ratrices. Mais, malgré la sagesse de ses calculs, après l'annonce de l'élargissement de Condé et une fois implanté
dans l'apanage contigu à ses domaines de famille, Richelieu y sembla trop dangereusement lié avec la reine-mère
par la solidarité du grief et la cohésion territoriale pour
que Luynes ne se reprît encore plus qu'avant l'exil d'Avignon à incriminer ses allures. En cela, d'ailleurs, ne prévalurent que trop les damnables offices des anciens déser-
teurs de la Cour d'Angoulême, à savoir Mosny et Thémines
et surtout l'abbé Ruccellaï. Car, du nouveau théâtre de ses
agitations, Ruccellaï, l'ancien libérateur de Marie de
Médicis, ne pouvait assez distiller de calomnies sur le rival
qui l'avait si radieusement évincé de ses conseils. Sans
l'ombre d'un tel fiel, et sans qu'on lui ose reprocher la souveraine inopportunité d'un zèle purement apostolique, à
cette même date de l'installation de Richelieu en Anjou

_____

[1] Il y était certainement le 20 octobre 1619. (*Journal de Louvet*,
1855, t. I, p. 314).

voilà qu'à son tour le Père de Bérulle s'avisa de rappeler à celui qu'il soupçonnait d'oublier son titre d'évêque de Luçon, l'obligation canonique de résider dans son diocèse. A ce dernier point de vue, l'infraction officielle de Richelieu par là si malencontreusement soulignée, ne put, aux yeux de Luynes, qu'achever de le précipiter dans son tort [1]. La Cour ne vit plus dans le prélat soi-disant réfractaire, que le chef d'état-major d'une conspiratrice en récidive, éternisant sa propre importance avec les exils et les rébellions de sa souveraine. Aussi de quel œil vit-on figurer le 16 octobre, au-devant de Marie de Médicis et à la tête de la noblesse angevine, et l'oncle de Richelieu La Porte et son beau-frère le marquis de Brézé [2]!

En voyant se redresser, ce semble, en Anjou plus fortement que jamais le parti de Marie de Médicis, et à l'effet de pouvoir en cas d'une reprise d'armes sur ce dernier terrain d'hostilités opposer puissance à puissance, il était grand temps d'ouvrir enfin les portes de la prison de Vincennes; car à Tours on n'avait fait que notifier à la reine-mère la résolution bien arrêtée du très prochain élargissement de Condé. Dans les huit premiers jours, en effet, de l'arrivée en Anjou de Marie de Médicis, celui dont la liberté

---

[1] Il est même regrettable que Luynes ait imbu de ses préventions le nonce Bentivoglio. qui à son tour les a communiquées au cardinal de Retz et au jésuite Arnoux. V. à cet égard, loc. inf. cit., la correspondance diplomatique de la *Nunziatura de Francia* à laquelle s'est trop servilement attaché Victor Cousin dans sa sévère appréciation de la conduite politique observée par Richelieu une fois fixé en Anjou. — En fait d'accusations lancées contre Richelieu au sujet de son établissement en Anjou, l'on a violé même la vraisemblance au point de le supposer de connivence avec Luynes, à l'effet de maintenir Marie de Médicis dans son éloignement de la cour.

[2] Mém. de Richelieu, t. XXII, p. 62. — *Mém. secr*, eod., pp. 113-114, 122. — *La nunz. de Fr.*, 16 et 30 juillet 1619. — Roncoveri, pp. 288 et 294. — Dupleix, pp. 124-125. — Levassor, eod., pp. 396, 398. — Dareste, eod., p. 61. — Mme d'Arconville, t. III, pp. 15-16, 22. — V. Cousin, eod., juin 1861, pp. 360-361 et mai 1862, p 313. — Batterel, eod., n°s 41-42. — L'abbé Gouget, p. 137. — Abbé Houssaye, eod., pp. 291-292. — Vie du Cardinal-duc de Richelieu, p. 47. — *Le véritable P. Joseph*, pp. 132-133. — Girard, vie du duc d'Épernon, p. 316.

lui devenait redoutable dès qu'elle y était demeurée étrangère, brisait ses fers avec cette fixité de résolutions où l'avaient amené les graduelles avances de Luynes. Dès le soir, à Chantilly, Condé tombait aux genoux du roi qui lui avait ménagé là, au sein de toute sa Cour, une chaude réception de bienvenue tranchant sur le cérémonial compassé de l'entrevue de Cousières. Sous d'aussi rassurants auspices, à peine Henri de Bourbon eut-il repris sa place au Louvre qu'on ne saurait dire ce qu'il afficha le plus vite, ou du ravalement de sa gratitude envers le parvenu qui se déclarait son libérateur, ou de son surcroît d'animosité contre l'ancienne ennemie à qui l'on avait si prestement soufflé ce titre. Dès l'abord s'ouvrirent de vagues pourparlers de mariage entre un fils de Luynes et une fille issue de la réconciliation conjugale opérée sous les verroux de Vincennes. Puis, quand l'heureux fauconnier dont les pamphlets contemporains se gaussaient sous la rubrique du « contadin provençal, » dut aller au parlement faire vérifier les lettres royales érigeant sa terre de Luynes en duché-pairie, l'on vit le premier prince du sang l'y introduire et l'y présenter avec l'obséquiosité d'un acolyte et les flagorneries d'un courtisan bien plus qu'avec la condescendance d'un protecteur. En même temps, le nouvel antagoniste déchaîné contre Marie de Médicis, à travers de vagues protestations de services, s'empressait de lui signifier très cavalièrement sa délivrance[1]. Exploitant même en vue de l'assoupissement de sa haine l'empire que lui acquéraient sur Luynes et l'humilité de ses démarchès et le prix de son alliance (car Luynes, naturellement satisfait de l'éloignement de ses ennemis, comptait du moins avec le nouvel auxiliaire qu'il appelait en aide pour le tenir à dis-

---

[1] Mém. de Richelieu, t. XI, p. 190. — *Mém. secr.*, 20ᵉ partie, pp. 79-80. — F. Colbert, *Registre*, etc., p. 43. — *Dispacc. degl., ambasc. venes.*, 21 novembre 1619. — Roncoveri, pp. 296-297. — Mᵐᵉ d'Arconville, t. III, p. 27. — Avenel, *eod.*, p. 96.

tance) ; à son tour Condé arracha à la faiblesse du favori,
soi-disant pour se laver de la flétrissure de la Bastille, une
déclaration justificative dûment enregistrée [1], incriminant
le régime qui la lui avait infligée. Il faut voir avec quelle
acrimonie cette pièce, tout en proclamant l'innocence et la
pleine réhabilitation du captif libéré de Vincennes, flagelle
le gouvernement de la régence. Voici, du moins, ce qu'on
lit dès le début de la Déclaration royale du 9 novembre 1619 :
« Les désordres passez ont assez faict cognoistre jusqu'à
quels termes estoit venüe l'audace de ceux lesquels pour
l'honneur qu'ils avoient de nous approcher et de tenir de
grandes charges et pouvoirs en ce royaume, *ont tellement
abusé de notre nom et autorité*, que si Dieu ne nous eust
donné la force et le courage de les châtier, et pourvoir aux
mal-heurs et calamitez qui menaçaient l'Estat, *ils eussent
enfin porté toutes choses à une grande et déplorable confusion*. Entre autre mal qu'ils ont procuré, a esté l'arrest
et détention de nostre très-cher et très-amé cousin le
prince de Condé, premier prince de notre sang à la liberté
duquel comme elle estoit grandement considérable de soy,
auparavant que d'y adviser, nous avons soigneusement
voulu nous informer de toutes les occasions sur lesquelles
on avoit prétexté sa détention. En quoy nous aurions
trouvé qu'il n'y avoit autre subject, sinon *les artifices et
mauvais desseins de ceux qui voulaient joindre à la
ruine de nostre dit État, celle de nostre dit cousin*. »
Certes, on ne pouvait plus sûrement signaler au décri public
l'administration de Marie de Médicis, que par ce document officiel voué, grâce à l'organe des parlements, à
la plus éclatante publicité. C'est aux yeux de la France
entière, c'est aux yeux de l'Europe à l'affût d'un renouvellement de nos querelles intestines, que la reine-mère, pour

---

[1] Au dire de Richelieu, Louis XIII aurait enlevé l'enregistrement
par surprise. Mais cette affirmation partiale est démentie par tous
les documents authentiques.

ainsi dire, essuyait tout l'opprobre dont on déchargeait son plus mortel ennemi. En vain le marquis de Toiras, le futur défenseur de l'île de Rhé et de Casal, que Louis XIII déjà distinguait dans le cortège de ses compagnons de chasse au point de l'envoyer à Angers notifier officiellement à la reine-mère la délivrance de Condé; en vain Toiras lui présenta la déclaration comme une suite nécessaire d'un de ces revirements de cour familiers à la politique florentine. En vain là-dessus il lui rappelait Catherine de Médicis, au début des guerres de religion, amnistiant sur le chemin de l'échafaud au gré de ses calculs d'équilibre et en la personne de l'aïeul même d'Henri II de Bourbon, le chef de la conjuration d'Amboise. Sans nier ce souvenir historique ni la valeur des considérations d'état émises par Toiras : « Au moins », répliquait la reine-mère, « pouvait-on absoudre en la personne du petit-fils du héros de Jarnac, le prisonnier de la Bastille sans inculper celle qui, pour la paix du royaume, l'y avait cru devoir consigner. » En vain Luynes, encore moins étranger à l'initiative qu'à la teneur de la pièce constituant au regard de Marie de Médicis un si cuisant grief; en vain Luynes désigna comme rédacteur de l'acte de novembre à la reine-mère, le garde des sceaux Duvair. « En esquivant par là toute responsabilité dans la préparation d'un si violent manifeste, Luynes se défendait-il de l'avoir revêtu du sceau royal et soumis à la vérification solennelle des parlements? » Au surplus, nous avons toute la correspondance échangée au sujet de l'acte d'accusation dressé contre elle, entre la reine-mère ulcérée et le roi plus embarrassé qu'il ne l'avait encore été depuis l'avènement de Luynes entre le respect filial et les exigences du favoritisme[1]. « En vain », représentait Marie de Médicis dans une première lettre avec l'articulation de son grief, et en oubliant son désaveu personnel de l'arrestation

---

[1] Nous laissons de côté les stériles explications épistolaires échangées entre Marie de Médicis et Condé et Luynes.

du prince consigné au cahier de doléances daté d'Angoulême, « en vain lui affirmait-on n'avoir visé dans les incriminations de l'acte de novembre que les ministres qui avaient tiré de ses mains l'ordre d'écrou pour la Bastille. En s'avouant aveuglée au point d'avoir signé de confiance les plus graves atteintes aux libertés publiques, pouvait-elle échapper à sa responsabilité de souveraine? Cette responsabilité-là même, Louis XIII ne l'avait-il pas héritée d'elle, et ne retournait-il pas contre lui-même son réquisitoire pour avoir, après le coup d'État qui l'avait émancipé de la tutelle maternelle, prolongé de plus de deux ans encore la captivité de Condé? Elle-même, au contraire », ajoutait Marie de Médicis, en se targuant ici de l'habile dissimulation du mécontentement qu'elle éprouva de l'annonce reçue à Tours et réitérée à Champigny du dénouement de Vincennes; « elle-même, à l'annonce de la résolution qui rendait à la liberté son plus implacable ennemi, n'y avait-elle pas généreusement adhéré? Et alors la déclaration ne se dressait-elle pas contre elle comme une injure toute gratuite? »

Pour couper court aux fortes doléances motivées chez Marie de Médicis par le plus ostensible décri de sa carrière publique, ce n'était pas assez de la lettre privée où Louis XIII, tout en l'assurant vaguement des bienfaisantes dispositions de Condé, en fils reconnaissant affecta de relever les sollicitudes maternelles qui avaient plané sur sa longue minorité. La reine-mère, en réplique épistolaire, et aussi par l'organe du maire angevin Lasnier, exigea l'entérinement d'une aussi honorable attestation dans les formes mêmes adoptées par l'acte de novembre, afin de rétablir sa réputation sur le théâtre même où elle la voyait si cruellement entamée. « Exigence vraiment digne d'être accueillie », répliquait à son tour Louis XIII à sa mère par une lettre du 26 février 1620, « si une rectification additionnelle lui était vraiment utile; et alors comme il la lui octroyerait de bonne grace! Et même, que ne tenait-il à lui de révoquer la Déclaration, en la voyant de sa part si fâcheusement interprétée? Mais, une fois cette déclaration promulguée sans que sa mère y fût au fond personnellement intéressée, pourquoi solliciter là-dessus des commentaires moins capables à son égard de prévenir que d'éveiller les soupçons? » Ingénieuse fin de non-recevoir dont ne s'éblouit point Marie de Médicis. Car Louis XIII, à bon droit, lui apparut là moins jaloux de la considération d'une mère que de la sienne propre; et à vrai dire comment le roi qui venait de signer le manifeste de novembre pouvait-il, dès le lendemain, le remettre en question aux yeux de la France entière, étonnée de voir par là se déjuger si soudainement la majesté royale? [1]

Non seulement la veuve d'Henri IV et la mère de Louis XIII voyait s'afficher par tout le royaume où elle avait figuré vingt ans en souveraine, la plus sanglante vitupération de la régence avec l'apologie de ses victimes; mais on rajeunissait le lustre du parti installé sur ses ruines. Depuis l'institution par Henri III de l'ordre des chevaliers du Saint-Esprit, destiné à grouper autour du trône du dernier Valois et en regard des envahissements de la Ligue une vaste clientèle nobiliaire, il s'était écoulé cinquante ans sans renouvellement du personnel de cette milice héraldique; aussi, vers la fin de l'année 1620, la

---

[1] Richelieu, t. XXI, pp. 170–172, 191, 194–195; t. XXII, pp. 32, 34 et 35. — Mercure français, t. V, pp. 337, 340. — *Nunz. di Fr.*, 4 et 18 décembre 1619; 17 et 29 janvier 1620. — *Mém. Secr., eod.*, pp. 147, 181, 185 et t. XXXV, p. 86. — F. Colbert, 98, *Registre*, etc., f 43, 45. — Arch. des aff. étr. F. fr, 773, f 214. — Marillac, p. 2. — *Dispacc. degl. amb. venez.*, 21 janvier 1620. — Roncoveri, p. 296. — Gramond, pp. 285–286. — Dupleix, pp. 133–134. — F. fr., divers : *Faultes remarquées en l'histoire de Louis XIII*, par Scipion Dupleix, par M. de Bassompierre, p. 72. — P. Griffet, *eod.*, p. 353. — Levassor, t. III, 2ᵉ partie, pp. 466, 470. — Bazin, pp. 357–358. — Mᵐᵉ d'Arconville, t. III, pp. 27, 29. — Vie du Cardinal-duc de Richelieu, pp. 57–58, 60. — Le véritable P. Joseph, p. 138. — Tabaraud, p. 310. — Gouget, p. 154. — Arch. nat., carton 232, f 18 rᵒ. — Avenel, *eod.*, passim. — Duc d'Aumale, *eod.*, pp. 107–108,

Cour dut-elle y pourvoir à environ soixante promotions. Il y eût eu certes là pour Luynes, livré aux seules inspirations de sa prudence naturelle, assez de marge pour accueillir, à côté de ses propres candidats, les deux seuls que lui voulût désigner Marie de Médicis : à savoir le vieux comte de Montsoreau, qu'au jour de son entrée en son apanage nous avons vu sur le chemin des Ponts-de-Cé chevaucher au-devant d'elle, et son parent et son féal protégé Marillac. Mais, dans les procédés à suivre envers l'ancienne régente convertie en souveraine angevine, Luynes avait désormais à compter avec les intempérantes ardeurs qu'il venait de déchaîner contre elle. Car on a pu déjà mesurer tout ce qu'avait gagné d'empire au conseil du roi, depuis sa sortie de Vincennes, l'instigateur de l'acte de novembre. Enhardi par ce premier triomphe à pousser sa pointe au mépris des suggestions plus modérées de son allié de la veille, Henri de Bourbon s'acharna, du même souffle dont il avait lacéré la réputation de la reine-mère, à l'écarter de cette ombre même d'ingérence politique où elle pouvait aspirer encore au sein de l'apanage qui lui était à la fois un exil et une place d'armes. Quand du moins s'ouvrirent en présence de Condé, à Saint-Germain-en-Laye, le 7 décembre, les délibérations sur le renouvellement du personnel de l'ordre du Saint-Esprit, on s'interdit de consulter là-dessus Marie de Médicis, aussi soigneusement qu'on l'avait fait sur le mariage et l'établissement des enfants de France. A vrai dire, on ne l'eût que bien dérisoirement conviée à risquer ses candidats sur une liste comminatoire où figura tout ce qui avait comploté sa chute, hérité de ses dépouilles ou répudié ses disgrâces. A ce point de vue, quel défilé de provocations! Ici Luynes, avec ses deux frères Cadenet et Brantes; et là Vitry, Ornano et du Hallier, teints encore du sang du maréchal d'Ancre. Plus loin Schomberg, préposé naguère avec le duc de Mayenne au blocus d'Angoulême; et là Rochefort, chambellan du prince de Condé. Ailleurs, enfin, c'est Mosny, transfuge de la Cour d'Angoulême et rehaussé par sa promotion non moins que le seront bientôt par l'octroi d'une riche abbaye et d'un haut grade militaire ses complices Ruccellaï et Thémines. Uné nomenclature aussi agressive, infligée à celle qu'avait déjà si vilipendée l'acte du 9 novembre, ne pouvait qu'aggraver cette récente blessure. Aussi l'on devine avec quel dédain Marie de Médicis accueillit l'ambassadeur Tharault quand il osa lui venir déférer, après la clôture et comme en un coin de la liste aussi haineusement dressée contre elle, un supplément de présentations[1].

Car chez une reine aussi persévéramment abreuvée d'outrages qui ravivaient en elle le souvenir des anciennes avanies, la mesure des griefs était comble. Aussi Marie de Médicis releva vite le défi contenu en l'acte du 9 novembre et réitéré dans la promotion de décembre[2], sans souci du péril de la lutte à soutenir contre un ennemi renforcé à qui elle n'avait encore à opposer que ce qui ne mérite que le nom de la cabale d'Angoulême. Quant à Luynes, en laissant à contre-cœur le double signal d'une reprise d'hostilités tomber bruyamment des mains du prince à peine sorti de Vincennes, il s'affecta de la domination qu'Henri de Bourbon ravissait sitôt à son libérateur. De là déjà un principe de division entre les jalousies du favoritisme et l'accaparement des vengeances princières; et par là quelle issue ouverte à l'attentive ambition du grand homme d'état replié sur l'apanage de Marie de Médicis avec

---

[1] Richelieu, t. XXI, p. 194. — Pontchartrain, pp. 409, 411. — Merc. fr., t. VI, pp. 5-6. — *Mém. Secr.*, 20ᵉ partie, pp. 207-208. — Marillac, p. 2. — Arch. des aff. étr., F. fr., 773, fᵒˢ 214 et 238. — Roncoveri, p 303. — Gramond, pp. 282 et 286. — Dupleix, *eod.*, pp. 129 et 133, et F. fr., divers 22, 25. — *Faultes remarquées*, etc., pp. 72, 74 et 197. — P. Griffet, *eod.*, p. 254. — Levassor, t. III, pp. 534-535. — Bazin, *eod.*, p 358 — Mᵐᵉ d'Arconville, *eod.*, pp. 33, 35. — L'abbé Gouget, p. 155. — Arch. nat., carton 232, fᵒˢ 18 et 19. — V. Cousin, *eod.*, mai 1851, p. 283. — Avenel, *eod.*, p. 101.

[2] Officiellement arrêtée au chapitre général de l'ordre tenu le 30 décembre 1619.

l'expérience consommée des disgrâces ! Atteint aussi bien
que sa souveraine en sa qualité de promoteur de l'arrestation de Condé par l'acte du 9 novembre, on voit d'ici
Richelieu ployant sagement sous la rafale qui l'accable
sans l'aveugler. Adossé aux remparts de la ville qu'il
désigne à sa souveraine et qu'à sa suite lui-même adopte
comme refuge et comme arsenal, indéfectiblement il pro-
jette son regard d'aigle au-delà des nuages partout amon-
celés sur sa route. Sous les mugissements de la tempête, et
à travers les clameurs insurrectionnelles qui dès demain
étoufferont en Anjou sa voix médiatrice, il avise le jour où
Luynes, enfin lassé des envahissements de l'allié dont lui-
même avait soulevé contre lui les inimitiés, en ses calculs
d'équilibre pour la troisième fois se retournera vers lui,
comme vers un pondérateur encore moins redouté que
nécessaire ; et voilà le chemin par où, à travers le champ
de bataille des Ponts-de-Cé, l'on verra Richelieu ramener,
sinon plus triomphalement au moins plus sûrement qu'il
ne l'avait fait à Tours, Marie de Médicis à Louis XIII.

Eusèbe PAVIE.

(*A suivre.*)

FRANÇOIS BERNIER

Le Bengale est l'une des plus riches et des plus belles régions de l'Inde. Bernier le visita deux fois, et la description qu'il nous en donne est des plus exactes et des plus fidèles. En la parcourant, nous pouvons nous représenter le Bengale tel qu'il existait avant que les Européens s'y fussent établis. Aussi, pensons-nous intéresser nos lecteurs en la reproduisant.

« Tous les siècles ont parlé de l'Égypte comme du meilleur et du plus fertile pays du monde ; nos écrivains ne veulent pas qu'il y ait de terre qui lui soit comparable ; mais selon ce que j'ai pu reconnaître du royaume de Bengale dans deux voyages que j'y ai faits, je crois que cet avantage lui est bien plutôt dû qu'à l'Égypte. Il porte des riz en si grande abondance que non seulement, il en fournit ses voisins, mais même des pays fort éloignés. On en fait remonter le Gange jusqu'à Patna, et il s'en transporte, par mer, à Maslipatan et en plusieurs autres ports de la côte de Koromandel. On en transporte encore dans les royaumes étrangers et principalement en l'île de Ceylan et aux îles Maldives ; il abonde aussi tellement en sucre qu'il en fournit les royaumes de Golconde et des Karnates où il n'en croît que fort peu ; l'Arabie et la Mésopotamie s'en fournissent encore par la voie de Moka et de Bassora ; la Perse même en fait grande traite par le Bander-Abbasi ; c'est aussi le pays des bonnes confitures, principalement dans les endroits où il y a des Portugais qui sont adroits à les faire et en font un grand trafic. Ils en font de ces gros poncires comme nous en avons en Europe et d'une certaine espèce de racine qui est longuette comme la salsepareille et très délicate, de ce fruit ordinaire des Indes qu'on appelle amba ; de petits mirobolans qui sont excellents ; des limons et du gingembre. Il est vrai que le pays de Bengale n'a pas tant de froment que l'Égypte, mais si c'est un défaut, on le doit imputer à ses habitants qui mangent très peu de pain, et beaucoup plus de riz que les Égyptiens ; néanmoins il en porte toujours assez pour ce qu'il en faut pour le pays et pour fournir d'excellents biscuits, et à bon marché, aux équipagnes des navires de nos Européens, Anglais, Hollandais et Portugais. On y donne presque pour rien ces trois ou quatre autres sortes de légumes qui, avec le riz et le beurre, font le manger le plus ordinaire du menu peuple et, pour une roupie, qui est la valeur de vingt-neuf sols ou environ, on a vingt bonnes poules ou davantage ; il y a aussi des chèvres et des moutous en abondance, et des porcs en si grandes quantités, que les Portugais, qui sont habitués dans le pays, ne vivent presque d'autre chose, et les Anglais et les Hollandais en font de grandes provisions pour leurs navires. Il en est de même du poisson de plusieurs espèces tant de frais que de salé et, en un mot, Bengale est le pays où tout abonde ; et c'est pour cette abondance de toutes choses qu'il s'y est tant refugié de

Portugais, métis et autres Chrétiens de toutes ces terres
que leur ont prises les Hollandais, car les Pères Jésuites et
Augustins, qui y ont leurs grandes églises où ils exercent
la religion avec toute liberté, m'assuraient que dans Ogouli
seul, il n'y avait pas moins de huit à neuf mille âmes chrétiennes et, ce que je croirais assez, dans le reste du
royaume il y en avait plus de vingt mille, c'est aussi cette
même affluence de toutes les choses nécessaires à la vie,
jointe à la beauté et à la belle humeur des femmes qui
l'habitent, qui a donné lieu au proverbe entre les Portugais, les Anglais et les Hollandais, qu'il y a cent portes
ouvertes pour entrer dans le royaume de Bengale et pas
une pour en sortir.

« Pour ce qui est des marchandises de grand prix et qui
attirent le trafic des étrangers dans le pays, je ne sais s'il y
a terre au monde qui en donne tant et tant de sortes différentes ; car outre le sucre dont j'ai parlé et qu'on peut
mettre au nombre des marchandises de prix, il y a des
cotons et des soies en telle quantité qu'on peut dire que le
Bengale en est comme le magasin général, non seulement
pour tout l'Hindoustan ou empire du grand Mogol, mais
pour tous les royaumes circonvoisins et pour l'Europe
même.

« Je me suis quelquéfois étonné de la quantité de toiles de
coton, fines et autres, teintes ou blanches, que les Hollandais seuls en tirent et transportent de tous côtés et principalement au Japon et en Europe, sans parler de ce que les
Anglais, les Portugais et les marchands indiens en tirent
de leur côté. Il en est de même des soies et des étoffes de
soie de toutes sortes ; on ne s'imaginerait jamais la quantité qui s'y en prend tous les ans ; car ce pays en fournit
généralement tout ce grand empire du Mogol jusqu'à Lahor
et à Caboul, et la plupart des autres pays étrangers où se
transportent les toiles de coton. Il est vrai que ces soies ne
sont pas si fines que celles de Perse et que celles de Syrie,

Sayd et Barut; mais il y a bien aussi de la différence de prix, et je sais de bonne part que qui voudrait prendre la peine de les bien choisir et de les bien faire travailler, on en ferait de très beaux ouvrages. Les Hollandais seuls ont quelquefois sept ou huit cents hommes du pays qu'ils y font travailler dans leur facturie de Kassem-Bazar, ainsi que les Anglais et d'autres marchands à proportion. C'est aussi dans le Bengale que se prend cette quantité prodigieuse de salpêtre qui descend si commodément sur le Gange de Patna, et où les Hollandais et les Anglais en chargent des navires pour plusieurs endroits des Indes et pour l'Europe Enfin, c'est du Bengale que la bonne lacque, l'opium, la cire, la civette et le poivre long et autres drogues se tirent, et il n'y a pas jusqu'aux beurres qui ne s'y trouvent en si grande abondance, qu'encore que ce soit marchandise de grand volume, on ne laisse pas d'en transporter par mer de tous côtés.

« Véritablement, l'air, au regard des étrangers, n'y est pas trop sain, et principalement en approchant de la mer; en effet, dans le commencement que les Anglais et les Hollandais y étaient, il leur mourrait beaucoup de monde, et j'ai vu dans Balasor de très beaux vaisseaux anglais qui, ayant été obligés, à cause de la guerre des Hollandais, de demeurer là plus d'un an, ne purent plus se mettre en mer, parce que la meilleure partie de leur équipage y avait péri. Néanmoins, depuis qu'ils ont donné ordre, aussi bien que les Hollandais, que leurs équipages ne boivent point tant de bouleponges, et ne sortent point si souvent du navire pour venir à terre visiter les vendeurs d'arac et de tabac et les Indiennes, et qu'ils ont expérimenté qu'un peu de bon vin de Grave, de Canarie ou de Chiras, est un merveilleux antidote contre le mauvais air; depuis, dis-je, qu'ils vivent avec ses précautions, il n'y a pas tant de malades, et il ne leur meurt plus tant de monde.

« Le bouleponge est un certain breuvage composé d'arac,

c'est-à-dire d'eau-de-vie de sucre noir, avec du suc de limon, de l'eau, et un peu de muscade rapée dessus ; il est assez agréable au goût ; mais c'est la perte du corps et de la santé.

« Pour ce qui est de la beauté du pays, il faut s'imaginer que dans tout le Bengale, à prendre près de cent lieues de longueur des deux côtés du Gange, depuis Raje-Mehale jusqu'à la mer, ce ne sont que grands canaux qu'on a autrefois creusés et tirés du Gange avec des travaux immenses bien avant dans les terres, pour la facilité du transport des marchandises et de cette eau la plus excellente du monde, comme prétendent les Indiens ; ces canaux sont des deux côtés bordés des villages et des bourgades de Gentils très peuplées, et de grandes campagnes de riz, de sucre et de froment, de trois ou quatre espèces de légumes ; de moutardes et de sésames pour faire des huiles, et de ces petits mûriers de la hauteur de deux ou trois pieds pour la nourriture des vers à soie. Mais cette infinité de grandes et petites îles qui sont dans le milieu du Gange et qui remplissent tout ce grand espace de six ou sept journées qu'il y a quelquefois d'une rive de ce fleuve à l'autre, c'est ce qui fait une beauté qui n'a pas sa pareille au monde ; car elles sont très fertiles, toutes bordées de bois et pleines d'arbres fruitiers, d'ananas et de verdures de toutes sortes, et entrelacées de mille canaux à perte de vue comme des mails d'eau tous couverts d'arbres. Le mal est que plusieurs de ces îles qui sont les plus proches de la mer sont à présent désertes et abandonnées à cause de ces corsaires Franguys de Bakan, dont j'ai parlé ailleurs, et qu'elles n'ont plus, pour habitants, que des tigres qui, quelquefois, passent à la nage d'une île à l'autre, et des gazelles ou des porcs et de la volaille devenus sauvages ; et c'est à cause de ces tigres que, quand on voyage entre ces îles avec de petits bateaux à rames, comme c'est l'ordinaire, il est dangereux, en beaucoup d'endroits, de mettre pied à terre, et

23

on doit bien prendre garde que le bateau que l'on attache, la nuit, à des arbres, ne soit pas trop proche du rivage ; car il y en a toujours quelques-uns d'attrapés, et on dit qu'il s'est trouvé des tigres si hardis, qu'ils ont entré jusque dans les bateaux d'où ils ont emporté des hommes endormis, choisissant même (si l'on en peut croire les bateliers du pays), les plus gros et les plus gras.

« Il me souvient d'un voyage de neuf jours que je fis de Pipli à Ogouli entre ces îles et ces canaux, que je ne saurais m'empêcher de vous raconter ici, parce qu'il ne se passe pas un jour qui ne fût diversifié de quelque accident extraordinaire.

« Ma chaloupe à sept rameurs ne fut pas plutôt sortie de la rivière de Pipli et nous n'eûmes pas plutôt avancé trois ou quatre lieues en mer, le long de la côte, pour gagner les îles et les canaux, que nous vîmes la mer couverte de poissons comme de grandes carpes qu'une bande de dauphins poursuivaient ; je fis ramer de ce côté-là et vis que la plupart de ces poissons étaient couchés sur le côté comme s'ils eussent été morts ; que quelques-uns avançaient un peu et que les autres se débattaient et tournaient comme s'ils eussent été enivrés ; nous nous mîmes tous en devoir d'en prendre, et nous en attrapâmes vingt-quatre à belles mains sans aucune difficulté. Je considérai ces poissons, et je remarquai qu'il leur sortait, à tous, hors de la gueule, une vessie comme celle que l'on trouve dans les carpes, qui était enflée de vent et rougeâtre par le bout ; je m'imaginai assez que ce devait être cette vessie qui les empêchait de pouvoir aller au fond, mais je ne pus jamais trouver pourquoi elle leur sortait ainsi de la gueule, si ce n'est qu'ils eussent été longtemps et violemment 'poursuivis par ces dauphins et qu'ils eussent fait de si grands efforts pour s'enfuir que cette vessie se fût ainsi enflée, devenue rougeâtre et fût ainsi sortie hors de leur gueule. J'ai depuis conté la chose à cent mariniers qui ne la pouvaient croire, et je n'ai

trouvé qu'un seul pilote hollandais qui m'a dit que, navi-
guant sur les côtes de la Chine, dans un grand navire, il
s'était trouvé en pareille occasion, qu'ils mirent incontinent le petit bateau en mer, et qu'ils prirent ainsi, avec la
main, très grande quantité de poissons.

« Le lendemain, sur le tard, nous arrivâmes entre ces îles
et, après avoir cherché un endroit où il n'y eût pas apparence de tigres, nous mîmes pied à terre, nous fîmes du
feu, et je me fis apporter une couple de poules et de notre
poisson qui se trouva excellent ; aussitôt que tout le monde
eut soupé, je fis ramer jusqu'à la nuit et, de crainte de nous
égarer entre ces canaux dans l'obscurité, nous nous retirâmes du grand canal et cherchâmes un bon abri dans un
petit recoin, où nous attachâmes notre bateau à une grosse
branche d'arbre, assez loin du rivage, de crainte des tigres.
La nuit que je faisais la garde, il survint un accident philosophique tel qu'il m'en était déjà arrivé deux dans Delhi ;
j'aperçus un arc-en-ciel ou iris de lune, que je montrai à
tout le monde et qui surprit beaucoup deux pilotes portugais que j'avais reçus dans mon bateau, à la prière d'un de
mes amis, qui n'avaient jamais ni ouï parler de chose
semblable.

« Le troisième jour nous nous égarâmes entre ces canaux
et, sans que nous rencontrâmes enfin des Portugais qui
faisaient faire du sel dans une île et qui nous remirent
dans notre chemin, je ne sais ce que nous serions devenus. Mais voici un second accident philosophique. La nuit
que nous étions à l'ordinaire retirés à l'abri, dans un petit
canal, mes Portugais qui se souvenaient de l'arc-en-ciel ou
iris de la nuit précédente, et que cette remarque avait
rendu plus curieux d'observer le ciel, m'éveillèrent et m'en
montrèrent un autre aussi beau et aussi bien formé que
celui que je leur avais fait voir. Au reste, ne pensez pas
que j'aie pris des iris pour des corones ; je connais trop
bien ces corones ; il n'y a presque point de mois qu'à Delhi,

dans le temps des pluies, on n'en voie à l'entour de la lune
lorsqu'elle est fort haute sur l'horizon, car j'ai remarqué
que c'est une condition absolument nécessaire, et j'en ai
vu de trois et quatre nuits de suite, et quelquefois même
qui étaient doubles ; ces iris dont je parle n'étaient pas à
l'entour de la lune, mais à l'opposite et dans la même disposition que se trouvent ceux que forme le soleil ; et toutes
les fois que j'en ai vu, la lune était vers l'occident et les
iris vers l'orient, la lune était aussi environ son plein, ce
qui est, à mon avis, bien nécessaire, parce que, en un autre
temps, elle n'aurait pas assez de lumière pour les former ;
et enfin ces iris n'étaient pas si blancs que les corones,
mais beaucoup plus colorés et on y remarquait même
quelque faible distinction de couleurs, ainsi vous voyez
comme j'ai été plus heureux que les anciens qui, selon
Aristote, n'en avaient point observé devant lui.

« Le quatrième jour, au soir, nous nous retirâmes à l'ordinaire en sûreté, hors du grand canal et dans un très bel
endroit, mais nous eûmes une des extraordinaires nuits
qui fût jamais ; il ne faisait pas un souffle de vent et l'air
était si chaud et si étouffant qu'à peine pouvions-nous res-
pirer : les bocages que nous entourions étaient tellement
pleins de ces petits vers qui éclairent, qu'on eût dit qu'ils
eussent été en feu et, de moment en moment, il s'élevait
des feux tantôt d'un côté et tantôt d'un autre ; ils étaient
comme des flammes et ils effrayaient beaucoup mes mariniers qui disaient que c'était des diables ; il s'en éleva deux
autres très extraordinaires. Le premier était comme un
gros globe de feu, qui dura, en tombant et en filant, la
longueur d'un *Pater* et davantage, et le second, qui dura
plus d'un quart d'heure, était comme un petit arbre tout
enflammé.

« La nuit du cinquième jour fut horrible et dangereuse
tout ensemble ; il s'éleva un orage si fort que, quoique
nous fussions bien à l'abri sous des arbres, et que notre

petit bateau fût bien attaché, le vent ne laissa pas de rompre la corde, et nous allait jeter dans le grand canal où nous eussions infailliblement péri, si je ne me fusse promptement jeté avec les deux portugais à des branches d'arbres, où nous nous tînmes attachés plus de deux heures pendant l'orage ; car il n'y avait point de secours à espérer de mes rameurs indiens, que la peur avait rendu incapables de nous aider dans cette occasion, mais ce qui était le plus incommode et de plus étonnant, c'est qu'il faisait une pluie à verse qui remplissait notre bateau, et des éclairs et des coups de tonnerre si horribles et si proches de notre tête, qu'à chaque moment nous nous croyions abîmés.

« Le reste du voyage jusqu'au neuvième jour que j'arrivai à Ogouly se passa fort agréablement ; car je ne pouvais me rassasier de voir de si beau pays, mais mon coffre et toutes mes hardes étaient mouillés, mes poules mortes, mon poisson gâté et tout mon biscuit trempé. »

Ce récit nous montre que Bernier accomplissait de véritables explorations, qui étaient loin d'être exemptes de dangers, comme l'on serait tout d'abord tenté de le croire. Il se plaisait à observer les phénomènes de la nature et l'Inde était pour lui un vaste champ ouvert à ses études et à ses recherches. C'est ainsi que nous le voyons s'appliquer à déterminer la durée des saisons dans les différentes par · ties de la péninsule. Le courant des mers et des vents avait également attiré son attention, et l'opinion qu'il émet se trouve conforme aux données de la science moderne. Rien ne lui échappe et l'on peut dire que notre compatriote est l'un des explorateurs les plus distingués et, dans le monde géographique, son nom jouit toujours de la même autorité.

A cette époque, comme de nos jours, la plus grande partie des habitants de l'Inde appartenaient au Brahmanisme et étaient connus des Européens sous le nom de Gentils. Leurs mœurs, leurs usages et leurs coutumes étaient ce qu'elles sont, mais, pour un explorateur, elles présentaient ces avantages c'est qu'elles étaient encore peu connues en Europe. Bernier les étudie avec soin et, en lisant la longue lettre qu'il adresse à Chapelain, *touchant les superstitions, étranges façons de faire et doctrine des Indous ou Gentils de l'Hindoustan*, l'on est amplement renseigné à ce sujet. Bernier nous signale la tolérance du gouvernement du grand Mogol et nous parle de différentes cérémonies dont il avait été témoin. L'usage de brûler les femmes l'indigne et son accent irrité nous montre la délicatesse de ses sentiments. Une discussion s'était élevée depuis quelque temps entre les missionnaires, pour savoir si les Hindous n'avaient pas reçu la révélation, et si la triade de Brahma n'était pas le souvenir plus ou moins défiguré du mystère de la sainte Trinité. Bernier aborde cette question qui, actuellement, est loin d'être résolue, et ses connaissances théologiques, disons-le, sont fort incomplètes. Du reste, il semble être assez indifférent à toutes ces controverses. Nous croyons, néanmoins, devoir reproduire le passage suivant qui n'est pas sans intérêt.

« J'ai vu », écrit Bernier, « le R. P. Roa, Jésuite, allemand de nation et missionnaire à Agrah, qui s'était appliqué au sanscrit, et qui se souvenait que non seulement il était posé dans les livres des Gentils qu'il y avait un Dieu en trois personnes, mais même que la seconde personne de leur trinité s'était incarnée neuf fois, et afin qu'on ne croie pas que je me veuille attribuer des écrits dès autres, je m'en vais vous rapporter, mot pour mot, ce qu'en attrapa, par adresse, un Père Carme de Schiraz, lorsque ce R. P. Roa passait par là pour venir à Rome. Les Gentils, dit-il, tiennent que la seconde personne de la Trinité s'est incarnée par neuf fois, et cela pour diverses nécessités du monde, desquelles elle l'a délivrées. La huitième incarnation est la plus célèbre, car ils soutiennent que le monde étant asservi, sous la puissance des géants, il fut délivré par la seconde personne incarnée et née d'une vierge, à

minuit, les anges chantant dans les airs et les cieux, ver-
sant une pluie de fleurs, pendant toute la nuit. Cela sent
beaucoup le Christianisme. »

Malgré tous les attraits que lui présentait l'Inde, Bernier
songeait toujours au pays natal. En 1667, il quittait la Cour
du Grand Mogol, se rendait à Surate où il rencontrait
Chardin. A ce moment, avait-il l'intention de revenir
en Europe, se proposait-t-il de faire quelque nouveau
voyage, ou les entretiens qu'il eut avec Chardin lui suggé-
rèrent-ils quelque projet? c'est ce que nous ignorons.
Bernier se montre, dans son récit, fort peu communicatif.
Il se borne à nous dire quelques mots de sa rencontre avec
Chardin, et il ajoute qu'un jour, tous les deux s'en allèrent
en compagnie de plusieurs Anglais et Hollandais, voir
brûler une femme sur un bûcher, « et que cette dernière
était entre deux âges, n'était pas laide et se faisait remarquer par son intrépidité bestiale et par une gaieté féroce
qui se remarquait sur son visage. » Nous avouons que cette
curiosité malsaine nous étonne de la part de Bernier et, au
risque de nous brouiller avec lui, nous ne pouvons nous
empêcher de lui en témoigner notre mécontentement.

Au moment où Bernier se trouvait à Surate, Caron,
investi des pouvoirs de la Compagnie des Indes et en
possession de la confiance de Colbert, venait d'y fonder une
factorerie, la première que nous ayons possédée dans
l'Extrême-Orient. Malgré son caractère personnel Caron,
qui méditait l'exécution de vastes projets, s'était empressé
d'entrer en rapports avec Bernier afin d'en obtenir des
renseignements. Bernier lui remit un mémoire, où il lui
recommandait d'agir avec prudence, de ne pas choquer les
usages du pays et d'éviter toute propagande religieuse. Les
Français devaient partout se présenter comme des marchands
qui désirent faire du trafic et imiter la réserve des Hollandais. Il conseillait d'établir des factoreries à Golconde, à
Mazulipatam et à Kassim-Bazar, au Bengale. « Si l'on est

patient, disait-il, l'on réussira, attendu que la nation française est un bois dont on peut faire toute sorte d'ouvrage[1]. »

Bernier était sur le point de partir. Peu de temps après, il prenait la mer et débarquait à Bender-Abaassi. Quel était son but en pénétrant en Perse ? Se proposait-il de parcourir l'ancien royaume de Cyrus, désirait-il obtenir à la cour du Schah une position analogue à celle qu'il occupait près du Grand Mogol, avait-il simplement cédé à un désir de curiosité que lui auraient suggéré ses entretiens avec Chardin ? Ici nous nous trouvons dans l'ignorance la plus complète. Nous ne savons même pas à quelles pérégrinations se livra notre compatriote; sur ce sujet il est d'un mutisme complet. Il va en Perse et ne nous dit rien de son voyage. Nous savons seulement qu'il visita Ispaham et Schiraz, et que de cette dernière ville sont datées, du 10 juin 1668, deux lettres. La première adressée à Chapelle forme à elle seule un petit volume et traite des Gentils de l'Hindoustan; la seconde, adressée à Chapelain, est intitulée : « *Sur le dessein qu'a l'auteur de se remettre à l'étude, sur quelques points qui concernent la doctrine des atômes et la nature de l'entendement humain.* » Ici Bernier nous montre qu'il était saturé du *Haut-Orient*, puisqu'en écrivant à un vieil ami, au lieu de lui parler des curiosités persanes, il entamait avec lui une discussion philosophique et évoquait probablement le souvenir lointain d'une controverse qu'il avait probablement eue jadis, alors qu'il suivait les cours de Gassendi. L'heure du retour était enfin arrivée pour l'illustre voyageur.

De Schiraz, Bernier revint à Surate et là il s'embarquait pour l'Europe. Il quittait l'Inde en 1669, content d'y avoir passé une dizaine d'années, riche de tout ce qu'il avait vu,

---

[1] Ce mémoire est daté du 10 mars 1668. Nous avons été assez heureux pour le découvrir dans les archives de la marine et des colonies, et nous l'avons publié dans les mémoires de la Société d'agriculture, sciences et arts d'Angers (année 1884).

mais sans tristesse. Il allait revoir la France, Paris pour qui il avait gardé un faible, et il savait, en outre, qu'il n'allait pas se trouver seul, isolé dans la capitale, et que contrairement à l'adage, *les absents ont toujours tort*, tous ses amis attendaient son arrivée avec impatience pour renouer des relations interrompues. Ces amis qu'il avait connus du temps de Gassendi et qui s'étaient intéressés à ses aventures étaient Lamothe-Levayer, de la Chambe, Guy Patin, Chapelain. Malheureusement il ne tarda pas à les voir disparaître, mais il lui restait Chapelle, son ami de jeunesse, son correspondant pendant ses longues absences, et c'est sous les auspices de ce gai compagnon qu'il forme de nouvelles amitiés avec Boileau, Racine, La Fontaine, qu'il renoue avec Molière son ancienne liaison, et entre en rapport avec Ninon de l'Enclos et Mme de la Sablière; tout à l'heure, nous admirions Bernier comme voyageur ; nous serons maintenant presque tentés de lui porter envie.

Bernier n'allait pas cependant s'endormir dans une agréable oisiveté. Au moment où il revenait à Paris, il était plus question que jamais d'expéditions lointaines, d'établissements d'outre-mer et, quelques années auparavant, la fameuse compagnie des Indes avait été fondée. Bernier était heureux de pouvoir coopérer à cette œuvre nationale et, dans ce but, il adressait à Colbert un long mémoire intitulé : « Lettre sur l'étendue de l'Hindoustan, circulation de l'or et de l'argent pour venir s'y abîmer, richesses, forces, justice et cause principale de la décadence des états d'Asie. » Ce mémoire est un document fort précieux; il donne tous les renseignements désirables sur l'empire du Grand Mogol, sa situation, son étendue, son gouvernement, son organisation politique et militaire, ses productions, son commerce. C'est un tableau complet de l'Inde telle qu'elle existait alors.

En 1670, Bernier publiait ses mémoires sous les auspices de Louis XIV et de Colbert. Il y passe en revue l'histoire contemporaine de l'Inde, ses mœurs, sa religion, ses sciences, en même temps qu'il décrit les principales villes et provinces de la contrée. Cette publication remplit les deux années qui suivirent son retour. Inutile de parler du succès qu'elle obtint. La renommée de notre compatriote était désormais établie, et partout on le désignait sous le nom de *Mogol*. Une traduction de son ouvrage le fit connaître presque aussitôt à l'Angleterre et c'est à elle que Dryden doit avoir emprunté le sujet de sa tragédie d'Aureng-Zeyb.

A partir de 1672, Bernier semble avoir épuisé son portefeuille de voyage et se livre à peu près exclusivement à la littérature, aux sciences et à la philosophie. Il est devenu l'hôte recherché de tous les salons et on aimait à l'entendre parler de ses voyages, d'autant plus qu'il racontait toujours avec charme ce qu'il avait vu et savait rendre ses récits aussi agréables qu'instructifs. Mᵐᵉ de la Sablière, dont il était devenu l'admirateur passionné et assidu, recevait ses hommages avec une préférence des plus marquées. Ce fut lui qui, probablement, fournit à Molière plusieurs de ses traits contre les médecins. La Fontaine, malgré son caractère si indépendant, subissait lui-même l'influence de l'illustre voyageur. Ce fut sous son inspiration qu'il composa son *poème sur le quinquina*. Le *fablier* venait d'achever la première partie de son recueil de fables ; dans la seconde qu'il commença à publier à Paris, à partir de 1678, l'on est surpris de voir que plusieurs de ses petits drames, au lieu de s'accomplir en Grèce, comme d'habitude, se passent aux régions lointaines de la Perse et de l'Inde, et que, parfois, les personnages, au lieu d'être des citoyens d'Athènes, sont des sujets du Grand Mogol. Parmi ces fables auxquelles nous faisons allusion, nous citerons les *Souhaits*, les *Deux Amis*, le *Bassa et le Marchand*, le *Dépositaire infidèle*, la *Souris métamorphosée en Fille*, le *Songe d'un habitant du Mogol*. La présence de ces nouveaux acteurs ne peut guère s'expliquer que par les entretiens que Bernier avait avec La Fontaine. C'est ainsi que le *grand enfant* aurait pris goût aux choses du Haut-Orient.

Pendant plusieurs années, Bernier paraît avoir oublié l'Inde; il est assidu au cours du chimiste Lemery, fréquente Tournefort, assiste aux réunions hebdomadaires qui se tiennent chez le médecin Denis et son compatriote Ménage, et participe avec Racine et Boileau à la rédaction de l'*Arrêt burlesque* et rédige seul *la Requête* qui est sensée servir de base à l'*Arrêt*. A partir de 1674, sa principale occupation est la publication d'un *Abrégé de la philosophie de Gassendi* ; il traduit le *syntagma totius philosophiæ*, et expose ses *doutes sur plusieurs chapitres dans son abrégé* dans un ouvrage séparé qu'il dédie à Mme de la Sablière, en l'initiant au système de Gassendi, aux opinions de Descartes et en la tenant au courant du mouvement des sciences par ses entretiens et par ses lettres. Quand elle se fut retirée du monde pour se refugier *aux Incurables*, Bernier continua de correspondre avec elle et, jusqu'à la fin de sa vie, elle demeura l'âme de ses écrits.

Au milieu de ses nombreux travaux et malgré les séductions de la vie parisienne, Bernier n'avait pas perdu le goût des voyages. Il allait habituellement passer plusieurs mois de l'année dans le Languedoc et en Provence, où il avait conservé des amis, et il faisait des courses dans les provinces voisines.

Il n'oubliait jamais Montpellier où il avait fait son éducation médicale et, en même temps, il observait tout ce qu'il voyait avec le même intérêt que s'il s'était agi de quelques curiosités de l'Inde. Il avait eu la bonne fortune de rencontrer, dans nos provinces méridionales, un compatriote, le célèbre abbé Picard, déjà connu dans toute l'Europe par ses savantes publications, le fondateur de l'Observatoire. Picard séjournait alors à Bordeaux, à Royan, à Bayonne, à Montpellier et s'y livrait à des études astronomiques. La *Connaissance des temps* l'occupait et Bernier, qui se rappelait ce qu'il avait pu voir et observer dans l'Inde, prit une part active à ses travaux.

Quoique absent de Paris, Bernier restait en correspondance avec Mme de la Sablière. Il lui communiquait ses impressions, lui rappelait les conversations qu'il avait eues avec elle, les spirituelles et savantes discussions dont son salon avait été le théâtre. Plusieurs de ces lettres furent publiées. L'une des plus curieuses est celle qui parut en 1685 dans le journal des savants. Bernier essaie de faire une classification de la race humaine et, par conséquent, il peut être considéré comme le fondateur de l'anthropologie contrairement à l'opinion qui veut que Buffon ait donné à cette science les premiers développements. Nous reproduisons cette lettre avec le titre sous lequel elle fut publiée :

« *Division de la terre par les différentes espèces ou races d'hommes qui l'habitent et de la beauté des femmes.*

« Passons maintenant, madame, à une autre matière, dussions-nous faire une *oilla podrida*. Qu'importe, pourvu que cela vous tire un quart d'heure de votre solitude. Pourriez-vous vous souvenir de ce que vous m'avez dit autrefois sur cette nouvelle division du monde qui va suivre, que c'était une pensée à cultiver et qu'il y aurait plaisir de savoir si ceux qui habitent le milieu de l'Afrique, la terre australe et les autres lieux qui nous sont encore presque inconnus, seraient assez différents de nous pour en faire une espèce ou race différente.

« Les géographes n'ont divisé jusqu'ici la terre que par les différents pays ou régions qui s'y trouvent. Mais ce que j'ai remarqué dans les hommes, en tous mes longs voyages, m'a donné la pensée de la diviser autrement. Car, quoique dans la forme extérieure du corps et principalement du visage, les hommes soient presque tous différents les uns des autres, selon les divers cantons de terre qu'ils habitent, de sorte que ceux qui ont beaucoup voyagé peuvent souvent, sans se tromper, distinguer par là chaque nation en particulier, j'ai néanmoins observé qu'il y a quatre ou cinq espèces ou races d'hommes, dont la différence est si notable, qu'elle peut servir de juste fondement à une nouvelle division de la terre.

« Je comprends, sous la première espèce, la France, l'Espagne, l'Angleterre, le Danemarck, la Suède, l'Allemagne, la Pologne et généralement toute l'Europe, à la réserve d'une partie de la Moskovie. On y peut encore ajouter une partie de l'Afrique, à prendre depuis les royaumes de Fez et de Maroc, Alger, Tunis, Tripoli jusqu'au Nil, de même qu'une bonne partie de l'Asie, comme l'empire du grand Seigneur, avec les trois Arabies, la Perse toute entière, les États du grand Mogol, le royaume de Golconde, celui de Vizapour, les Maldives et une partie des royaumes d'Arakan, Pégou, Siam, Sumatra, Batam et Bornéo. Car, quoique les Égyptiens par exemple et les Indiens soient noirs ou plutôt basanés, cette couleur ne leur est qu'accidentelle et ne vient qu'à cause qu'ils s'exposent au soleil, puisque ceux qui se conservent et qui ne sont point obligés de s'y exposer aussi souvent que le peuple, ne sont pas plus noirs que beaucoup d'Espagnols. Il est vrai que la plupart des Indiens ont quelque chose d'assez différent de nous dans le visage et dans la couleur qui tire souvent sur le jaune, mais cela ne semble pas suffisant pour en faire une espèce particulière, ou bien il en faudrait faire aussi une des Espagnols, une des Allemands et ainsi de quelque autre peuple de l'Europe.

« Sous la deuxième espèce, je mets toute l'Afrique, excepté les côtes dont nous venons de parler. Ce qui donne lieu de faire une espèce différente des Africains, ce sont premièrement leurs grosses lèvres et leurs nez écachés, en ayant fort peu, parmi eux, qui aient le nez aquilin et les lèvres d'une grosseur médiocre ; 2° la noirceur qui leur est essentielle et dont la cause n'est pas l'ardeur du soleil, comme on le pense communément, puisque si l'on transporte un noir et une noire d'Afrique en un pays froid, leurs enfants ne laissent pas d'être noirs, aussi bien que tous leurs descendants, jusqu'à ce qu'ils se marient avec des femmes blanches. Il en faut donc chercher la nature particulière dans le sang qui est néanmoins de la même couleur que partout ailleurs ; 3° leur peau qui est comme huileuse, lisse et polie, si l'on excepte les endroits brûlés par le soleil ; 4° leurs trois ou quatre poils de barbe ; 5° leurs cheveux, qui ne sont pas proprement des cheveux, mais plutôt une espèce de laine qui approche du poil de quelques-uns de nos barbets, et enfin leurs dents plus blanches que l'ivoire le plus fin, leur langue et tout le dedans de la bouche avec leurs lèvres aussi rouges que du corail.

« La troisième espèce comprend une partie des royaumes d'Arakan et de Siam, de l'île de Sumatra et de Bornéo, les Philippines, le Japon, le royaume de Pégou, le Tonkin, la Cochinchine, la Chine, la Tartarie qui est entre la Chine, le Gange et la Moskovie, l'Usbeck, le Turkestan, le Zagatty, une petite partie de la Moscovie, les petits Tartares et les Turkomans qui habitent le long de l'Euphrate, tirant vers Alep. Les habitants de tous ces pays-là sont véritablement blancs, mais ils ont ordinairement de larges épaules, le visage plat, le nez écaché et les yeux comme en ovale, et qui viennent finir en pointe. Les Lapons composent la quatrième espèce. Ce sont de petits courteaux avec de grosses jambes, de larges épaules, le col court et un visage, je ne sais comment tiré en long, fort affreux et qui semble tenir de l'ours. Je n'en ai jamais vu que deux à Dantzick, mais selon les portraits que j'en ai vu et le rapport qui m'en a été fait par quantité de personnes qui ont été dans le pays, ce sont de vilains animaux, des buveurs d'huile de poisson, qu'ils trouvent meilleure que toutes les plus agréables liqueurs du monde.

« Pour ce qui est des Américains, ils sont, à la vérité, la plupart olivâtres, et ils ont le visage tourné d'une autre façon que nous. Néanmoins, je n'y trouve point une assez grande différence pour en faire une espèce particulière et différente de la nôtre.

« Au reste, comme dans notre Europe, la taille, le tour du visage, la couleur et le poil sont ordinairement fort différents, ainsi que nous l'avons dit, il en est de même des autres parties du monde. Car, par exemple, les noirs du cap de Bonne-Espérance semblent être d'une autre espèce que ceux du reste de l'Afrique. Ils sont ordinairement plus petits, plus maigres, plus laids de visage et très vifs à la course, aimant avec passion les charognes qu'ils mangent toutes crues et dont ils entortillent les boyaux autour de leurs bras et de leur col, comme on voit ici quelquefois à nos chiens de bouchers, pour les manger ensuite, dans le besoin, buvant de l'eau de mer quand ils n'en ont point d'autre, et parlant un langage tout à fait étranger et presque inimitable aux Européens. Quelques Hollandais disent qu'ils parlent cop d'Inde.

« Ce que je remarquai touchant la beauté des femmes n'est pas moins particulier. Il est certain qu'il s'en trouve de belles et de laides partout. J'en ai vu de très belles en Égypte, qui me faisaient souvenir de la belle et fameuse Cléopâtre. J'en ai aussi vu parmi les noires d'Afrique, quelques-unes de très belles et qui n'avaient point les grosses lèvres et le nez écaché. Sept ou huit entre autres que je rencontrai en divers endroits étaient d'une beauté si surprenante qu'elles effaçaient, à mon avis, la statue antique de Vénus du palais Farnèse. Le nez aquilin, cette petite bouche, les lèvres de corail, les dents d'ivoire, les yeux grands et vifs, cette douceur de visage, ce sein et

le reste s'y trouvaient dans la dernière perfection. J'en ai
vu à Moka plusieurs, presque toutes nues, qui étaient à
vendre, et je puis dire qu'il ne se peut rien voir au monde
de plus beau. Mais elles étaient extrêmement chères, on les
voulait vendre trois fois plus que les autres.

« J'ai vu de très belles femmes dans les Indes et l'on
peut dire que ce sont de belles femmes. Il y en a entre
autres d'une certaine couleur qui tient tant soit peu du
jaune, qui sont fort estimées et que je trouvais aussi fort à
mon gré. Car ce petit jaune est vif et éclatant et n'a rien de
ce vilain et livide pâle de la jaunisse. Imaginez-vous une
belle et jeune fille de France qui ne ferait que commencer
à avoir la jaunisse et, au lieu de ce visage malade, pâle, de
ces yeux jaunâtres, abattus et languissants, donnez-lui
un visage sain, doux, riant, et de beaux yeux brillants, c'est à peu près l'idée que je puis vous en donner.

« Les Indiens ont raison de dire qu'ils ne se trouvent
point de belles femmes dans le pays où il y a de méchantes
eaux, et où la terre n'est pas abondante et fertile. En effet,
la bonté des eaux et celle de la nourriture contribuent
sans doute beaucoup à la beauté. Il n'est pourtant pas généralement vrai que, partout où ces deux qualités se rencontrent, les femmes y soient toujours belles. Cela dépend
encore, à mon avis, de quelques autres conditions, qui font
que la beauté est plus rare et dispersée par cantons. Elle
ne vient donc pas seulement de l'eau, de la nourriture, du
terroir et de l'air, mais aussi du sens et des humeurs qui
sont particulières à certaines races ou espèces. Les femmes
qui sont sur le Gange, à Benarès, en descendant vers le
Bengale, sont généralement estimées pour leur beauté.
Celles du royaume de Cachemire le sont encore davantage.
Car, outre qu'elles sont blanches comme en Europe, elles
ont encore une douceur de visage et une taille remarquable. Aussi est-ce de là que viennent celles qui sont à la
cour du Mogol, et que tous les grands seigneurs ont auprès

d'eux. Il me souvient que lorsque nous nous en retour-
nâmes de ce pays-là, nous ne voyions autre chose que des
petites filles dans des espèces de hottes, que des hommes
portaient sur leurs épaules, au travers des montagnes.
Mais quoique celles de Lahore soient brunes de même que
le reste des Indiennes, elles m'ont néanmoins semblé plus
charmantes que toutes les autres. Leur belle taille mince et
dégagée, avec la douceur de leur visage, surpassant encore
de beaucoup celles des Cachemiriennes.

« On ne peut pas dire que les femmes naturelles et originaires de Perse soient belles. Cela n'empêche pourtant
pas que la ville d'Ispahan ne soit remplie d'une infinité de
très belles femmes, aussi bien que de très beaux hommes,
à cause de ce grand nombre d'esclaves qui leur sont ame-
nées de la Géorgie et de la Circassie. Les Turcs ont aussi
grand nombre de très belles femmes, parce que, outre celles
du pays qui ne sont pas laides, ils ont les beautés grecques
dont vous avez si souvent ouï parler, et outre cela une
quantité prodigieuse d'esclaves qui leur viennent de la
Mingrélie, de la Géorgie et de la Circassie où, de l'aveu de
tous les Levantins et de tous les voyageurs, se trouvent les
plus belles femmes du monde. Aussi n'est-il pas permis à
Constantinople aux Chrétiens et aux Juifs d'acheter une
esclave de Circassie. Elles sont réservées pour les seuls
Turcs. Quand notre ami en parle, il en est ravi et avoue
qu'il n'a rien vu au monde de si beau. Je ne vous dirai rien
des beautés de l'Europe ; vous en savez sans doute autant
que moi. »

Au moment où Bernier écrivait cette lettre, il évoquait
ses souvenirs de voyage à propos d'un sujet tout différent.
Philippe Dufour avait publié un traité sur le café, le thé et
le chocolat, trois nouveaux aliments qui avaient fait leur
apparition en France quelques années auparavant. Le chocolat avait été introduit par le cardinal Alphonse de Richelieu, frère du grand ministre et archevêque de Lyon, à qui

des moines espagnols avaient communiqué la recette du précieux breuvage. En 1559, un ambassadeur turc avait mis à Paris le café à la mode, et le thé commençait à être connu comme médicament. Pierre Dufour s'était adressé à Bernier qui voulut bien, sur sa demande, lui écrire une lettre où il lui donnait tous les renseignements qu'il avait pu recueillir sur le café, en Afrique et en Asie, durant le séjour qu'il y avait fait. Philippe Dufour s'empressa de publier cette lettre (1684) et nous ne pouvons que l'imiter, pensant que ce document est plein d'intérêt.

« Monsieur,

« Je vous écris puisque vous le voulez, tout ce que j'ai appris sur les lieux mêmes où j'ai fait quelque séjour. Le café que l'on nous apporte ne vient que dans un seul petit canton du monde, à savoir, dans l'Yémen ou Arabie heureuse. On l'apporte des montagnes du pays à Moka, à Louhaïa et autres ports de mer qui sont le long de la côte de la mer Rouge, d'où on le charge sur de petites barques pour Gidda ou Zeyden qui est un port de mer de l'Arabie-Pétrée, dans l'état du cherib de la Mecque qui n'en est éloignée que de sept à huit lieues. Les Arabes en transportent beaucoup sur leurs chameaux à la Mecque pour cette espèce de foire qui s'y tient tous les ans à la pâque du Mahométisme, et c'est là que toutes ces grandes et différentes caravanes qui s'y trouvent alors, s'en chargent à leur retour, chacune pour leur pays. Mais la plus grande partie est transportée de Gidda à Suez, port à l'entrée de la mer Rouge, éloigné du Caire d'environ vingt-deux lieues, tant sur des galères que sur sept ou huit grosses barques qui viennent là exprès d'Égypte, tous les ans. Les caravanes les transportent ensuite de Suez au Caire, d'où il se répand par toute la Turquie et ailleurs jusqu'à Marseille.

« Présentement, les Anglais et les Hollandais qui, tous les ans, viennent des Indes orientales à Moka, dans la mer

Rouge, à deux lieues du détroit de Bab-el-Mandeb, en chargent beaucoup sur leurs vaisseaux, depuis que cette boisson s'est introduite en Europe.

« L'on n'en use que très peu dans les Indes et dans la Perse ; il ne passe presque pas dans les ports de mer et n'entre que très peu ou point dans l'intérieur des terres ; mais il se répand, comme je viens de le dire, dans toute la Turquie et tous les Turcs ne manquent pas d'en prendre tous les matins et sur le soir, ou chez eux ou dans des lieux publics destinés pour cela, deux ou trois tasses, sans compter ce qu'ils en prennent çà et là le long du jour. Car, dans toutes les bonnes maisons, l'ibrique ou coquemar de cuivre où on le fait cuire, est ordinairement près du feu, et ce serait une grande incivilité, dans les visites, de ne pas présenter le café.

« Pendant un an et demi que je demeurai en Égypte, je ne m'accommodais pas fort de cette boisson, mais, quand je fus dans les ports de l'Arabie heureuse, à Louhouïa et à Moka, où je séjournais cinq ou six semaines, je la trouvais excellente, quoiqu'on n'y mit point de sucre, non plus que dans toute la Turquie, et j'en buvais tous les jours, avec plaisir, cinq ou six tasses. Il est hors de doute qu'il est incomparablement meilleur là qu'ailleurs, parce qu'il y est plus frais. Il est de ce petit fruit comme de nos amandes et de nos petites fèves, qui à les garder perdent beaucoup de leur bon goût, se sèchent et s'évaporent. Aussi, est-ce pour cela que les Turcs le tiennent bien enfermé et, qu'étant pilé, ils le conservent bien serré dans des sacs de cuir. Je ne saurais vous dire si c'est une espèce de fèves qui se sème tous les ans comme les nôtres ou le fruit de quelque arbrisseau. Je ne trouve point cela dans mes mémoires. Ce que je puis vous dire de plus assuré, c'est que ce doit être quelque espèce de volvules, parce qu'il me souvient très bien qu'on me dit qu'on le plante proche du mousé, contre lequel il s'abrite et s'accroche. Or, le mouzé, est ce que les Portugais des Indes appellent le figuier d'Adam, à cause de ses feuilles qui ont quelquefois une demi-brasse de long et la moitié autant de large.

« Pour ce qui est de ses propriétés, je disais autrefois en Égypte, qu'il en était du café comme du tabac, que ce n'était qu'un amusement des Turcs qui, la plupart du temps, ne sachant que faire, non plus que la plupart de nos marchands qui sont dans ces pays, s'en vont une ou deux fois, le jour, pour se divertir et causer, s'asseoir aux bazars publics et aux Cahué-Kané, pour fumer une ou deux pipes de tabac et prendre deux ou trois tasses de café, qui y est à si bon marché que la tasse ne coûte guère plus d'un liard. Mais, après y avoir pris goût et m'y être accoutumé, j'ai trouvé premièrement qu'il nourrit beaucoup. Quand au matin, dans les voyages, l'on en prend une bonne tasse, cela vous soutient pour sept ou huit heures de marche. C'est pour cela qu'il n'y a ni courrier, ni homme de guerre, qui n'ait son petit sac de café et sa petite cafetière; secondement qu'il réveille, réjouit et fortifie beaucoup, qu'il abat les vapeurs et qu'il est généralement bon pour les maux de tête, assoupissements et étourdissements, et troisièmement qu'il est généralement meilleur aux gens froids et flegmatiques, comme sont la plupart des Turcs qui mangent peu et qui ne boivent pas d'ordinaire de vin, qu'à ceux qui sont d'un tempérament chaud et maigre; car, quoiqu'il serve souvent à ces derniers, néanmoins, comme il est un peu astringent et sec, il les échauffe et leur nuit, à la fin, principalement s'ils en font un grand usage.

« Voilà à peu près, monsieur, tout ce que je sais du café, car, de lui donner toutes ces grandes vertus que la nouveauté plutôt que la vérité ou l'expérience lui attribue, je ne suis pas homme à cela et je ne suis plus médecin qui aie besoin de quelque amusement nouveau pour ses malades. Ce n'est pas ce quinquina, ce miraculeux fébrifuge, ce divin remède que les Hippocrates auraient pour ainsi dire adoré s'ils l'avaient connu. Jamais les anciens n'ont pu assurer à un malade ce que nous pouvons faire présentement. Après trois ou quatre prises de ce remède, vous n'aurez plus la fièvre, vous mangerez avec appétit, vous serez guéri. Mais laissons là le quinquina, ce n'est pas ce que vous me demandez; revenons au café. J'oubliais de vous dire qu'il doit y avoir une adresse particulière à le tonifier. Car, je me souviens que, dans le temps que j'étais au Caire, qui est le lieu du Levant où il s'en boit le plus, il n'y avait que deux hommes qui fussent en réputation pour cela. Je voudrais, pour votre satisfaction, vous pouvoir fournir des éclaircissements plus précis; si j'avais cru, qu'un jour, le café eût pu me procurer le plaisir de vous en faire, j'en aurais fait de plus grandes. C'est de quoi vous devez être fortement persuadé, aussi bien que de la passion avec laquelle je suis, etc.... »

Cette lettre est fort curieuse. Elle nous montre que notre compatriote savait se garantir des engouements de l'opinion publique et qu'il savait néanmoins apprécier la nouvelle boisson. Ce qu'il nous dit de la torréfaction nous indique à la fois un gourmet et un observateur, et ces quelques lignes sur le café ont dû avoir l'appréciation de Brillat-Savarin, si jamais elles sont tombées sous ses yeux, ce dont nous nous doutons fort.

En 1685, Bernier quittait de nouveau la France, non pour entreprendre de lointains voyages, mais simplement pour traverser la Manche et se rendre en Angleterre où il était attiré par Saint-Evremond qu'il avait autrefois connu avant son exil. La petite cour que tenait à Londres la duchesse de Mazarin, la belle Hortense Mancini, le retint quelque temps. Il revint ensuite par la Hollande où s'imprimait l'un de ses ouvrages, et s'y rencontra avec Bayle qui, dans ses publications, s'était souvenu de lui à différentes reprises. A peine Bernier était-il de retour à Paris, qu'une nouvelle satisfaction venait l'y surprendre. En 1685, le roi avait décidé la création d'une académie à Angers sur la demande qui lui en avait été faite par le maire et les habitants de la ville. En 1686, on procédait à la nomination des membres de la nouvelle assemblée dont le nombre était fixé à trente. Bernier y figurait naturellement et, parmi ses collègues, se trouvaient l'érudit G. Ménage et le savant professeur de droit Launay.

Bernier était arrivé au terme de sa carrière et il se sentait néanmoins pris d'une nouvelle activité. Dans les premiers mois de 1688, il accomplissait son excursion habituelle dans nos provinces du midi, et de là écrivait deux longues lettres à Mme de la Sablière. L'une consacrée à l'étude des courants atmosphériques était intitulée : *le Combat des vents* et l'autre : *le canal pour la jonction des deux mers*, est la description aussi exacte que minutieuse du canal du Languedoc qui avait été ouvert en 1681. Jusqu'alors Bernier n'avait que fort peu écrit sur ses voyages. Aussi se proposait-il de publier un ouvrage considérable et, quelques mois avant sa mort, il disait à un compatriote dont il recevait la visite, qu'il voulait, si *Dieu lui prêtait vie, mettre un peu d'ordre dans ses mémoires et consigner tout ce qu'il avait pu observer sur les métaux, les minéraux de l'Inde*. Différents opuscules qu'il fit paraître en 1688, ses *Observations sur le quiétisme dans l'Inde* et son *Introduction à la lettre de Confucius*, nous indiquent qu'il était plus disposé que jamais à s'occuper des *choses du Haut-Orient*. Cette lettre est un document des plus précieux. Elle nous revèle que Bernier avait dû étudier la philosophie de Confucius et, en même temps, elle est une preuve que la Chine n'était pas alors un pays fermé, comme on l'a cru longtemps, et que des relations nombreuses et continues existaient entre la France et le Céleste-Empire. Mme de la Sablière qui s'intéressait à tout, ne voulait pas rester étrangère à ce mouvement et, curieuse de faire connaissance avec le législateur du monde chinois, elle s'adressa à notre compatriote dans le but d'en avoir quelques renseignements et quelques avis. Dans une longue lettre publiée en 1688, dans *le journal des savants*, Bernier prépare son aimable interlocutrice à l'étude qu'elle veut entreprendre et la met en état de ne s'étonner de rien, tant la Chine diffère de l'Europe. Nous reproduisons ce document qui, aujourd'hui, est pour ainsi dire inconnu et qui, cependant, par suite de nos nouveaux rapports avec la cour de Péking, est presque une actualité.

Introduction à la lettre de Confucius.

« Les Chinois comptent depuis Fo-Hi, leur premier empereur, jusqu'à présent 4658 ans. Ils ont même l'histoire consécutive de tous leurs empereurs depuis ce Fo-Hi jusqu'à celui qui règne présentement, et ils ne doutent non plus de la vérité de cette histoire qu'on ne doute en Europe de l'histoire romaine. Aussi est-ce de cette sorte qu'en parle le Père Martini, jésuite, qui nous en a donné un abrégé *de quo ne dubitari quidem potest*. Ce qui semble obliger à régler l'antiquité des temps suivant la supputation des Septante plutôt que suivant celle des Hébreux, parce que ceux-ci ont tellement resserré la durée du monde, depuis sa création, que si leur chronologie était véritable, le commencement de la Chine se trouverait environ 660 ans au-delà du déluge; au lieu que, selon la supputation des Septante qui donnent au monde une plus longue durée, il peut avoir été environ 668 ans après.

« Pour ce qui est de l'état des choses avant le premier empereur, ils tiennent bien pour constant que la Chine était divisée en quantité de petits rois qui étaient autant de petits princes souverains et absolus, et qu'elle a même été fort longtemps sous cette sorte de gouvernement. Car les uns parlent de six mille ans, les autres de plus, les autres de moins, chacun selon sa pensée. Mais les véritables chronologistes et ceux qui parlent sans préoccupation avouent qu'on n'en peut rien dire de certain, comme n'y ayant aucunes histoires sur lesquelles on puisse faire fondement.

« C'est apparemment à cause de ce défaut d'histoire qu'ils ne disent pas un mot du déluge universel de Noé. *De diluvio Noemico*, dit le même Martini, *altum apud Chinam silentium*. Ils ne parlent que de ce déluge de neuf années consécutives, qui arriva longtemps après l'établissement de la monarchie.

« Entre les empereurs de la Chine, il y en a principalement cinq, savoir Fo-hi, Yao, Xun-yu, Chintam et Vunam, qui ont toujours été très célèbres pour leur sagesse extraordinaire. Ils sont en si grande vénération pour cela et pour leur piété, leur charité singulière, leur étendue de génie, leur grandeur d'âme, leur générosité, leur libéralité, leur prudente conduite et leur sage politique, qu'ils les tiennent comme les vrais et naturels modèles sur lesquels tous les souverains doivent se régler pour bien gouverner. Mais entre ces cinq, Yao et Xun sont encore les plus célèbres, non seulement à cause de leur rare et singulière vertu, mais à cause que les Chinois les considèrent comme leurs législateurs et, par conséquent, comme les principaux fondateurs de l'empire.

« *Lois et coutumes de la Chine.*

« Tant que les lois et les coutumes établies par ces cinq empereurs ou législateurs ont été en vigueur, l'empire a toujours fleuri ou subsisté paisiblement, glorieusement, heureusement. Du moment que les empereurs et les peuples se sont relâchés, il n'a été que trouble, que guerre et que malheur.

« Entre ces lois et ces coutumes, il y en avait qui regardaient, en quelque façon, le culte et la religion, en ce qu'elles prescrivaient les manières particulières de sacrifier aux êtres suprêmes. L'empereur seul, par exemple, sacrifiant au Ciel au nom de tous ses sujets, les petits rois aux esprits tutélaires des villes, des montagnes et des fleuves, et les particuliers aux esprits tutélaires des maisons.

« Ces cinq empereurs ou législateurs ont tenu généralement pour maxime que la vertu est le fondement du bon gouvernement, comme étant impossible qu'un État soit bien gouverné à moins que le prince et les sujets ne soient véritablement et solidement vertueux.

« Ils ont cru aussi que de tous les moyens qui contribuent à introduire la vertu dans un état, le plus efficace et le plus singulier est l'éducation des enfants dans la piété paternelle, c'est-à-dire dans l'amour, dans le respect et dans la soumission parfaite à l'égard de leurs pères et mères. C'est là le grand fondement de leur politique ; voici à peu près leur raisonnement :

« Comme le grand désordre du monde, disent-ils, et celui qui a le plus d'étranges suites dans la vie, vient de ce que les enfants, suivant le penchant d'une jeunesse impétueuse, se laissent aveuglément emporter à leurs passions, il n'y a rien qu'on ne doive faire pour les porter à avoir de l'estime, de l'amour, de la vénération et une soumission ou déférence entière et parfaite pour leur père et pour leur mère, afin qu'ils s'abandonnent volontiers à leur conduite et qu'ils suivent les avis et les conseils salutaires qu'ils sont capables de leur donner, comme ayant plus de connaissance, plus d'expérience et plus de modération qu'eux.

« Ils ajoutent que les lois doivent d'autant plus insister sur cette piété paternelle, qu'elle est fondée dans la nature, dans la justice, dans la raison et, par conséquent, dans la volonté du Ciel qui nous a donné la raison. Car, qu'y a-t-il de plus juste et de plus conforme à la raison que d'aimer et de respecter ceux qui vous aiment tendrement et qui

nous ont donné l'être et la vie, qui nous élèvent avec tant
de soin et de travail, qui nous nourrissent, qui nous entretiennent et qui nous instruisent ? Est-ce que des enfants,
qui sont encore ignorants et sans expérience, sauraient
prendre un meilleur parti que de se soumettre à leur direction ? C'est le Ciel qui inspire au père cet amour paternel
qu'il a pour son enfant et qui lui a donné cette autorité et
supériorité naturelle qu'il a sur lui. Le Ciel nous a soumis
à la direction de nos pères, c'est donc à nous de seconder
la volonté du Ciel, c'est à nous à leur obéir. Si nous suivons ce dessein du Ciel, nous en devons attendre toutes sortes
de grâces et de prospérités ; et, au contraire, si nous ne le
suivons pas, toutes sortes de disgrâces et de malheurs
nous accableront. Voici, d'ailleurs, comment ils raisonnent
pour prévenir quelques difficultés.

« Que le Ciel a sagement disposé les choses. Un père
pourrait être vicieux qui, aimant naturellement son fils,
l'instruirait à la vertu. Mais comment les pères pour-
raient-ils être vicieux dans un état où chaque père aurait
été élevé dans cet esprit d'estime, d'amour, de respect, de
douceur et de soumission, par l'exemple de son propre
père, de son grand-père, de ses oncles, de ses alliés, de
ses voisins et généralement de tous les pères de famille
qu'il aura pu connaître ? La vertu ne sera-t-elle point
comme héréditaire dans chaque famille et ne passera-t-elle
pas consécutivement de père en fils ?

« Après que par toutes les raisons imaginables, ces
célèbres fondateurs et législateurs de l'empire de la Chine,
ont tâché d'inspirer et d'établir cette pieuse et importante
maxime qui regarde l'amour, le respect et l'obéissance des
enfants à l'égard de leurs pères et mères, que n'ont-ils
point fait pour l'entretenir, pour la fomenter et pour y
nourrir et élever les enfants ? que de lois, que de coutumes, que de cérémonies n'ont-ils pas introduites pour
cela ?

« *Devoirs des enfants envers leurs parents.*

« Un père est-il malade, le fils doit honnêtement tout quitter pour le venir assister, pour le servir lui-même, pour le consoler, pour lui rendre lui-même tous les devoirs imaginables.

« A certains jours de l'année, comme sont ceux de la naissance du père et de la mère, c'est la coutume que les enfants viennent se présenter devant ce père et cette mère, qui se tiennent là debout gravement et majestueusement proche de leurs sièges et que les considérant comme des divinités terretres, ils se prosternent plusieurs fois devant eux, le visage contre terre, avec une modestie tout à fait édifiante, et qui marque l'estime, le respect intérieur, véritable et sincère qu'ils ont pour eux.

« Si le père vient à mourir, que de pleurs, que de soupirs! quelle affliction dans toute la famille! quelle tristesse dans toute la parenté! que de cérémonies particulières pour les obsèques, outre les musiques douces et lamentables, et les festins sérieux, tristes et modestes, le tout différent et différemment marqué selon la condition des personnes.

« Pour ce qui est du deuil, il n'est presque pas croyable jusques où cela et jusques où ils poussent leur tristesse. Trois mois entiers, les enfants pleurent la mort de leur père et commencent d'ordinaire par se défaire de la charge publique qu'ils exercent. Ils ne sortent pas de leur maison durant tout cet espace de temps. Ils changent souvent d'appartements, d'aliments et de meubles pour en prendre de plus simples. Ils ne s'asseoient que sur quelque petit banc assez bas, ne boivent jamais de vin, ne mangent d'aucunes viandes délicates et se contentent de simples herbages ; leur vêtement étant d'ailleurs fort grossier, de quelque grosse toile blanche qui est chez eux la couleur de deuil et le lit où ils couchent assez incommode.

« Il n'y a pas jusqu'à leur manière de parler qui ne soit changée et qui ne ressente la douleur et l'affliction. Celui qui est en deuil ne se donne pas d'autre nom que de fils misérable et ingrat, comme n'ayant pas su, par ses bons offices et par ses soins, prolonger la vie de son cher père, et lui ayant plutôt avancé ses jours par ses négligences et par les déplaisirs qu'il lui a donnés. S'il écrit, ce n'est plus que sur du papier jaune ou bleu, qui sont aussi chez eux des couleurs de tristesse. Mais ce qu'on ne saurait trop louer, c'est que cette piété merveilleuse des Chinois paraît non seulement dans le deuil, après la mort de leurs pères et mères, mais aussi dans le respect, dans l'obéissance et dans les bons offices qu'ils leur rendent pendant leur vie, jusques-là qu'ils s'en trouvent plusieurs qui, les voyant cassés de vieillesse, quittent tout, charges, emplois, dignités, pour les assister eux-mêmes.

« Ajoutez à cela que, tant que les enfants vivent, les anniversaires paternels reviennent et, qu'à certains jours de l'année, les mêmes pompes funèbres, les mêmes festins, les mêmes musiques, les mêmes cérémonies se recommencent et tout cela pour rappeler la mémoire de ce cher père et afin que leurs enfants, à leur exemple, en fassent autant pour eux, afin qu'ils les aiment, afin qu'ils les respectent et qu'ils pleurent de même.

« *Devoirs des parents envers leurs enfants.*

« Du reste, si ces sages politiques demandent toutes ces vertus dans les enfants, ils entendent, d'un autre côté, que les pères leur soient des modèles de vertu et de modération, de gravité, de modestie, de douceur, de piété, de justice, de charité et de clémence, de sorte que la vertu soit comme domestique et comme héréditaire dans chaque famille et qu'elle passe comme par une espèce de succession de père en fils et qui ne saurait être autrement, ainsi qu'il a déjà été marqué plus haut, dans un État de la sorte, où généralement les enfants sucent, pour ainsi dire, la vertu et l'obéissance avec le lait.

« De tout ceci, vous devez déjà, ce me semble, assez comprendre qu'une famille nourrie et élevée dans cet esprit d'amour, d'obéissance et de soumission à l'égard des pères et mères et dans un esprit de paix, de concorde, d'union et de déférence mutuelle entre tous les enfants et les domestiques, serait fort disposée à se soumettre doucement et sans contrainte aux lois et aux magistrats et, conséquemment, à obéir volontiers aux ordres du prince et que, bien loin de songer à la sédition et à la révolte, aux procès mêmes et aux querelles, elle ne respirerait, comme il se fait effectivement dans ce grand empire de la Chine, que la douceur, que la paix, que l'honnêteté, que l'amitié, que l'humilité. Or, imaginez maintenant que la famille royale, toute la première, soit nourrie et élevée dans ce même esprit, qu'il en soit de même de la maison des princes et de celle des premiers ministres, de celles des magistrats et généralement de toutes les familles de l'État, et vous concevez, sans doute, que ce n'est pas sans raison qu'ils appuient si fort sur cette obéissance filiale, et qu'ils en font le capital de leur politique, comme étant le fondement de la douceur, de l'union et de la soumission générale des peuples, ce qui fait la durée et la stabilité de la paix, le bonheur général de l'empire et la félicité du prince et de ses sujets.

« *Exemple du prince.*

« Le second moyen qu'ils croient être le plus puissant pour introduire la vertu dans un état, c'est l'exemple du prince. Il est vrai que nous avons reconnu aussi bien qu'eux le *regis ad exemplum totus componitur orbis*. Mais nous nous contentons de dire cela en passant, dans nos morales, au lieu qu'ils en font aussi le capital de

leur politique et le fondement du bon gouvernement,
comme étant la source de la vertu et des bonnes mœurs,
d'où suit, nécessairement le bonheur de l'état. De façon
qu'il n'y a rien aussi sur quoi ils appuient davantage,
comme vous venez de le voir dans la lecture de l'ouvrage.
Car il n'y a raisons, motifs, exemples qu'ils n'apportent
pour porter un prince à être vertueux et pour lui persuader
qu'en qualité de prince il doit bon exemple à ses peuples.

« Croiriez-vous que la musique et l'harmonie est chez
eux considérée comme un des principaux chefs d'où
dépendent la douceur, l'union, la tranquillité, le repos, les
bonnes mœurs, la vertu et, par conséquent, le bonheur et
la tranquillité de l'empire ; jusques-là que de vouloir changer, altérer ou abolir la musique, ce serait quasi comme
vouloir perdre l'état ! Cependant, ils ont leurs raisons, et
je me promets que vous ne les trouverez pas imperti-
nentes.

« Je pourrais bien ainsi parcourir toutes les autres
maximes de vertu, qu'ils considèrent aussi comme les principaux fondements de la politique et du bon gouvernement.
Mais vous les remarquerez assez dans la suite en lisant
l'ouvrage. Et si je vous ai parlé des précédentes, ce n'a été
que pour vous faire un peu entrer, par avance, dans leur
esprit et dans leur pensée, et pour vous préparer à ne pas
trouver si fort étrange qu'ils appuient sur des choses que
vous n'auriez peut-être jamais cru être aussi importantes
qu'ils les croient.

« Cette grande diversité qui est entre eux et nous dans
la manière de regarder les choses et de les faire plus ou
moins importantes pour les bonnes mœurs et pour le bon
gouvernement d'un état, excitera sans doute votre curiosité à les examiner avec attention. Que sait-on, si nous ne
nous tromperions point dans le jugement que nous en faisons, et s'ils n'auraient point mieux rencontrer que nous ?
Car il n'en est point de ceci comme de la république de

Platon qui n'a jamais été qu'en idée. Il est constant que ce
grand empire de Chine a été plus de quatre mille ans très
bien gouverné sur ces principes qui, peut-être, ne vous
paraîtront pas d'abord mériter d'être mis entre les fonda-
mentaux.

« Quand il n'y aurait même que cette grande et étonnante
antiquité, cela, sans doute, vous imprimera de la vénération. Vous vous pouvez dire : je tiens entre les mains le
plus ancien livre qu'on sache qui ait jamais été fait. Ne
nous rebutons pas d'abord. Voyons ce qu'il contient et
l'examinons sérieusement. Cette doctrine nous doit même
être d'autant plus considérable que ce n'est point l'ouvrage
d'un philosophe qui a tiré cela de sa tête et qui en soit le
premier auteur, puisque Confucius avoue, de bonne foi,
qu'il n'en est pas l'inventeur, qu'il n'en est que le simple
héraut et que c'est là l'ouvrage de ces premiers et
anciens empereurs qui, après une expérience de plus de
cent ans de règne, l'ont enfin établie et cimentée comme la
plus propre pour le bon gouvernement d'un empire, pour
le bonheur du prince et de ses sujets.

« Quoi qu'il en soit, vous aurez toujours le plaisir de
voir qu'il n'y a point de gens au monde qui aient porté
plus loin la vertu, la sagesse, la prudence, la bonne foi, la
sincérité, la piété, la charité, la douceur, l'honnêteté, la
civilité, la gravité, la modestie et la soumission aux ordres
du Ciel. Que peut-on demander davantage pour des gens
qui n'avaient point d'autres lumières que les lumières
naturelles.

« *Méthode confuse de la philosophie des Chinois.*

« Il est vrai que vous ne trouverez ici que très peu d'ordre
et de suite entre les matières, que ce sont presque que des
pièces détachées et sans liaison et qu'il y a même plusieurs
redites. Mais je ne sais point si, pour des législateurs qui

parlent à tout le monde et qui veulent inculquer leur doctrine, cette manière n'est point la meilleure. Ils ont cru que ce n'était pas assez pour les peuples que de leur donner des principes généraux et en peu de mots. Avec leurs petits paragraphes, avec leurs interrogations et leurs réponses, ils savent faire passer un homme par toutes les conditions, par tous les états de la vie, et lui savent donner sur cela, très à propos et très familièrement, les instructions qui lui sont nécessaires. Mais venons particulièrement à notre auteur, c'est-à-dire à celui qui est censé, non pas l'auteur, mais le restaurateur de cette doctrine. Je ne m'étonne plus que ce philosophe soit depuis plus de deux mille ans en si grande vénération dans la Chine que ses descendants tiennent encore présentement lieu de princes, que dans toutes les villes considérables il y ait des temples ou des collèges dédiés à sa mémoire, et que personne ne puisse être élevé aux charges qu'il ne soit plusieurs fois très exactement interrogé sur Confucius et qu'il ne le sache par cœur. Car il faut que c'est un grand personnage, qu'il connaissait bien l'intérieur de l'homme et qu'il avait de grandes vues pour la conduite des princes et le gouvernement des États, qu'il tenait ne pouvoir être heureux qu'autant qu'ils sont vertueux. Jamais homme, que je sache, n'a paru avoir tant de sagesse, tant de prudence, tant de sincérité, tant de piété, tant de charité. Il n'y a presque pas de paragraphe, pas un petit conte, pas une historiette, pas une demande, pas une réponse qui ne tende à la vertu, ou qui ne contienne quelque sage enseignement, soit pour le bon gouvernement, soit pour la conduite particulière de la vie. Je crois avoir lu dans M. La Mothe Le Vayer qu'il avait de la peine à s'empêcher de dire : *Sancte Confuci, ora pro nobis*. Que n'aurait-il point dit, s'il avait vu ses ouvrages, et que n'en dirions-nous pas s'il avait été Chrétien ?

« Vous aurez sans doute vu ce bel endroit de la charité,

que M. Régis nous en a donné dans le *Journal des Savants*
du 5 janvier. Ce passage est admirable, et M. Régis a bien
raison de dire qu'au motif près, aucun chrétien n'a jamais
mieux parlé de la véritable charité qui regarde généralement tous les hommes. Mais je souhaiterais qu'il eût ajouté
cet autre petit passage du même philosophe : « *Je me souviens avec plaisir de ce soldat du royaume de Lu, qui
avait perdu son bouclier et qui, après l'avoir bien cherché sans le trouver, dit enfin pour se consoler : un
homme de Lu l'avait perdu, un homme de Lu l'aura
trouvé. Il aurait pu encore mieux dire : un homme
l'aura trouvé.* »

« Cependant, comme il n'y a presque point d'ordre dans
l'ouvrage, ainsi que je l'ai déjà insinué plus haut, et que
ce ne sont que des petites pièces décousues, qu'il y a d'ailleurs plusieurs redites, que les manières de ce pays-là sont
fort éloignées des nôtres et que, par dessus tout cela, je le
trouve en beaucoup d'endroits pitoyablement défiguré et
comme enserré, je ne sais si, avec tout mon esprit, j'en
aurais fait quelque chose qui vous plaise, tant les esprits
de notre siècle sont délicats. Quoi qu'il en soit, je suis sûr
qu'il ne déplaira pas à un bon nombre de gens de mérite à
qui j'en ai montré une partie en manuscrit et je tiens avec
eux que le public est fort obligé au R. P. Couplet, Jésuite,
qui nous l'a apporté de la Chine et qui est assisté de trois
autres Pères de la compagnie qui savaient la langue, en a
fait une version latine qu'il a dédiée au roi et qu'il nous
donna l'année passée. »

Cette lettre fut, en quelque sorte, la dernière œuvre de
Bernier qui, tout en évoquant ses souvenirs de voyage, en
s'adonnant de nouveau à l'étude de l'Inde et de la Chine,
songeait au pays natal, à l'Anjou où il avait un neveu,
Philippe Bourrigault qui y exerçait la profession de médecin. Il voulait venir y terminer ses jours et formait ainsi
des projets pour l'avenir, quand il fut frappé d'apoplexie

en sortant de la table du procureur-général de Harlay, dans le voisinage duquel il demeurait. Il mourut après une courte maladie, le 22 septembre 1688, dans la maison qu'il habitait place Dauphine ; il fut inhumé dans l'église Saint-Barthélemy, sa paroisse[1]. Aujourd'hui, deux siècles se sont écoulés depuis cette époque! le nom de Bernier est toujours demeuré illustre et son livre sur l'Inde, resté jusqu'à présent à l'abri de la critique, est considéré comme l'un des plus exacts et l'un des plus judicieux. Aussi nous sommes heureux de profiter de son deuxième centenaire pour rendre hommage à sa mémoire et saluer en lui l'un des hommes les plus distingués de la France du xviie siècle. L'Anjou le compte au nombre de ses enfants et doit s'en orgueillir à juste titre. C'est pourquoi nous avons lieu de nous étonner de ne pas trouver dans la cité angevine un monument consacrant le souvenir de l'illustre voyageur. Que la ville d'Angers répare cet oubli! qu'elle élève une statue à Bernier, et tous les vrais Français, fidèles aux traditions du pays, désireux de conserver les gloires du passé, seront heureux de s'associer à cette œuvre nationale et patriotique.

[1] Nous reproduisons l'acte de décès de Bernier :

« Le jeudi vingt-troisième septembre a été inhumé dans cette église (Saint-Barthélemy), Me François Bernier, docteur en médecine de la Faculté de Montpellier, âgé de soixante-et-treize ans, décédé le vingt-deuxième d'août mois, en la maison place Dauphine, à la Renommée de cette paroisse. Ont assisté au convoi Philippe Bourrigault, aussi docteur en médecine de ladite Faculté, demeurant de présent susdite place Dauphine, et Martin Barthélemy d'Herbelot, escuyer, demeurant rue de Touraine, paroisse Saint-Sulpice.

B. d'Herbelot.   P. Bourrigault.

H. Castonnet des Fosses.

CHRONIQUE

La restauration artistique de notre ravissant Hôtel de Pincé, ce vrai bijou de style Renaissance, est presque complètement terminée, grâce au zèle et à l'activité intelligente de M. Magne, dont la *Revue* a déjà décrit l'œuvre si complète et si heureusement conçue. La magnifique cheminée de la grande salle du rez-de-chaussée est achevée et, dans le même appartement, un vaste panneau attend la peinture promise par notre éminent compatriote, M. Lenepveu, dont le magistral pinceau retracera sans doute une page importante de notre histoire angevine. Enfin, le jardin qui s'étend devant l'édifice est en voie de préparation. Il ne restera donc bientôt plus qu'à placer à l'Hôtel de Pincé la belle collection léguée par M. Turpin de Crissé et à laquelle viendront s'adjoindre, dans un temps prochain, nous l'espérons, des spécimens du mobilier, du costume, de l'art et de la vie privée au xvie siècle.

.·.

Nous apprenons avec plaisir que l'inscription commémorative, précédemment annoncée, a été placée sur la maison natale de M. Julien Daillère, au village de Briançon, près Bauné. Cette inscription relate les noms, la date de la naissance et celle de la mort de l'éminent poète angevin dont nos lecteurs ont conservé comme nous le précieux souvenir.

.·.

L'Académie française vient de décerner le prix Maillé-Latour-Landry à notre compatriote M. Léon Séché, pour l'ensemble de ses œuvres et de ses publications. Nous adressons à l'éminent directeur de la *Revue illustrée de Bretagne et d'Anjou* nos plus vives et nos plus sincères félicitations.

Une circulaire récente, signée de M. Floucaud de Fourcroy, président de la *Commission historique et archéologique de la Mayenne*, fondée depuis onze ans et dont les amateurs d'histoire locale ont vivement apprécié la valeur et l'intérêt, apprend que, dorénavant, cette Commission publiera régulièrement, tous les ans, un volume d'études et de documents. Le Conseil général de la Mayenne a augmenté la subvention précédente. Un des membres de cette Société savante, M. André Joûbert, nommé dernièrement membre titulaire, a offert un don annuel important, pour contribuer au développement de cette œuvre intéressante, qui, comme par le passé, contiendra des illustrations, dessins, gravures, fac-simile, reproductions, etc.

Chacun saisira facilement l'avantage de posséder une publication historique spéciale au département de la Mayenne, dans laquelle les diverses parties du territoire pourront être étudiées à leur tour.

Le numéro de la *Revue illustrée de Bretagne et d'Anjou*, daté du 1er décembre, est consacré tout entier au roi René, comme nous l'avions annoncé. Cette belle publication est ornée d'une composition charmante, exécutée pour la couverture, par M. Luc-Olivier Merson, le peintre renommé des épopées chevaleresques. Notre compatriote et ami, M. G. Cormeray, a consacré un superbe dessin à l'*Apothéose du roi René*. Le sommaire mentionne une série d'articles très intéressants : *le roi René et la reine Anne, bon roi, bonne duchesse*, par M. Léon Séché. — *La vie et les œuvres du roi René. René poète, René peintre et enlumineur. L'Iconographie du roi René. Les médailles et les monnaies du roi René*, par un Angevin. — *René, musicien*, par M. Julien Tiersot. — *Les fous, les folles et les artistes de la Cour du roi René*, d'après les comptes inédits de Jehan Legay, argentier et receveur général de la reine de Sicile, ainsi que d'après les archives des Bouches-du-Rhône, par M. André Joûbert. — *Le roi René dans les souvenirs populaires : le roi des gardons, les assemblées de la Baumette. Les jeux de la Fête-Dieu à Aix. Le dîner du roi René à Paris*, par M. Paul Sébillot. Les illustrations sont également curieuses et variées : Portraits du roi René, d'après lui-même et ses médaillons. — Portraits de Jeanne de Laval.

— Portrait de Triboulet, un des fous du roi René. — Sept planches pour les jeux de la Fête-Dieu à Aix. — Musique desdits jeux. — La Marche du roi René. — Médailles et monnaies du roi René.

...

La Commission municipale de l'instruction publique et des beaux-arts a visité récemment le bel Hôtel de la Besnardière, bâti en 1782 par l'architecte Bardoul, sur l'ancienne perrière de Saint-Serge et partie dans les terrains appartenant à Louis de la Lande de Villenglose et à Berthelot de la Sauvagère. Elle a décidé de proposer au Conseil municipal de transférer au musée d'archéologie de notre ville les intéressantes sculptures sur bois qui décorent les deux salons, la bibliothèque et l'une des chambres du premier étage, afin d'éviter la dégradation et la perte de ces remarquables spécimens de l'art angevin au xviii° siècle.

...

M. Maurice de Villebresme continue, dans le pays des Mauges, près de Neuvy, le cours de ses ingénieuses observations sur les habitations humaines aux temps antiques. Il a découvert une série de véritables « terriers » creusés par les habitants de l'époque contemporaine des dolmens les plus anciens, dans le sol, pour se mettre à l'abri des intempéries, des bêtes fauves et des tribus hostiles. On a ainsi trouvé des grottes souterraines, ouvertes à gauche, à droite et en face, où un homme peut se tenir debout ou s'asseoir sur un banc taillé dans la paroi. Un de ces terriers se compose d'abord d'un puits par lequel on y accède, d'une galerie à plan incliné, sur les flancs de laquelle on a pratiqué quatre chambres petites et grandes parfaitement sèches, où l'air se renouvelle au moyen de diverses ouvertures percées dans la voûte de chaque grotte. Des rainures pratiquées aux jambages des entrées permettaient de poser des traverses, de se renfermer solidement et de subir au besoin un siège. Les seuls objets mobiliers rencontrés jusqu'ici sont des fragments de poterie noire, grossière, et une hache de pierre polie, arme qui n'est pas rare autour de Neuvy. Le jour où les sépultures de ce village souterrain seront découvertes, nous aurons alors les moyens de déterminer l'âge de son architecture.

S. DE N.

CHRONIQUE BIBLIOGRAPHIQUE

Histoire de la baronnie de Craon, de 1382 à 1626., d'après les archives inédites du chartrier de Thouars, par André Joûbert. — Angers, Germain et G. Grassin, 1888, 1 vol. in-8° de 600 pages.

M. André Joûbert, depuis longtemps connu de tous les érudits de notre région par ses nombreux et intéressants ouvrages, dont l'un, entre autres, était couronné en 1885 par l'Académie des inscriptions et belles-lettres, vient de publier, sous ce titre, un des travaux les plus importants qui aient paru, dans ces dernières années, sur l'histoire locale du Maine et de l'Anjou.

Au xɪvᵉ siècle, la baronnie de Craon, qui comprenait ce qu'on appelle aujourd'hui le *Craonnais*, était la première de l'Anjou et l'une des quatre hautes et principales baronnies de France : sa juridiction s'étendait directement sur *vingt-six* paroisses, et elle appartenait, depuis 1382, à l'illustre maison de la Trémoille. Son histoire est, par suite, d'un grand intérêt et présente, pour chaque époque, un ensemble d'épisodes curieux et d'événements variés.

M. André Joûbert ne s'est pas borné, toutefois, à exposer des faits historiques déjà nombreux et importants par eux-mêmes. Après avoir recueilli une moisson considérable de documents inédits dans les diverses collections de Paris, et surtout dans le riche chartrier de Thouars, libéralement mis à sa disposition par M. le duc de la Trémoille, il est parvenu à reconstituer l'histoire de la baronnie de Craon avec une abondance et une précision de détails qui forment un *cadre* des plus pittoresques et lui donnent tout l'attrait d'une étude d'histoire générale.

Nous ne pouvons entreprendre de présenter ici une analyse, même succincte, de ce beau volume de 600 pages, dont chaque chapitre mériterait une mention spéciale ; mais, pour en faire apprécier le mérite, il nous suffira d'indiquer, d'une manière générale, les faits nouveaux qu'il apporte à notre histoire.

Tout d'abord, au point de vue des mœurs, on y rencontre à chaque page des épisodes caractéristiques et des traits originaux. C'est, par exemple, une révolte des vassaux de la baronnie de Craon qui refusent de faire le guet et se plaignent au Parlement de Paris des exactions du représentant de leur suzeraine, messire Jehan Giffart, accusé d'avoir galopé à travers champs, en frappant les paysans, et d'en avoir emmené dix-huit à Craon « couplés comme des chiens. » Puis, c'est une rixe entre deux gentilshommes, après un repas chez Loys de Fontaine, capitaine de la ville de Craon, ou encore une querelle entre Georges II de la Trémoille et le régisseur de sa mère, Péan de la Vallée, qui avait pris à tâche d'exaspérer le jeune seigneur par ses exigences, sa morgue et ses abus de pouvoir.

Plus loin, voici un inventaire qui décrit minutieusement le mobilier du château de Craon, une sentence condamnant un manant, pour rébellion et voies de fait, « à avoir la teste à moitié rasée, » une piquante dispute entre un sergent qui veut « exécuter » les habitants de Niafles, un curieux procès de sorcellerie, et une description de la chambre de la torture qui contenait « un charlict désassemblé, un banc à bailler la question et une vieille huge sans couvercle. »

Au point de vue de l'histoire architecturale ou artistique, il faut citer d'intéressants renseignements sur les fortifications de Craon au xv° siècle, sur les *basses fosses* du château, sur la construction, à la veille de la Renaissance, des charmants manoirs de Mortiercrolles et de Saint-Ouen; l'analyse d'un marché conclu avec un *vitrier* d'Angers, « pour faire la grande vitre de dessus le grand autel de Saint-Nicholas de Craon », et le devis du grand pont de pierre de Craon.

Au point de vue historique proprement dit, le livre de M. André Joûbert donne un excellent récit des invasions anglaises dans le Craonnais, avec un tableau aussi exact que saisissant des *courses et pilleries* des gens de guerre; puis, au siècle suivant, un exposé judicieux des débuts du protestantisme, de la répression terrible dont furent victimes, en Anjou, les premiers hérétiques, des brigandages atroces suscités par les haines religieuses; enfin, les derniers chapitres sont consacrés à l'histoire de la Ligue, entre autres, à la fameuse bataille de Craon, gagnée en 1592 par les soldats de Mercœur et de Boisdauphin sur les troupes royales.

Cent-vingt pièces justificatives complètent le volume et en augmentent la valeur.

Nous croyons pouvoir dire dès lors, en terminant, que l'*Histoire de la baronnie de Craon* offre un intérêt exceptionnel, qu'elle fait grand honneur à son sympathique auteur, M. André Joûbert, et qu'elle prendra rang désormais au nombre des meilleurs ouvrages de notre histoire provinciale.

Robert TRIGER,
Vice-président de la Société historique
et archéologique du Maine.

Le Bienheureux Nicolas de Flüe, la Suisse d'autrefois, par J. T. de Belloc, précédé d'une lettre-préface de S. G. Mgr Mermillod, un vol. in-12. Paris, Retaux-Bray, 1889.

Madame de Belloc vient de faire paraître, chez l'éditeur Retaux-Bray, à Paris, une Vie du Bienheureux Nicolas de Flüe, qui est une œuvre recommandable à tous les titres.

Le Bienheureux est un Saint du quinzième siècle, né au temps héroïque de la Suisse et dans la partie la plus pittoresque de cet admirable pays, l'Unterwald. Il appartient a la poésie rurale par ses origines populaires et par ses vingt dernières années passées dans la solitude des montagnes, à l'histoire par les charges qu'il a remplies et les services publics qu'il a rendus à Dieu par sa vie entière.

Il y avait donc plus d'une façon de mal traiter un semblable sujet. Madame de Belloc s'en est fort bien tirée. Je ne m'attendais pas, je l'avoue, à voir parler de la Suisse avec cette simplicité émue, sans phrase aucune, ni d'un Bienheureux sans qu'il vînt à la pensée de l'auteur de nous prêcher un peu pour son compte. Il n'en est rien. L'ouvrage est intéressant, modeste et court, de bon style, anime d'un sentiment vrai du temps et du milieu, et, s'il prêche, c'est d'exemple : car, Madame de Belloc n'en est pas à son premier livre ni à son premier service rendu à la cause du bien.

* *

L'âme des choses, poésies par Charles Fuster, 3e édition, petit in-12 carré. Paris, Monnerat, 1888. Prix : 4 fr.

L'âme des choses, tel est le titre du nouveau volume de poésies que publie M. Charles Fuster. Et le titre exprime bien l'intention du poète qui a voulu écouter et rendre la voix de l'or, de la terre, du feu, du blé, du fer, du bouclier, du marbre, etc. Sur chaque motif, un poème très court, un sonnet, une chanson. Cet émiettement d'un talent d'ailleurs incontestable, nous fait désirer une œuvre plus large encore que l'avenir nous donnera sans doute. Il nous semble que si toute la sève de *l'âme des choses*, toutes les couleurs, le mouvement, la souplesse d'expression, la somme de travail que représente ce livre, se trouvaient concentrés en trois ou quatre poèmes dramatiques ou lyriques, M. Charles Fuster obtiendrait un succès du meilleur aloi auquel nous serions particulièrement heureux d'applaudir.

Cette réserve faite, — et elle s'adresse au genre du recueil, aux traditions de toute une école plutôt qu'au poète de *l'âme des choses*, — nous déclarerons volontiers que la facture du vers est savante et souvent parfaite chez M. Fuster, qu'il ne cherche pas les succès de scandale, que son scepticisme, — romantique et poétique surtout, — n'insulte pas, qu'une nature d'artiste se révèle dans ces pièces légères dont nous regrettons de ne pouvoir citer quelques-unes. Citons au moins, pour y renvoyer le lecteur, les titres de celles qui nous ont spécialement plu : *Le vent*, à Edmond Biré ; *la vitre ; la poussière ; la neige* et le beau sonnet *l'airain*, dédié à José Maria de Hérédia.

R. B.

Du Franc Alleu, par Pierre Lanéry d'Arc. Ouvrage honoré d'une médaille d'or par le Ministère de l'Instruction publique. Paris, Arthur Rousseau, 1888, 1 vol. in-8° de 455 pp. — **Histoire de la Propriété prétorienne à Rome**, in-8° de 103 pp. Même éditeur.

M. Pierre Lanéry d'Arc n'est pas seulement l'auteur du *Culte de Jeanne d'Arc*, de la *Bibliographie* des ouvrages qu'elle a inspiré et de plusieurs autres travaux historiques consacrés à la mémoire de l'héroïne, dont il a, plus que personne, le droit de parler, étant un des descendants de sa famille. C'est aussi un juriste d'une science approfondie et d'un très grand talent. Docteur en droit, avocat à la Cour d'appel d'Aix, il a prouvé que les questions les plus ardues de l'histoire du droit lui étaient familières, dans les deux volumes que nous signalons aujourd'hui, et dont le premier est considérable, non pas seulement par ses dimensions, mais par sa valeur intrinsèque, qui est, au dire des juges les plus compétents, tout à fait remarquable.

« L'*alleu*, a écrit M. Arthur Desjardins dans l'élogieux

compte-rendu qu'il a fait de cet ouvrage à l'Académie des sciences morales et politiques, c'est la propriété complète, absolue, héréditaire, le *dominium plenum*, le *jus integrum*, affranchi de tout domaine éminent. Tandis que les concédants gardent toujours un droit de suprématie sur le fief, il représente sous des dénominations différentes (*terra salica, terra aviatica, alod, aleu*) le domaine soustrait aux prestations, à la hiérarchie féodales. L'aleutier n'était tenu ni à foi ni à hommage ; il ne craignait pas de commise, il ne payait ni lods et ventes, ni autres droits féodaux ; n'étant soumis qu'au roi et à sa justice, il était souverain dans son domaine et, telle était cette souveraineté que Dumoulin, pour figurer par un mot expressif l'indépendance absolue du domaine royal, en fait un *aleu*. »

M. Pierre Lanéry d'Arc ne s'est pas contenté de l'établir avec une abondance de preuves qui fait autorité. Il suit encore l'*aleu* depuis ses origines, c'est-à-dire depuis le début de l'époque franque, où il est le domaine assigné à chaque guerrier sur la terre conquise, le don de la victoire, jusqu'à la Révolution française, où il disparaît avec tant d'autres vestiges du passé. Il avait, jusqu'à la fin, conservé son caractère primitif. Tout en restant soumis aux charges foncières et en ne dispensant point son propriétaire des tributs ayant un caractère public, tel que le service militaire du roi, il avait généralement échappé aux devoirs féodaux : foi, hommage, cens, corvées, etc.

Nous n'avons pas la compétence nécessaire pour entrer dans une étude plus approfondie de cet ouvrage qui fait, ainsi que l'*Histoire de la Propriété prétorienne à Rome*, le plus grand honneur à M. Pierre Lanéry d'Arc. Nos lecteurs trouveront les points principaux qu'il aborde bien mieux exposés que nous ne pourrions le faire, dans le livre luimême, dont nous avons tenu à indiquer la haute valeur aux personnes que ces questions intéressent.

* *

Histoire de France, principalemeut pendant le xvi* et le xvii* siecles, par Léopold de Ranke, traduction de J.-Jacques Porchat, continuée par C. Miot, tome V, Paris, librairie C. Klincksick, rue de Lille, 11, 1888, 1 vol. in-8° de VI-420 pages.

Nous avons rendu compte ici même du précédent volume, consacré à la Fronde et aux premières années de la majorité de Louis XIV. Celui que nous annonçons maintenant en est à tous égards la digne continuation, et l'on y retrouve les mêmes qualités. On ne pouvait présenter avec plus de clarté, de mesure et d'impartialité, cette nouvelle période du règne de Louis XIV, qui s'étend de la conquête de la Hollande à la guerre de la succession d'Espagne — étant données surtout la religion et la nationalité de l'auteur. Ranke a ce don, qui est la qualité première et la plus essentielle de l'historien, d'embrasser d'un regard net et précis l'ensemble des événements, et de les présenter sous une forme simple et lucide qui, par sa simplicité même, trouve sans peine le chemin de l'esprit et se grave en traits incisifs dans la mémoire. En même temps qu'il domine les événements, il les juge, et il en dégage les conséquences et les enseignements avec une fermeté une pénétration qui se rencontrent bien rarement au même degré, même chez des historiens éminents.

La tâche de Ranke était, en ce volume, particulièrement difficile. Il est allemand et protestant, et c'est contre l'Allemagne et le protestantisme que Louis XIV soutient les deux grandes luttes qui remplissent cette période de son règne. Il ne s'est pas laissé dévoyer par cette double difficulté et n'est tombé dans aucun des entraînements auxquels il était à chaque page sollicité par la nature du sujet. Il a dû de conserver cette sérénité à une conscience parfaite, à un sentiment très élevé de la dignité et des devoirs de l'historien. Des hauteurs où il se place, les rivalités nationales, les dissidences de religion elles-mêmes ne s'effacent pas sans doute, mais demeurent subordonnées à des considérations supérieures. La vérité est le but suprême de ses recherches et, quand il l'a découverte, tout cède à la nécessité de la faire connaître, au besoin irrésistible de la proclamer.

Ranke a rendu pleine justice, non seulement à la personne de Louis XIV, mais à sa politique. S'il blâme les excès de son ambition, et surtout cet intraitable orgueil qui lui fit commettre tant de fautes, lui mit à la fin toute l'Europe sur les bras et le jeta dans des embarras qui le conduisirent à deux doigts de sa perte, il reconnaît qu'il fut plus habile et souvent plus droit que ses adversaires, qu'il eut une vue plus pénétrante et plus nette des intérêts véritables de l'Europe, et que, réduite à ses conceptions essentielles, sa politique assura la grandeur et la sécurité de la France, en lui donnant, du côté du Rhin, la frontière qui jusqu'alors lui avait fait défaut.

Sur la question religieuse, et notamment sur les persécutions qui précédèrent et suivirent la révocation de l'Édit de Nantes, Ranke se montre plus sévère, peut-être, et plus acerbe. Il met, à les retracer, une certaine âpreté où percent, non pas seulement l'indignation de l'honnête homme ou le blâme de l'historien, mais les opinions, et même les passions du protestant. Mais si quelquefois et comme à son insu on les entrevoit dans son récit, nulle part il ne leur laisse prendre le dessus, et ses jugements, sur tous les points de quelque importance, concordent en somme avec ceux des historiens impartiaux. C'est par des paroles tombées de la bouche même du Pape qu'il flétrit les conversions forcées, et les cruelles vengeances de l'orgueil offensé de Louis XIV, notamment le bombardement de Gênes.

Le coup d'œil net et vif dont il embrasse les hommes et les choses ne s'arrête pas à la surface. Il en pénètre les profondeurs les plus cachées, et les illumine souvent de clartés nouvelles, qui les montrent sous des aspects inattendus. Un des premiers, parmi les historiens, il a reconnu et dit que Louis XIV, apaisé par l'âge, éclairé par les leçons de l'expérience, mit en œuvre toutes les ressources d'une habile et patiente diplomatie pour éviter la guerre de la succession d'Espagne et ne la fit que contraint et forcé, parce que, à la suite d'un retour des événements qu'il ne pouvait prévoir, ses précautions même se tournèrent contre lui. Sentant qu'il ne pouvait, sans mettre l'Europe en feu, s'emparer, même pour son petit-fils, de cette puissante et colossale monarchie d'Espagne, il avait patiemment élaboré, par ses négociations, un plan de partage que la Hollande et l'Angleterre avaient accepté, que l'empereur d'Autriche lui-même ne repoussait pas absolument. Il croyait la paix assurée lorsque la découverte de ce plan, jusqu'alors tenu secret, vint tout détruire. Les Espagnols, qui ne voulaient à aucun prix du démembrement, apprenant qu'on le méditait, se jetèrent dans les bras de la France, seule assez puissante pour les en sauver. Ils lui forcèrent si brusquement la main par la proclamation de Philippe V que Louis XIV fut contraint, pour les intérêts de la France encore plus que pour ceux de sa famille, de s'incliner devant le fait accompli. Ranke a eu d'autant plus de mérite à le reconnaître que cette guerre changea l'axe de l'Europe, en faisant passer définitivement la suprématie de la maison d'Autriche à la famille des Bourbons.

On ne lit pas assez en France les ouvrages des étrangers, même lorsqu'ils sont traduits. On a contre eux des méfiances qui sont sans doute en partie justifiées, surtout lorsqu'il s'agit de l'Allemagne, mais que l'on pousse beaucoup trop loin Il y en a de partiaux ; d'autres sont lourds et obscurs au point d'être illisibles. Mais bon nombre peuvent, sans infériorité, être comparés à nos meilleures productions, même pour les qualités essentiellement françaises : l'ordre, la méthode, la clarté, le bon sens. Peu de livres permettent de le constater aussi bien et d'une manière aussi agréable que celui de Ranke. En le lisant dans l'excellente traduction de M. C. Miot, on y trouvera de plus un excellent tableau du règne de Louis XIV, dont les historiens français se sont inspirés plus d'une fois, qu'ils citent avec éloge, et qui restera certainement l'une des meilleures expositions de cette période capitale de l'histoire de France.

Ernest FALIGAN.

TABLE DES MATIÈRES

DU

DIX-SEPTIÈME VOLUME

JUILLET-DÉCEMBRE 1888

SEPTEMBRE-OCTOBRE

Le Bienheureux Nicolas de Flüe. la Suisse d'autrefois, par J.-T. de Belloc.

L'âme des choses, poésie par Charles Fuster. — R. B.

Du Franc Alleu, par Pierre Lanéry d'Arc.

Histoire de France, principalement pendant le xvi° et le xvii° siècles, t. V, par Léopold de Ranke. — **Ernest Faligan.**

Le Propriétaire-Gérant.

G. GRASSIN.

———————

Angers, imprimerie-librairie Germain et G. Grassin. — 1617-88.

HISTOIRE DE LA BARONNIE DE CRAON

DE 1382 À 1626

Par **André JOUBERT**

Lauréat de l'Académie des Inscriptions et Belles Lettres

Un beau volume grand in-8°. — Broché, **5** *francs.*

ÉTUDE

SUR

LES MISÈRES DE L'ANJOU

AUX XV° ET XVI° SIÈCLES

Par **André JOUBERT**

Lauréat de l'Académie des Inscriptions et Belles Lettres

Un beau volume grand in-8°. — Broché, **5** fr.

LES CHIVRÉ

MARQUIS DE LA BARRE DE BIERNÉ

XVI°-XVII° SIÈCLES

Par **André JOUBERT**

Lauréat de l'Académie des Inscriptions et Belles Lettres

Un beau volume grand in-8°, orné de sept gravures. — Broché, **5** fr.

Les Élections et les Représentants de Maine-et-Loire

DEPUIS 1789

Par **Guillaume BODINIER**

Un volume grand in-8° .... **4** *francs*

OUVRAGES NOUVEAUX

Mondaine, par H. Malot, 1 vol. in-18 . . . . **3 50**
Petit Bleu, par Gyp, 1 vol. in-18 . . . . **3 50**
Philosophie et Philosophes, par E. Caro, 1 vol. in-18 . . . . **3 50**
Histoire résumée de l'Allemagne, par Zeller, 1 vol. in-18. . . **5 »**
La Vie littéraire, par Anatole France, 1 vol. in-18. . . . . . . **3 50**
Impressions de Théâtre, tome III, par J. Lemaître, in-18.. . . **3 50**
La Fin d'un monde, par E. Drumont, 1 vol. in-18 . . . . . . **3 50**
Le Rêve, par Zola, in-18. **3 50**
La Dernière maladie de Frédéric le Noble, par le Dr Morell
Mackenzie, in-18. . . . . **3 50**
Messieurs de Cisay, par Jacques Bret, 1 vol. in-18 . . . . . . **2 »**
L'Amiral Courbet, d'après ses lettres, par Félix Jubien, in-12 **3 50**
Mon Capitaine, par Rabusson, in-12 . . . . **3 50**
Mélinite, par Adolphe Belot, in-18.. . . . . **3 50**
L'Amiral Baudin, par J. de la Gravière, in-12. . . . . **4 »**
Une Tache d'encre, par René Bazin, in-12. . . . . **3 50**
Aventures et Portraits, par Guy de Charnacé, in-12. . . . . **3 »**
Conseils aux jeunes filles et aux jeunes femmes, par
Mathilde Bourdon, in-12 . . . . **2 »**
Trois empereurs d'Allemagne, Guillaume Ier, Frédéric III,
Guillaume II, par Ernest Lavisse, 1 vol. in-18 . . . . . . **3 50**
France, par le R. P. Du Lac, in-12 . . . . **3 50**
Le Clergé et l'Enseignement secondaire spécial, par l'abbé
G. Segretain, in-18. . . . . **3 50**
Histoire de l'Italie, par E. Sorin, in-18. . . . . **3 50**
L'Éducation du Caractère, par Martin, in-18.. . . . . **3 50**
Études agronomiques (1887-1888), par Grandeau, in-18. . . . **3 50**
Le Comte de Paris, par le marquis de Flers, in-8°, avec grav. **7 50**
Œuvres Choisies de Victor Pavie, 2 in-18. . . . . **6 »**
Grandes Journées de la Chrétienté, par Hervé-Bazin, in-8°. . **3 50**
Les Prétendants de Viviane, par Jean d'Étiau, in-8? **3 50**

Les Artistes angevins, par C. Port, in-8°, broché, **12 fr.**
Il ne reste plus en vente que deux exemplaires de cet ouvrage.)